Jan van Helsing

HÄNDE WEG von diesem Buch!

Ama Deus Verlag

Vom Autor ist außerdem erschienen:

Buch 3 – Der Dritte Weltkrieg,
1996, Ama Deus Verlag
Unternehmen Aldebaran,
1997, Ama Deus Verlag
Die innere Welt – Das Geheimnis der Schwarzen Sonne,
1998, Ama Deus Verlag
Die Akte Jan van Helsing,
1999, Ama Deus Verlag
Die Kinder des neuen Jahrtausends,
2001, Ama Deus Verlag

AMA DEUS Verlag
Postfach 63
74576 Fichtenau
Tel: 07962-1300
Fax: 07962-710263
www.amadeus-verlag.com

Druck:
Ebner & Spiegel, Ulm
Satz und Layout:
Jan Udo Holey
Umschlaggestaltung:
Jan Udo Holey

ISBN 3-9807106-8-8

DANKSAGUNG

Herzlichst möchte ich mich bei Klaus Dona bedanken, der es mir gestattete, einige beeindruckende Exponate seiner Ausstellung *Unsolved Mysteries* (www.unsolved-mysteries.net) hier zu verwenden. Ebenso gilt mein Dank Herrn Uwe Selke, dem Übersetzer und Verleger des Buches von Prof. Dr. Ernst Muldashev, dessen Forschungsergebnisse noch viel Aufsehen erregen werden.

Ganz besonderer Dank gilt Helma Hinterstößer (*Bussi!*), die mit ein Auslöser für dieses Buch war, selbstverständlich auch meiner Familie und meinen Freunden für die Rücksichtnahme während des Schreibens, vor allem aber meinem Vater für seine kritischen Impulse und Anregungen.

Der lieben Anya möchte ich für ihre lektorische Arbeit danken und auch meinem Freund Wolfgang Sipinski, der mich über all die Jahre – auch während der schwierigen – begleitet hat und der mit seiner (manchmal sehr kaufmännischen) Meinung immer ein guter Ratgeber war.

Zu guter letzt möchte ich mich aber auch bei all meinen Lesern bedanken, die inzwischen einen langen Weg mit mir gegangen sind – emotional als auch in geistig-spiritueller Hinsicht (ihr wißt, was ich meine) –, denn ohne euch wäre ich nicht der, der ich heute bin.

Euer

DIE MATRIX DES BUCHES

WIESO ?

Wieso haben Sie das getan?

Wieso haben Sie jetzt das Buch geöffnet, obwohl ich Sie davor gewarnt habe?

Sind Sie etwa ein Rebell, ein Querdenker; einer, der sich nicht anpaßt; einer, der immer öfter das Gegenteil dessen tut, was man ihm sagt? Auch bei der Arbeit? Wenn Ihr Chef Ihnen etwas sagt, das Sie auf keinen Fall tun sollten, tun Sie es dennoch? Wie ist es mit Ihrem Partner? Tun Sie da auch das Gegenteil von dem, was man von Ihnen erwartet? Wie ist es in Ihrem Sportverein, in der Partei oder bei einem öffentlichen Anlaß?

Oder sind Sie einfach nur neugierig? Es könnte ja etwas in diesem Buch stehen, das Sie noch nicht kennen? Geben Sie zu, daß Sie, obwohl Sie glauben, zu wissen, was das Leben ist und was es für Sie bereithält, dennoch insgeheim hoffen, daß es das Schicksal noch einmal gut mit ihnen meint; daß vielleicht doch noch etwas Unerwartetes passiert, das Sie endlich aus diesem Trott herausreißt?

Etwas – wie eine Wunsch-Fee im Walde –, das Ihnen doch noch das seit der Kindheit ersehnte Wunder serviert? Das Unerwartete, das etwas in Ihr Leben bringt, was Sie immer schon darin vermissen – Erfolg, eine glückliche Ehe, endlich gesund zu sein und das Geheimnis des Lebens zu enthüllen...? Endlich zu erklären, aus welchem hirnverbrannten Grund Sie jetzt gerade hier auf diesem Planeten sind, umgeben von lauter Wahnsinnigen?

Sie betrachten die Jugendlichen, die gerade am Fenster vorbeilaufen, und stellen fest, daß alles bergab geht; Sie sehen auf Ihren Kontoauszug und Ihnen wird schlecht, die Stimmung am Arbeitsplatz ist nahe dem Gefrierpunkt und Ihren Kommunalpolitiker würden Sie am liebsten am Pranger sehen...

Das Leben da draußen und Ihr persönliches gerät mehr und mehr aus den Fugen. Warum ist das so? Wieso können Sie nichts ändern?

Sie können – und dieses Unerwartete, das Sie sich gewünscht hatten, ist nun geschehen!

Da lag dieses Buch. Eigentlich wollten Sie heute ganz etwas anderes machen, doch eine innere Stimme zog Sie heute, jetzt an diesen Ort und was liegt da? Dieses seltsame, ja gänzlich eigenartige Buch.

Und was für ein schräger Titel! Welcher Mensch kommt denn auf die Idee, ein Buch so zu benennen?

Dieser Mensch bin ich; einer, der auch einmal dachte, nichts in seinem Leben verändern zu können, bis er einen Vertrag mit seinem Schöpfer eingegangen ist, in dem er darum bat, daß dieser ihm seine Schöpfung, das Leben schlechthin, erklären möge – nicht in Worten, sondern durch das Leben selbst. Und ab diesem Tag ging es auf und ab, kreuz und quer über diesen Globus, zu arm und reich, zu gut und böse, zu liebevoll und häßlich; und dieser Jenige, meine Wenigkeit, meint es gut mit Ihnen und möchte Ihnen ein paar Erkenntnisse und Erlebnisse mitteilen, die Sie in Ihrem Leben mit hundertprozentiger Sicherheit voranbringen werden – so wie ein Vater oder eine Mutter Ratschläge an ihr Kind weitergibt in der Hoffnung, daß dieses nicht auch in die gleichen Fußangeln tritt, wie man selbst. Ob und wie sich das Kind dann schließlich entscheidet, liegt nicht bei den Eltern – doch manches Kind hat auf den Rat oder Hinweis der Eltern gehört...

Wie sieht es aus mit Ihnen? Glauben Sie, daß Ihr Weltbild tatsächlich nur auf Ihren eigenen Erfahrungen basiert und einer gründlichen Überprüfung auch wirklich standhält? Oder ist vieles davon angelesen?

Fragen Sie sich selbst. Und seien Sie ganz ehrlich dabei – ich kann es ja nicht hören...

Glauben Sie eigentlich wirklich den Unfug, den man Ihnen seit Ihrer Kindheit versucht einzubleuen – wie zum Beispiel, daß der Mensch vom Affen abstammt oder daß die Erbauer der Pyramiden Steine, die so schwer sind, daß sie keine Maschine auf der Welt heute heben könnte, auf Holzrollen bewegt haben? Haben Sie sich nie gefragt, wieso die Flagge, welche die Amerikaner angeblich auf dem Mond gehißt haben, im Wind flattert, obwohl uns die NASA glauben machen will, daß der Mond keine Atmosphäre und damit auch gar keinen Wind haben kann? Haben Sie sich niemals gefragt, warum es in der BRD einen Verfassungsschutz gibt, obwohl wir doch gar keine Verfassung haben? Hat es Sie niemals nachdenklich gestimmt, wieso unser Grundgesetz nicht „Grundgesetz *der* Bundesrepublik Deutschland" heißt, sondern „Grundgesetz *für* die Bundesrepublik Deutschland"?

Haben Sie all das geglaubt, was unsere „Befreier" in unseren Geschichtsbüchern verankern ließen – nach dem Prinzip: *„Die Geschichtsbücher werden von den Siegern geschrieben"* –, obwohl Ihre Eltern und Großeltern etwas ganz anderes erzählt haben – und die waren schließlich dabei. Wem haben Sie mehr geglaubt? Und warum...?

Diejenigen Leser, die bereits mit meinen anderen Büchern vertraut sind, haben sich mit genau diesen Fragen schon intensiv auseinandergesetzt und sind wahrscheinlich auch zu entsprechenden Erkenntnissen gekommen. Doch kann ich leider nicht voraussetzen, daß jeder Leser mit diesem Hintergrundwissen vertraut ist, und bitte daher die „Insider" auf den folgenden Seiten um etwas Nachsicht, wenn das eine oder andere bereits bekannt gewesen sein sollte.

Wollen wir aber weiter betrachten, wie es mit der „Allgemeinbildung" aussieht: Da alle Länder der Welt hoch verschuldet sind, stellt sich doch unweigerlich die Frage: *„Bei wem eigentlich?"*

Wußten Sie, daß die USA keine eigene Währung besitzen, sondern sich die Dollars stattdessen von der FED, der *privaten* US-Notenbank, leihen müssen? Und war Ihnen bekannt, daß der Grundbesitz der gesamten Verunreinigten Staaten seit Jahrzehnten an diese private Notenbank verpfändet ist? Na, macht es jetzt *„klick"*?

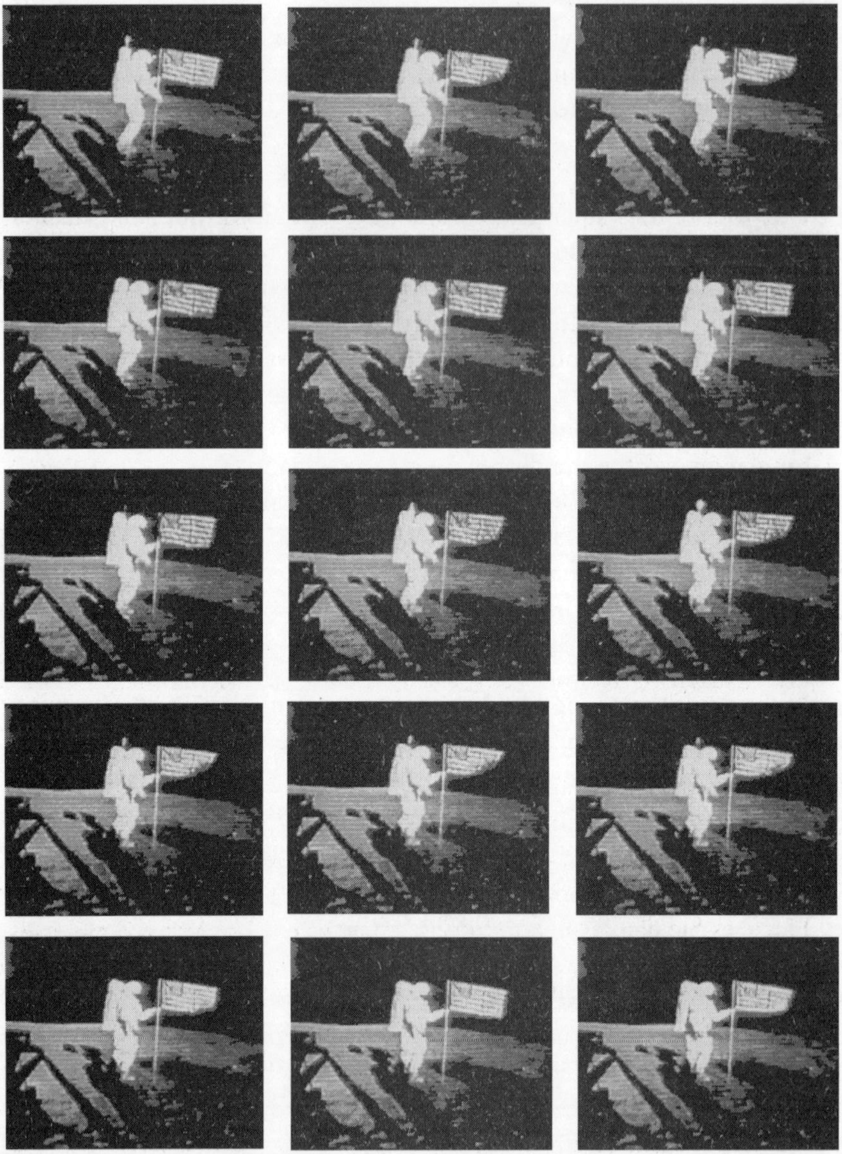

Abb. 1: Obwohl uns die NASA erklärt, daß der Mond keine Luft hat, flattert die Fahne im Wind. Wieso lügt die NASA? Stimmen die Angaben über den Mond nicht oder waren die Amerikaner nie dort – sondern nur in einem Studio?

Jetzt verstehen Sie wahrscheinlich auch erst, was uns das Zitat aus der Süddeutschen Zeitung vor der letzten Präsidentschaftswahl in den USA sagen wollte, in dem es hieß: *„Es ist egal, ob George W. Bush oder Al Gore Präsident wird – Alan Greenspan ist der Chef der Notenbank...“*

Und wußten Sie auch, daß John F. Kennedy kurz vor seiner Ermordung ein Gesetz erlassen wollte, infolgedessen die USA in Zukunft eine eigene Währung haben würden? Er wurde bekanntlich erschossen. Und glauben Sie, daß es „Zufall“ war, daß es die allererste Amtshandlung seines Nachfolgers Lyndon B. Johnson war, genau diesen Gesetzesantrag – nämlich einen FED-unabhängigen „richtigen“ US-Dollar einzuführen – wieder rückgängig zu machen?

Unglaublich, Freunde...!

Haben Sie wirklich die Aussage akzeptiert, daß Jürgen Möllemann Selbstmord begangen hat, oder daß Alfred Herrhausen, der damalige (1989) Vorstandssprecher der Deutschen Bank und Berater Helmut Kohls, von der RAF umgebracht worden ist?

Herrhausen hatte nur wenige Tage zuvor in einem Interview dem Wall-Street-Journal von seinen Plänen über den „Wiederaufbau Ostdeutschlands“ berichtet. In nur einem Jahrzehnt sollte es in Europas fortschrittlichste Industrienation verwandelt werden. Er sprach ebenfalls von einem Umschuldungsprogramm für die dritte Welt. Dies hatte er auch auf der „Bilderberger“-Konferenz 1988 ausgesprochen, einem Treffen der größten Wirtschaftsmagnaten der westlichen Hemisphäre.

Hatte es Sie damals nicht stutzig gemacht, daß die Sprengfalle – ausgelöst durch eine Lichtschranke – nur dann funktionieren konnte, wenn Herrhausens Fahrzeug diese als erstes durchfuhr, also kein vorausfahrendes Fahrzeug das ganze Projekt gefährdete? Der frühere Präsident des Bundesamtes für Verfassungsschutz Dr. Richard Meier erklärte vor dem Deutschen Bundestag eine Woche nach dem Anschlag, daß das Vorausfahrzeug aus dem Wagenkonvoi Herrhausens, der sich normalerweise aus drei Fahrzeugen zusammensetzte, abgezogen worden sei.

Von der RAF?

Wie steht es mit dem Vertrauen in unsere Regierung oder Politiker ganz allgemein?

Und warum gehen Sie dann doch immer wieder zur Wahl?

Aha, Sie sind also Christ? Sie glauben also, daß es Jesus wirklich gegeben hat? Okay – und sind Sie ebenso fest davon überzeugt, daß Maria Jungfrau war? Und daß Jesus übers Wasser gelaufen ist...?

Oder sind Sie Jude? Und sind Sie fest davon überzeugt, daß der Schöpfer allen Seins, der Erschaffer aller dieser Milliarden Sternensysteme höchstpersönlich einem Herrn Moses da draußen auf einem Hügel in Palästina erschienen ist, um ihm zwei Steintafeln in die Hände zu drücken?

Mal ganz im Ernst, würden Sie das vor einer großen Menge so bestätigen?

Ach, Sie sind Muslim? Tja, dann frage ich mich, ob Sie wirklich daran glauben, daß es Ihr Allah in Ordnung findet, daß die Mädchen die Klitoris herausgeschnitten bekommen, die Frauen hinter den Männern zu laufen haben und ein Selbstmordattentäter im Himmel einen Bonus erhält?

Und sind Sie nicht einer derer, die über Menschen lächeln, die behaupten, ein Nahtoderlebnis gehabt zu haben und meinen, mit ihrem Schutzengel reden zu können?

Was halten Sie von Menschen, die von sich behaupten, mit Handauflegen andere heilen zu können? Ist nicht wirklich so seriös, nicht wahr? Und wie hatte Jesus die Kranken geheilt?

Was halten Sie von Menschen, die behaupten, daß sie jeden Tag eine viertel Stunde meditieren?

Fänden Sie es im Gegenzug witzig, wenn jemand Ihre Oma auslacht, weil sie täglich den Rosenkranz betet?

Wir stellen fest, daß wir gerne über andere urteilen und deren Weltbild und Glaubensvorstellungen in Frage stellen – ja sogar darüber lachen. Aber das, was wir selber glauben – wie gesagt, Jesus wandelte übers Wasser und Maria war schwanger, obwohl sie noch Jungfrau war – ist auch nicht so wirklich bodenständig. Stimmen Sie mir zu? Eigentlich ist doch das, was wir seit der Kindheit als Weltbild akzeptiert haben, völlig unglaubwürdig, unseriös, nicht nachvollziehbar und wissenschaftlich in keinem Falle haltbar. Würde heute Jesus vor uns stehen und das von sich behaupten, was man über ihn im Neuen Testament nachlesen kann, wären viele von uns diejenigen, die ihn auslachen und sonstwohin schicken würden, habe ich Recht?

Glauben Sie nun all das, was da in der Bibel geschrieben steht, oder nicht? Und warum sind Sie dann noch in der Kirche?

Mal ehrlich – ist doch an und für sich inkonsequent...

Ich will ganz offen mit Ihnen sein, ich selbst habe auch Dinge erkennen müssen, die mir gar nicht gefallen haben. Auch ich durfte erfahren, daß das, was man uns seit Kindesbeinen weismachen will, nicht immer der Wahrheit entspricht. Doch viele Menschen glauben das, was sie im Fernsehen sehen, was man ihnen über den Anschlag auf das World Trade Center erzählt, über die Entstehung von AIDS und die tolle Wirkung der Chemotherapie und der Impfungen. Doch waren Sie mal da draußen in der Welt? Ich meine so richtig... So ganz alleine mit Rucksack oder Koffer nach Singapur, Athen, Dallas, Kairo oder in den Urwald von Yucatan, mitten rein nach Sidney, Jakarta oder New York – ich meine auch nicht für einen Business-Aufenthalt, sondern um von dort aus ein Abenteuer, eine Reise zu starten. Raus aus der virtuellen Scheinrealität des Internet, der Bücher, des Fernsehens oder des Radios und rein in die Realität, rein ins Leben, da, wo es wirklich stattfindet?

Nicht? Aber ich. Und genau da habe ich – auf all meinen Reisen quer durch die Welt und in unzähligen Gesprächen mit Menschen, von denen Sie niemals in den Medien erfahren werden – Dinge gehört und übermittelt bekommen, die bei mir nicht nur das Weltbild verändert haben, sondern auch ein Verändern meines Verhaltens, meiner Lebensweise eingefordert hatten.

Haben Sie nie darüber nachgedacht, wieso Sie für alles, was Sie sich mühsam erarbeitet haben, Steuern bezahlen und Abgaben entrichten müssen? Und wieso gibt es andererseits ein paar Familien, die sich beispielsweise das Gold weltweit unter den Nagel gerissen haben, die ein Monopol daraus gemacht haben? Ebenso mit Diamanten oder anderen Rohstoffen. Familien, die einfach das Land vor langer Zeit für das ihrige erklärt haben und seither dort abbauen, was das Zeug hält... Und Sie Gutgläubiger zahlen weiter fleißig Ihre Steuern und ärgern sich über die Unfähigkeit unserer Politiker, die ein Ding nach dem anderen in den Sand setzen. In Japan hätten sich solche Politiker früher per Harakiri selbst aus dem Leben befördert, wenn sie solch eine Schande hinterlassen hätten. Heute bekommen sie eine horrende Pension und einen Posten bei einem Konzern angeboten.

Seltsame Welt, nicht wahr? Und Sie mittendrin...

Ich aber auch, und deswegen wird es noch mal lustig auf Erden. Denn nicht alle haben resigniert, nicht alle haben aufgegeben und einfach akzeptiert. Es gibt auch solche Menschen, die ihren Mund aufmachen oder als Schreibtischtäter agieren und die in ihrem persönlichen Leben an sich arbeiten, die sich verändern; denn nur wenn man sich selbst verändert, verändert sich auch die Welt!

Haben Sie sich niemals gefragt, wieso Sie eigentlich Ihren Beruf ausüben und nicht ausgewandert sind, wie Ihre Vorfahren? Wieso wollten Sie Karriere machen – weil Sie es selbst wirklich wollten oder um Ihrem Vater, der Familie oder Ihrem Umfeld zu imponieren?

Fragen Sie sich: Wer bin ICH, was will denn ICH? Was sagen meine Gefühle, was ich am liebsten machen möchte, und was sagt mir meine „gute“ Erziehung? Den Beruf, den ich heute ausübe, habe ich den, weil ich es wirklich so wollte – also mich ganz bewußt dazu entschieden hatte – oder weil es nichts anderes gab oder weil mir nichts Besseres einfiel oder weil es die Familientradition so verlangte?

Denken Sie bitte nach, denken Sie tief und ehrlich nach!

(Sie können sich an dieser Stelle eine kleine Denkpause erlauben, das Buch läuft nicht davon. Es faßt ja eh kein anderer an...)

Doch zurück zum Buch selbst:
Sie meinen, der Titel sei provokant?

Richtig! Ich will Sie provozieren (so wie ich mich selbst auch provoziere), um herauszufinden, ob Ihr Weltbild, Ihre Sicht der Dinge und Ereignisse in Ihrem Leben auf Ihren eigenen Lebenserfahrungen aufgebaut sind oder Sie die Ratschläge der Eltern, der Geschichtsbücher, der Lehrer und der Massenmedien ungeprüft übernommen haben. Ich möchte Sie herausfordern, Ihr eigenes Leben zu hinterfragen.
Warum?

Weil ich möchte, daß Sie das Beste aus diesem Leben herausholen, was möglich ist, und am Ende hoffentlich wirklich glücklich sind – mit sich selbst und Ihrem Leben. Wie Sie das machen, das bestimmen Sie selbst, doch die Mechanismen kann ich Ihnen – falls Sie diese noch nicht kennen sollten – liefern und erklären. Und ein paar Tips, wie man diese Mechanismen richtig anwendet, gibt es auch noch dazu.

Lassen Sie mich noch ein bißchen weiter provozieren:
Wieso gibt es an die dreihundert Familien, die mehr Geld zusammengetragen haben als der Rest der gesamten Menschheit? Wieso ist das Leben so „ungerecht"?

Und der eine oder andere stellt sich womöglich folgende Fragen:
Warum bin *ich* eigentlich nicht einer dieser Familienmitglieder? Wieso habe ich mir für dieses Leben auf der Erde eine einfache Mittelstandsfamilie oder gar sehr arme Lebensumstände ausgesucht?

Mann, wieso hat mir nie jemand diese Fragen beantwortet? Wieso fühle ich mich auch von der Kirche im Stich gelassen? Warum soll ich mich als Sünder fühlen, obwohl ich noch nie jemandem Leid zugefügt habe? Wofür soll ich denn schuldig sein?

Inzwischen habe ich den Fastenkurs hinter mir, das Autogene Training, habe meditiert und bin den Jakobsweg gegangen, bete seit Jahrzehnten das Vaterunser – und doch ändert sich nichts. Und die Reichen der Welt leben in Saus und Braus, haben riesige Villen, die schönsten Sportwagen, einen eigenen Jet, sind gesund, lassen sich von den besten Medizinern behandeln... und ich?

Das darf doch alles nicht wahr sein!

Irgend etwas stimmt hier doch nicht. Die einen lügen und betrügen und leben im Luxus und ich, der sich ständig darauf besinnt, niemandem Schaden zuzufügen, der sich für Umwelt und Tiere einsetzt, ich „sieche" durch das Leben.

Warum ist das so?

WESHALB ?

Weshalb haben Sie das Buch nun in die Hand genommen?

War es wirklich nur Neugier?

Gut – Sie sind also neugierig. Aber sind Sie auch noch neugierig, wenn es um andere Weltbilder geht, um eine andere Sichtweise, ja womöglich die Sichtweise desjenigen anzunehmen, der so reich und mächtig ist – einer dieser reichsten Menschen der Welt? Wollen Sie wirklich in dessen Gedankengänge eintauchen und verstehen, wie er denkt und was er glaubt – wie er über Erfolg nachdenkt und Gewinne? Wollen Sie wissen, an welchen Gott er glaubt und ob er vor diesem auch in die Knie geht und demütig ist, wie Sie manchmal? Oder tut er das vielleicht nicht?

Wie steht es mit der Bereitschaft, auch einmal die Sichtweise eines Gegners – vielleicht die Ihres Nachbarn, mit dem Sie im Zwist sind – anzunehmen oder die Ihres Kontrahenten im Beruf? Wie steht es mit Ihrer Konkurrenz? Haben Sie immer Recht? Und ist der andere immer im Unrecht?

Wie weit geht Ihre Neugier? Sollten Sie Kirchenchrist sein, so frage ich Sie, ob Sie so neugierig sind, die Geheimarchive des Vatikan einmal besuchen zu wollen, um zu sehen, wie es tatsächlich um Ihren Glauben steht? Denn wenn alles veröffentlicht wurde über das Leben und die Familie Jesu, dann muß man ja nichts geheimhalten, nicht wahr? Wären Sie neugierig genug, das, was Sie möglicherweise jahrzehntelang zufrieden geglaubt haben, aufs Spiel zu setzen? Das, woran Sie sich immer festgehalten hatten oder was man Ihnen serviert hatte oder was es auswendig zu lernen galt?

Oder wie ist es in der jüdischen Religion? Wieso gibt es dort eine Geheimlehre – die Kabbala? Wenn doch alle Juden unter sich gleich sind, wieso wird dann von den Geheimwissenschaftlern Wissen vor der Masse der Gläubigen zurückgehalten? Was sind das für Geheimnisse?

Wie steht es mit dem Islam? Wieso sind die Sufis innerhalb des Islam die „besseren" Muslime, und warum sind sie zu „Wundern" fähig, zu denen der normale Muslim nicht fähig ist? Was wissen die Sufis, was der normale Gläubige nicht weiß? Und wie steht es mit den Derwischen? Auch diese haben ein Geheimwissen über die Jahrhunderte bewahrt und geben es nur an Eingeweihte weiter. Falls Sie also dem Islam angehören sollten, so frage ich Sie, ob Sie nicht auch gerne wissen würden, was die Top-Derwische an Geheimnissen zurückhalten?

Wären Sie bereit, etwas in Ihrem Leben dafür zu geben, etwas loszulassen und aufgrund dessen zu verändern, damit Sie an dieses Wissen gelangen? Wären Sie wirklich bereit, Ihr altes Weltbild in Frage zu stellen und, falls es sich als mangelhaft oder unvollständig erweisen sollte, auch zu verändern?

Oder anders: Angenommen Sie sind Bankier oder ehemaliger BWL-Student, der erfolgreich in unserem gegenwärtigen Finanz- als auch Zinseszins-System geschult worden ist. Sind Sie neugierig genug, einmal ein anderes Geldsystem kennenzulernen, eines, das möglicherweise gänzlich anders funktioniert und vielleicht sogar viel erfolgreicher und daher all das so mühsam von Ihnen Erlernte sinn- und wertlos machen könnte?

Nun, wenn Sie auf die oben genannten Fragen ein paar schlüssige Antworten haben wollen, wenn Sie endlich in Ihrem Leben erfolgreich sein möchten, gesund und positiv in die Zukunft schauend, dann gibt es natürlich schon die Möglichkeit dafür.

Folgen Sie nur meinen Worten durch dieses Buch und beobachten Sie sich selbst dabei, was Ihre Seele hin und wieder dazu sagt – ob Ihr Gefühl mit steigender Seitenzahl ebenso zunimmt, Ihr Mut, Ihre Risikobereitschaft, Ihre Lust, das Leben selbst in die Hand zu nehmen, das Leben selbst herauszufordern, dabei endlich sich selbst zu finden und es noch einmal richtig krachen zu lassen.

Dazu kann Ihnen das Buch, das Sie in Ihren Händen halten, verhelfen. Denn eines kann man damit hervorragend: alte Weltbilder auf den Kopf stellen! Das habe ich mit meinen vorherigen Publikationen hinreichend bewiesen. Doch wie steht es mit meiner Fähigkeit, Ihnen beim Aufbau eines neuen, auf Tatsachen und vor allem auf Ihren eigenen Erlebnissen und Lebenserfahrungen fußenden Weltbildes behilflich zu sein – einer Matrix, mit der Sie den Rest Ihres Lebens selbst in der Lage sind, Situationen alleine richtig einzuschätzen, zu erkennen und mutig eigene Entscheidungen zu treffen?

Denn darum geht es heute: unabhängig zu werden – unabhängig von einer politischen Doktrin, von einer zensierten Geschichtsschreibung, einem Status, einer Organisation oder Partei, unabhängig von der Meinung Ihrer Eltern und Ihrer Gemeinde –, kurz und knapp: frei zu sein, frei zu entscheiden und sich frei zu entfalten – endlich!

Denn dies ist mein Anspruch an mich und an dieses Buch: Ihnen zu helfen, frei zu werden und Ihr Leben selbst zu lenken – egal ob das jemandem paßt oder nicht!

Klingt doch ganz gut, nicht wahr? Fast zu schön, um wahr zu sein...?
Wollten Sie nicht schon oft den ganzen Kram hinter sich lassen, die Traditionen der vorhergehenden Generationen, das „politisch korrekte" Geschwätz und die Meinung der anderen? Wollten Sie es nicht immer schon einmal den anderen so richtig zeigen? Zeigen, was in Ihnen steckt? Doch dann haben Sie es aus welchen Gründen auch immer wieder fallen gelassen oder verschoben und verschoben und verschieben noch heute...?
Glauben Sie, daß es jetzt schon zu spät dafür ist?

Niemals, mein Freund, niemals. Es ist niemals zu spät! Heute ist der beste Tag, etwas Neues zu kreieren, und dabei werde ich Ihnen helfen.

Vorausgesetzt natürlich, Sie ignorieren meinen Rat, das Buch aus der Hand zu legen, und fühlen sich endlich berufen zur Meisterschaft – Ihr eigenes Leben zu meistern und selbst in die Hand zu nehmen. Raus aus der Abhängigkeit der Mediziner, der Wissenschaftler, der Glaubensorganisationen, der Partei, des Fußball-Vereins und raus aus der Abhängigkeit vermeintlicher alter Verpflichtungen und – wie der Wissende spricht – weg mit dem alten Karma! (*Karma* hört sich ja auch so ähnlich an wie *Kram*!)

Das einzige, was ich von Ihnen „verlange", ist, Ihre festgefahrenen Standpunkte einmal stehen zu lassen und den Gefühlen Ihres Herzens zu folgen. Nur das – sonst nichts!

Das Schlimmste, was Ihnen passieren kann, ist, daß Sie am Ende des Buches denken: *„Ach, hätte ich es bloß nicht in die Hand genommen."*

Das glaube ich aber nicht.

Wie sieht es aus? Sind Sie bereit? Dann folgen Sie mir zu der Frage nach dem...

WARUM ?

Warum dieses Buch?

In den letzten zehn Jahren ist ein Ruck durch unser Land, ja ein Ruck durch die ganze Welt gegangen. Eine Vielzahl aufklärender Bücher erschien auf dem Markt, welche die Thematik der Hintergrundpolitik behandelt (manche verschwanden auch wieder durch Verbotsverfahren...); Bücher, die erklären, daß nicht alles, was uns von den Politikern und den Massenmedien indoktriniert wird, auch so stimmen muß, und es zeigt sich, daß das jahrzehntelange Hirnwaschen (durch Schul-, Wissenschafts- und Religionsbücher) in unseren Köpfen nicht verankert bleiben muß. Auch das Internet spielt bei dieser alternativen Informations-Beschaffung und -Verbreitung eine wesentliche Rolle.

Siehe das Beispiel *11. September*: Kaum jemand glaubt noch die offizielle Variante, die man versuchte, uns fast schon hypnotisch einzubleuen. Oder spricht man die offizielle Erklärung der US-Regierung für den Einmarsch in den Irak an, hört man nur noch Lachen, und erwähnt man die Einführung des Euro, so verfinstert sich die Miene aller...

Die Menschen wachen auf und lassen sich langsam immer seltener belügen. Die Geschichtsbücher werden hinterfragt, die Fotos der Mondlandung ebenso, und die Quantenphysik hat bereits fast sämtliche bisher bestehenden Wissenschaftszweige über den Haufen geworfen – sie gelten als überholte Hypothesen.
Zeit zum Umdenken!

Und dennoch – und nun komme ich auf meine persönlichen Beweggründe zu sprechen –, obwohl immer mehr Menschen immer besser über die Hintergründe des Zeitgeschehens unterrichtet sind und lernen, um die Ecke zu denken, nach dem Prinzip *„Qui bono?“* (lat.; *„Wem nützt es?“*), und lernen zu hinterfragen – und nicht mehr einfach zu wiederholen, wie es doch so schön bequem ist –, mußte ich feststellen, daß es den wenigsten gelang und gelingt, diese Informationen und auch die neue Art zu denken, sinnvoll in ihr Leben zu integrieren.

So haben wir nun erkannt, daß Geheimlogen eine sehr wichtige Rolle in der Weltpolitik spielen und daß unsere Politiker mehr oder minder nur Marionetten sind; wir haben erfahren, daß der Mensch gar nicht vom Affen abstammen kann (denn die Menschenaffen-Weibchen der Gorillas, Orang Utans und der Schimpansen haben nämlich keine Klitoris, deren Vorfahren auch nicht, daher hätten unsere Menschen-Weibchen auch keine, wenn sie deren Nachfahren wären...) und daß es offenbar doch Leben *„dort draußen"* gibt, das möglicherweise nicht nur in der Vergangenheit, sondern auch heute auf uns einwirkt (Matrix...). Wir haben erfahren, daß das Weihnachts- und auch das Osterfest nichts mit Jesus, sondern mit den Naturzyklen (schon bei den alten Germanen) zu tun hat, daß Moses und der Pharao Echnaton ein und dieselbe Person sind und das menschliche Gehirn über niedrige Frequenz-Wellen beeinflußt werden kann und, und, und...

Doch was machen wir nun mit diesem Wissen? Wie können wir das ins eigene Leben integrieren? Was bedeutet das für *mich* persönlich?

Tatsächlich ist es doch so, daß viele der Menschen, die sich mit solchen und ähnlichen Themen befassen, die mit ihrer Ernährung experimentieren und auch die Schulmedizin durchaus kritisch betrachten – also solche, die offen sind für Neues und auch bereit, alternative Wege zu gehen –, im eigenen Alltag vor sich hinstolpern. Den wenigsten von ihnen gelingt es, solches Wissen konstruktiv in ihrem Leben umzusetzen. Manche werden von ihrer Umgebung nur belächelt oder gar vergrämt, stoßen auf Unverstand. Andere wiederum beginnen mit den Wissensfetzen, die sie aufgegabelt haben, zu missionieren und vergraulen dadurch auch noch ihre letzten Freunde...

Die meisten haben nicht genügend Geld; müssen eine Arbeit ausführen, die ihnen nicht gefällt; fühlen sich unterdrückt und stehen daher alles andere als mit beiden Beinen fest verankert auf dem Boden...

Das kann es doch nicht sein, oder?

Schlimmer noch – und das ist es, was mich schließlich dazu bewogen hat, wieder in die Tastatur zu hauen –, ist die Lieb- und Herzlosigkeit gerade derjenigen, die meinen, neue Wege einschlagen zu müssen. Einerseits wird erklärt, wie wichtig Lichterketten und Meditationen oder Gebete für den Frieden auf der Welt sind, man ist aber zum selben Zeitpunkt im Streit mit dem Schwiegervater, hat Zoff mit dem Vermieter, kommt mit den Kollegen am Arbeitsplatz nicht klar und ist langsam selber zum Fanatiker geworden.

Viele Wißbegierige, die teilweise ihre Informationen aus dem Internet haben (und nächtelang vor dem Bildschirm sitzen...), sind nicht in der Lage, das Gesamtkonzept wahrzunehmen, die große, objektive Sichtweise, sondern picken sich einzelne Aspekte aus den dargestellten Bildern heraus und installieren diese dann in ihre bisherige Weltsicht.

Und so kommt es dann, daß der eine das Thema *Zinssystem* wählt, der nächste die *Freie Energie*, ein dritter unsere *Umwelt* oder die *Neue Weltordnung* oder die *Illuminati* schlechthin, ein anderer das Thema *Außerirdische*, ein weiterer die *Reichsdeutschen*, das *Patriarchat*, den *Vatikan*, *Prophezeiungen über den Dritten Weltkrieg* oder die *Freimaurerlogen*. Das gewählte Thema wird dann sehr einseitig weiterverfolgt und gleichzeitig ein Sündenbock ausgemacht, auf den man dann mit dem Finger zeigt und den man als Schuldigen für das eigene verkorkste Leben und sein eigenes Unvermögen heranzieht.

Das heißt, daß die meisten lieber mit dem Finger auf andere zeigen – auf die *Bösen*, denn man selbst ist ja selbstverständlich auf der *guten* Seite –, vor der eigenen Haustüre kehren will man aber nicht!

Und damit haben sie definitiv ihr Lebensziel verfehlt.

Denn: „*Nichts ist was Gutes, außer man tut es!*"
Oder: „*An ihren Früchten werdet ihr sie erkennen!*"

Es ist ein Drama, daß der Großteil der Menschen immer im Außen nach einem Schuldigen sucht, der für seine mißlichen Umstände, seine finanzielle Not, seinen Gesundheitszustand oder die familiären Gegebenheiten verantwortlich ist. Und so sucht er auch die Lösungen im Außen – der Staat muß es richten, das Gesundheitssystem, der neue Impfstoff oder das Sozialsystem, ja vielleicht sogar die UNO.

Das ist auch das Bild, wie es uns durch den Staat oder die Medien suggeriert wird, nämlich daß wir in einer rein äußerlichen Welt leben. Der Geist – das hinter der Materie Wirkende, die Liebe, die Intuition, die Seele, das Göttliche – wird negiert. Das sei alles Schnee von gestern, Aberglaube, Phantasie, Wunschvorstellung.

Und genau das ist es, was den „Eingeweihten“ vom oberflächlichen Bürger – dem Atheisten oder Materialisten – unterscheidet, denn letzterer ist über die Mechanismen des Lebens nicht unterrichtet. Er läßt sich kleinmachen und ergötzt sich am Leben der Großen, Reichen und Mächtigen.

Daher unterteile ich die geheimen Mechanismen des Lebens in zwei Qualitäten:

1. die ***Schwächen***, welche man gegen die Weiterentwicklung des Menschen verwenden kann, und
2. die ***Stärken***, die den Menschen geistig, spirituell wie auch mit grenzenlosem Erfolg segnen, wenn sie bewußt genutzt werden.

In dem Buch *„Mut zur Macht“* des Autors Jordis von Lohausen finden wir die *„Zehn Regeln“* des chinesischen Meisters Sun-Tsu aufgeschrieben, die bereits 2.500 Jahre alt sind und die uns zeigen, daß es immer schon Menschen gab, welche die Schwächen des Menschen studiert und auch zur Anwendung gebracht haben. Kennt man die verborgenen Mechanismen des Lebens – im nachfolgenden Fall die *negativen* – so ist es wahrscheinlich, daß sie auch zur Anwendung gebracht werden und demjenigen einen Vorteil verschaffen:

1. Zersetzt, was immer im Land eurer Feinde gut ist;
2. macht ihre Götter lächerlich und zerrt alles Herkömmliche in den Kot;
3. unterhöhlt mit allen Mitteln das Ansehen ihrer führenden Schichten; verwickelt sie, wo immer möglich, in dunkle Geschäfte und gebt sie im richtigen Augenblick der Schande preis;
4. verbreitet Streit und Uneinigkeit unter den Bürgern;

5. stachelt die Jugend gegen die Alten auf;
6. behindert in jeder Weise die Arbeit der Behörden;
7. bringt überall eure Spitzel unter und
8. scheut die Mitarbeit auch der niedrigsten und abscheulichsten Kreaturen nicht;
9. stört, wo immer ihr könnt, die Ausbildung und die Versorgung der feindlichen Streitkräfte; untergrabt ihre Disziplin und lähmt ihren Kampfwillen durch schwüle Musik, schickt dann noch leichtfertige Frauen in ihre Lager, und laßt sie das Werk des Verfalls zu Ende führen;
10. spart weder mit Versprechungen noch mit Geld oder Geschenken, denn all dies trägt reiche Zinsen. (1, S. 263)

Die „*Zehn Regeln*“ waren sicherlich Grundlage für viele nachfolgende Herrscher beim Umsetzen ihrer politischen Ziele. Teile davon finden wir auch in dem „*Testament Peters des Großen*“, in den Dokumenten der bayerischen Illuminaten oder auch bei Machiavelli wieder. Um zu verstehen, was in der Politik geschieht, muß man Machiavelli studiert haben. Niccolo Machiavelli (1469-1527) war ein genialer italienischer Politiker und Geschichtsschreiber, der vor allem in seinem Buch „*Der Fürst*“ die Ursachen der politischen Ohnmacht im Italien seiner Zeit untersuchte. Darin schildert er einen Herrscher, dessen Handeln allein Machtgründen entspringt. Ein Machthaber muß nach dessen Ansicht immer versuchen, gegensätzliche Parteien zu schaffen – „linke“ und „rechte“ Gruppen –, die sich gegenseitig beschäftigen, so daß das Volk bei ihm als Machthaber oder als „System“ Schutz und Sicherheit sucht.

Könnte es sein, daß hier gewisse Parallelen zur momentanen, von den Massenmedien verbreiteten *Angst vor Terroranschlägen* bestehen? Bei wem sucht denn der Bürger Schutz? Und wenn die Bedrohung (angeblich) weltweit besteht, bei wem sucht dann die Weltbevölkerung Schutz? Doch mehr dazu im Kapitel über die *Neue Weltordnung*...

Was die positiven Aspekte und Mechanismen des Lebens angeht, so werden diese in aller Ausführlichkeit im Laufe des Buches erläutert.

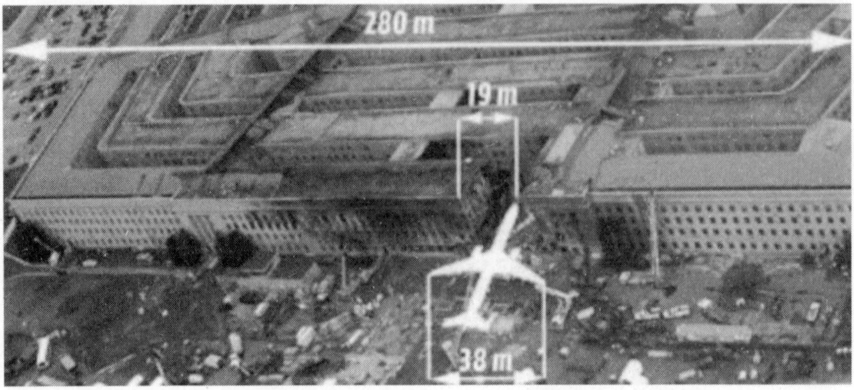

Abb. 2:
Das Loch im Pentagon ist genau 19 m breit. Das Flugzeug, das dort angeblich hineingeflogen ist, ist aber 38 m breit. Wieso blieb das Gebäude an den Stellen, an denen die Tragflächen hätten auftreffen müssen, unversehrt? Vergleiche dazu untere Abbildung.

Abb. 3:
Wir sehen deutlich: Das Gebäude ist dort, wo die Tragflächen hätten aufprallen müssen, unbeschädigt. Wie ist das möglich? Und: Wir sehen keine Trümmerteile – Fahrwerk oder Flügelteile – und auch keine Leichen vor dem Pentagon; sogar der Rasen ist unversehrt.
Muß *ich* Ihnen sagen, was das zu bedeuten hat, oder sind Sie mutig genug, die „verbotene Wahrheit" selbst zu denken?

WER NICHT FRAGT, BLEIBT DUMM!

Kommen wir nochmals zu der bereits aufgeworfenen Frage zurück, nämlich, ob Sie sich schon einmal Gedanken darüber gemacht haben, wie es möglich ist, daß an die dreihundert Familien auf der Welt den Rest der Welt über ihr Kapital und ihren dadurch entstandenen Einfluß kontrollieren? Was ist es, was diese Leute so reich gemacht hat? Wieso sind *Sie* keiner dieser Leute? War das Leben ungerecht zu Ihnen? Hat Gott ungerecht verteilt? Oder haben diese Kreise Kenntnisse über Dinge, die Ihnen bis heute verborgen blieben?

Einen Teil dieses Rätsels werden wir im Laufe des Buches entschlüsseln. Wie ich das kann und woher ich das weiß? Nun, ich habe nicht nur seit vielen Jahren über diese Kreise geschrieben, sondern ich habe über die Jahre hinweg auch immer wieder Menschen getroffen, die für diese dreihundert Familien tätig waren, vor allem aber... und jetzt kommt's: Ich habe einen höchst interessanten Freund, über den ich später berichten werde und der mich seit meiner Kindheit dabei unterstützt, das Leben zu studieren und mich über diese Vorgänge aufzuklären!

In diesem Buch geht es generell um Geheimnisse. Es geht darum, daß es eine Menge Wissen gibt, welches vor dem Kollektiv zurückgehalten wird – sowohl von den „Bösen“ als auch von den „Guten“. Die einen halten es zurück, um Ihre Ziele nicht zu gefährden und ihr Streben nach der Weltherrschaft. Die anderen halten es zurück, um die Dinge nicht noch zusätzlich zu verschlimmern, denn alles braucht seine Zeit – auch die Konfrontation mit Informationen.

Vergleichen wir dies einmal mit den Eltern, welche die scharfen Messer vor den kleinen Kindern verborgen halten. Nicht daß Messer an sich schlecht wären, doch ein kleines Kind könnte sich damit selbst Leid zufügen.

Ähnlich ist es auch mit Wahrheit und Informationen. Auch die können als Waffe verwendet werden. So wurden in der Geschichte oft Informationen gezielt zurückgehalten beziehungsweise gezielt gestreut, um einen Krieg anzuzetteln, ihn zu beeinflussen oder gar zu beenden.

Nehmen wir hierzu zwei Beispiele unter die Lupe.

Die Schlacht bei Waterloo:

Die Bankiersfamilie Rothschild hatte einen maßgeblichen Einfluß auf die europäische Politik des 18. und 19. Jahrhunderts.

Bis 1815 war Nathan Rothschild – einer der fünf Söhne des Bankgründers Mayer Amschel Rothschild – zum finanzmächtigsten Bankier ganz Englands aufgestiegen.
Die Rothschilds hatten seinerzeit bereits ein nahezu perfektes Spionage- und Kuriersystem über ganz Europa aufgebaut, das sich vor allem während der Napoleonischen Kriege sehr bewährt hatte. Sie hatten ihre „Agenten“, die Nachrichten einholten, in allen strategisch wichtigen Hauptstädten und Handelsplätzen sitzen. Der Autor *Des Griffin* erläutert: *„Rothschildkutschen galoppierten die Landstraßen entlang, Rothschildschiffe segelten über den Ärmelkanal, Rothschildagenten bewegten sich gleich huschenden Schatten auf den Straßen der Städte. Sie transportierten Bargeld, Wertpapiere, Briefe und Nachrichten. Vor allem Nachrichten – die neusten, exklusivsten Nachrichten, die mit Nachdruck an den Aktien- und Warenterminbörsen verarbeitet werden würden.“* (16, S. 80f)

Am 20. Juni 1815 erhielt Nathan Rothschild von einem seiner Agenten den geheimen Bericht über den Fortgang des Krieges. Nathan machte sich daraufhin auf dem schnellsten Weg nach London. An der Londoner Börse angekommen, täuschte er durch den gesamten Verkauf seiner *Consul*-Aktien vor, daß England den Krieg verloren hätte. Das Gerücht verbreitete sich wie ein Lauffeuer: *„Rothschild weiß.“* – *„Wellington hat Waterloo verloren!“* Die meisten Aktionäre gerieten in Panik, alles zu verlieren, und verkauften ihre *Consul*-Aktien. Als nach wenigen Stunden der Wert einer Aktie auf fünf Cent je Dollar gefallen war, kauften ein Dutzend Rothschild-Agenten am Orderschalter auf der anderen Seite der Börse sämtliche *Consul*-Aktien für ein „Butterbrot“.

Nach ihrer vernichtenden Niederlage hatten die Franzosen große Schwierigkeiten, wieder auf die Beine zu kommen, und schlossen so 1817 ein nicht geringes Kreditabkommen mit der angesehenen französischen Bank Ouvrard und den bekannten Bankiers Baring Brothers aus London ab. Die Rothschilds hatte man quasi stehenlassen. Ein Jahr später benötigte Frankreich wieder einen Kredit und ließ die Rothschilds abermals stehen. Das gefiel diesen natürlich ganz und gar nicht. Sie versuchten alles, um die französische Regierung zu beeinflussen, das Geschäft doch ihnen zu überlassen – jedoch vergeblich.
Die französischen Aristokraten, die stolz auf ihre Eleganz und höhere Herkunft waren, sahen in den Rothschilds lediglich Bauern – Emporkömmlinge, die man auf ihren Platz verweisen mußte.

Am 5. November 1818 geschah dann etwas ganz Unerwartetes. Nachdem der Kurs der französischen Regierungsanleihen stetig gestiegen war, begann er plötzlich unaufhörlich zu fallen. Am Hofe Ludwig XVIII. herrschte eine gespannte Atmosphäre. Die einzigen, die zu dieser Zeit nicht betrübt waren, sondern sogar lächelten, waren die Rothschildbrüder Kalmann und Jakob. Denn sie hatten im Oktober 1818 mit ihren unbegrenzten Reserven und der Hilfe ihrer Agenten riesige Mengen französischer Regierungsanleihen gekauft, die von ihren Rivalen Ouvrard und Baring Brothers emittiert (ausgegeben) worden waren. Dadurch war der Anleihekurs gestiegen. Am 5. November 1818 begannen sie dann, Unmengen der Anleihepapiere auf den offenen Markt in den Haupthandelsplätzen Europas zu werfen und dadurch den Markt in „Panikstimmung“ zu versetzen.

Damit änderte sich das Bild schlagartig, und die Rothschilds wurden die „Nummer eins“ in Frankreich. Nun bekamen sie die volle Aufmerksamkeit des französischen Hofes, und das nicht nur in Geldangelegenheiten.

In Paris hatte das Bankhaus Rothschild nach der Niederlage der Franzosen den Einfluß auf das Regierungsgeschehen Frankreichs stark ausgeweitet, und in London hatte Nathan Rothschild durch seinen Einfluß auf die „Bank von England" auch direkten Einfluß auf das britische Parlament. (16, S. 82f)

An diesem Beispiel erkennen wir das Ausmaß an Schaden, das eine gezielt zurückgehaltene Information auslösen kann – in diesem Fall auf die Börse und damit wieder indirekt auf die Regierung eines Landes...

Wählen wir nun als zweites Beispiel eines dafür, wie eine zurückgehaltene geheime Information dazu benutzt wurde, eine gesamte Nation in einen Krieg zu führen:

Pearl Harbor

Kurz zur Erinnerung: US-Präsident Roosevelt hatte die Japaner damals zum Kriegseintritt gereizt, indem er am 26. November 1941 ein Kriegsultimatum stellte, in dem er verlangte, die Japaner sollten sämtliche Truppen aus Indochina und China (Mandschurei) abziehen.
Dies ist eine historische Tatsache, jedoch ein wohlgehütetes Geheimnis. Roosevelts Kriegsultimatum ist dem amerikanischen Kongreß vorsätzlich bis nach dem Angriff auf Pearl Harbor vorenthalten worden. Alle waren sich darin einig, daß den Japanern keine andere Möglichkeit als Krieg bleiben würde. Die Japaner selbst hatten fast alles getan, um einen Krieg mit den USA zu verhindern. Prinz Kenoye, der Botschafter Japans in den USA, hatte wiederholt darum ersucht, nach Washington oder Honolulu zu kommen, um sich mit Roosevelt zu treffen und eine Alternative zu finden. Er war später sogar bereit, die Forderungen der USA zu befolgen, um dem Krieg aus dem Weg zu gehen, doch Roosevelt lehnte es mehrmals ab, mit ihm zu sprechen, da der Krieg mit Japan ja schon längst geplant war – wie vorher mit Deutschland.

Gleichzeitig erklärte Roosevelt dem amerikanischen Volk:
„Während ich zu euch Müttern und Vätern spreche, mache ich euch noch eine Zusicherung. Ich habe dies schon früher gesagt und ich werde es immer und immer und immer wieder sagen: Eure Jungs werden nicht in irgendwelche ausländischen Kriege geschickt werden.“

Daß die Japaner Pearl Harbor zuerst angreifen würden, war den amerikanischen Militärs aus mehreren Quellen schon vorher bekannt:

1. Der US-Botschafter in Tokio, Joseph Grew, schrieb in einem Brief an Roosevelt am 27. Januar 1941, daß im Falle eines Krieges zwischen Japan und den USA, Pearl Harbor das erste Angriffsziel wäre.
2. Kongreßmitglied Dies hatte Präsident Roosevelt im August 1941 nicht nur das Angriffsziel Pearl Harbor, sondern auch noch den strategischen Angriffsplan mit Karte überreicht. Er wurde zum Schweigen gezwungen.
3. Dazu kam, daß es dem amerikanischen Geheimdienst 1941 gelungen war, den diplomatischen wie auch den militärischen Code der Japaner zu entschlüsseln. Roosevelt und seine Berater kannten im voraus das genaue Datum, die Uhrzeit und das Angriffsziel.

Al Bielek, einer der beiden Überlebenden des „Philadelphia-Experiments“, erzählte mir im September 1991, daß er damals auch in Pearl Harbor stationiert gewesen war, jedoch eine Woche vor dem Angriff abgezogen wurde, da er später mit Nikola Tesla am „Philadelphia-Experiment“ arbeiten sollte. Ihm wurde damals auch gesagt, daß er wegen des Angriffs weggeholt wurde, da er zu kostbar wäre, um dort zu sterben.
Pearl Harbor selbst wurde es jedoch erst zwei Stunden vor dem Angriff mitgeteilt, und es war somit natürlich nicht darauf vorbereitet. Es ging erbarmungslos unter. Das war es, was Roosevelt

wollte, denn nun konnte er die Japaner als *„hinterlistige Schweine"* hinstellen, und die USA mußten auf diese Attacke „Vergeltung" üben. (8, S. 120f)

Und nun raten Sie mal, was George W. Bush auf seiner ersten Ansprache an seine Nation nach dem Anschlag auf das World Trade Center erklärte: *„Dies ist ein zweites Pearl Harbor!"*
Was er uns damit wohl sagen wollte...?
Aber lassen wir das an dieser Stelle.

Das waren nur zwei Beispiele aus der realen Politik. Können Sie sich vorstellen, daß es auch Geheimnisse gibt, welche die Entstehungsgeschichte der Menschen betreffen oder Technologien, die bereits entwickelt sind, jedoch vor der Masse zurückgehalten werden, zum Beispiel ein Wasser- oder ein Magnetmotor?

Noch nie etwas davon gehört?

Dann werde ich ein bißchen nachhelfen...
Im Jahre 1992 war ich ein halbes Jahr lang in der südlichen Hemisphäre unterwegs (Neuseeland, Australien und quer durch Asien) und traf in einer Buchhandlung im Süden Neuseelands auf einen Mann namens Ross, der mich fragte, ob ich Lust verspüre, ihm und ein paar Freunden von meinen Erfahrungen und Recherchen über geheime Waffenentwicklungen in Deutschland (Flugscheiben) zu berichten. Er führe einen UFO-Kreis in Dunedin und habe auch zu anderen UFO-Gruppen in Neuseeland Kontakt. Ich stimmte spontan zu, woraufhin er mich am nächsten Tag anrief und meinte, ich könne nach Invercargill, am Südzipfel der Südinsel Neuseelands, zu einem Freund gehen, wo sich einmal in der Woche ein kleiner Kreis Interessierter einfinden würde.

Als ich dann an jenem Abend meine Recherchen zutage gefördert hatte, meinte der Gastgeber mit belehrenden Worten: *„Euch Deutsche hat man aber ganz schön hirngewaschen."* Eine Äußerung, die ich zum damaligen Zeitpunkt nun gar nicht verstehen konnte, hatte ich ja doch den Glauben, wir Deutschen hätten jetzt nach dem überstandenen Nationalsozialismus das freieste Land der Welt anzubieten. Nun, mit dieser Anschauung war es ab diesem Abend vorbei, denn der Mann führte mich in einen Raum, der von oben bis unten mit Büchern, Videofilmen und Audiokassetten angefüllt war, die sich alle mit Dingen beschäftigten, die es „offiziell" nicht gab. Und er erklärte mir, daß fast alle diese Bücher in Deutschland verboten seien. Darunter fanden sich Bücher über deutsche Entwicklungen im Bereich der Anti-Gravitation, Geheimnisse über die angebliche Mondlandung, Hintergründe im Dritten Reich, kritische Bücher über die Themen Freimaurerei, Gifte in Nahrungsmitteln, Bücher über Menschen, die sich selbst von tödlichen Krankheiten geheilt hatten, über „Freie Energie", Hohlwelt und unterirdische Basen, außerirdische Kontakte mit Regierungen und vieles mehr.

An diesem Abend war auch ein Herr anwesend, der mich am nächsten Morgen anrief und meinte, er müsse mir etwas zeigen. Er holte mich daraufhin mit seinem Wagen ab und fuhr mit mir etwa zwei Stunden mitten in einen dschungelartigen Wald hinein. Dort, an einem kleinen Häuschen angekommen, erklärte er mir, daß niemand dieses Haus kennen würde und ich hier, falls ich mich einmal verstecken müsse, Unterschlupf finden könne. Er meinte auch, daß wenn ich irgendwann einmal eine fliegende Untertasse bauen möchte, es hier tun könnte. Ein seltsames Angebot, dachte ich damals. Ich wunderte mich auch, daß er, als wir in das Haus hineingingen, das Licht einschaltete, obwohl ich am Haus keine Stromzufuhr entdeckt hatte. Auf meine Frage hin nahm er mich bei der Hand und zeigte mir mit den Worten, *„jetzt kommen wir zum eigentlichen Grund unseres Ausfluges"*, eine kleine Maschine, die im Keller seines Hauses stand und ein schnurrendes Geräusch von sich gab. Ich suchte nach einem Kabel und einem Stecker beziehungsweise einer Steckdose, durch welche die Maschine mit Strom versorgt wurde, doch vergebens. Der Herr erklärte mir, daß dies ein Magnetkonverter sei, der selbst Strom erzeugt und nur ein einziges Mal, nämlich am Anfang, wenn der Konverter an seinem Bestimmungsort plaziert ist, durch einen Impuls aktiviert wird. Dieser Impuls wird demnach durch das einmalige Andrehen eines Rades an der Seite des Konverters bewerkstelligt. Dieser würde dann genügend Strom für ein ganzes Haus oder – in größerer Form – auch für ein Auto liefern.

Der gute Mann war gebürtiger Brite, war aber nach Neuseeland abgehauen, da er aufgrund seiner Erfindung, die er versuchte in England auf den Markt zu bringen, derart in Bedrängnis gekommen ist – bis hin zu Morddrohungen –, daß er keinen anderen Ausweg sah als auszuwandern und seinen Mund zu halten.

Soviel zum technischen Bereich.

Nun werden Sie wahrscheinlich denken: „*Phantastisch, so ein Magnetmotor. Baue ich mir diesen in mein Haus ein, so brauche ich nie wieder Strom zu bezahlen. Es wäre umsonst geheizt und Warmwasser hätte ich auch. Zusätzlich könnte ich mir ein Gewächshaus in den Garten stellen, dieses den ganzen Winter über umsonst beheizen und mein eigenes Essen großziehen... Dann würde ich mir ein Elektroauto kaufen und den Konverter einbauen, womit nicht nur meine Bezinkosten auf Null sinken würden, sondern gleichzeitig auch der Umwelt gedient wäre. Wenn ich dann zusammenrechne, welcher Teil meines Gehalts für Strom, Wasser, Benzin und Essen draufgeht, müßte ich womöglich auch nicht mehr so viel arbeiten... Des weiteren könnte ich mit meinen Freunden zusammen einen ausgedienten Jet kaufen, diesen umrüsten und dann zum Mond fliegen und selbst nachsehen, was an der Atmosphären-Geschichte dran ist...*“

Der Phantasie sind hier keinerlei Grenzen gesetzt. All dies wird möglich. Doch haben Sie in Ihrer Euphorie auch bedacht, daß Millionen Menschen weltweit arbeitslos werden – Ölindustrie, Motorenwerke, der Heizungsmonteur, der Solartechniker... und, und, und?

Ist Ihnen bewußt, daß sie dann der Kraft dienen, die stets das Gute will und doch Zerstörung schafft? Sie werden der Auslöser für unendlich viel Leid sein, viele Menschen werden Sie hassen, da sie deren Leben ruinieren. Ich weiß, Sie wollten doch nur Gutes tun...

Ich möchte Sie keineswegs von der *Freien Energie* abbringen – im Gegenteil. Sie ist unsere Zukunft und wird eines Tages (je früher, desto besser) auf den Markt kommen und die Welt bereichern und verändern. Ich wollte nur zu bedenken geben, daß alles im Leben auch eine Kehrseite hat. Und manchmal ist es wichtig, eine Entscheidung zu treffen, die der Mehrheit der Menschen zwar Vorteile bietet, gleichzeitig aber die anderen, die mit den alten Technologien verknüpft sind, zerstören kann, wenn diese nicht umdenken und umhandeln.

Ähnlich war es mit der Einführung des Computers. Er hat unser aller Leben erleichtert, gleichzeitig aber auch viele Berufe vernichtet und wird in Zukunft auch immer mehr Menschen arbeitslos machen. Doch möchten Sie heute auf ihn verzichten?

Das ist das *Gesetz der Polarität.*

Durch diese Beispiele möchte ich Ihnen nur bewußtmachen, daß wir, egal welchen Weg wir gehen oder für welchen Pfad wir uns entscheiden, immer Menschen verletzen und angreifen werden, egal wie idealistisch und harmlos unser Beweggrund gewesen sein mag.

Und so wird eine Erfindung – ein kleines Motörchen –, das ich in einem Dschungel entdecken durfte, zu einer „Waffe“, die Millionen Schicksale bewegen wird!

Verstehen Sie nun, was ich damit meinte, daß Wissen über Geheimnisse sehr gefährlich sein kann und der unbedarfte Geist in seiner Spontaneität mit einer guten Sache viel Zerstörung und Leid anrichten kann, wenn er nicht lernt, damit umzugehen?

Und ich behaupte nun, daß diese eben erwähnten dreihundert Familien so reich und mächtig sind, weil sie über ein geheimes Wissen verfügen – über etwas, das sich in der äußeren Welt befindet, und etwas, das im Innern des Menschen verborgen ist –, das dem Kollektiv gezielt und bewußt vorenthalten wird.

Naive Menschen erklären vielleicht in ihren Gesprächen, daß es heute keinerlei Geheimnisse mehr gibt, daß die Welt erforscht und die Geschichte der Erde offengelegt ist. Doch wieso gibt es dann Geheimdienste mit tausenden von Mitarbeitern weltweit? Wozu Geheimdienste, wenn weltweit alles geklärt und offengelegt ist?

Ich erinnere mich an ein Gespräch mit einem Intellektuellen, der weder an einen Gott noch an einen Teufel glaubt – von einer Seele, Intuition und kosmischen Gesetzen ganz zu schweigen. All dies sei nicht wissenschaftlich bewiesen und daher ein Wust aus Hirngespinsten.

Als ich ihn fragte, ob er seine Frau lieben würde, versicherte er mir dies mit überzeugter Miene.

Ich hingegen behauptete, daß er mich anlügen würde, daß das nicht stimme, woraufhin er das Gesicht verzog und aufbrausend wurde. Ich meinte, daß es so etwas wie Liebe nicht geben würde, und er sich das alles nur einbilde – es gäbe keinen wissenschaftlichen Beweis für die Liebe – und bat ihn, wieder auf den Boden der Tatsachen zurückzukommen. Es gibt keine Liebe, denn was nicht wissenschaftlich beweisbar ist, kann und darf es nicht geben.

Natürlich klärte ich ihn dann darüber auf, daß ich ihn nur provozieren wollte und seine saublöde Argumentation einmal auf ihn selbst angewendet hätte. Daraufhin räumte er ein, auch schon die eine oder andere Vorahnung gehabt zu haben, dies jedoch aufgrund seiner Kopflastigkeit nicht erklären könne...

Das muß er ja auch nicht. Doch etwas einfach abzulehnen, weil es nicht auf Anhieb schlüssig erklärbar ist, ist auch nicht fair.

So ist es auch mit den Geheimnissen.

Überlegen Sie mal: Es gibt hunderte Forschungsinstitute, die nichts anderes machen, als Menschen, ihre Verhaltensweisen, Bedürfnisse und Gewohnheiten zu studieren. Es gibt alleine in Europa etliche Institute für psychologische Kriegsführung (beispielsweise das *Tavistock Institut*). Ja, was glauben Sie denn, was mit den Ergebnissen solcher Experimente und Studien geschieht? Wandern diese in den Mülleimer oder werden sie denjenigen zugetragen, welche die Institute gegründet und finanziert haben?

Und sind wir hier nicht wieder bei den Reichen und Mächtigen?

Glauben Sie, daß die Mechanismen des menschlichen Denkens und des Lebens an sich längst entschlüsselt sind? Das sind sie, definitiv. Und die Mechanismen werden von diesen Leuten, diesen Magnaten und Monopolisten, selbstverständlich genutzt – zu deren Vorteil und ebenso sicher zu Ihrem Nachteil.

Es fragt sich nur, wieso Sie das bisher nicht wußten und was Sie nun mit diesem Wissen machen werden?

Womit wir wieder beim Thema dieses Kapitels angelangt wären, nämlich: Was hilft mir all das Wissen, wenn ich nicht weiß, wie ich es in mein persönliches Leben integrieren kann?

Daher sollten wir mehr über die Geheimnisse des Lebens erfahren.

In meinen bisherigen Büchern hatte ich überwiegend die negativen, bedrohlichen und unangenehmen Geheimnisse des Lebens publiziert. Daher besteht hier etwas Nachholbedarf auf der anderen Seite – der angenehmen, unser Leben befreienderen und erbaulichen.

Denn ist es nicht das, was wir eigentlich alle wollen – Glück, Gesundheit, Wohlstand, Reisen, Frieden...?

So ist es, und es ist auch möglich. Doch es gehört etwas dazu. Einerseits die Bereitschaft, etwas Neues in das bisherige Weltbild einzulassen, um es anschauen und auswerten zu können, und andererseits das Vertrauen, daß mir das Leben noch mehr zu bieten hat, als ich bisher annahm, denn dies ist...

EINE WELT VOLLER WUNDER!

Viele Menschen, vor allem die der westlichen Welt, glauben nicht mehr an Wunder, wundern sich aber, wenn sie sich ein Bein brechen, sie ihren Job verlieren, ihr Partner sie verläßt oder einer in ihr Auto fährt.

Das liegt daran, daß sie sich nicht dafür interessieren, was das Leben an sich darstellt. Sie haben zwar Wege erkannt, wie man sich durchs Leben schlagen kann, doch was der eigentliche Sinn des Lebens ist, warum sie hier sind, wer sie zuvor waren und was nach dem physischen Dahinscheiden auf sie wartet, wissen sie nicht.

Das Schlimmste an dieser Tatsache ist jedoch, daß es ein großer Teil der Weltbevölkerung ist, der keine Ahnung hat, wieso er überhaupt hier ist und somit auch die Mechanismen des Lebens nicht versteht.

An dieser Stelle mag der Naive wieder einwenden, daß es keine Lebensmechanismen gibt, keine geistigen Gesetze, keinen Lebensplan und schon gar keine Wunder.

Nun, wie verhält es sich denn dann mit den Feuerläufern?

Wieso geht eine Gruppe Menschen über glühende Kohlen, ohne sich die Füße zu verbrennen? Die Feuerläufer versetzen zwar nicht durch ihren Glauben Berge, doch heben sie durch ihre Überzeugung zumindest zeitweise die Naturgesetze auf. Die Person, die barfuß über die meterlange Bahn glühender Kohlen läuft, ohne sich dabei zu verbrennen, wird zuvor von einem Trainer mental darauf eingestellt, daß sie sich nicht verbrennen wird. Ist die Person dann schließlich fest davon überzeugt – also richtig vom Bauch heraus –, dann verbrennt sie sich auch nicht. Kommt aber nur ein winziges „Fünkchen" Zweifel in ihr auf, so ist alles umsonst gewesen und sie wird sich verbrennen.

Und wieso können manche Menschen – sogar vor laufender Kamera – Löffel und anderes Besteck mit Gedankenkraft verbiegen, obwohl dies doch angeblich – wissenschaftlich belegt – gar nicht möglich ist?

Und was hat es mit dem Placebo-Effekt auf sich?

Im Jahre 2003 wurde in verschiedenen Publikationen (unter anderem auch im Magazin *Focus*) ein Bericht veröffentlicht, in dem über eine medizinische Studie berichtet wurde, bei der man die eine Hälfte von Meniskus-Patienten am Knie operierte und bei der anderen Hälfte diese zwar in Narkose versetzte, jedoch nur einen kleinen Schnitt auf der Haut anbrachte, um einen operativen Eingriff vorzutäuschen. Den Patienten wurde nichts erzählt. Und trotzdem – oh Wunder – hatten auch die nicht operierten Patienten Heilungserfolge vorzuweisen!

In der Studie wurde dies als ein Beweis für den Placebo-Effekt angeführt.

Und was ist der Placebo-Effekt? Nichts anderes als eines der kosmischen Grundgesetze in der Praxis angewandt:

Der Geist beherrscht die Materie!

Es gab da einmal einen jungen Mann im Bereich Palästinas, der sagte: *„Jedem geschieht nach seinem Glauben“*, was so ziemlich auf dasselbe hinausläuft.

Aus der Erfahrung kann ich Ihnen verraten: Das Leben ist voller Wunder! Und wir können sie selbst erschaffen. Wie, das werde ich Ihnen auf den folgenden Seiten erklären und viele Tips und Ratschläge erteilen, wie diese auch praktisch anwendbar werden, auch in *Ihrem* Leben – sofort!

Tatsächlich ist es aber so, daß es keine wirklichen „Wunder“ gibt – wundern Sie sich jetzt über diese Aussage? –, sondern es sich schlicht und ergreifend um die Befolgung von Gesetzmäßigkeiten handelt, die solche Phänomene ermöglichen.

In den folgenden Kapiteln werde ich Ihnen nun über ein paar äußerst ver-*wunder*-liche Personen beziehungsweise Personengruppen berichten, durch deren *wunder*-volles Wirken wir in einen Bereich des Lebens vordringen werden, den Sie bisher wahrscheinlich gänzlich ausgegrenzt hatten.

Sie werden von Ereignissen erfahren, die Ihnen womöglich unglaublich vorkommen, doch im Anschluß daran werde ich Ihnen nachvollziehbar erklären, wie diese Wunder nicht nur möglich sind, sondern vor allem, wie Sie davon profitieren und sie in Ihr eigenes Leben übertragen können.

Wollen wir jetzt aber etwas konkreter werden.

Es geht also um die Frage, ob es „Wunder" gibt oder nicht. Dazu betrachten wir die meiner Ansicht nach interessanteste Persönlichkeit des letzten Jahrtausends, die wahrscheinlich ebenso viele Wunder vollbracht hat wie die Heiligen irgend einer Religion und dazu noch überall gesehen wurde – ein Mensch, über den Sie sich nur wundern können. Es ist...

DER GRAF VON SAINT GERMAIN – der Mann, der alles weiß und niemals stirbt!

Der Graf von Saint Germain wird in der Encyclopaedia Britannica als ein berühmter Abenteurer des 18. Jahrhunderts bezeichnet, der in ganz Europa als *„der Wundermann“* bekannt war. Von seiner Abstammung weiß man nichts Genaues, auch sein Tod ist in Dunkelheit gehüllt. Voltaire, ein Zyniker, der nicht leicht zu beeindrucken war, bezeichnete ihn Friedrich dem Großen gegenüber als *„den Mann, der alles weiß und niemals stirbt!“*

Glaubt man den Zeitzeugen, so hatte er mindestens zweihundert Jahre gelebt und dabei kaum sein Aussehen verändert.

Der Graf tauchte urplötzlich aus dem Nichts auf. Sein ganzes Leben lang war er von Intrigen und Gerüchten über magische Kräfte umgeben. Er soll über achtzig Pseudonyme gehabt haben, und auch der Name *Saint Germain* soll nicht sein richtiger gewesen sein.

In einem Gespräch mit Madame Pompadour, der Mätresse des Königs Ludwig XV. von Frankreich, faßte Saint Germain die Lebensart der damaligen Zeit wie folgt zusammen: *„Alle Frauen suchen die ewige Jugend und alle Männer den Stein der Weisen. Die einen wollen die ewige Schönheit, die anderen ewigen Wohlstand.“*

Viele, die den Grafen erlebt hatten, meinten, daß er beides entdeckt hatte. Das liegt unter anderem an seiner Langlebigkeit. Friedrich dem Großen gegenüber hatte er einmal geäußert, daß er ein Elixier entdeckt habe, das menschliches Leben immens verlängern könne, und er schon über zweitausend Jahre am Leben sei. Gegenüber dem Freiherrn von Alvensleben erklärte er bei einer Gelegenheit: *„Ich halte die Natur in meinen Händen, und wie Gott die Welt geschaffen hat, kann auch ich alles, was ich will, aus dem Nichts hervorzaubern.“*

In einem anderen Fall deutete er freundlich an, daß er vielleicht älter als Methusalem sei...

Abb. 4:
Der Graf von Saint Germain (*Heiliger Deutscher*). Diese Darstellung wurde 1783 von N. Thomas in Paris in Kupfer gestochen und befand sich ursprünglich im Besitz der Marquise von Urfé.

Betrachten wir uns hier sein Auftreten der Reihe nach:

Zum erstenmal tauchte er im Jahre 1710 auf, was der Komponist Jean-Philip Rameau und die junge Gräfin von Georgy bezeugten, die ihn als einen vierzig- bis fünfundvierzigjährigen Mann beschrieben. Was die folgenden zwei Jahrzehnte betrifft, ist so gut wie nichts bekannt, außer daß er ein enger Vertrauter der Madame Pompadour gewesen ist und in Freimaurerlogen und anderen Geheimbünden der damaligen Zeit einen großen Einfluß hatte. Zur damaligen Zeit war der Geist, der die Logenbrüder beseelte und die Logen zusammenhielt, ein anderer als heute. Damals hatten sich sehr viele hochgeistige und spirituell interessierte Menschen darin zusammengefunden, im Gegensatz zu den heutigen Hochgraden, die meiner Ansicht nach einen entgegengesetzten Kurs eingeschlagen haben.

Zwischen 1737 und 1742 hielt Saint Germain sich am Hofe des Schahs von Persien auf, wo er sich vermutlich einen Teil seines enormen Wissens über Diamanten aneignete. 1743 zeigte er sich am Hofe König Ludwigs XV. und war berühmt für seinen großen Reichtum und seine alchimistischen Fähigkeiten. Er selbst behauptete von sich, den *Stein der Weisen* gefunden zu haben und Diamanten herstellen zu können sowie den Himalaya bereist und dort die Menschen gefunden zu haben, *„die alles wissen"*. Zusätzlich ergänzte er, daß *„man in den Pyramiden studiert haben muß, wie ich es getan habe"*, um seinem Geheimnis auf die Spur zu kommen. Er erzählte ebenfalls, daß er durch den Weltraum gereist sei. *„Sehr lange flog ich durch den Weltraum. Ich sah Erdkugeln, die sich um mich drehten und Welten zu meinen Füßen."* Bei einer anderen Gelegenheit meinte er: *„Ich reiste durch die Zeit und befand mich unbewußt in weit entfernten Ländern."*

Auch war der Graf visionär veranlagt – er berichtete von Erfindungen aus der Zukunft. Des weiteren wird behauptet, daß er sich vor Zeugen unsichtbar machen und plötzlich in Erscheinung treten konnte, wann und wo auch immer er wollte.

Zeitgenossen – von der eben genannten Madame Pompadour bis zu dem deutschen Philosophen Grimm – betonen in Briefen und Tagebüchern das ausgesprochene Talent des Grafen, Geschichten zu erzählen und sein ungeheures Wissen über historische Einzelheiten, wobei seine bezaubernden Anekdoten von Kleopatra, Pontius Pilatus, Maria Tudor, Heinrich VIII. und Franz I., die er mit all den farbenreichen Details eines wirklichen Augenzeugen schilderte, seine hingerissen lauschenden Zuhörer, einschließlich Ludwig XV., davon überzeugten, daß er tatsächlich seine eigenen Erlebnisse beschrieb.

Unsere modernen Psychiater mögen wahrscheinlich ähnliche Fälle aus ihren Kranken-Karteien anführen, aber der Unterschied ist hier, daß Saint Germain die damaligen Menschen eben durch physische „Wunder" beeindruckte.

Doch zurück zu den historischen Belegen:

Im Jahre 1744 kam der Graf in England wegen Spionage ins Gefängnis, wurde jedoch nach einem Verhör wieder freigelassen. 1745 bis 1746 lebte er am Wiener Hof wie ein Prinz und war *„witzig und hochbegabt"*. Er wurde nicht nur immer als sehr reich beschrieben, sondern sprach neben mehreren europäischen, auch arabische, orientalische und klassische Sprachen, spielte ausgezeichnet Violine und Piano. Dazu war er Vegetarier und trank nur gelegentlich Wein.

Zwischen 1747 und 1756 war er mindestens zweimal in Indien. Es existiert ein Brief, in dem er erklärt, daß er *„das Wissen um das Schmelzen von Juwelen erlangt habe"*.

Zwischen 1757 und 1760 erlangte er den Höhepunkt seines Ruhms am Hofe Ludwigs XV., vor dem er Diamanten vergrößerte oder vermehrte. Dort stellte man ihm auch ein Labor für seine alchimistischen Experimente zur Verfügung. Die Gräfin von Georgy war damals im Alter von siebzig Jahren sehr überrascht, daß Saint Germain immer noch so aussah, wie bei ihrem Treffen vor fünfzig Jahren.

Madame du Hausset beschrieb ihn im Jahre 1760 folgendermaßen: *„Er sah aus, als ob er etwa fünfzig Jahre alt sei. Er war weder mager noch dick, er hatte tadellose Manieren, schien klug zu sein und kleidete sich einfach aber geschmackvoll, und sowohl an seinen Fingern wie an seiner Schnupftabak-Dose und an seiner Uhr hatte er Brillanten von reinstem Wasser. Die Diamanten an seinen Knien und auf seinen Schuhschnallen* *wurden auf 200.000 Francs geschätzt. In seinen Spitzenkrausen funkelten Rubine von außergewöhnlicher Schönheit...“* (4, S. 2)

Die Gräfin erinnerte sich, daß sie ihn fünfzig Jahre zuvor im Jahre 1710 in Venedig kennengelernt hatte, als er sich Marquis Balletti nannte, und wie der Musiker Rameau, der dieselbe Erinnerung hatte, schwor sie, er hätte jetzt jünger ausgesehen.(4)

In Versailles erschien der Graf etwa um 1757 und erfreute sich dort eines ganz außergewöhnlichen Einflusses. Sein freier Zugang zu jeder Zeit bei Ludwig XV. erregte Anstoß bei den französischen Hofbeamten, denn er verbrachte auch viele Abende mit dem französischen Monarchen.

In den Jahren 1760 bis 1762 erschien er plötzlich in Holland und versuchte über den Frieden mit England zu verhandeln. Politiker und Herrscher wollten jedoch nichts davon wissen. Ludwig XV. ließ ihn daraufhin offenbar fallen, denn der Graf zog sich vorübergehend nach Holland zurück, um dort seine Arbeit fortzusetzen. In diesem Jahr schrieb Voltaire an den König von Preußen: *„Man sagt, daß das Geheimnis des Friedens nur von einem gewissen Herrn von Saint Germain gekannt werde, welcher ehemals mit den Vätern des Konzils soupiert habe. Er ist ein Mann, welcher gar nicht stirbt und alles weiß.“*

Von 1762 bis ungefähr 1773 erschienen in ganz Europa Berichte über seine wissenschaftliche und politische Betätigung: *„Ein außergewöhnlicher Mensch, der Eisen in ein Metall umwandeln konnte, das für die Arbeit der Goldschmiede mindestens so gut und schön ist wie Gold.“*

In Venedig besaß er eine Fabrik mit einhundert Arbeitern, in der man sich mit der Herstellung von Leinen beschäftigte, das aussah wie Seide.

Zwischen 1774 und 1784, nach dem Tod Ludwigs XV., warnte er vergeblich Ludwig XVI. und Marie Antoinette vor einer *„riesigen Verschwörung“*, über welche er durch seinen Einblick in Freimaurer- und Illuminatenkreise Kenntnis bekommen hatte.

Danach lebte er größtenteils in Deutschland. Ein Zeuge behauptet, daß der Graf zu dieser Zeit zwischen sechzig und siebzig Jahre alt gewesen sein soll. Dort soll er sich mit seinem Schüler und Gönner Prinz Karl von Hessen-Kassel in Freimaurer-, Rosenkreuzer- und Tempelritterkreisen engagiert haben. Dabei sollen sie beide an Versuchen gearbeitet haben, *„die von Nutzen für die gesamte Menschheit sein sollten"*.

Mehrere Jahre lebte der Graf bei Karl von Hessen-Kassel in Deutschland, den er wissenschaftliche Experimente lehrte. Er bot Friedrich dem Großen eine Liste mit verschiedenen chemischen Verfahren an, die, *„wenn dieser Monarch sie ernst genommen hätte, Deutschland die Führung in der industriellen Revolution gegeben haben könnte, wodurch dieses Land der Herr Europas geworden wäre"*. [4, S. 5]

Am Hofe Karls von Hessen-Kassel gab der Graf nun erstmalig zu, alt zu werden. Am 27. Februar 1784 soll er dann angeblich ganz plötz-

Abb. 5:
Der Graf von Saint Germain – hier in einem alchimistischen Labor zusammen mit zwei Klosterbrüdern.

lich in den Armen zweier Kammerzofen gestorben sein, wobei das Begräbnis am 2. März 1784 stattgefunden haben soll, was auch so im Kirchenregister von Eckernförde eingetragen ist. Als man jedoch Tage später seinen Sarg noch einmal öffnete, war dieser leer!

Dann folgte sein von vielen Zeugen bestätigtes Auftreten auf einem großen Treffen von Okkultisten am 15. Februar 1785 in Wilhelmsbad – darunter Freimaurer, Illuminaten sowie Nekromanten, wobei dort die verschiedenen Ansichten der Logen geklärt werden sollten. Er erschien dort in Begleitung des berühmten italienischen Abenteurers und Alchimisten Cagliostro, dem Wiener Arzt Franz Mesmer, der auch der Begründer des „tierischen Heilmagnetismus" (*Mesmerismus*) ist, und dem französischen Schriftsteller und Philosophen Louis-Claude Saint Martin.

Ab 1788 hielt er sich dann wieder überwiegend in Frankreich auf und warnte die Adeligen vor der bevorstehenden Revolution. Doch er wurde erneut nicht ernst genommen. 1789 reiste er dann nach Schweden, um König Gustav III. vor einer möglichen Krankheit zu schützen.

Die Menschen, mit denen er verkehrte, scheint er über die innere Bedeutung des Lebens belehrt und – da er die bevorstehende Revolution voraussah – sie getröstet zu haben mit der Aussicht auf die feinstoffliche Welt – das Jenseits.

So prophezeite er Marie Antoinette den Tag und die Stunde ihres Todes im Jahre 1793. Die Königin selbst hat bezeugt, daß ihr der Graf mit seinem Seelenkörper (Astralkörper) in ihrer Zelle erschienen ist und ihre Seele aufgerichtet hat, indem er ihr die Gewißheit des herrlichen Lebens im Jenseits gab, was ihr die edle Würde auf der Guillotine verlieh.

Später erzählte König Gustav III. seiner Freundin und Chronistin Madame d'Adhémar, die immer noch glaubte, daß der Graf von Saint Germain wie fünfundvierzig aussah, daß dieser sie noch fünfmal besuchen würde. Sie selbst behauptete später, daß sich dies auch so erfüllt hat. Das letzte Mal war dies im Jahre 1820, am Abend der Ermordung des Duc de Berri.

Auch danach soll er immer wieder gesehen worden sein, vor allem in okkulten Kreisen, worüber es jedoch meines Wissens keine oder zumindest nur wenige Aufzeichnungen gibt. Er soll sich demnach 1821 in Wien aufgehalten und dort mit Madame de Genlis gesprochen haben. Auch im Jahre 1836 – also 52 Jahre nach seinem „offiziellen Tod" – erschien er auf der Beerdigung Karls von Hessen-Kassel und wurde von vielen Personen wiedererkannt. An der Beerdigung nahmen mehrere tausend Menschen teil. 1842 soll er ein enger Freund von Lord Lytton gewesen sein. 1867 will er einer Zusammenkunft der Großen Loge von Mailand beigewohnt und später Chopin und Tschaikowsky inspiriert haben. Und zuletzt behauptete die berühmte Theosophin Dr. Annie Besant (die Nachfolgerin von Helena P. Blavatzky), daß sie den Grafen erstmals 1896 getroffen hat.

Wer ist der Graf von Saint Germain?

Woher hatte er seine Kenntnis über alchimistische Verfahren? Woher stammte sein Reichtum? Und wieso alterte er nicht oder nur unwesentlich, was von unzähligen Zeugen bestätigt wurde?

Bei seiner Geschichte finden wir uns unweigerlich in den Filmhelden *Highlander* versetzt, der, obwohl seine Freunde über die Jahrzehnte hinweg alterten, nie sein junges Aussehen verlor. (4, S. 2)

Ist er unsterblich oder gar ein Zeitreisender? Außer ihm selbst weiß es wahrscheinlich niemand. Fakt ist jedoch, daß er seine Zuhörer oft in Staunen versetzte, indem er Erfindungen beschrieb, die im 18. Jahrhundert noch unbekannt waren – die Eisenbahn und das Dampfboot. Woher wußte er das?

Erst in den dreißiger Jahren des letzten Jahrhunderts erklang sein Name wieder in vielen Ohren. Da erschien er einem Amerikaner am Berge *Mount Shasta* in Nordkalifornien, doch eher in der Art, daß er sich vor dessen Augen materialisierte und später auf diese Weise auch wieder verschwand. (Diesen Berg besuchte ich inzwischen viermal, habe ihn auch mehrfach umwandert und viele Menschen dort interviewt, doch keiner wußte etwas Genaues über Saint Germain zu sagen.)

Diesem Amerikaner gegenüber behauptete Saint Germain, Mitglied der „Weißen Bruderschaft" zu sein. Die „Weiße Bruderschaft" ist seinen Worten nach eine Gruppe von Wesen einer höheren Dimension, welche die Entwicklung auf unserem Planeten überwacht und die Seelen bei ihrer spirituellen Ausbildung unterstützt.

Äußerst interessant an den Ausführungen in den beiden Büchern von Godfre Ray King – dem Mann, dem Saint Germain am Mount Shasta erschienen sein soll – ist vor allem, daß sie einen Bereich tangieren, den ich in meinem Buch *„Die innere Welt"* in Romanform verarbeitet habe, in dem es um die Thematik der Hohlwelt geht.

Nach der ***Hohlwelt-Theorie*** ist die Erde ein Hohlkörper und besitzt einen – hier gehen die Angaben auseinander – größeren oder kleineren Hohlraum im Zentrum, der bewohnt und über zwei Öffnungen am Nord- und am Südpol zugänglich sein soll. Gemäß der Hohlwelt-Theorie ist die Erde ein Organismus – ähnlich einer Zelle, die einen Nukleus hat –, der in der Mitte des Hohlraums ebenfalls einen Nukleus in Form einer Zentralsonne haben soll – so zumindest berichteten Menschen, die sich dort aufgehalten haben wollen.

Die Erde selbst würde atmen, wobei sich bei dieser Bewegung die Pole öffnen und schließen würden.

Nicht nur verschiedene Eskimo-Stämme behaupteten – als sie von Polarforschern nach ihrer Herkunft befragt wurden –, daß sie *„aus dem Land kommen, in dem die Sonne niemals untergeht"*, wobei sie Richtung Nordpol zeigten. Vor allem aber die Polarforscher Scott, Peary, Amundsen, Nansen und Byrd berichteten übereinstimmend, daß es nach dem 77. Breitengrad wärmer wurde, daß man sich plötzlich in einem Frischwasser-Meer befand, und alle sahen zu einem bestimmten Zeitpunkt zwei Sonnen. Admiral Byrd behauptet sogar in seinem berühmten Tagebuch, in eine goldene Stadt gekommen zu sein, in der er mit einem König und dem Volk einer uralten Zivilisation zusammengetroffen wäre, die ihn freundlich empfangen hätten.

Um die Hohlwelt-Debatte ausführlicher zu behandeln, fehlt es uns hier an Raum. Fakt ist aber, daß die gesamte Erde von uralten Tunnelsystemen durchzogen ist, die einst bewohnt waren und in denen Maschinen und andere Artefakte gefunden wurden. Ich selbst habe mich in solchen Tunneln aufgehalten, die zu riesigen unterirdischen Städten führen sollen, und angeblich noch immer von alten Zivilisationen bewohnt sind. So habe ich in Zentralamerika einen Mann interviewt, der Zugang zu diesen „bevölkerten“ Städten hat und der mir auch einiges Interessantes über die Bewohner berichtete.

Im Jahre 1989 hatte ich ein bemerkenswertes Erlebnis. Ich befand mich damals in Sedona, Arizona, einem sehr schön gelegenen, von rotem Felsen umgebenen Städtchen, das etwa zwei Autostunden oberhalb von Phoenix entfernt liegt. Dies ist nicht nur das Mekka der spirituell Interessierten in den USA, sondern gleichzeitig auch ein Ort, an dem sich überdurchschnittlich viele Millionäre niedergelassen haben – zumindest als Zweitwohnsitz.

Abb. 6:
Jan van Helsing (links) in Brasilien auf der Suche nach Höhleneingängen – hier mit einheimischen Guides.

Abb. 7: Eine Darstellung, wie man sich die Hohlwelt vorstellen kann. Im Zentrum soll sich die Zentralsonne befinden, welche die Polarforscher gesehen haben wollen.

Abb. 8: Satelliten-Aufnahme (Apollo 16) von der Erde, auf der angeblich ein Loch erkennbar ist.

Am westlichen Ende Sedonas befindet sich ein Tal mit dem Namen Boynton-Canyon. Über diesen Canyon gibt es folgende Geschichte, die mir ein Medizinmann der Lakota Sioux erzählte, als wir im benachbarten Tal eine Zeremonie vollzogen. Und zwar berichtete er von der Zeit, als die Indianer vom weißen Mann gejagt wurden. Ein General (dessen Namen ich leider vergessen habe) hatte mit seiner Kompanie eine Gruppe Indianer verfolgt und in den Boynton-Canyon getrieben. Da dieser Canyon eine Sackgasse ist, dachte der General, daß es nun ein leichtes sei, die Indianer zur Strecke zu bringen. Doch als er später mit seinen Männern in das Tal kam, waren dort keine Indianer.

Der Medizinmann berichtete, daß es im Boynton-Canyon einen Eingang in einen Tunnel gäbe, der unter der Erde bis nach Kalifornien führen würde – also etwa dreihundert Meilen weit.

Dieser Tunnel, so erklärte er weiter, wäre aber nicht von ihnen, sondern von einer anderen Zivilisation gebaut worden, sei uralt, und es wäre den Indianern nicht erlaubt, die Artefakte, die sich im Tunnel befinden würden, anzufassen, geschweige denn sie mitzunehmen.

Was die Indianer als „entheiligend“ empfanden, sollte jedoch für das US-Militär kein Hindernis darstellen. Nachdem in den Boynton-Canyon ein Resort gebaut worden war – eine Art Erholungsanwesen mit Tennisplatz und Übernachtungsmöglichkeit – begann man sich des Tunnels anzunehmen. Neugierig, wie ich nun mal bin, machte ich mich eines Tages mit zwei Freundinnen auf den Weg und wir kletterten um das Resort herum, wurden jedoch von einem Ranger des Feldes verwiesen. Ein paar Tage später traf ich diesen Ranger wieder, und wir kamen ins Gespräch. Als er erfuhr, daß ich Deutscher bin, berichtete er mir, daß seine Großeltern auch aus Deutschland kämen und ich hatte dadurch bei ihm einen Stein im Brett. Wir plauschten über dieses und jenes Belanglose, bis ich ihn auf den Boynton-Canyon ansprach. Er gab dann zu, daß sich dort seltsame Dinge vollziehen würden. Man habe einen Tunnel entdeckt, der so groß sei, daß das Militär mit seinen Trucks hineinfahren würde, um dort irgendwelches Zeug abzutransportieren. Auch habe es unzählige UFO-Sichtungen gegeben, und er selbst habe eine fliegende Untertasse gesehen, die mitten in den Berg hineingeflogen sein soll – das war jedoch etwas entfernt am Bell Rock.

Nachts, wenn er patroullieren gehen würde, könne er merkwürdige Geräusche unter der Erde wahrnehmen, was sich wie das Arbeiten von Maschinen anhört...

Ein Jahr später traf ich durch einen befreundeten US-General einen Herrn vom CIA, der mit bei der Einheit war, die in dem Tunnel im Boynton-Canyon gearbeitet hatte. Er meinte, daß das Resort zu Beginn nur eine Tarnung gewesen sei, um dort ungestört arbeiten zu können. Man habe riesige Maschinen gefunden aus einem Metall, das es auf der Erde gar nicht gäbe und hätte es in die *Area 51* gebracht, um es dort untersuchen zu lassen. Er zeigte mir ein Foto solch einer Maschine, die wie ein Sextant aussah, der jedoch vier oder fünf Meter im Durchmesser war. Es erinnerte mich ein wenig an das Sternentor aus dem Film *Stargate*.

Der Mann erzählte weiter, daß man den Tunnel weitergebohrt habe mit riesigen Tunnelbohrmaschinen, die von der *Rand-Corporation* hergestellt werden. Man habe inzwischen die gesamten USA untertunnelt und bereits achtzig unterirdische Städte gebaut, die alle mit Zügen untereinander verbunden seien. Man würde die alten Tunnel vorhergegangener Kulturen mit den neuen verbinden, meinte er. Diese unterirdischen Städte seien auf dem allerhöchsten Niveau und für die Elite der Welt gebaut, für den Fall einer globalen Katastrophe. Er selbst sei bereits mehrere Male dort gewesen, und es gäbe in fast allen Großstädten Amerikas Zugänge zu diesem Tunnelnetz – teilweise über Aufzüge in großen öffentlichen Gebäuden. Wenn man einmal im System drin sei, würde keiner mehr Fragen stellen. Dieses Tunnelsystem sei absolut autark, und es würde dort eine Technologie angewandt, die an Science Fiction grenzen würde.

Die Aussagen des Mannes decken sich mit meinen Forschungen in Australien. Dort befindet sich südlich des Ayers Rock die vermutlich größte unterirdische Militär-Anlage der Welt – *Pine Gap*. Im April 1992 interviewte ich eine Dame in Sidney, welche namentlich nicht genannt sein möchte, die für eine australische Putzkolonne gearbeitet und in deren Auftrag den unterirdischen Luftwaffenstützpunkt Pine Gap betreten hatte. Sie berichtete, trotz der Androhung enorm hoher Strafen, daß Pine Gap zirka 13 km tief sei, auf der Basis „Freier Energie“ funktioniere, unterirdische Seen, Hängezüge sowie einen eigenen Anbau von Gemüse, Obst und so weiter habe. Nach offiziellen Informationen kann Pine Gap einen direkten Atombombenabwurf problemlos überstehen.

Und wie es das Gesetz der Resonanz verlangt, traf ich drei Wochen später auf einem Campingplatz einen britischen Geheimdienst-Mann, der zwei Jahre in Pine Gap gedient hatte. Er war gebürtiger Brite und wollte nun wieder zurück. Er erzählte, er habe Dinge gesehen, die ihn *„fertiggemacht hätten“*. Er hatte an diesem Abend bereits ein paar Biere intus, als er mir davon erzählte. Er murmelte etwas von Klonen von Menschen und kosmischer Technologie. Als ich ihn am nächsten Morgen weiter aushorchen wollte, war er bereits verschwunden.

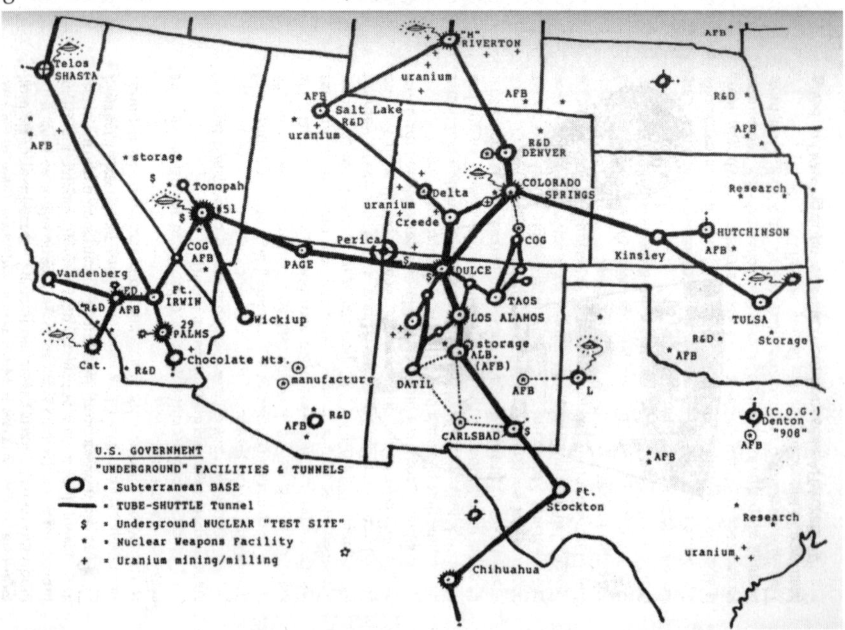

Abb. 9:
Eine Karte, die von einem Augenzeugen angefertigt wurde und die unterirdischen Städte im Westen der USA zeigt – laut William Hamilton.

Abb. 10:
Mit nuklear angetriebenen Bohrmaschinen (US Patent Nr. 3.693.731) werden unter den USA (und auch weltweit) Tunnel gebohrt, die unterirdische Städte miteinander verbinden. Während des Bohrens entsteht eine derartige Hitze, daß das Gestein kurzfristig schmilzt und automatisch eine glasierte Tunnelwand hinterläßt. Die hier abgebildete bohrt jedoch noch auf die übliche Art.

Kommen wir aber zurück zu unserem Grafen von Saint Germain:

Dieser behauptete gegenüber dem Amerikaner Godfre Ray King, daß er sich überwiegend in solchen Tunnelsystemen und unterirdischen Reichen aufhält, die mit Computeranlagen bestückt sind und mit denen er *„mit Verbündeten auf der Venus"* kommuniziert!

Interessant, nicht wahr?

Ging denn nicht auch Jesus für drei Tage ins Erdinnere, nachdem man ihn vom Kreuz genommen hatte?

Mein Freund Al Bielek, der wie sein Bruder und auch sein Vater über Jahrzehnte hinweg für den US-amerikanischen Geheimdienst tätig war, befaßte sich ebenfalls intensiver mit dem Grafen und ist mit großer Sicherheit davon überzeugt, daß dieser heute noch lebt, und zwar in den USA. Er behauptet, aus einer mir nicht bekannten Quelle erfahren zu haben, daß Saint Germain alle fünfundsechzig Jahre eine „Verjüngungskur" durchführen muß, die sich zwei Wochen hinziehen soll. Danach hätte er wieder für fünfundsechzig Jahre Ruhe.

Al Bielek selbst behauptet von sich, daß er während eines Experiments der US-NAVY im Jahre 1943 – dem sogenannten *Philadelphia-Experiment* –, bei dem das Schiff *USS Eldridge* radar-unsichtbar gemacht werden sollte, in der Zeit versetzt wurde. Al Bielek behauptet nicht nur, damals in der Zeit versetzt worden zu sein, sondern auch, daß nach diesem unglücklichen Vorfall erst die richtigen Forschungen begannen und man bis heute mit Zeitreisen experimentieren würde.

Diese Behauptung mag nun der eine oder andere als sehr gewagt einschätzen. Fakt ist aber, daß der Graf von Saint Germain ja Ähnliches von sich behauptet hat. Dazu fand ich in Peter Krassas Publikation über Saint Germain folgende höchst interessante Episode. Sandra Grabow hat sie in einem 1618 verfaßten Tagebuch eines Landsknechts gefunden. Dieser Landsknecht berichtet in seinem Tagebuch von einem gewissen *Montsalveri*, von dem anzunehmen ist, daß es der Graf mit einem seiner vielen Pseudonyme gewesen ist.

Ich zitiere Peter Krassa: *„Den Tagebuchnotizen des Landsknechts zufolge kam Montsalveri (alias Saint Germain?) eines Tages in ein Wirtshaus und erregte dort, aufgrund seines ungewöhnlichen Auftretens sowie seiner eigentümlichen Aussagen, großes Aufsehen unter den Gästen. Bis die Wirtin ihre Neugier einfach nicht mehr bezähmen konnte und von dem Fremden wissen wollte: ‚Sind Sie vielleicht ein Zauberkünstler?' Montsalveri mußte bei dieser naiven Frage lächeln und gab zur Antwort: ‚Nennet es so, Madame, doch werdet ihr mich nicht auf Messen, Märkten oder dergleichen finden. Ich treibe meine Künste aus freier Profession. Nennet mich Showman, Televisionär oder wie ihr sonst möget. Der Name hierfür ist Schall und Rauch...'*

Wer in unserer heutigen, von den elektronischen und Printmedien durchdrungenen Zeit so antworten sollte, den könnte, ja würde man in seinen Absichten sicher verstehen. Aber das Tagebuch jenes Landsknechts wurde vor 380 (!) Jahren geschrieben, und dieser einfache, uns heute unbekannte Mann begegnete den ihm rätselhaft erscheinenden Fremden vor fast vierhundert Jahren! Was veranlaßte diesen, sich schon damals des Wörtchens ‚Televisionär' zu bedienen?

Aber das war längst nicht alles, was die erstaunten und sicher auch verwirrten Bauern des Jahres 1618 zu hören bekamen. Wußte doch Montsalveri mancherlei aus dem Jahre 2000 zu berichten. Ob ihm das Gesinde glaubte oder sich lediglich amüsieren wollte, bleibt dahingestellt. Einige der Landsknechte wollten jedenfalls mehr von dem eigenartigen Besucher erfahren: ‚Erwähnen Sie uns doch etwas aus Ihrem Leben', begehrten sie zu wissen – und der Angesprochene zierte sich keineswegs, dies zu tun: ‚Gerne komme ich euren Wünschen nach, denn in ein paar Jahrtausenden sammelt sich so manches an.'" (3, S. 92f)

So erzählte Montsalveri von Wagen, die sich – ohne von Pferden gezogen zu werden – aus eigener Kraft rasend schnell vorwärts bewegen können; von Fahrzeugen, die sich aus eigener Kraft in die Luft erheben können, um dann in bestimmte Richtungen zu fliegen. Und er berichtete von Maschinen, die selbständige Denkprozesse durchführen können.

„Doch Montsalveri ließ es damit nicht genug sein. Kaum hatte er seine phantastischen Erzählungen abgeschlossen, forderte er die erstaunten Bauern auf, ein beliebiges Pergament zu unterschreiben. Aber nicht mit einem sonst üblichen Federkiel. Vielmehr holte der Unbekannte plötzlich ein kleines Ding mit einem Spänlein aus seinem Rock und forderte die ratlosen Umstehenden auf, sich dieses Schreibgerätes zu bedienen: ‚Schreibet damit – es ist aus dem Jahre 2000!'

Einer nach dem anderen tat das Gewünschte. Montsalveri bedankte sich höflich dafür, steckte das Pergament und Spänlein wieder in seine Rocktasche – und war im nächsten Augenblick spurlos verschwunden. So als hätte ihn ein Erdloch verschluckt. Jene Landsknechte, die um den Ge-

schichtenerzähler herumgestanden waren, suchten verzweifelt nach Montsalveri. Sie durchstöberten alle Winkel des Wirtshauses, doch so sehr sie sich auch bemühten, der fremde Unbekannte schien sich in Luft aufgelöst zu haben.« (3, S. 92f)

Soweit der Bericht nach Peter Krassa.

Der zuvor erwähnte Al Bielek, der behauptet, daß es gegenwärtig ein geheimes Projekt in den USA geben würde – das *Montauk-Projekt* –, bei dem Menschen durch die Zeit verschickt werden, wird oft belächelt, ob seiner Berichte. Lesen wir nun aber solche Aufzeichnungen, wie die des Landsknechts, so scheint doch mehr an der Sache dran zu sein, als wir auf den ersten Blick meinen mögen.

Der gute Mann, der sich als *Montsalveri* ausgibt, taucht im Jahr 1618 auf, verwendet Worte wie *Showman* und *Televisionär*, erzählt von Computern und hat ein Schreibgerät aus dem Jahr 2000 mit dabei – entweder einen Kugelschreiber, Bleistift oder Tintenroller. Und all das ist wohl dokumentiert durch das heute noch existierende Tagebuch.

War dieser Mensch, bei dem es sich mit hoher Wahrscheinlichkeit um den Grafen von Saint Germain gehandelt haben müßte, ein Zeitreisender?

Saint Germain selbst weist uns in diese Richtung mit seiner Aussage: *„Ich reiste durch die Zeit und befand mich unbewußt in weit entfernten Ländern."*

Doch noch viel aufregender liest sich der Bericht keines Geringeren als des berühmten französischen Philosophen Voltaire.

Aus Voltaires letztem Brief an den Grafen vom 6. Juni 1761, dem eine längere Korrespondenz vorausgegangen war, lesen wir folgende überaus revolutionäre Zeilen:

„Ich beantworte Ihren Brief, Monsieur, den Sie mir im April geschrieben haben, worin Sie schreckliche Geheimnisse offenbaren, einschließlich

des schlimmsten aller Geheimnisse, das es für einen alten Mann, wie mich, geben kann – die Stunde des Todes. Danke Germain, Ihre lange Reise durch die Zeit wird von meiner Freundschaft für Sie erhellt werden, bis zu dem Moment, wenn sich Ihre Offenbarungen um die Mitte des 20. Jahrhunderts erfüllen werden. Die sprechenden Bilder sind ein Geschenk für die mir noch verbleibende Zeit, darüber hinaus könnte doch Euer wunderbares mechanisches Fluggerät Euch zu mir zurückführen. Adieu, mein Freund. Voltaire, Edelmann des Königs." [3, S. 237]

Welche schrecklichen Geheimnisse meinte wohl der Graf? Den Ersten als auch den Zweiten Weltkrieg, die Atombomben auf Hiroshima und Nagasaki, die Vorbereitung auf die *Neue Weltordnung*?

Viel spannender ist aber die Bemerkung „*Ihre lange Reise durch die Zeit*". Ist Saint Germain tatsächlich ein Zeitreisender? Was hat er Voltaire anvertraut? Und was sind die „*sprechenden Bilder*"? Hatte Saint Germain Voltaire ein Videospiel mit Batteriebetrieb hinterlassen; oder einen solarbetriebenen Laptop mit einer Lexikon-CD-Rom? Peter Krassa vermutet dahingegen eher eine normale Schallplatte – vielleicht ein handbetriebenes Grammophon –, da elektrischer Strom, den eine Stereoanlage benötigt oder ein Fernseher, noch nicht vorhanden war. Ich meine aber, eine Schallplatte ist kein „*sprechendes BILD*"!

Und was ist das „*mechanische Fluggerät*" – und das im Jahr 1761? Offiziell wurde der erste Flug 1904 durch die Gebrüder Wright durchgeführt. Handelt es sich bei dem Fluggerät des Grafen um einen herkömmlichen Flieger oder vielleicht etwas anderes?

Viele offene Fragen, auf die wir später womöglich eine Antwort erhalten werden.

Doch es gibt noch einen weiteren interessanten und ebenso spektakulären Vorfall – diesmal aus dem Jahr 1914 –, in den auch der Graf von Saint Germain verwickelt gewesen sein könnte.

Und zwar handelt es sich um die Erlebnisse des oberbayerischen Schreinermeisters Andreas Rill. Dieser war als 33jähriger im Jahre 1914, zu Beginn des Ersten Weltkrieges, zu den Waffen gerufen und an die Vogesenfront versetzt worden. Sowohl Andreas Rill als auch seine Kameraden waren damals fest davon überzeugt, daß die kriegerischen Auseinandersetzungen bis spätestens Weihnachten beendet sein würden – doch es kam ganz anders.

In zwei Briefen, die als die *Feldpostbriefe* bekannt wurden, schrieb Andreas Rill am 24. und 30. August 1914 an seine Familie, daß er einem merkwürdigen Fremden begegnet sei, der ihm absonderliche Dinge berichtet hatte. Dieser Mann war als Zivilist von Rills Leutnant an der Vogesenfront bei Metz festgenommen und an der Flucht gehindert worden, da man ihn als Spion einschätzte. Wie sich bald zeigte, beherrschte der Unbekannte mehrere Sprachen und unterhielt sich mit den Kompanieangehörigen vorzugsweise in Deutsch und Französisch. Vor allem verblüffte dieser Mensch die Soldaten aber mit seinen Prophezeiungen über die Zukunft, die seinen Zuhörern aber mehr als unglaubwürdig vorkamen. Sie lachten über die Aussagen des Fremden und bezeichneten ihn als *„spinnad"*.

Aus Rills erstem Brief vom 24.8.1914 erfahren wir folgendes:
„Wenn Ihr wüßtet, was alles bevorsteht, würdet Ihr heute noch die Gewehre wegwerfen und wir dürften ja nicht glauben, daß wir von der Welt etwas wüßten. Der Krieg ist für Deutschland verloren, dann kommt Revolution, aber kommt nicht recht zum Ausbruch, denn einer geht und der andere kommt. Und reich werden wir; alles wird Millionär (Inflation der zwanziger Jahre; alle Anmerkungen in Klammern sind von mir), *und so viel Geld gibt's, daß man's beim Fenster hinauswirft und klaubt's niemand mehr auf. Der Krieg geht unter der Fuchtel weiter, und es geht den Leuten nicht schlecht, aber sie sind nicht zufrieden."*

Daß die Deutschen den Ersten Weltkrieg verlieren sollten, wollte Andres Rill, der die Briefe schrieb, wohl gar nicht glauben. Auch die anderen Äußerungen waren ihm eher suspekt.

Er schreibt: „... (Es) *kommt ein Mann* (Hitler) *aus der niederen Stufe, und der macht alles gleich in Deutschland, und die Leute haben nichts mehr zu reden, und zwar mit einer Strenge, daß es uns das Wasser aus allen Fugen treibt. Der nimmt den Leuten mehr, als er gibt, und straft die Leute entsetzlich, denn um diese Zeit verliert das Recht sein Recht, und es gibt viele Maulhelden und Betrüger. Die Leute werden ärmer, ohne daß sie es merken. Jeden Tag gibt es neue Gesetze, und viele werden dadurch manches erleben oder gar sterben.*

Die Zeit beginnt um 1932, und alles geht auf eines Mannes Diktat. Dann kommt die Zeit 1938. Völker werden überfallen und es wird zum Krieg gerüstet. Der Krieg (Zweiter Weltkrieg) *endet schlecht für diesen Mann und seinen Anhang. Das Volk steht auf mit den Soldaten, denn es kommt die ganze Lumperei auf. Man soll in dieser Zeit kein Amt oder dergleichen annehmen, alles kommt an den Galgen oder wird unter der Haustür aufgehängt, wenn nicht ans Fensterkreuz hingenagelt. Sachen kommen auf, unmenschlich. Leute werden sehr arm, und die Kleiderpracht hat aufgehört. Die Leute sind froh, wenn sie sich noch in Sandsäcke kleiden können* (Nachkriegszeit). *Die Sieger bekommen auch nichts. Deutschland wird zerrissen, und ein neuer Mann* (Adenauer) *tritt auf, der das neue Deutschland leitet und aufrichtet. Wer dann das fleißigste Volk hat, erhält die Weltherrschaft. England wird dann der ärmste Staat in Europa, denn Deutschland ist das fleißigste Volk der Welt.*"

Und im zweiten Brief vom 30.8.1914 schreibt er: „*Steht an der Jahreszahl 4 und 5* (1945), *dann wird Deutschland von allen Seiten zusammengedrückt, und das zweite Weltgeschehen ist zu Ende, und der Mann verschwindet, und niemand weiß wohin* (starb Hitler wirklich in Berlin?), *und das Volk steht da und wird noch ausgeraubt und vernichtet bis ins Unendliche, aber die Feinde stehen auch nicht gut miteinander. Die Dunklen werden es leiten, die Völker mit großen Versprechen zu beruhigen, und die Sieger kommen in das gleiche Ziel der Besiegten.*

In Deutschland kommen dann Regierungen, aber können ihr Ziel (Wiedervereinigung in den fünfziger Jahren) *nicht ausführen, da ihr Vorhaben immer wieder vereitelt wird. Der Mann und das Zeichen* (Hitler und das Hakenkreuz) *verschwinden, und niemand weiß wohin* (es gibt Berichte von Militärs, die Hitler in Südamerika getroffen haben wollen), *aber der Fluch im Inneren bleibt bestehen. Die Leute sinken immer tiefer in der Moral und werden schlechter. Die Not wird noch viel größer und fordert viele Opfer. Die Leute bedienen sich sogar mit allen möglichen Ausflüchten und Religionen, um die Schuld an dem teuflischen Verbrechen abzuwälzen. Aber es ist den Leuten alles gleich, denn der gute Mensch kann fast nicht mehr bestehen während dieser Zeit und wird verdrängt und vernichtet.*

Dann erheben sich die Leute selbst gegeneinander, denn der Haß und der Neid wachsen wie das Gras, und sie kommen immer weiter in den Abgrund. Die Besatzungen lösen sich voneinander und ziehen ab mit der Beute des Geraubten, was ihnen auch sehr viel Unheil bringt."

„*Und das Unheil des dritten Weltgeschehens* (Dritter Weltkrieg) *bricht herein. Rußland überfällt den Süden Deutschlands. Aber nur kurze Zeit, und den verfluchten Menschen wird gezeigt werden, daß ein Gott besteht, der diesem Geschehen ein Ende macht. Um diese Zeit soll es furchtbar zugehen und es soll den Menschen nichts mehr helfen, denn diese Leute sind zu weit gekommen und kommen nicht mehr zurück, da sie die Ermahnung nicht gehört haben. Dann werden die Leute, die noch da sind, ruhig.*"

Und weiter: „*...und Angst und Schrecken wird unter ihnen weilen, denn jetzt haben sie dann Zeit, nachzudenken und gute Lehren zu ziehen, was sie vorher nicht gewollt haben. Am Schluß dieser Teufelszeit werden dann die geglaubten Sieger zu den Besiegten kommen um Rat und Hilfe, denn auch ihr Los ist schwer. Denn alles liegt am Boden wie ein Ungeheuer... Wer weiß, ob wir bis dahin noch leben, und es ist ja nicht zu glauben. Ich schreibe das nur, damit Ihr seht, was er alles gesagt hat, und von den Kindern erlebt diese Zeit doch keines.*

Denn beim dritten Geschehen soll Rußland in Deutschland einfallen und die Berge sollen von da Feuer speien und der Russe soll alles zurücklassen an Kriegsgerät. Bis zur Donau und Inn wird alles dem Erdboden gleichgemacht und vernichtet. Die Flüsse sind alle so seicht, daß man keine Brücken mehr braucht zum Hinübergehen. Von der Isar wird den Leuten kein Leid geschehen, es wird nur Not und Elend hausen. Die schlechten

Menschen werden zu Grunde gehen als wie wenn es im Winter schneit, und auch die Religion wird ausgeputzt und gereinigt. Aber die Kirche erhält den Siegestriumph.

In Rußland werden alle Machthaber vernichtet, und die Leichen werden dort nicht mehr begraben und bleiben liegen. Hunger und Vernichtung ist in diesem Lande die Strafe für ihre Verbrechen..." Und: „*Rußland wird zurückgeschlagen, weil die Natur eingreift. Da wird in Süddeutschland ein Platz sein, wo das Ereignis eintritt. Später kommen die Leute aus aller Welt, um das anzuschauen. Der Papst wird dann beim Friedensschluß dabei sein. Zuvor aber muß er fliehen, da er als Verräter hingestellt wird. Er kommt nach Köln, wo er nur mehr einen Trümmerhaufen findet, alles ist kaputt.*"

Noch kurz vor seinem Tode 1958 meinte Andreas Rill zu seinen Söhnen in bezug auf den dritten Krieg: „*Es dauert nur ganz kurz. Ich erleb es nimmer, aber ihr Buben denkt noch an mich.*" (8, S. 124f)

Über den Dritten Weltkrieg sagte er auch, daß England und Amerika mit sich selbst beschäftigt seien (Terrorismus, Naturkatastrophen?).

Und dann ergänzte er noch: „*Als wir unseren gefangenen Zivilisten schließlich zu weiteren Voraussagen bedrängten, meinte dieser nur immer wieder: ‚Wenn ihr wüßtet, was ihr vor euch habt, würdet ihr große Augen machen!*'" (8, S. 124f)

War dieser prophetische Zivilist auch der Graf von Saint Germain? Wer weiß?

Es kann jedoch vom Grafen behauptet werden, daß es ihm stets darauf ankam, die menschliche Entwicklung zu fördern – sowohl in technischer als auch in geistiger Hinsicht. Da es jedoch sehr schwierig war, sein enormes Wissen an den Kaiser- und Königshöfen durchzusetzen – aufgrund der Intrigen an den verschiedenen Höfen und selbstsüchtigen Monarchen –, entschied er sich, dieses den verschiedenen Geheimlogen – vor allem den Rosenkreuzern – anzuvertrauen. Dennoch war er keiner von ihnen. Er gab ihnen Kenntnisse, die diese sonst nie bekommen hätten, in dem Glauben, daß diese damit besser und konstruktiver umgehen würden, was diese jedoch nicht taten. Darauf kommen wir aber zu einem späteren Zeitpunkt noch einmal weiterführend zurück.

Fakt ist, daß alleine die Aussagen, die direkt aus des Grafen Mund stammen, derart mit Weisheit gefüllt sind und sein Auftreten von Wundern übersät ist, daß sich die Frage stellt, wodurch der Graf von Saint Germain all dieses Wissen erlangt hat?

Betrachten wir uns dazu noch ein, wenn nicht sogar das interessanteste Dokument, das über den Grafen existiert. Als der Graf im Jahre 1788 verschiedene Logen besuchte, traf er auch den in Wiener Esoterik-Kreisen populären und auch vermögenden Buchhändler Rudolph Gräffer sowie dessen nicht weniger gutsituierten Kompagnon, Baron Linden. Als der Graf von Saint Germain diesen verblüffende Experimente orientalischer Wissenschaft vorgeführt hatte und die Stunde des Abschieds gekommen war, überraschte er seine Gastgeber mit einer weiteren Kostprobe seines Wissens. Franz Gräffer schrieb darüber in seinen *„Kleinen Wiener Memoiren“*:

„St. Germain war allmählig in eine feyerliche Stimmung übergegangen. Ein paar Secunden lang war er starr, wie eine Bildsäule; seine über allen Ausdruck energischen Augen waren matt und farblos. Alsbald aber belebte sich sein ganzes Wesen wieder. Er machte mit der Hand eine Bewegung, wie ein Zeichen der Entlassung; dann sprach er: ‚Ich scheide. Enthalten Sie sich, mich zu besuchen. Einmal werden Sie mich noch sehen. Morgen Nacht reise ich; man bedarf meiner in Constantinopel, dann in England, wo ich zwey Erfindungen vorzubereiten habe, die Sie im nächsten Jahrhundert haben werden: Eisenbahnen und Dampfschiffe. In Deutschland wird man deren bedürfen, denn die Jahreszeiten werden allmählig ausbleiben. Zuerst der Frühling, dann der Sommer. Es ist das stufenweise Aufhören der Welt! Ich sehe das Alles. Die Astronomen und Meteorologen wissen nichts, glauben Sie mir. Man muß in den Pyramiden studiert haben, wie ich. Gegen den Schluß des Jahrhunderts verschwinde ich aus Europa und begebe mich in die Regionen des Himalaya. Ich muß rasten, mich ausruhen. Aber in einigen Jahrzehnten werde ich von mir wieder

hören lassen – in genau fünfundachtzig Jahren werden die Menschen ihren Blick wieder auf mich richten. Lebet wohl, meine Freunde. Ich liebe euch!'« (3, S. 236f)

Was uns der Graf mit seiner Aussage nahelegen wollte, daß er *„in den Himalaya reist, um dort zu rasten"*, verrate ich Ihnen im nächsten Kapitel.

Seien Sie gespannt auf eine der ungewöhnlichsten Geschichten, die Sie je gehört haben.

Folgen Sie mir leise, aber aufmerksam durch ein Tor, hinter dem sich uns eine weitere verborgene Welt eröffnet. Wir lüften jetzt...

DAS GEHEIMNIS DES HIMALAYA

Wir betrachten uns hier die spannenden Erlebnisse des russischen Augenarztes Prof. Dr. med. Ernst Muldashev, dessen Forschungen in seinem Buch „*Das dritte Auge – Spektakuläre Erkenntnisse zur Herkunft unserer Zivilisation*" 2001 erstmals in deutscher Sprache veröffentlicht worden sind.

Dr. Muldashev ist praktizierender Augenarzt und auf seinem Gebiet eine der größten Koryphäen in Rußland. Er bereiste bisher über vierzig Länder und führt jährlich zwischen 300 und 400 komplizierte Augenoperationen durch – ist also an und für sich recht „bodenständig".

Ernst Muldashev stieß vor ein paar Jahren auf eine interessante Gegebenheit. Und zwar hat die *Cornea* – also die uhrglasförmige Augen-Hornhaut – bei allen Menschen auf diesem Globus die gleiche Größe, egal ob die Person 1,80 Meter groß ist oder es sich um ein Kind handelt. Es ist tatsächlich der einzige Teil des Körpers, der bei allen Menschen die gleiche Größe hat. Nach Muldashevs Untersuchungen an über eintausend Personen wächst die Cornea nur bis zum vierten Lebensjahr und bleibt danach gleich groß.

Doch Muldashevs Forschungen gingen weiter. Er untersuchte die Möglichkeit, anhand der Augenpartie ein Diagnoseverfahren für psychische wie auch physische Erkrankungen zu finden und untersuchte dabei 1.500 Menschen. Davon ausgehend, daß der abtastende (scannende) menschliche Blick der Augenpartie geometrische Informationen entnimmt, machte er mit seinem Team Fotos dieser Körperpartie.

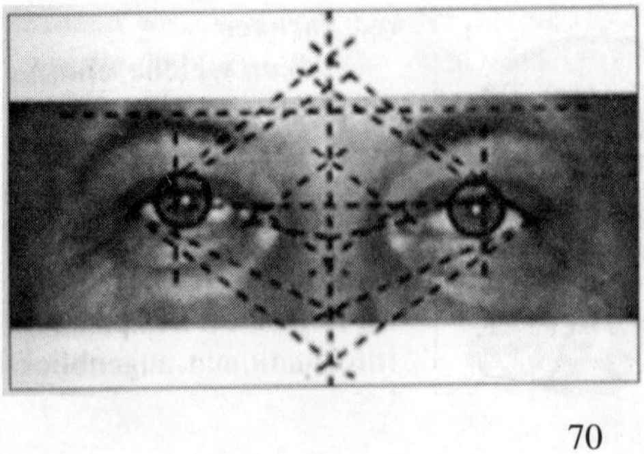

Abb. 11:
Die von Ernst Muldashev angewandten augengeometrischen Parameter – basierend auf der bei jedem Menschen gleich großen *Cornea*.

Unterstützt durch ein Computersystem, das die Augenpartien auf dem Bildschirm darstellen und die geometrischen Parameter analysieren kann, entstand ein entscheidender Durchbruch:

Aufbauend auf der bei allen Menschen gleich großen Cornea als Konstante, entstand ein Verfahren, wie Muldashev nur mit der Augenpartie als Vorgabe nicht nur sowohl den psychischen als auch physischen Zustand der Person diagnostizieren, sondern auch den gesamten Kopf rekonstruieren konnte – sprich Schädelgröße und -form.

„Auf der Grundlage des Materials der 1.500 untersuchten Personen verfeinerten wir dieses Prinzip. Eine hohe Genauigkeit erreichten wir dabei allerdings nicht, denn wir fanden insgesamt 22 augengeometrische Charakteristika, während die beiden Vierecke nur zwei von ihnen darstellen...

Da die individuellen augengeometrischen Parameter mit den geometrischen Charakteristika der Gesichtszüge verbunden sind und sogar mit einigen Körperpartien, besteht die Möglichkeit, das Äußere eines Menschen anhand der geometrischen Charakteristika der Augenpartie zu rekonstruieren...

Und letztlich liegt die einzige Konstante des menschlichen Körpers, der Durchmesser der Cornea, im Bereich der augengeometrischen Schemata wie ein Fingerzeig dafür, daß dieser die Maßeinheit in der Augengeometrie darstellt.“ [5, S. 14 und 15]

Folgende Möglichkeiten zur praktischen Nutzung der Augengeometrie lassen sich absehen:

1. die Identifizierung von Personen;
2. die Rekonstruktion des Äußeren eines Menschen;
3. die Bestimmung der mentalen Charakteristika einer Persönlichkeit;
4. die objektive Analyse von Gefühlen und Empfindungen des Menschen;
5. die Diagnose psychischer und physischer Erkrankungen;
6. die Feststellung der Nationalität und
7. das Studium über die Herkunft der Menschheit. [5, S. 15]

Aufbauend auf diesen Grundlagen forschten Muldashev und sein Team weiter. Es gelang ihnen auf diesem Wege, die Nationalität beziehungsweise Rasse desjenigen klar zu deuten, dessen Augenausschnitt sie vor sich hatten. In seinem Buch führt er detailliert aus, wie sie die verschiedenen Menschenrassen studierten und analysierten, um mittels der Augengeometrie den Ursprung der Menschheit zu ermitteln.

Dr. Muldashev und seine Mitarbeiter untersuchten alle 35 bekannten menschlichen Rassen (nach A. Jarcho) und kamen zu folgender Erkenntnis: *„Insgesamt haben unsere augengeometrischen Untersuchungen – neben einigen weiteren Hypothesen – ergeben, daß sich die Menschheit aus einem gemeinsamen Ursprung entwickelt hat, im Endeffekt aus den Genen eines Urahnen und einer Urahnin. Entstanden in Tibet, hat sie sich weltweit verbreitet.“* [5, S.44]

Muldashev kam also zu Beginn seiner Forschungen zu der Erkenntnis, daß alle Menschen ihren Ursprung in Tibet haben. Auf diese Theorie aufbauend, richteten er und sein Forschungsteam ihre Aufmerksamkeit auf die Himalaya-Region und kamen zu einer erstaunlichen Erkenntnis, als ein Freund von Muldashev das Augenpaar fotografiert hatte, das als sogenannte „Visitenkarte“ auf allen tibetischen Tempeln dargestellt ist.

Abb. 12:
Die ungewöhnlichen Augen auf den buddhistischen Tempeln in Nepal, Indien und Tibet.

Noch am selben Tag begann Muldashev damit, die Augen zu analysieren. Sie gaben das ungewöhnliche Augenpaar in ihren Computer ein, analysierten es nach den bekannten Parametern und kamen zu folgender Rekonstruktion des Kopfes:

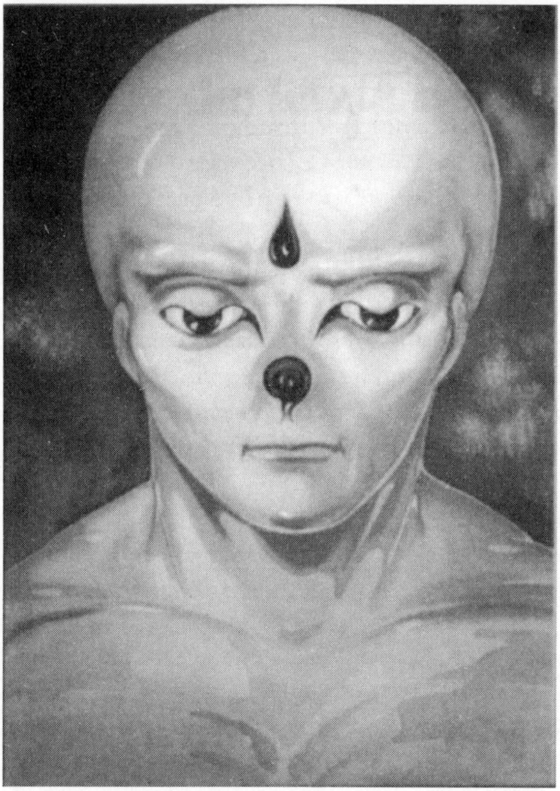

Abb. 13:
Der Kopf, wie er nach Muldashevs augengeometrischem Verfahren rekonstruiert wurde.

Dr. Muldashev beschreibt seine erste Analyse folgendermaßen:

„Erstens springt das Fehlen der Nasenwurzel ins Auge, welche bei der Abbildung gewöhnlicher Augen immer vorhanden ist. Wovon zeugt das Fehlen der Nasenwurzel? Es ist bekannt, daß beim heutigen Menschen die Nasenwurzel den inneren Teil des Blickfeldes verdeckt. Von außen beträgt das Blickfeld 80 bis 90 Grad, innen 35 bis 45. Deshalb verfügt der heutige Mensch über ein binokulares Sehen (Sehen mit zwei Augen, wodurch er das Volumen eines Objektes sieht und die Entfernung zu ihm wahrnimmt) in einem Bereich von nur 35 bis 45 Grad, und nicht 80 bis 90 Grad nach allen Seiten. Diese Unbequemlichkeit, verursacht durch die Nasenwurzel, ist kaum von Belang bei Tageslicht, etwas mehr bei Kunstlicht, beim Licht

der Rotlichtlampe aber stört das schon erheblich, weil es die Orientierung im Raum erschwert. Ohne die Nasenwurzel würden die Menschen im Bereich von 80 bis 90 Grad nach allen Seiten binokular sehen können, was die Orientierung im Raum mit rotem Licht erleichtern würde.« (5, S. 48 und 49)

Daher stellte sich Muldashev die Frage, ob der Besitzer dieses ungewöhnlichen Augenpaares in einer Umgebung lebt, in der er rotem Licht ausgesetzt ist?

Er recherchierte in alten Schriften und fand bei Nostradamus erwähnt, daß die vergangene Zivilisation der Atlanter in blutroter Färbung lebte: Der Himmel war rot, die Bäume hatten eine sattrote Färbung und so weiter. Nostradamus erklärt dazu in seinem Text, daß es nach einem Polsprung zu einem Verschieben der Erdachse und damit zu einer Verfärbung des Himmels kam.

Es schien also darauf hinzudeuten, daß die Darstellung auf den tibetischen Tempeln das Augenpaar eines Menschen einer vergangenen Zivilisation darstellte – das eines Atlanters!

Dr. Muldashev weiter:

„Zweitens zieht der ungewöhnliche obere Lidbogen der auf den Tempeln abgebildeten Augen die Aufmerksamkeit auf sich. Während die... Augenlider des heutigen Menschen die Form eines klaren Kreisbogens haben, haben die besagten Augen an den oberen Lidern eine zentrale Ausstülpung nach unten, wie über der Cornea hängend.

Wovon könnte das zeugen? Vor allem davon, daß die Lidspalte beim Schließen der Augen nicht vollständig geschlossen wird, da die Ausstülpung des oberen Lids das verhindern würde. In diesem Fall sind die Augen in der Lage, das periphere Sehen durch die seitlichen Bereiche der Cornea zu bewahren. Aber da die Nasenwurzel fehlt und das Sehen binokularen Charakter im gesamten Blickfeld trägt, einschließlich der peripheren Bereiche, ist der Besitzer dieser ungewöhnlichen Augen in der Lage, auch bei geschlossenen Augen zu sehen.« (S. 49 und 50)

Doch noch ein weiteres Merkmal tragen diese Augen an sich, die Muldashev stutzig machen: „*Nach unten und innen gezogene Augenwinkel. Das zeugt von einer verstärkten Erzeugung von Tränenflüssigkeit, was zur Erhaltung der Augenfeuchtigkeit bei nicht vollständig geschlossener Augenspalte notwendig ist.*“ (S. 51)

Abb. 14:
Prof. Dr. Ernst Muldashev

Doch was kann ein nicht vollständiges Schließen der Augen und die damit verbundene Erhaltung des orientierenden Sehens erklären?

Dr. Muldashev fand dafür nur eine einzige Erklärung: Die Notwendigkeit, die empfindliche Cornea bei schnellem Schwimmen unter Wasser zu schützen!

Von Nostradamus erfuhr Muldashev über die Atlanter, daß diese sich lange unter Wasser aufhalten konnten und Unterwasser-Plantagen angelegt hatten.

Dr. Muldashev erklärt nun seine weiteren Überlegungen:
„*Drittens hatten die Darstellungen auf den tibetischen Tempeln anstelle der Nase eine spiralförmige Öffnung. Was ist das? Wenn also die Atlanter wirklich teilweise unter Wasser lebten, wäre es denkbar, daß diese spiralförmige Öffnung die Rolle einer ventilartigen Atmungsöffnung erfüllt. Über ähnliche ventilartige Atmungsöffnungen verfügen Meerestiere (Delphine, Wale, u.ä.), alldieweil das im Unterschied zu einer gewöhnlichen Nase hilft, den Eintritt von Wasser in die Atemwege während des Aufenthalts unter Wasser zuverlässig zu verhindern.*“ (S. 51)

„*Viertens: Die Darstellungen auf den tibetischen Tempeln zeigen mittig über den Augen einen tropfenförmigen Fleck, ungefähr dort, wo die indi-*

schen Frauen ihren Schönheitsfleck hinmalen. Dieser tropfenförmige Fleck stellt wahrscheinlich das hypothetische „dritte Auge" dar.

Es ist bekannt, daß das dritte Auge irgendwann im Altertum bei den Menschen vorhanden war (dafür sprechen die Angaben der Embryologie). Aber beim heutigen Menschen blieb davon nur ein Rudiment übrig – die Zirbeldrüse (Epiphyse), versteckt tief im Innersten des Gehirns. Es wird allgemein angenommen, daß das dritte Auge das Organ der menschlichen Bioenergie (Telepathie u.ä.) war und, den Legenden nach, Wunder vollbringen konnte – Gedankenübertragung, Beeinflussung der Gravitation, Heilung von Krankheiten u.ä.." (S. 52)

Es stellte sich nun die Frage, wenn es sich tatsächlich um die Augen von Atlantern handelt, die auf den Tempeln dargestellt sind, wieso sind sie dann gerade in Tibet zu finden?

Dr. Muldashev und seine Forschungsmitglieder fanden es heraus. Was er in seinem dicken Buch mit vielen detaillierten Angaben ausschmückt, möchte ich nun komprimiert wiedergeben: Mit dem von Muldashev erstellten Bild (Abb. 13) begaben sie sich auf eine Trans-Himalaya-Expedition über Indien, Nepal bis nach Tibet, trafen sich mit Vertretern verschiedener Klöster und erlebten eine Überraschung nach der anderen: Anstatt ungläubig oder verwundert die Augen zu verdrehen, wußten alle, denen sie das Bild gezeigt hatten, sofort Bescheid – so zum Beispiel der indische Swâmin Daram, der sogleich fragte: *„Haben Sie seinen Körper in den Bergen gefunden? – Im Meer?"*

Dr. Muldashev erklärte immer wieder – auch gegenüber den anderen „Eingeweihten" –, daß sie dieses Bild aufgrund geometrischer Betrachtungen der besagten Augenpartie erstellt hatten.

Kurzum, alle Gelehrten, die sie besuchten, wußten offenbar, wer das Wesen ist, das auf dem Bild dargestellt ist, keiner wollte aber wirklich Auskunft darüber geben. Was Dr. Muldashev schließlich – verbunden durch zusätzliche Reisen und unzählige Gespräche – herausfand, ergibt folgendes Bild:

Das Wesen auf dem Bild ist nicht ganz korrekt dargestellt. Es ist ein Wesen, das nicht unserer Zivilisation angehört, sondern einer vorhergehenden. Bevor auf der Erde das stattfand, was als *die Sintflut* in die Geschichte eingegangen ist, gab es bereits Hochkulturen – die Atlanter und davor die Lemurier und davor noch ältere.

Die Lemurier, die Atlanter und auch einige wenige Menschen unserer Zivilisation sind in der Lage, einen Bewußtseinszustand herbeizuführen, der als *Samâdhi* bekannt ist, bei dem der Betreffende nach dem Prinzip *„der Geist beherrscht die Materie"* in der Lage ist, die Stoffwechselprozesse des Körpers auf Null herunterzufahren und den Körper auf diese Weise zu konservieren – ähnlich dem Winterschlaf bei Tieren.

Nach Angaben eines indischen Swâmin gelingt dies, indem der Meditierende lernt, so effektiv zu meditieren, daß sich das Biofeld mit dem Wasser im Organismus verbindet, um das Wasser dann so zu beeinflussen, daß dieses schließlich auf den Organismus einwirkt. *Samâdhi* ist daher die höchste Form der Meditation.

Ist der Körper einmal im Samâdhi-Zustand, so kann er nicht nur über Jahre, sondern – so behaupten die Gelehrten im Himalaya – über Jahrtausende hinweg konserviert werden, ohne daß die Person stirbt. Im Samâdhi-Zustand befindet sich die Seele außerhalb des Körpers, ist jedoch durch die Silberschnur mit dem physischen Körper verbunden. Die *Silberschnur*, ein silbrig schimmerndes Energieband, ist sozusagen die Nabelschnur der beiden Körper, auch mit einem Stromkabel vom Jenseits zum Diesseits vergleichbar. (Stirbt ein Mensch, löst sich die Silberschnur vom materiellen Leib, und die Lebensenergie zieht sich zurück. So wie das Abtrennen der Nabelschnur von der Mutter die Geburt in ein physisches Leben bedeutet, so ist das Abtrennen der Silberschnur vom physischen Körper die Geburt im Jenseits.)

Im Samâdhi-Zustand bleibt die Silberschnur beliebig lange erhalten. In einen langen Samâdhi-Zustand kann man bei einer Temperatur von plus vier Grad Celsius übergehen, die gewöhnlich in Höhlen oder unter Wasser konstant gehalten wird.

Mit Hilfe des Samâdhi wird die Seele sozusagen erlebbar.

Kehrt die Seele in den Körper zurück, so erwacht die Person wieder aus dem Samâdhi-Zustand und kann ein „normales“ Leben weiterführen.

Wird die Person, die sich in den Samâdhi-Zustand begibt, von einem Arzt untersucht – wie beispielsweise Sri Ramakrishna –, so stellt dieser den physischen Tod desjenigen fest. Er kann keinen Puls messen, kein EKG und kein EEG. Die Körpertemperatur fällt, und der Körper gerät in einen versteinert-unbeweglichen Zustand, wobei er dabei ungewohnt fest und kalt wird – ähnlich wie Stein.

Der *versteinert-unbewegliche Zustand* ist ein allgemeingültiger Begriff unter den religiösen Wissenschaftlern, die den Samâdhi studieren.

Dr. Muldashev ist davon überzeugt, daß er das große Geheimnis des Himalaya ergründet hat, nämlich, daß sich in den Samâdhi-Höhlen, die quer über diese Gebirgskette verteilt sind, Wesen im Samâdhi-Zustand befinden, die sich dort seit bis zu mehreren Jahrhunderttausenden aufhalten und den sogenannten ***Genfonds der Menschheit*** bilden. Das heißt, sollte es wieder einmal – wie einst zu Atlantis-Zeiten – zu einer großflächigen Zerstörung der Erdoberfläche und einer Ausrottung der Menschheit kommen, so können diese Wesen, wann immer sie wollen, aufwachen und haben nicht nur alles Wissen der Vergangenheit präsent, sondern auch die unwahrscheinlichen Fähigkeiten, die man diesen Wesen nachsagt – Teleportation, Telepathie und so weiter.

Die Wesen, die sich in den Höhlen aufhalten, sind sozusagen die Bewahrer des uralten Wissens.

Es gibt nur wenige Menschen beziehungsweise Familien, die Zugang zu diesen Höhlen haben und sich um die darin befindlichen Wesen seit Generationen kümmern beziehungsweise Fragen stellen dürfen.

In die Höhlen selbst kann nur derjenige hineingehen, der von den Wesen eingelassen wird. Die Höhlen selbst sind außerordentlich schwer zu finden und bleiben dem menschlichen Blick verborgen. In diesen

Höhlen wirken besondere, uns unbekannte und für den Menschen tödliche Kräfte, welche die Wesen im Samâdhi-Zustand vor Eindringlingen schützen. Derjenige, der dennoch einen solchen Eingang findet und auch noch hineingehen sollte, der fühlt sich zunehmend schlecht bis zum Kollaps. Sollte er nicht umkehren, so wird er sterben.

Es gibt vereinzelte Berichte von Menschen, denen Einlaß gewährt wurde aufgrund eines dringenden Anliegens. So berichtet eine Legende folgendes:

„Als es zum Beispiel im elften Jahrhundert in Indien eine große Dürre gab, entschloß sich der Fürst Indiens, eine heilige Höhle aufzusuchen, in der sich ein bedeutender Mensch des Altertums befand, um ihn um Hilfe zu bitten. In der Höhle warteten viele Gefahren auf ihn: Schlangen, mystische und reale, das Atmen fiel ihm schwer, auf seinen Körper und seinen Geist wirkten unbekannte Kräfte ein. Im Zustand der Meditation wurde es dem Fürsten ermöglicht, sich mit dem Geist des großen alten Menschen zu verständigen. Als der erkannte, daß der Fürst gute Absichten hat und um Hilfe für die Menschen bittet, erhielt der Fürst Zutritt. Die Höhle war sehr groß und bestand aus zwölf Räumen.

In einem dieser Räume fand der Fürst den großen alten Menschen im Zustand des Samâdhi, während dessen Geist daneben schwebte. Sein Körper war ausgetrocknet, aber er lebte. Dieser Mensch weilte schon 1.600.000 Jahre in der Höhle. Er öffnete die Augen einen Spalt weit. Der indische Fürst begann mit ihm auf Sanskrit zu sprechen, dabei um Hilfe bittend. Der ausgetrocknete Mensch verstand ihn, wie er mit den Augen signalisierte. Er wies mit den Augen auf einen Gegenstand, der an der Wand hing. Das war ein mystischer Ring. Der indische Fürst nahm den Ring und ging zum Ausgang. In einem anderen Raum traf er noch einen anderen Menschen im Samâdhi-Zustand, einen Fürsten der Sikhs, der sich im fünften Jahrhundert in den Samâdhi-Zustand begeben hatte und von dem bekannt ist, daß er im siebzehnten Jahrhundert aus dem Samâdhi-Zustand ins normale Leben zurückkehrte. Am Höhlenausgang traf der Fürst auf acht Schlangen. Eine dieser Schlangen betröpfelte mit ihrem Blut den mystischen Ring. Dieser Tropfen erhob sich in den Himmel, und bald regnete es. In die gleiche Höhle begab sich 1637 ein Mensch namens Devendra Lowndel, der bis heute dort im Samâdhi-Zustand verweilt. Danach hat sich niemand mehr in die Höhle begeben.« (5, S. 173 und 174)

Ein Bonpo-Lama, den Muldashev zu dieser Thematik aufsuchte, gab sogar folgendes von sich: „*Da gibt es im nördlichen Tibet eine Höhle, wo sich ein Mensch namens Moze Sal Dzyang schon mehrere Jahrhunderte im Samâdhi-Zustand befindet. Die Geistlichen dieser Region Tibets sehen ihn regelmäßig. Das sind keine besonderen Menschen, sondern gewöhnliche Geistliche. Man braucht keine Zutrittserlaubnis von diesem Menschen im Samâdhi. Der Zutritt ist ungefährlich. Man muß nur gute Absichten haben, darf aber weder fotografieren oder sprechen – das wäre ein Sakrileg!*«(5, S. 174)

Der Lama führt jedoch im Anschluß an seine Erzählung aus, daß ja nun die Chinesen in Tibet seien und es daher sehr gefährlich wäre, sich dorthin zu begeben.

Ich frage mich natürlich an dieser Stelle, wieso die Chinesen überhaupt solch ein großes Interesse an Tibet haben? Vielleicht wegen seiner vielen Geheimnisse?

Als die Chinesen in Tibet einfielen, hatten viele tibetische Geistliche unter Folter ausgesagt und die Existenz der Samâdhi-Höhlen bestätigt. Die Chinesen durchsuchten deshalb viele Höhlen sowohl nach den Menschen im Samâdhi als auch nach Lamas, welche die Höhlen als letzte Zuflucht gewählt hatten.

Der Bonpo-Lama erzählte Dr. Muldashev von folgendem Ereignis:
Ein Lama ging im Jahre 1960 in einer Höhle in den Samâdhi, in dem er bis 1964 weilte. Der Neffe des Bonpo-Lamas und dessen Freunde besuchten den Menschen im Samâdhi mehrmals während dieser Zeit und berichteten, daß der Mann dort in einem versteinert-unbeweglichen Zustand in der Pose Buddhas sitzt.

Die chinesischen Kommunisten fanden ihn dort und brachten ihn ins Gefängnis. Dort wurde der Körper des Lamas allmählich wieder weicher und lebte wieder auf. Er verbrachte die Zeit zwischen 1964 und 1987 unter verschärften Gefängnisbedingungen und wurde danach wieder entlassen. Über sein weiteres Schicksal weiß man leider nichts. (5, S. 177)

Natürlich stellt sich nun die Frage, wie die Chinesen in die Höhlen eindringen konnten, wenn dort doch eine geistige Barriere existieren soll?

Der Bonpo-Lama bestätigte, daß die geistige Kraft der Menschen, die in den Samâdhi gehen und aus unserer Zivilisation stammen, erheblich schwächer ist als die der Atlanter und daher in manchen Fällen der Schutz gar nicht vorhanden ist oder nur sehr schwach.

Er erklärte, daß alles von der Entwicklung des dritten Auges abhängt, das ja nun bei den Atlantern voll ausgeprägt ist, wohingegen bei den Menschen unserer Zivilisation das dritte Auge unterentwickelt ist.

Dennoch, so berichtete der Lama, ist ihm bekannt, daß in einer Höhle im Süden Tibets einige ungewöhnlich große Körper gesehen wurden, die am Höhleneingang von den Chinesen aufgehängt worden waren. Vielleicht hatte das Schutzschild aufgrund der großen Anzahl an eindringenden Personen nicht mehr ausgereicht?

Es ist aber auch bekannt, daß viele Chinesen umkamen, als sie versuchten, in Samâdhi-Höhlen einzudringen, weswegen sie angeblich inzwischen verzichten, die Höhlen zu betreten – aus Angst. Schließlich wollen auch sie leben.

Der Bonpo-Lama berichtete in diesem Zusammenhang auch von einer Samâdhi-Höhle im Süden Tibets, in dessen Eingang eine größere Anzahl toter chinesischer Soldaten gefunden wurde, die mit schmerzverzerrten Gesichtern, aber unverletzt dalagen. Ihre Körper waren gänzlich unversehrt. Sie waren durch die psychische Kraft des Schutzschildes umgekommen.

Und bei einer anderen Höhle berichteten die Einwohner nahegelegener Dörfer, daß einige Dutzend chinesischer Soldaten aus der Höhle gerannt kamen, die wie von Sinnen umherliefen, schrien und sich an Kopf und Bauch faßten. Man erzählte, daß diese verrückten Soldaten einer nach dem anderen starben.

Dr. Muldashev wurde auf seiner Forschungsreise folgendes über die vergangenen Zivilisationen (angeblich 22 an der Zahl) erklärt:

Diese Zivilisationen hatten ein sehr hohes technokratisches Niveau erreicht, wurden jedoch entweder durch kosmische Katastrophen oder Selbstvernichtung ausgelöscht. Durch die kosmischen Katastrophen (Meteoriteneinschlag, Eiszeit...) änderte sich auch das Erdklima, wodurch sich auch die übriggebliebenen Menschen im Aussehen veränderten, da sie sich den neuen Gegebenheiten anpassen mußten.

Über die Zivilisationen *vor* Atlantis ist nur wenig bekannt. (Hier können die Schriften Rudolf Steiners und Helena Blavatzkys mehr Aufschluß geben. Bekannt ist Hyperborea, das sich einst dort befunden haben soll, wo heute der Südpol ist; dann war Grönland einst besiedelt; das Reich MU war dort, wo sich heute Japan befindet und Lemuria war im Pazifischen Ozean plaziert. Aufgrund der Annahme, daß damals die Erde noch eine andere Umlaufbahn hatte und auch eine andere Anziehungskraft, sahen die Menschen auch anders aus – sie waren größer und hatten möglicherweise auch eine nicht so materiell-physische Form wie wir heute. Sie lebten zur gleichen Zeit wie die Dinosaurier, worauf auch verschiedene Artefakte hindeuten.)

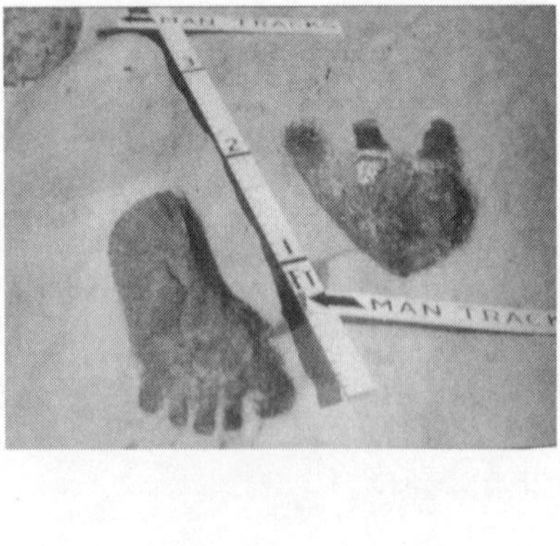

Abb. 15:
Geologisch-fossiles Dokument aus Glen Rose, Texas.
Saurierfährten und riesige menschliche Fußspur nebeneinander! Wer hatte diese Fußabdrücke hinterlassen?

Abb. 16:
Dieser fossilisierte Finger wurde ebenfalls in Texas gefunden, ist jedoch um etwa 20 Prozent größer als ein gewöhnlicher Daumen. Er stammt offenbar von einem Riesen und ist mehrere Millionen Jahre alt.
Rechts daneben ist ein Röntgenbild des Fingers, bei dem kein Unterschied – außer der Größe – zu dem eines heute lebenden Menschen erkennbar ist.

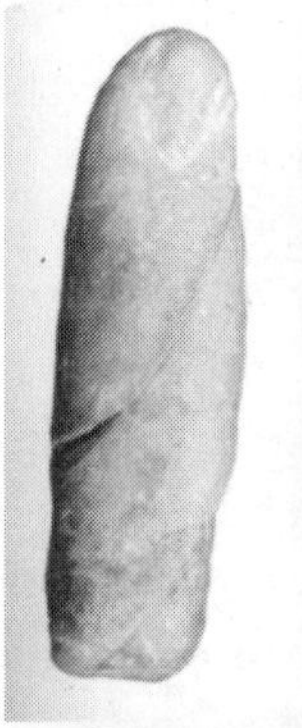

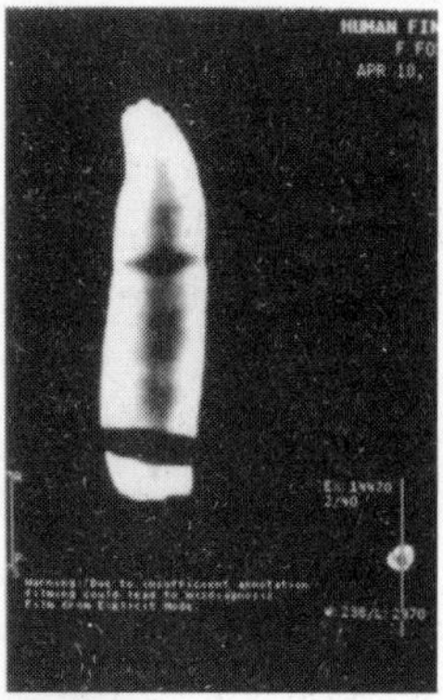

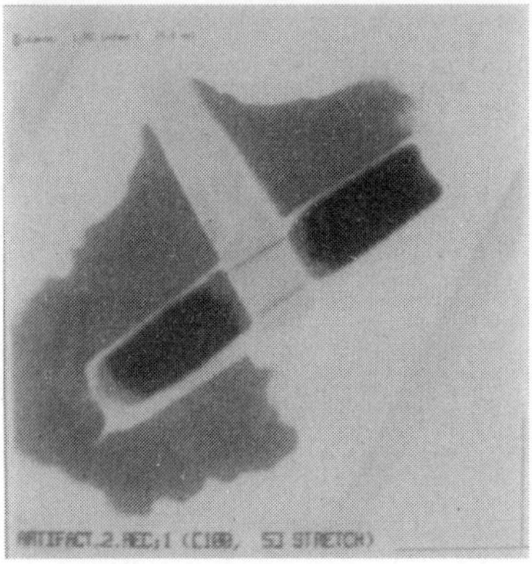

Abb. 17:
Der sogenannte „Hammer von Texas" gehört zu den skurrilsten Funden der Erdgeschichte und besteht aus 96,6% Eisen, weshalb er nicht rostet. Eisen wird seit etwa 2000 v.Chr. verarbeitet – offiziell. Dieser Hammer ist aber 140 Millionen Jahre alt.

Abb. 18:
Röntgenaufnahmen (links) bestätigen, daß der Stahl keine chemischen Verunreinigungen oder Unregelmäßigkeiten aufweist.

Nach Muldashevs Ansicht hatten die ersten Lemurier vier Arme, waren riesig groß (bis zu 20 Meter) und hatten zwei Gesichter, wobei das hintere ein voll entwickeltes drittes Auge besaß. Die späteren sahen dann eher schon den Atlantern ähnlich – zwei Arme, ein Gesicht, und das dritte Auge hatte sich bereits ins Schädelinnere zurückgezogen.

Die Nachfahren der Lemurier, die Muldashev *Lemuro-Atlanter* nennt, waren technisch sehr weit entwickelt, kannten den Weltraumflug und lebten Seite an Seite mit den Lemuriern.

Was die Aussagen über die Lemuren angeht, so stehe ich dem persönlich skeptisch gegenüber – vor allem, was die vier Arme und zwei Gesichter betrifft. Dr. Muldashev bezieht sich bei diesen Angaben auf mediale Berichte von Helena Blavatzky.

Konkreter wird es hier aber schon bei dem Inselkontinent Atlantis. Dieser soll ein großer Kontinent gewesen sein, der über Etappen hinweg im Meer versank. Da zur Zeit von Atlantis und aufgrund seiner Position das Klima dort sehr warm und feucht war, war auch die Pflanzenwelt eine andere. Viele Pflanzen gediehen unter Wasser, und selbst die Atlanter hatten amphibienartige Eigenschaften (Schwimmhäute zwischen den Fingern und die zuvor aufgeführten Merkmale im Gesicht).

Der Himmel hatte damals eine rötliche Färbung, und die Atlanter hatten erstaunliche Fluggeräte entwickelt, die mit den sogenannten *fliegenden Untertassen* verglichen werden können – Fluggeräte, die mit einer Art Antigravitations-Antrieb fortbewegt wurden.

Sie verfügten auch über „gerichtete psychische Energie“ (Telekinese), was es ihnen ermöglichte, Gegenstände durch Gedankenkraft zu manipulieren, ähnlich wie Uri Geller und die medialen Kinder, welche ich auf Hawaii besuchte, die in der Lage sind, Gegenstände per Gedankenkraft zu verformen oder in der Luft schweben zu lassen. Die Atlanter benutzen ihre Gedankenkraft dazu, Bauwerke zu erstellen, wobei die Pyramiden von Gizeh als die letzten großen atlantischen Monumente bezeichnet werden können.

Doch diese enorme Macht, welche die Atlanter hatten, und die Kenntnis über die Naturgesetze wurden auch in destruktiver Form genutzt. Es wurden Mischwesen erschaffen, durch genetische Kreuzung, und Teile der Bevölkerung unterdrückt, wobei es am Ende dann zu einer Naturkatastrophe kam – eine riesige Flutwelle, die einen Großteil der Erde betraf. Die Städte wurden überschwemmt und der Hauptteil von Atlantis versank.

Über den Auslöser der Flutwelle gibt es verschiedenste Angaben in der erhältlichen Literatur – den Einschlag eines Himmelskörpers, Kernwaffen-Zündungen, den Eingriff von Außerirdischen oder die sich alle 13.000 Jahre wiederholenden Polsprünge. Es darf an dieser Stelle spekuliert werden.

Jedenfalls überlebte ein Teil der Atlanter und siedelte sich in anderen Erdteilen an, wo er sich über die Jahrtausende den neuen Bedingungen anpaßte und auch sein Aussehen veränderte. Doch es gibt offenbar auch Atlanter, die in den Samâdhi-Zustand gingen und bis heute in ihrem Körper existent sind. Viele Atlanter gingen aber in die großen Gebirge der Welt, da dort die Flutwelle keine Zerstörung anrichten konnte. Muldashev wurde erklärt, daß viele Atlanter in den Samâdhi-Höhlen im Himalaya hausen, andere unter dem Gizeh-Plateau in Ägypten.

Abb. 19:
Jan van Helsing auf Forschungsreise im Himalaya, Nepal; November 2002

Ich selbst weiß von gleichen Geschichten aus den Karpaten, doch die bekanntesten stammen aus den Anden. Die Anden sind mit Tunnelsystemen durchzogen, und wie ich bereits zuvor andeutete, hatte ich in Yucatan, Mexiko, und auch in Belize

Menschen getroffen, die bestätigten, daß manche dieser unterirdischen Städte noch heute bewohnt sind. Im Jahr 1999 war ich zuerst in Peru und Bolivien, 2001 zusammen mit Stefan Erdmann in Brasilien und 2002 in Chile, wobei alle Reisen mit Recherchen über unterirdische Tunnelsysteme verbunden waren. Sowohl in Peru als auch in Brasilien bekamen wir alles bestätigt. (Mehr dazu möglicherweise in einer separaten Publikation, da es uns hier zu sehr vom Thema ablenken würde.)

Andere Atlanter leben heute tief im Ozean und haben sich ganz dem Wasser angepaßt. Über die Hohlräume in der Erde und die Hohlwelt-Theorie hatte ich zuvor berichtet sowie auch über die erstaunlichen Berichte der Polarforscher über eine Öffnung an den Polen, durch die angeblich in einen Hohlraum im Erdinnern eingetreten oder -geflogen werden kann. Befinden sich auch hier Atlanter?

Dr. Muldashev wurde von den Gelehrten im Himalaya berichtet, daß es sich bei vielen der sogenannten *Propheten der Welt* um Personen handelt, die Jahrtausende alt und noch älter sind und alle paar Jahrhunderte aus dem Samâdhi-Zustand *„auftauen"*, um sich der Welt mitzuteilen, und sich danach wieder *„schlafen legen"*.

Klingeling!!!

Haben wir da gerade richtig gelesen? Was hatte der Graf von Saint Germain von sich behauptet?

„Gegen den Schluß des Jahrhunderts verschwinde ich aus Europa und begebe mich in die Regionen des Himalaya. Ich muß rasten, mich ausruhen. Aber in einigen Jahrzehnten werde ich von mir wieder hören lassen – in genau fünfundachtzig Jahren werden die Menschen ihren Blick wieder auf mich richten."

Und hatte er nicht auch geäußert, den Himalaya bereist und dort die Menschen gefunden zu haben, *„die alles wissen"*?

Aber weiter mit Ernst Muldashevs Ergebnissen. Es gibt also Wesen, die offenbar alle paar Jahrhunderte aus dem Samâdhi auftauen und sich unters Volk mischen. So erzählt es auch die Geschichte über die Buddhas: Der erste Buddha, der sogenannte Bonpo-Buddha, hieß Tonpa Shenrab und erschien vor 18.013 Jahren in Tibet im Land Shambhala und lehrte die Menschen die geistigen Gesetze. Seiner Lehre folgten alle nachfolgenden Buddhas. Auch er wurde bereits als ungewöhnlich aussehend beschrieben. Aus seiner Lehre entnimmt man, daß 1.002 Propheten auf der Erde erscheinen sollen. Wie viele bis heute erschienen sind, kann niemand wirklich sagen, doch der letzte Buddha erschien vor 2.044 Jahren. Das Interessante an diesem Buddha sind vor allem die 32 Merkmale, durch die er sich von den „normalen" Menschen unterschied.

Die wichtigsten davon sind nach den Überlieferungen:

- Schwimmhäute zwischen den Fingern und Zehen;
- auf den Füßen hatte er keinen Spann;
- seine Arme reichten bis zu den Knien;
- das männliche Organ Buddhas war verborgen, also nicht zu sehen;
- die Haut Buddhas hatte eine goldene Tönung;
- er hatte weiße Locken mit einem silbrigen Glanz;
- er hatte auf dem Kopf eine Erhebung von runder Form, die im Uhrzeigersinn gewunden war;
- er hatte eine lange Zunge, mit der er den Haaransatz und die Ohren erreichen konnte;
- er hatte 40 Zähne, die keine Zwischenräume hatten. (5, S. 185 und 186)

Diese Auflistung, so sie den Tatsachen entspricht, läßt darauf schließen, daß Buddha entweder ein Mitglied einer der vorhergehenden Zivilisationen war (Atlanter oder Lemurier) oder ein Außerirdischer.

Wie ich darauf komme?

Betrachten wir doch einmal den hier abgebildeten Körper. Hat dieser nicht eine gewisse Ähnlichkeit mit unserem Atlanter? Und bei diesem Wesen hier soll es sich angeblich um einen Außerirdischen handeln, der bei einem Absturz eines Raumschiffes im Jahre 1948 in Roswell, New Mexiko, ums Leben gekommen sein soll. Was mich sofort stutzig gemacht hatte, war die Tatsache, daß bei diesem Körper hier die männlichen Geschlechtsteile unter einer Falte verborgen sind und er auf den ersten Blick wie eine Frau aussieht. Genau diese Beschreibung finden wir auch bei Buddha. Und der Kopf mit den kleinen Ohren und den großen Augen sieht dem Atlanter von Abbildung 13 sehr ähnlich, finden Sie nicht?

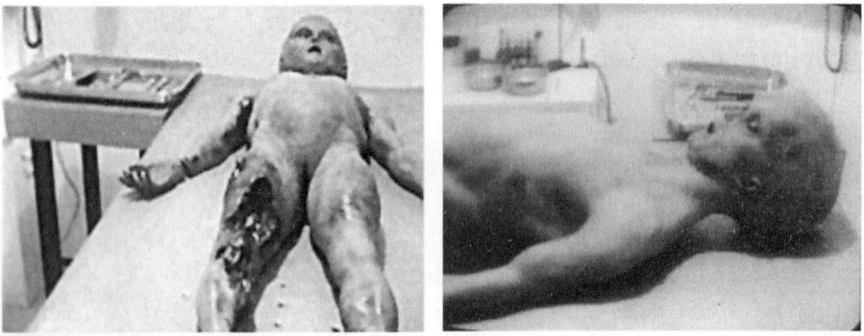

Abb. 20 und 21:
Es wurde lange heiß diskutiert, ob der Santilli-Film, der die Autopsie eines toten Außerirdischen zeigt, echt ist oder nicht. Unabhängig davon ist die Ähnlichkeit mit dem Atlanter jedenfalls verblüffend. Auch dessen männliche Geschlechtsorgane sind unter einer Hautfalte verborgen. Womöglich sind manche *Außer*-Irdische gar keine, sondern Atlanter aus dem Erdinnern?

Wollen wir nun aber ein paar generelle Fragen stellen:

Wozu soll ein Genfonds denn überhaupt nützlich sein? Zum Erhalt einzelner Körperhüllen, die vor langer Zeit einmal auf der Erde gelebt hatten? Aber welchen Sinn soll das haben, wenn es doch der Geist ist, der den Körper beherrscht?

Die Antwort ist für Muldashev schlüssig: Der Körper wurde im Rahmen der Evolution über einen langen Zeitraum hinweg geschaffen und hat sich den äußeren Bedingungen des Planeten angepaßt. Und schließlich braucht ja die Seele einen Körper, um das „Spiel des Lebens" in der physischen Welt spielen zu können, sprich, um sich in dieser Dichte erfahren zu können. Daher ist es sinnvoller, den Körper zu bewahren als ihn neu zu erschaffen. Und zusätzlich trägt ja jede Zelle alle Erinnerungen der Vergangenheit in sich...

So ist der Samâdhi ein Rettungsanker der Menschheit, weil man den Körper über die Jahrhunderte aufbewahren und bei Bedarf durch Wiederbelebung eine neue Zivilisation aufbauen kann. Es sind bereits mehrere Zivilisationen umgekommen, und jedesmal wurden aus dem Samâdhi-Zustand zurückgekehrte Menschen zum Keim der neuen Menschheit.

Auch unsere jetzige Zivilisation steht auch kurz vor ihrem Höhepunkt, der zugleich mit einer Be-Reinigung des „Alten" einhergeht, wie es uns die Vorhersagen der Seher aller Zeit aus allen Teilen der Welt übereinstimmend berichten. Und alle sagen auch, daß es danach von neuem losgehen wird – interessanterweise wird dabei von neuen Technologien berichtet, vom Weltraumflug und dem Kontakt mit Menschen aus dem Erdinnern (siehe dazu auch mein *„Buch 3 – Der Dritte Weltkrieg"*).

Eine Geschichte dazu berichtet uns Charles Berlitz:

„Im Herzen Asiens, in den Wüsten der Mongolei und den Gebirgen Tibets erzählt man sich schon seit vielen Jahrhunderten die geheimnisvolle und mystische Sage von Agarthi und seinem Herrscher, dem König der Welt. Agarthi ist nach dem Glauben vieler Menschen eine Welt im Erdinnern, die aus riesigen Höhlen unter dem Zentralasiatischen Hochland bestehen soll, in denen alte Stämme diese Welt durch geheime Eingänge betreten haben, und angeblich bis zum heutigen Tag ein verborgenes Leben führen. Dieses unterirdische Shangri-La soll immer noch unter der von den Kommunisten beherrschten Oberfläche existieren, und so oft sein Herrscher, der König der Welt, weissagt, verstummen plötzlich die Vögel und andere Tiere der Erde. Vor hunderten von Jahren machte dieser König der Welt eine Prophezeiung, die – gerechnet von dem Zeitpunkt an, von dem sie angeblich erfolgte – wie so viele andere Weissagungen die zweite Hälfte des 20. Jahrhunderts betrifft. Die Menschen werden ihre Seelen immer mehr vernachlässigen... die ärgste Verderbtheit wird auf Erden herrschen. Die Menschen werden sein wie blutrünstige Tiere und nach dem Blut ihrer Brüder dürsten. Der Halbmond wird sich verdunkeln, und seine Anhänger werden in Lügen und endlosem Krieg versin-

ken... Die Kronen von Königen werden fallen... Es wird einen schrecklichen Krieg geben zwischen allen Völkern der Welt... Ganze Nationen werden untergehen... Hunger... Verbrechen, die das Gesetz nicht kennt... Undenkbar früher für die Welt... die Verfolgten werden die Aufmerksamkeit der ganzen Welt fordern... Die alten Straßen werden von Menschenmassen überfüllt sein, die von einem Ort zum anderen ziehen... Die größten und schönsten Städte werden in Flammen aufgehen... Familien werden auseinandergerissen... Glaube und Liebe werden entschwinden... die Welt wird leergemacht werden... nach fünfzig Jahren werden nur noch drei große Nationen sein... Und fünfzig Jahre später wird es achtzehn Jahre Krieg geben und Katastrophen und ***danach werden die Völker von Agarthi ihre unterirdischen Höhlen verlassen und ans Tageslicht kommen...*** « (17, S. 33-34)

Die Samâdhi-Höhlen lassen sich nach Dr. Muldashevs Forschungen in dreierlei Kategorien einteilen:

1. Samâdhi-Höhlen mit Menschen unserer Zivilisation (Saint Germain?),
2. Samâdhi-Höhlen mit Atlantern und Menschen noch älterer Zivilisationen (Lemuria, Hyperborea) und
3. Samâdhi-Höhlen mit Menschen unserer *und* früherer Zivilisationen.

Dr. Muldashev selbst gelang es tatsächlich, zwei „Betreuer" einer Samâdhi-Höhle, die mindestens *einen* Atlanter beherbergt, aufzusuchen und sich mit ihnen anzufreunden. Muldashev erfuhr, daß der ältere der beiden nicht mehr in die Höhlen geht (er ist 95) und der jüngere dies immer nur einmal im Monat tut – entweder bei Vollmond oder am 11. bis 12. Tag danach.

Der jüngere „Betreuer" beschrieb, daß er bereits eine Woche zuvor zu meditieren beginnt, und wenn er dann ins erste Zimmer der Höhle kommt, dort verstärkt zu beten anfängt und die Meditation vertieft.

Viel erfuhren Ernst Muldashev und sein Gefährte Valeri Lobankov nicht von diesem Mann. Um so mehr von dem älteren Herrn, dem *„älteren besonderen Menschen"*, wie Muldashev ihn nennt.

Ernst Muldashev hat das äußerst interessante Gespräch auf Band aufgezeichnet und in seinem Buch veröffentlicht, wovon ich Ihnen hier die wesentlichen Passagen zur Verfügung stellen möchte.

Nachdem Dr. Muldashev, Valeri Lobankov und der Übersetzer Kiram Platz genommen hatten, zeigte Muldashev dem älteren Betreuer das Bild des Atlanters (Abb. 13).

Zunächst stellte sich dieser stur und meinte, daß die Thematik der Samâdhi-Höhlen ein Geheimnis sei und er nichts darüber sagen dürfe.

Es gingen viele Fragen hin und her, bis er sich langsam zu öffnen schien. Muldashev erklärte:

▶ *Dennoch bin ich davon überzeugt, daß es in den Höhlen Menschen im Samâdhi-Zustand mit eben diesem Aussehen gibt, ließ ich nicht locker und zeigte wieder auf unser Bild.*

▷ *In den Sälen, zu denen ich Zutritt habe, gibt es keine Menschen, die so aussehen. Es gibt ähnliche...*

▶ *Valeri und ich schauten uns an. Valeri sagte flüsternd: Es gibt viele dort!*
Wenn es in den Sälen, zu denen Sie Zutritt haben, Menschen im Samâdhi-Zustand gibt, die ähnlich aussehen – hier machte ich absichtlich eine Pause.

▷ *Nicht alle sehen ähnlich aus, sagte der ältere besondere Mensch verärgert.*

▶ *Aber in den anderen Sälen der Höhle, fuhr ich fort, müssen sich Menschen im Samâdhi-Zustand befinden, die genauso aussehen, wie dieser hier auf dem Bild.*

▷ *Sie sehen nicht ganz so aus. Aber das ist ein Geheimnis.*

▶ *Danach nahm er unser Bild in die Hand und sagte auf einmal: Ich bin sehr ergriffen, wo ich das sehe! Woher haben Sie dieses Bild?*

Muldashev gab darauf keine Antwort und kam auf das dritte Auge zu sprechen. Der Mann verneinte ein Vorhandensein eines dritten Auges, doch über die normalen Augen der Wesen in den Samâdhi-Höhlen wie auch deren Nase und Ohren sagte er folgendes:

▷ *Einige von ihnen haben ungewöhnlich große Augen, andere nicht.*

▶ *Haben Sie in Ihrer Höhle Menschen mit solch einer spiralförmigen, ventilartigen Nase gesehen?*

▷ *Nein, die Nasenform ist bei ihnen anders. Bei einigen ist die Nase klein, bei anderen groß, wie eben bei allen Menschen.*

▶ *Aber in den anderen Sälen der Höhle, zu denen Sie keinen Zugang haben, könnten dort Menschen mit solch einer spiralförmigen, ventilartigen Nase sein?*

▷ *Das ist ein Geheimnis.*

▶ *Lobankov neigte sich zu mir und flüsterte: Das klingt wie „Ja".*
Sagen Sie, haben die Menschen in der Höhle große Ohren oder kleine, wie auf dem Bild?, setzte ich die anatomische Befragung fort.

▷ *Sie haben große Ohren, einige sogar sehr große, andere aber auch ganz gewöhnliche. So kleine Ohren wie auf dem Bild habe ich nicht gesehen...*

▶ *Haben die Menschen in der Höhle solch einen Mund wie auf dem Bild?*

▷ *Der ältere besondere Mensch betrachtete das Bild genau. Nein, solch einen Mund haben sie nicht. Ihr Mund ist wie der Mund gewöhnlicher Menschen. Aber... kann auch sein, er ist ganz anders.*

▶ *Wie?*

▷ *Das ist ein Geheimnis...*

Dr. Muldashev fragte auch nach dem Brustkorb, woraufhin der ältere Betreuer bestätigte, daß manche einen größeren Brustkorb als normal hätten, und erklärte, daß in den Höhlen Menschen mit verschiedenen Körpergrößen sitzen würden.

Spannend empfinde ich persönlich folgende Frage Muldashevs:

▶ *Haben die Menschen in der Höhle einen ungewöhnlich großen Schädel?*

▷ *Ganz unterschiedlich. Einige haben einen sehr großen Schädel, einige einen großen, turmähnlich verlängerten, einige einen ganz gewöhnlichen. Aber alle haben lange Haare.*

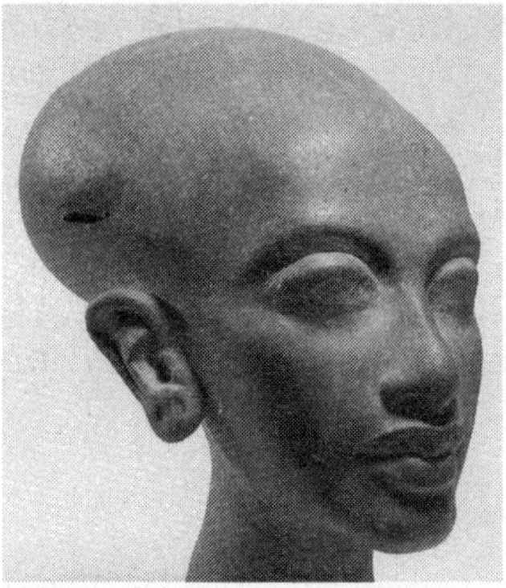

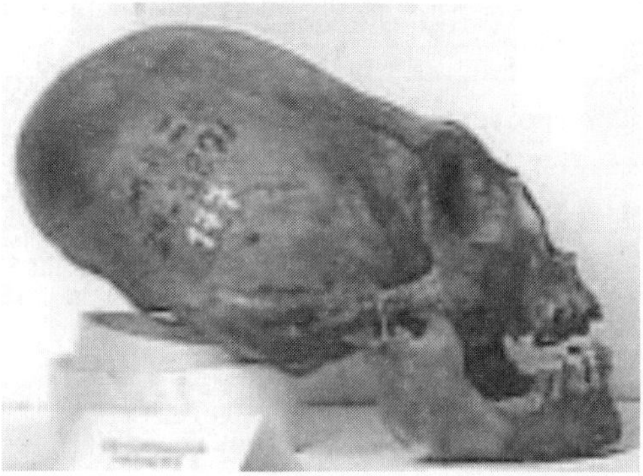

Abb. 22 und 23:
Der ältere Betreuer der Samâdhi-Höhle berichtet, daß sich in der Höhle Wesen befinden, die einen turmähnlich verlängerten Schädel besitzen. Wesen mit solchen Köpfen gab es aber nicht nur in Tibet. Der linke gehört Nofretete aus Ägypten, und der rechte wurde in Bolivien, also in Südamerika gefunden. Zufall?

▶ *Lobankov und ich schauten uns erneut an. Uns einte der Gedanke: In der Höhle befinden sich Menschen verschiedener Zivilisationen.*

▷ *Plötzlich nahm der ältere besondere Mensch unser Bild in die Hand und sagte, ohne auf eine weitere Frage zu warten: Wenn die Menschen in der Höhle ein Gesicht haben wie auf dem Bild, dann ist ihr Körper groß und stark. Wenn sie ein normales Gesicht haben, ist ihr Körper schlanker.*

▶ *Lobankov und ich verstummten. Der ältere besondere Mensch hatte indirekt zugegeben, daß es in der Höhle Menschen gibt, deren Äußeres unserem hypothetischen Atlanter ähnelt (natürlich mit bestimmten Korrekturen).*

Und haben Sie bei den Menschen in der Höhle Schwimmhäutchen zwischen den Fingern und den Zehen gesehen?...

▷ *Nein, nie. Sie haben ganz gewöhnliche Finger und Zehen, nur mit sehr langen Nägeln.*

▶ *Haben Sie die Finger oder Zehen mal gespreizt?*

▷ *Nein...*

Ernst Muldashev befragte ihn weiter nach den Augen und ob diese den oberen Lidbogen vergrößert hätten, was der ältere Betreuer nicht beantworten konnte, da die Wesen die Augen fast geschlossen halten würden. Danach nahm er erneut das Bild des Atlanters in die Hand und zeigte sich abermals ergriffen.

Muldashev befragte ihn weiter nach dem Sinn der Samâdhi-Höhlen, der Mann wollte jedoch keine genauen Angaben darüber machen. Er erklärte, daß es einen Schutzschild gäbe, der ein Eindringen Unbefugter verhindern würde. Wer die verlangte Probemeditation jedoch bestehe, der könne die Höhle auch betreten. Dies sei aber noch nicht vorgekommen, meinte der ältere Betreuer.

▶ *Wer hat sie nicht in die Höhle gelassen?*
▷ *Er!*
▶ *Wer ist Er?*
▷ *Das ist ein Geheimnis...*

Der ältere Betreuer beschrieb, daß die Wesen sich nie bewegen und immer in der Pose Buddhas dort verharren würden. Auf die Frage, ob er mit diesen Wesen jemals gesprochen habe, meinte er wiederum, daß dies ein Geheimnis sei.

Folgen wir der weiteren Kommunikation, die jetzt etwas interessanter wird:

▶ *Was glauben Sie, könnten die Menschen mit dem ungewöhnlichen Aussehen, nachdem sie aus dem Samâdhi-Zustand zurückgekehrt sind, wie gewöhnliche Menschen leben?*
▷ *Könnten sie, bloß anders.*
▶ *Wie?*
▷ *Das müßten Sie die Lamas fragen.*
▶ *Es ist bekannt, daß Buddha ungewöhnlich aussah. Könnte er auch in irgendeiner Höhle aus dem Samâdhi-Zustand zurückgekehrt sein?*
▷ *Das weiß ich nicht.*
▶ *Sehen die ungewöhnlichen Menschen in der Höhle Buddha ähnlich?*
▷ *Einige sind ihm ähnlich, andere nicht.*

▶ *Diese Information war Valeri und mir besonders angenehm, weil sie doch unsere gewagte Vermutung über gemischte Samâdhi-Höhlen mit dem vollen Spektrum von Vertretern verschiedener Erdzivilisationen bestätigte.*
Was denken Sie, wer die Menschen zum Verweilen im Samâdhi-Zustand bringt?, fragte ich.

▷ *Das müssen die Lamas wissen, wiederholte der ältere besondere Mensch.*

▶ *Er sagt nur das, was er weiß, kommentierte Lobankov leise.*
Mit welchem Ziel begeben sich Menschen in den Samâdhi-Zustand für Tausende, ja Millionen von Jahren?

▷ *Ich denke, die meisten wollen sich für die Zukunft erhalten...*

Auf die Frage, warum sich in den Höhlen nicht nur gewöhnliche Menschen befinden, sondern auch solche, die uns nicht ähnlich sind, bekam er zur Antwort:

▷ *Die ungewöhnlichen sind sehr altertümliche Menschen, die schon lange im Samâdhi verharren.*

▶ *Wer schützt die Samâdhi-Höhlen?*

▷ *Der Geist.*

▶ *Wessen Geist?*

▷ *Seiner.*

▶ *Wer ist Er?*

▷ *Das ist ein großes Geheimnis...*

Der ältere Betreuer erklärte dann, daß er in den Höhlen nach dem Rechten sehen würde und daß die Wesen dort in der Pose Buddhas mit den Händen auf den Knien auf einem Tigerfell sitzen würden und die Augen in einem halb verschlossenen Zustand nach oben blicken würden, so daß man das Weiße sieht. Er habe die Körper auch schon berührt, und diese würden sich fest und kalt anfühlen.

Am Ende des Gesprächs fragte Muldashev, ob es ihm erlaubt sei, die Höhle zu betreten.

Tatsächlich wurde Dr. Muldashev am Tag darauf der Zugang gewährt, doch kam er nicht weit. Kurz hinter dem ersten Saal begann sich alles so abzuspielen, wie von dem älteren Betreuer beschrieben – obwohl sich Muldashev mit allen Kräften dagegen wehrte: Unwohlsein, Kopfschmerz, was bis zum Unerträglichen ging, so daß er umkehren mußte. Er ging zurück, bis die Einwirkungen verschwanden und versuchte noch zwei weitere Anläufe, die zu den gleichen Erfahrungen führten, bis er schließlich aufgab. (5, S. 229-238)

Zusammenfassung:

Was haben wir durch Ernst Muldashevs Forschungen und Erlebnisse erkannt?

Eines wird klar ersichtlich – der Mensch stammt nicht vom Affen ab, sondern ist bisheriges Endprodukt einer unendlich langen Evolution auf diesem Planeten, über Jahrmillionen hinweg. Es gab Hochkulturen mit einem weiter fortgeschrittenen technischen Entwicklungsstand als wir ihn heute haben, die jedoch wieder vergangen sind.

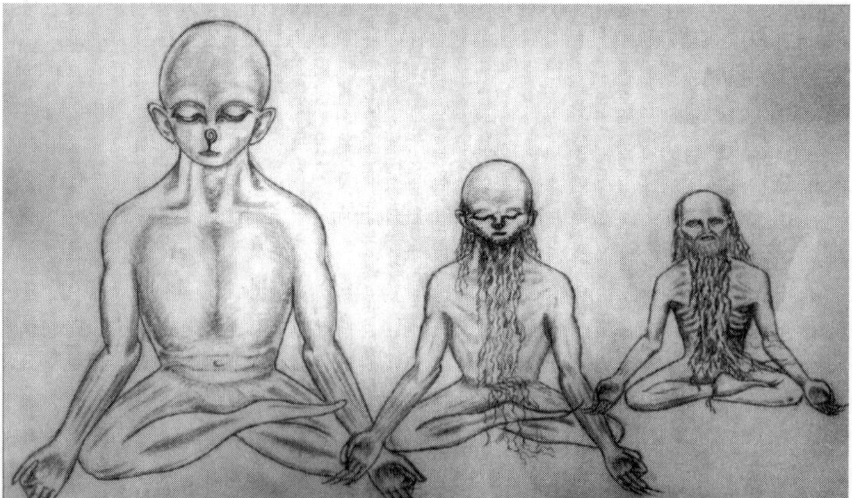

Abb. 24:
Genfonds der Menschheit –
Vertreter verschiedener Zivilisationen befinden sich in den Samâdhi-Höhlen.

Von all diesen vorherigen Zivilisationen gab es Menschen, die sich in verborgenen Stätten (Höhlen, Plätze tief im Ozean, unterirdische Städte..) zurückgezogen haben und in einem Zustand verharren, den die Asiaten den *Samâdhi-Zustand* nennen, der es ihnen ermöglicht, die Stoffwechselprozesse durch ein starkes Bewußtsein derart zu kontrollieren, daß sie den Körper in einen unsterblichen Zustand versetzen, der offenbar unendlich lange andauern kann (solange die Höhle nicht einstürzt und die Körper zerstört...).

Diese Samâdhi-Höhlen können – wie Dr. Muldashev vermutet – als eine Art ***Genpool*** angesehen werden, ein Reservoir aller bisherigen Arten von Menschen, die diesen Planeten bewohnten, und die – im Falle einer globalen Katastrophe – jederzeit reaktiviert werden können, um die Erde erneut zu befruchten.

Es gibt jedoch noch eine andere Möglichkeit, die meiner Ansicht nach ebenso plausibel ist und sich mit meinen anderen Forschungsergebnissen deckt: Und zwar scheint es hier nicht um die *Körper* zu gehen, sondern um die *Seelen*, die an diese Körper gebunden sind. Bei diesen Seelen, diesen uralten und äußerst mächtigen Seelenpotentialen, handelt es sich um enorm riesige Energieträger, die durch ihre Präsenz eine höhere Erd-Frequenz und ein höheres Energie-Niveau aufrechterhalten und dadurch das Schicksal ganzer Völker mitentscheiden können. Würden sie sterben und die Seelen in die feinstoffliche Welt übergehen, würde die Schwingungsfrequenz auf der Erde wahrscheinlich erheblich absacken und die „dunklen“ Kräfte ein leichteres Spiel haben.

Stellen wir uns dies bildlich vor: Wir befinden uns nachts in einem Raum, der anstatt durch eine Glühbirne von hunderten brennenden Kerzen erleuchtet wird. Die meisten sind aber kleine Teelichte oder normale Haushaltskerzen. Doch in dem Raum befinden sich auch ein paar ganz große Kirchenkerzen, die schon lange brennen und es auch noch lange werden, während die kleinen Teelichte längst erloschen sind.

So ähnlich können wir uns auch die Seelen der Samâdhi-Wesen vorstellen, diese großen, sehr alten und mächtigen Seelen, die eine gewisse Grundschwingung auf der Erde halten.

Nun mag der eine oder andere Leser einwenden, daß er noch nie von Atlantern, Riesen oder ähnlichem gehört hat, daß es so etwas nicht gebe – und riesige Atlanter? Davon wüßten doch unsere Archäologen.

Klar wissen sie das, denn im Jahre 1833 fanden Soldaten in Lampock Rancho, Kalifornien, wo sie ein Pulvermagazin anlegen wollten, das Skelett eines fast vier Meter großen Menschen, das von verzierten Muschelschalen und unbekannten Symbolen umringt war. Neben diesem Riesen lag eine gigantische Streitaxt, die unweigerlich an die nordischen Götter erinnerte. Doch was nun auf eine eher nicht-irdische Abstammung hindeutet, ist, daß dieses Wesen sowohl im Ober- als auch im Unterkiefer eine doppelte Zahnreihe aufwies.

Und 1891 stießen Bauarbeiter nahe Crittenden, Arizona, fast drei Meter unter der Erdoberfläche auf einen titanischen Steinsarkophag, wobei bei der Bergung Behörden und Experten mit hinzugezogen wurden. In dem Sarkophag befand sich ein großer Mumiensarg eines menschlichen beziehungsweise menschenähnlichen Wesens mit einer Körpergröße von ebenfalls fast vier Metern und einer weiteren Besonderheit: Es hatte sechs Zehen – wie der Tote von Roswell auch! [18, S. 290]

Aber bevor wir zum nächsten Kapitel vorstoßen, werde ich Ihnen noch etwas von meinen eigenen Recherchen berichten: Im September 1989 traf ich in Phoenix, Arizona, einen jungen US-Amerikaner mit Namen *Sean*, der sich eineinhalb Jahre lang beim Dalai Lama in Dharamsala im indischen Himalaya aufgehalten hatte. Sean ist selbst medial begabt und wurde dort von den Mönchen in der Meditation wie auch im Umgang mit seiner Hellsichtigkeit geschult.

Er berichtete mir, daß ihm eines Tages von den Mönchen angeraten wurde zu fasten, da er eine Initiation vor sich hätte und daher auch eine innere Reinheit vonnöten sei. Er fastete mehrere Tage und wurde dann eines Morgens von den Mönchen abgeholt. Sie bestiegen einen Berg bis in luftige Höhen, als sie plötzlich vor einem Höhleneingang standen. Dieser war Sean zuvor gar nicht aufgefallen.

In diese Höhle gingen sie dann hinein und folgten einem Tunnel für mehrere Stunden. Doch was sich auf dem Weg dorthin abspielte, traute sich Sean kaum zu sagen. Es befanden sich dort irgendwelche Bestien – er nannte den Begriff *Werwolf* –, jedenfalls etwas mit glühenden roten Augen, die nur darauf warteten, daß sich jemand aus der Gruppe löste. Sean wurde erklärt, daß die psychischen Kräfte der beiden mächtigsten Mönche die Biester fernhalten würden, diese beiden Mönche sich aber am Anfang und am Ende der Gruppe befinden müßten. Würde sich Sean beispielsweise am hinteren Ende aufhalten, so hätte sein letztes Stündlein geschlagen. Diese Wesen, so wurde ihm weiter erklärt, seien zum Schutz, daß kein Unbefugter in diese Höhle eindringen und dorthin gelangen würde, wo sie nun hingehen.

Nach mehreren Stunden kamen sie dann schließlich an ein riesiges, mehrere Meter hohes, goldenes Tor und setzten sich in der Pose Buddhas auf den Boden. Zusammen begann man nun zu meditieren, und nach einer Weile fing das Tor an, durchsichtig zu werden. Sean glaubte, seinen Augen nicht trauen zu können, denn hinter dem Tor sah er nun ganz deutlich mehrere riesige Menschen, ebenfalls in der Pose Buddhas sitzend. Doch diese Menschen hatten goldene Haare, eine goldene Haut und begannen nun, telepathisch mit ihm und auch den anderen zu kommunizieren. Sean beschrieb mir, daß er das Gefühl hatte, als wenn sein Gehirn und sein ganzes Inneres von diesen Wesen durchleuchtet (gescannt) wurde. Er konnte sich nicht dagegen wehren, empfand es aber auch keineswegs als beängstigend oder bedrohlich. Es war nur so, daß diese Wesen Macht über ihn hatten und seine Gedanken kontrollierten. Sie prüften ihn offenbar, denn danach wurde ihm von diesen Wesen etwas anvertraut, was er mir gegenüber nicht äußern wollte. Nach mehreren Stunden verabschiedete sich die Gruppe wieder von den goldenen Wesen und trat den Rückzug an – vorbei an den Bestien und wieder zurück zum Kloster, wobei Sean meinte, daß als er auf dem Rückweg noch einige Male zum Höhleneingang hochsah, dieser plötzlich nicht mehr auszumachen gewesen sei.

Im Jahr 2000 traf ich Sean erneut – diesmal in München – und ließ mir die Geschichte nochmals bestätigen.

Was halten Sie davon?

Aber da habe ich noch eine weitere Geschichte, die ich mit Ihnen teilen möchte: Und zwar lernte ich vor ein paar Jahren eine reizende Dame aus der Schweiz namens Verena kennen, die sich bereit erklärt hatte, einen Erfinder zu sponsern, der vorgab, eine Freie-Energie-Maschine bauen zu können. Leider wurde nichts daraus, da der Kerl ein Lump und das schöne Geld dann weg war. Doch die Gute hatte mir eine äußerst interessante Begebenheit zu berichten. Auch sie war schon des öfteren in Dharamsala, wobei sie auch mehrmals die Ehre hatte, den Dalai Lama persönlich zu konsultieren, da sie höhere Geldbeträge an ihn oder sein Kloster gespendet hatte. Ich bat sie darum, wenn sie das nächste Mal bei ihm sei, ihn doch über die Hohlwelt und das unterirdische Reich unter dem Himalaya (*Shambhala* und *Agarthi*) zu befragen.

Sie tat dies tatsächlich und bekam auf die Frage, ob es dieses unterirdische Reich geben würde, die Antwort: *„Ich habe davon gehört.“*

Na, prima...

Aufgrund meiner Gespräche mit ihr war sie jedoch hellhörig geworden und hatte sich auch bei den Mönchen erkundigt. Und so berichtete einer, daß er schon einmal in diesem unterirdischen Reich gewesen wäre und als er zum Kloster zurückkam und seine Glaubensbrüder zum Eingang der Höhle führen wollte, um seine Geschichte zu belegen, den Eingang nicht mehr wiederfand.

All dies deckt sich mit den Forschungen Muldashevs und weist in dieselbe Richtung.

Und warum haben Sie über all diese Vorgänge und Begebenheiten – beispielsweise von unseren Wissenschaftlern und aus dem Fernsehen – nichts erfahren? Aus dem gleichen Grund, aus dem Sie nicht darüber unterrichtet wurden, daß in einem japanischen Kloster eine Meerjungfrau aufbewahrt wird (Abb. 25).

Weil es Sie nichts angeht – aus der Sicht der Mächtigen dieser Welt, denn es könnte Ihr Weltbild durcheinander bringen! Und Sie werden mir doch beipflichten, daß diese Wesen doch etwas interessanter sind als unsere Politiker, die Sportschau oder ein Abend in der Disco...

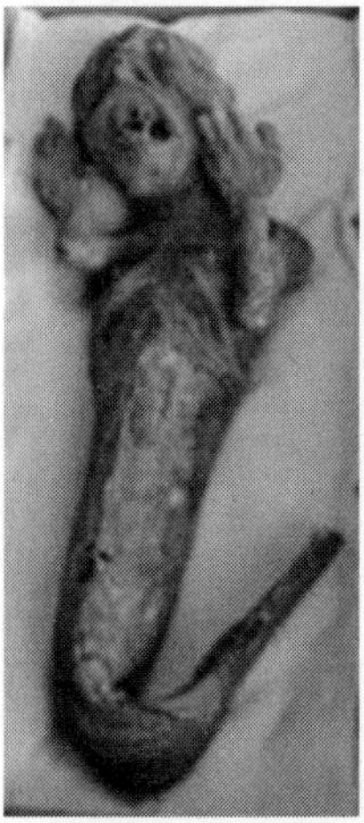

Abb. 25:
Im Tempel Karukayado in Hashimoto, Japan, wird diese 1.400 Jahre alte und 65 cm große mumifizierte Meerjungfrau aufbewahrt. Medizinische Untersuchungen haben erbracht, daß es sich bei diesem Lebewesen um keine „Konstruktion" handelt – eine Art *Wolperdinger* der Japaner –, wie dies Kritiker gerne behaupten. Der obere Körperteil ist tatsächlich menschlich und der untere hat die Genetik eines Fisches.

Sind diese Wesen ein „Unfall" der Natur – ähnlich wie manche Mißgeburten (wie beispielsweise Kinder mit zwei Köpfen) – oder sind sie Belege dafür, daß unsere Vorfahren genetische Experimente durchführten?

Aber warum erzähle ich Ihnen diese Geschichten?

Das werde ich Ihnen an dieser Stelle noch nicht verraten. Warten Sie's ab – die Spannung soll wachsen! Aber soviel gebe ich schon einmal bekannt: Unglaubliche Dinge spielen sich auf diesem Planeten ab...

Von einem Unsterblichen haben wir nun erfahren, nein, von mehreren – die zwar nicht so elegant wie unser Graf erscheinen, doch deswegen nicht unbedingt weniger interessant sind. Doch unsere Welt hat noch viel Erstaunlicheres anzubieten. Der Unterschied zu dem bisher Aufgeführten ist nur der, daß das nachfolgende Wissen bis zum heutigen Tage dokumentiert und für jeden nachzuprüfen ist. Ein Freund von mir meinte: *„Da wird einem ja die Schädeldecke heiß"*, wenn einem bewußt wird, daß diese Dokumente noch heute im Original vorliegen und die Wissenschaftler und Archäologen sie nicht mehr verschwinden lassen können – im Gegensatz zu den originalen Büchern des Alten und Neuen Testaments, die meiner Ansicht nach nicht nur clever zusammengemixt, sondern gezielt zurechtgefälscht worden sind, aus Gründen, die sich die früheren Jan-van-Helsing-Leser klar ausmalen können... Und genau diese Tatsache macht das Nachfolgende erst so richtig interessant. Um jedoch einen Vergleich mit diesen Dokumenten anstellen zu können, bedarf es einer kleinen Vorarbeit.

Betrachten wir uns daher zuerst...

DIE GENESIS – SPIELPLATZ DER GÖTTER

Beginnen wir mit einem historischen Ausflug in die Zeit des Alten Testaments, um zu erkennen, daß sich vor ein paar tausend Jahren einige erstaunliche Dinge auf unserem Planeten vollzogen haben. Was sich dort abgespielt haben soll, wird heute von den Atheisten als *Märchen* abgetan und von den anderen als die Grundlage ihrer Religion angesehen – doch beide liegen falsch! Die Ereignisse aus dem Bereich Palästinas, Ägyptens wie auch Mesopotamiens – dem heutigen Irak – sind die Grundpfeiler der Abrahamreligionen (Abraham war ein Sumerer aus Ur), und es wird uns durch das Alte Testament, den Koran und das Buch Mormon der Eindruck vorgetäuscht, daß damals „*Gott höchstpersönlich*", also der Ur-Schöpfer aller Dinge – aller Galaxien, Universen, Schwarzen und Weißen Löcher und so weiter –, dort erschienen ist und mit einem „auserwählten Völkchen" konferiert hat.

Doch sprach Moses tatsächlich mit „Gott"? Schaute Moses Gottes Angesicht? Muß sich ein allmächtiger Gott so präsentieren beziehungsweise offenbaren? Unserem logischen Denken kann diese Vorstellung nicht standhalten. Doch mit wem sprach Moses wirklich?

Aufgrund der Vielzahl der beschriebenen Begegnungen mit diesem männlichen „Gott" können wir diese ja nicht einfach als Visionen abtun, um es letztlich für den heutigen „modernen" und „aufgeklärten" Menschen passend zu machen. Nun, mit wem Moses es zu tun hatte, möchte ich jetzt erklären.

Es beginnt mit den Widersprüchen in der Genesis (Schöpfungsgeschichte): In dieser finden wir klare Hinweise darauf, daß der alttestamentarische „Gott" nicht ein einzelnes Wesen war, sondern es sich dabei um mehrere „Götter" gehandelt hat; zum Beispiel als diese den Menschen erschaffen hatten. Da findet sich in der Genesis der berühmte Satz: „*Und Gott sprach: Lasset UNS Menschen machen, ein Bild das UNS gleich sei,...*" (1. Mose 1,26)

Es wird an dieser Stelle nicht nur in der Mehrzahl gesprochen – was eigentlich jeden Gläubigen in seinen Grundfesten erschüttern sollte –, sondern diese „Götter" sehen dem Menschen offenbar auch ähnlich.

Das Ganze zieht sich quer durch die Genesis, wobei vor allem von den Gottessöhnen (Elohim) berichtet wird, die sahen *„wie schön die Töchter der Menschen waren, und nahmen sich zu Frauen, welche sie wollten.“* (1. Mose 6,2)

Die Götter waren also keine Kostverächter und „vernaschten“ leidenschaftlich gerne Erdenfrauen. Mit der Aussage *„...denn AUCH der Mensch ist Fleisch“* (1. Mose 6,3) etwas weiter in der Genesis wird sehr deutlich, daß die „Götter“ keine *geistigen* Wesen waren, sondern sehr *physisch*, sonst hätten sie ja auch nicht in Erdentöchter ihre Samen und Gene verteilt.

Vor allem finden wir in der Genesis einen Hinweis auf die Forschungsergebnisse Dr. Muldashevs: *„Zu der Zeit und auch später noch, als die Gottessöhne zu den Töchtern der Menschen eingingen und sie ihnen Kinder gebaren, wurden daraus die Riesen auf Erden. Das sind die Helden der Vorzeit, die hochberühmten.“* (1. Mose 6,4)

Da haben wir sie also wieder – die Riesen!

Diese „Götter“ oder „Gottessöhne“ wachten über ihre Schützlinge, die Menschen. Man beschrieb, daß das *„Allsehende Auge“* über den Menschen wachte. Also hatten die Menschen damals etwas gesehen, was die Form eines Auges hatte, manchmal auch das einer *„Wolke“*, oder sie sahen *„Räder“*, die ihnen Licht gaben, hin und wieder auch einmal eingriffen, wenn die Schützlinge in Schwierigkeiten waren, und dann auch ihre Macht bewiesen.

„Und der Herr zog vor ihnen her, am Tage in einer Wolkensäule, um sie den rechten Weg zu führen, und bei Nacht in einer Feuersäule, um ihnen zu leuchten, damit sie Tag und Nacht wandern konnten. Niemals wich die Wolkensäule von dem Volk bei Tage noch die Feuersäule bei Nacht.“ (2. Mose 13:21-23).

Die „Feuersäule“ würden wir heute wohl als ein Scheinwerferlicht bezeichnen.

Solche „Wolken“ scheinen damals eine ganze Menge herumgeflogen zu sein. *„Da erhob sich der Engel Gottes, der vor dem Heer Israels herzog* *und stellte sich hinter sie. Und die Wolkensäule vor ihnen erhob sich und trat hinter sie...“* (2. Mose 15:19-20) oder *„Als nun die Zeit der Morgenwache kam, schaute der Herr auf das Heer der Ägypter aus der Feuersäule und der Wolke und brachte einen Schrecken über ihr Heer und hemmte die Räder ihrer Wagen und machte, daß sie nur schwer vorwärtskamen.“* (2. Mose 15:24-25).

Oder als Moses mit dem hebräischen „Gott“ zusammentraf: *„Und der Herr sprach: Siehe, ich will zu dir kommen in einer dichten Wolke...“.*

„Als nun der dritte Tag kam und es Morgen ward, da erhob sich ein Donnern und Blitzen und eine dichte Wolke auf dem Berge und der Ton einer sehr starken Posaune. Das ganze Volk aber, das im Lager war, erschrak. Und Mose führte das Volk aus dem Lager Gott entgegen, und es trat unten an den Berg. Der ganze Berg Sinai aber rauchte, weil der Herr herabfuhr im Feuer; und der Rauch stieg auf wie der Rauch von einem Schmelzofen und der ganze Berg bebte sehr. Und der Posaune Ton ward immer stärker.“ (2. Mose 19:16-19).

„Und alles Volk wurde Zeuge von dem Donner und Blitz und dem Ton der Posaune und dem Rauchen des Berges.“ (2. Mose 20:18).

„Als nun Mose auf den Berg kam, bedeckte die Wolke den Berg, und die Herrlichkeit des Herrn ließ sich nieder auf dem Berg Sinai, und die Wolke bedeckte ihn sechs Tage; und am siebten Tag erging der Ruf des Herrn an Mose aus der Wolke. Und die Herrlichkeit des Herrn war anzusehen wie ein verzehrendes Feuer auf dem Gipfel des Berges vor den Israeliten. Und Mose ging mitten in die Wolke hinein und stieg auf den Berg und blieb auf dem Berg vierzig Tage und vierzig Nächte.“

„Da kam der Herr hernieder in einer Wolke...“ (2. Mose 34:5).

„Und immer wenn die Wolke sich erhob, brachen die Israeliten auf, solange ihre Wanderung währte. Wenn sich aber die Wolke nicht erhob, so zogen sie nicht weiter, bis zu dem Tag, an dem sie sich erhob. Denn die Wolke des Herrn war bei Tage über der Wohnung, und bei Nacht ward sie voll Feuer vor den Augen des ganzen Hauses Israel, solange die Wanderung währte.“ (2. Mose 40:36-38).

Weitere Stellen finden sich unter 5. Mose 4,32-40 und 5,4-5.

Ein sogenanntes „Eingreifen" der Götter finden wir im 1. Buch Mose 20,24: *„Da ließ der Herr Schwefel und Feuer regnen vom Himmel herab auf Sodom und Gomorra und vernichtete die Städte und die ganze Gegend und alle Einwohner der Städte und was auf dem Land gewachsen war. Und Lots Weib sah hinter sich und ward zur Salzsäule."*

Diese Stelle deutet auf einen Bombenabwurf mit nuklearen Sprengsätzen hin – daher die Salzsäulen! (Bei einem Atombombenabwurf verdampfen bei den Opfern durch die Hitze die Körperflüssigkeiten und zurück bleiben die Salzkristalle. Bei Berührung zerbröseln die Leichen).

Die früheren hebräischen Augenzeugen, von denen diese Beschreibungen (Wolken, Feuersäulen, Rauch und Getöse) stammten, konnten keinen näheren Blick auf ihren „Gott" (*Jahwe*) werfen. Im Alten Testament steht, daß niemand außer Moses und einigen auserwählten Führern sich „Gottes" Landung auf der Spitze des Berges nähern durften. Dieser hatte gedroht, jeden zu töten, der das versuchte. Am Anfang des Alten Testaments gibt es nur Beschreibungen des hebräischen „Gottes", wie ihn Augenzeugen aus der Ferne sahen. Erst sehr viel später konnte der wohl bekannteste Prophet der Bibel, Hesekiel, diesen näher in Augenschein nehmen und ausführlicher beschreiben.

Hier ein kurzer Auszug aus dem Buch Hesekiel:

„Es begab sich im dreißigsten Jahre, am fünften Tage des vierten Monats, als ich am Flusse Chebar unter den Verbannten war, da tat sich der Himmel auf, und ich sah göttliche Gesichte....

Ich sah aber, wie ein Sturmwind daherkam von Norden her und eine große WOLKE, umgeben von einem strahlenden Glanz und einem unaufhörlichen Feuer, aus dessen Mitte es blinkte wie Glanzerz. Und mitten darin erschienen Gestalten wie von vier lebenden Wesen; die waren anzusehen wie Menschengestalten...

Ihre Beine waren gerade, und ihre Fußsohle war anzusehen wie die Fußsohle eines Kalbes, und sie funkelten wie blankes Erz. Unter ihren Flügeln an ihren vier Seiten hatten sie Menschenhände, und die Flügel von allen vieren berührten einander, und ihre Gesichter wandten sich nicht um, wenn sie gingen; ein jedes ging gerade vor sich hin...

Und die lebenden Wesen liefen hin und her, daß es aussah wie Blitze. Weiter sah ich neben jedem der vier lebenden Wesen ein Rad auf dem Boden. Das Aussehen der Räder war wie der Schimmer eines Chrysoliths, und die vier Räder waren alle von gleicher Gestalt, und sie waren so gearbeitet, als wäre je ein Rad mitten in dem anderen....

Wenn die lebenden Wesen gingen, so gingen auch die Räder neben ihnen; und auch wenn sich die lebenden Wesen vom Boden abhoben, so erhoben sich auch die Räder...

Und über den Häuptern der lebenden Wesen war etwas wie eine feste Platte, schimmernd wie furchtbarer Kristall, hingebreitet oben über ihren Häuptern... Und wenn sie gingen hörte ich ihre Flügel rauschen, gleich dem Rauschen großer Wasser, gleich der Stimme des Allmächtigen, und ein Getöse wie das eines Heerlagers. Wenn sie aber stillstanden, senkten sie ihre Flügel..." (Hesekiel 2,4).

Der erste Teil der Vision Hesekiels erinnert an frühere biblische Beschreibungen des hebräischen „Gottes": Ein sich bewegendes feuriges Objekt am Himmel, das Rauch und Getöse verbreitet. Als das Objekt näherkam, konnte Hesekiel erkennen, daß es aus Metall war. Dem Objekt entstiegen einige Geschöpfe, die wie Menschen aussahen und offenbar Metallstiefel und mit Ornamenten verzierte Helme trugen. Ihre „Flügel" schienen einziehbare Vorrichtungen gewesen zu sein, die ein ratterndes Geräusch verursachten und ihnen das Fliegen ermöglichten. Ihre Köpfe waren mit Glas oder etwas Transparentem bedeckt, worin sich der Himmel über ihnen widerspiegelte (Astronautenhelme). Und sie befanden sich offenbar in einer Art rundem Fahrzeug oder einem Fahrzeug mit Rädern, eine Art „Mondauto" (vergl. mit Abb. 34 – 37).

Lesen wir die Berichte des Alten Testaments – vor allem das Buch Hesekiel und das apokryphe Buch des Henoch – aus der Sicht eines neutralen Wissenschaftlers, so können wir fast nur zu der Erklärung kommen, daß hier eine Gruppe Raumfahrer unterwegs gewesen war, die mit einer kleinen Personengruppe kommunizierte, sie nach ihren Zielen lenkte und durch sie, als leichtgläubige und gefügige Werkzeuge, Territorium für sich erkämpfen ließ.

Wenn wir die Sache tiefer betrachten, stellen wir fest, daß immer wieder beschrieben wird, daß die „Götter" auch untereinander Krieg führten. Im sumerischen Gilgamesch-Epos, in der griechischen Mythologie, in den vedischen Schriften und in anderen sumerischen Schrifttafeln wird das sehr deutlich. Im Alten Testament finden wir die Gegensätze zwischen den *Elohim* und den *Nephilim*. Es scheint fast so, als ob damals verschiedene Raumfahrer mit verschiedenen Völkern Kontakt hatten, diese Völker Kriege gegeneinander ausführen ließen, um durch deren Hilfe Territorium der Erde zu erkämpfen.

Zu den destruktiven, versklavenden Außerirdischen könnte man auch den alttestamentarischen „Gott" Jahwe zählen, denn es stellt sich unweigerlich die Frage, was denn das für ein „Gott" ist, der sein „auserwähltes Volk" auffordert, während des „Exodus" Völker und Stämme ausnahmslos zu vernichten. Was ist das für ein Gott, der sein „auserwähltes Volk" zu Völkermord auffordert oder sogar zwingt? Im Alten Testament ist das zudem kein Einzelfall. Insgesamt finden wir mehr als siebzig Völker- und Massenmorde; dabei sind die vielen Einzelmorde, Raubzüge, Massenvergewaltigungen und sonstigen Verbrechen, wie beispielsweise Inzucht, noch gar nicht mitgerechnet. Ist das nicht erschreckend?

Zu Beginn des 21. Jahrhunderts wird in unseren Gotteshäusern wieder öfter das Neue Testament zitiert beziehungsweise als Vorlage für Predigten verwendet. Warum auch nicht? Die Worte Jesu, die überliefert wurden – zum Beispiel aus der Bergpredigt, die einundzwanzig Briefe, die Apostelgeschichte und das Johannesevangelium –, sind ohnegleichen in der Weltliteratur, geprägt von Liebe, Frieden und Weisheit. Ganz anders verhält es sich mit dem Alten Testament. Es wird immer wieder von einem zornigen Gott oder Schöpfer gesprochen, von Krieg und Vernichtung durch „Gottes Auftrag", von Schuld und Opfer. Im Garten Eden spricht Gott sogar einen Fluch gegenüber Adam und Eva aus. Gott flucht?!

Der Gott des Alten Testaments kann nicht der Gott des Neuen Testaments sein und umgekehrt!

Wir stellen somit fest: Die *„Söhne Gottes"* kamen vom Himmel herab und verkehrten und paarten sich mit den Töchtern der Erde. Neben Henoch fanden auch Entführungen im Falle Abrahams und Hesekiels statt – in Luftfahrzeugen (!).

Ja, was ist denn da passiert?

Die Veränderungen der seit Jahrtausenden mündlich überlieferten Texte durch die Vielzahl von Abschriften und die zum Teil beabsichtigten Änderungen werden schon in den ersten Sätzen der Genesis deutlich. In den ältesten hebräischen Texten wird immer in der Mehrzahl (Plural) von den ***Elohim*** gesprochen, und das heißt übersetzt aus dem Hebräischen *Götter*, *Gottheiten* oder *Götterwesen*. In der Einzahl hätten die alten Schriftgelehrten, wenn sie wirklich von einem Gott hätten sprechen wollen, für Gott das Wort *El* (Singular) verwendet! Da sie das aber nicht getan haben, sollten wir grundsätzlich davon ausgehen, daß es sich tatsächlich um eine Gruppe von Göttern oder Götterwesen handelte. Im Akkadischen heißt *El* übrigens *Ilu*, im Arabischen *ilah* (*Allah*?).

Das Wort *Elohim* kommt noch 66mal in der Schöpfungsgeschichte vor. In den heute vorliegenden „offiziellen" hebräischen Texten des Alten Testaments, in den „Biblia Hebraica", kommt das Wort *Elohim* sage und schreibe über zweitausendmal vor. Das ist ein starker Hinweis darauf, daß es sich am „Anfang" der Schöpfung nicht um *„den lieben Gott"* handelte, sondern um eine Gruppe hochintelligenter Wesen!

Wenn wir aber nur das Alte Testament betrachten, werden wir weiter im Dunkeln tappen. Um herauszufinden, wer die *Elohim* waren, die damals die Erde besuchten, müssen wir auf ältere Schriften zurückgreifen – und zwar auf die Überlieferungen, welche die hebräischen Schriftgelehrten abschrieben, manipulierten (lat. *manus* = die Hand) und zu *ihrer* Ursprungsgeschichte machten...

DIE SUMERISCHEN SCHRIFTTAFELN

Der Engländer Sir Austen Henry Layard erhielt 1840 vom britischen Museum den ersten Ausgrabungsauftrag im Zweistromland zwischen Euphrat und Tigris. Unter riesigen Hügeln (im Hebräischen auch *tells* genannt) entdeckte dieser über die Jahre hinweg alte sumerische Städte. Doch mit den Ausgrabungen der alten „biblischen" Städte wurden auch die bislang ältesten schriftlichen Zeugnisse unserer Vorfahren gefunden: mehrere tausend Tontafeln und viele alte Rollzylinder.

Diese Entdeckung war eine Sensation! Sie wird allerdings bis zum heutigen Tage von vielen „Fachleuten" und gerne auch von Vertretern theologischer Fakultäten geringgeschätzt – mit gutem Grund!

Die Informationen waren sehr umfangreich und gaben plötzlich ein sehr klares Bild der damaligen Gesellschaft wieder: Alte Verträge, Gesetzestexte, höfische Anordnungen, Heiratsurkunden, medizinische Verordnungen, philosophische und theologische Schriften und historische Überlieferungen. Besonders interessant aber waren die Schöpfungsgeschichte und die möglicherweise älteste Sternkarte der Welt!

Wie wir es heute von anderen früheren Kulturen kennen, war das Schreiben und Lesen auch in der frühen sumerischen Kultur nur einer kleinen Zunft vorbehalten. Der Großteil der Bevölkerung war des Lesens und Schreibens unkundig. Daher begannen die Sumerer, Ton zu kleinen quadratischen Tafeln zu formen, die nur ein paar Zentimeter groß waren. Dann wurde mit einem spitzen Gegenstand die Schrift in die Tafeln geritzt, und schließlich wurden die Tafeln in einem Ofen gebrannt. Im Laufe der Jahrhunderte wurde die Schrift von den Gelehrten immer weiter entwickelt, und aus den einfachen Piktogrammen entstand die Keilschrift. Aber noch in der jüngeren Silbenschrift der Akkadier war der Ursprung der sumerischen Schrift zu erkennen und nachweisbar.[(42)]

Den Beginn der sumerischen Kultur datiert die Wissenschaft auf zirka 3800 bis 4000 v.Chr.. In dieser Zeit besiedelten die Sumerer das Zweistromland zwischen Euphrat und Tigris im heutigen Irak. Viele Forscher treffen gern die Aussage, daß es den Anschein hat, als sei diese

Kultur plötzlich auf der Weltbühne erschienen, ohne sichtbare und wissenschaftlich belegbare, vorangegangene Entwicklungsstadien. Die Sumerer hatten bereits ein Kanalisations- und Bewässerungssystem, eine moderne Architektur und Baukultur, sie betrieben Schiffahrt und regen Außenhandel, die Agrarkultur war bereits entwickelt, ebenso ein modernes Schulsystem, sie hatten ein Verwaltungssystem, Pharmazeuten und Mediziner.

Vor allem die medizinischen Kenntnisse waren sehr weit entwickelt. So ließ sich durch die Tontafeln und durch Modelle, die Organe darstellen, beweisen, daß die sumerischen Ärzte in Behandlung, Therapie und operative Eingriffe eingeweiht beziehungsweise geschult waren. Die Medizin teilte sich in drei Bereiche auf: ***Bultitu*** (*Therapie*), ***Schirpir bel imti*** (*Chirurgie*) und ***Urti masch masch sche*** (*Geburt und Affirmation*). Daß die sumerischen Ärzte schon Operationen am Gehirn vorgenommen haben, geht aus Grab- und Skelettbefunden hervor. Der Patient konnte zwischen zwei Ärzten wählen, zwischen einem Wasserarzt (***A.ZU***) und einem Ölarzt (***IA.***). Die Indikation, Behandlung und Therapie basierte auf umfangreichem Wissen in der Naturmedizin.

Daß die Sumerer in Mathematik und Astronomie/Astrologie hohe Kenntnisse besaßen, geht ebenfalls aus den Funden hervor.[42]

Die sumerische Mathematik basiert auf dem ***Sexagesimalsystem*** mit der Grundzahl 60. Die Sumerer unterteilten den aus 12 Tierkreiszeichen bestehenden Zodiak, den wir heute noch verwenden, in jeweils 30 Grad ein. Bis zum heutigen Tage benutzen wir ihre entwickelte Berechnung für den Kreis (360 Grad), Stunden (2 x 12 = 24), Tage, Wochen, Monate und das Kalenderjahr (365,24 Tage). Das griechische Wort ***Gaia*** (lat.: *Gaeo*), was *Göttin der Ernte* bedeutet, ist eine Ableitung vom sumerischen ***KI*** oder ***GI*** (*Wort, Erde*). Das Bildzeichen dafür ist ein horizontales, von acht vertikalen Linien durchkreuztes Oval. Die Ableitung des Wortes verwenden wir in unserer Sprache noch in Wörtern wie zum Beispiel *Geo-metrie*, *Geo-logie* oder *Geo-graphie*.

Allem Anschein nach besaßen die Sumerer auch ein umfangreiches Wissen über unser Sonnensystem. Viele Wissenschaftler behaupten ganz zu recht, daß es sich bei einem der Rollsiegel um eine alte Sternkarte handelt. Die Rollzylinder waren eine Erfindung der alten Sumerer, heute vergleichbar mit einer Druckpresse. Es waren kleine Zylinder, die gewöhnlich aus Halbedelsteinen bestanden. Sie waren zirka 2,5-7,5 cm lang und zwei Finger breit. In die Oberfläche der Zylinder wurden Motive eingeritzt. Nachdem die Zylinder in weichem Ton abgerollt wurden, ergab sich ein fortlaufendes Muster – eine Art *Comic* der Vergangenheit. Diese Technik wurde in allen späteren Kulturen im Zweistromland verwendet (Babylonier, Assyrer, Akkadier).

Die Zylindersiegel stellen Szenen aus dem täglichen Leben dar, so zum Beispiel mythologische Szenen, geschichtliche Ereignisse und Handlungen, die sich laut der Siegel Jahrhunderte und Jahrtausende vor der Herstellung der Rollzylinder ereignet haben.

Die mittlerweile weltweit bekannte „Sternkarte VA/243“ aus dem Pergamonmuseum in Berlin ist nicht der einzige schriftliche Beleg für das astronomische Wissen der Sumerer, sicherlich aber der interessanteste. Unser Sonnensystem, so wie es uns heute bekannt ist, wurde von den alten Astronomen auf den Rollzylindern maßstabsgerecht dargestellt.

Die „Sternkarte VA/243“ zeigt uns in der richtigen Reihenfolge: den kleinen Merkur, in der gleichen Größe die Venus und die Erde, den Mond (Satellit der Erde), den Mars und die deutlich größeren Planeten Jupiter und Saturn, die Zwillingsplaneten Uranus und Neptun und zuletzt den Pluto. Im Unterschied zu unserem heutigen Sonnensystem, zeigt die *„alte Sternkarte“* der alten Astronomen aber **auch noch einen unbekannten Planeten zwischen Jupiter und Mars**.

Abb. 26:
Das Rollsiegel „VA/243" – in der Abbildung unten ist das abgerollte Bild dargestellt.

Abb. 27:
Die sogenannte älteste „Sternkarte" der Welt auf einem akkadischen Rollsiegel, zirka 2300 v.Chr.. Das Bild zeigt das Rollsiegel „VA/243" nach Abrollen in Ton.

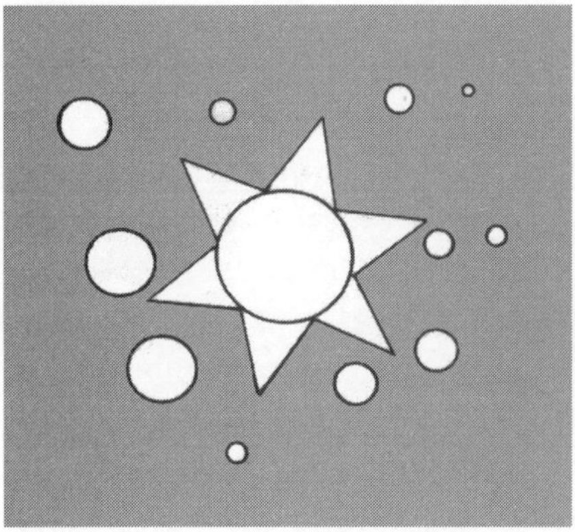

Abb. 28:
Die Darstellung auf dem Rollsiegel zeigt unser Sonnensystem mit einem zusätzlichen Planeten.

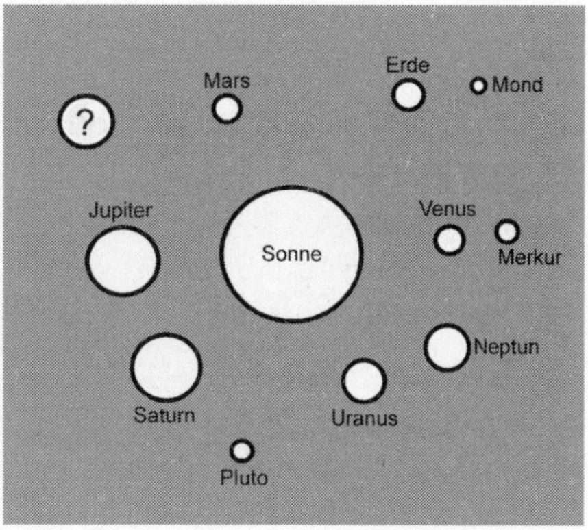

Abb. 29:
Zum Vergleich: Unser bekanntes Sonnensystem plus einen weiteren, uns unbekannten Planeten.

Aus dieser „Sternkarte“ geht deutlich hervor, daß die Astronomen der alten sumerischen Kultur den Aufbau unseres Sonnensystem mit allen Planeten kannten. Von unserem heutigen Kenntnisstand aus betrachtet würde das bedeuten, daß unsere Vorfahren über ein Wissen verfügten, das uns erst in den letzten einhundert Jahren zuteil wurde oder besser gesagt *wieder* zuteil wurde. Heute blicken wir überheblich und besserwissend auf die „Alten“ herab. Man erklärt uns beharrlich, daß die Menschen der Antike, der noch älteren Kulturen Ägyptens und der des Zweistromlandes im Vergleich zu uns heute frühzeitliche und primitive Völker waren, die einen ebenso naiven Glauben hatten, zumindest in bezug auf das Universum und die Religion. Tatsache ist aber, daß uralte Völker und Kulturen über erstaunliches Wissen verfügten und uns wohl auch heute noch in vielen Dingen nicht nur rätselhaft erscheinen, sondern an Wissen sogar überlegen sind.

Auch wenn heutige Wissenschaftler verschiedener Fakultäten das bestreiten (nicht aber widerlegen können!), ist es eine erwiesene Tatsache, daß den alten Astronomen der Aufbau unseres Sonnensystems bekannt war! Doch erst nachdem der Physiker Isaak Newton im Jahr 1671 das Spiegelteleskop entwickelte, war für die Wissenschaft die Voraussetzung geschaffen, die Planeten Uranus (durch Friedrich Wilhelm

Herschel im Jahre 1881), Neptun (durch Johann Gottfried Galle im Jahre 1846) und Pluto (durch Clyde Tombough im Jahre 1930) zu entdecken. Von nun an zählte unser Sonnensystem neun Planeten, dazu die Sonne und den Erdsatelliten Mond, also elf Himmelskörper! Es ist erstaunlich genug, daß auf der alten „Sternkarte" Uranus, Neptun und Pluto zu sehen sind, die wir erst aufgrund unserer modernen Technik in den letzten Jahrhunderten entdeckt haben.

Auf dem alten Rollsiegel war aber noch ein weiterer, ein *zwölfter Planet* verzeichnet, nämlich zwischen unserem Nachbarplaneten Mars und dem Jupiter. Heute ist zwischen Mars und Jupiter eine auffallend große Lücke, in der sich ein Asteroidengürtel befindet.

Und von den sumerischen Schrifttafeln erfahren wir folgende Geschichte über unser Sonnensystem:

Zunächst wird über das Ur-Sonnensystem berichtet, bestehend aus drei Planeten (Sonne, Merkur und Tiamat). Nachdem weitere Planeten entstanden sind, bestand das Sonnensystem aus der Sonne und neun Planeten. Dann drang ein weiterer Planet (*Nibiru* oder *Marduk*, wie er bei den Babyloniern genannt wurde) vom Außenraum in unser Sonnensystem ein. Er zog vorbei an Neptun, Uranus und Saturn. Durch sein

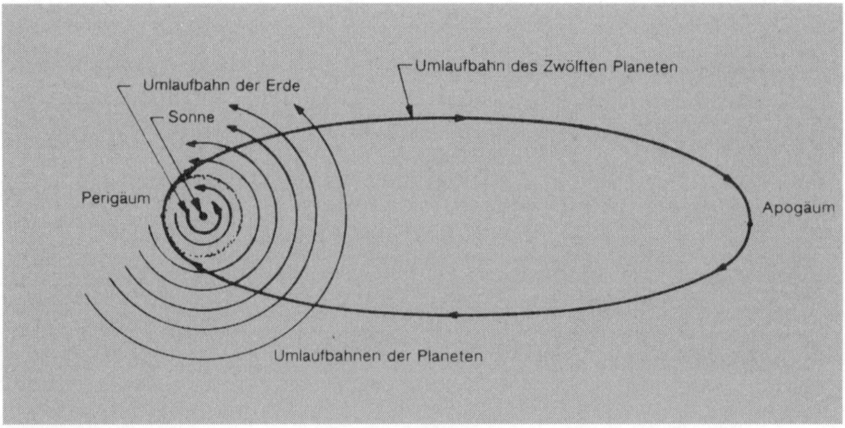

Abb. 30:
Der Planet Nibiru/Marduk umkreist unsere Sonne alle 3.600 Jahre einmal.

Eindringen und die sich dadurch verändernden Gravitationskräfte aller Planeten (er ist gegenläufig!), kam es zu großen Explosionen und Katastrophen, durch die neue Monde entstanden. Dann kam es zum Zusammenstoß zwischen Tiamat und einem der Monde Nibirus/Marduks. Nachdem der Eindringling (Nibiru/Marduk) einen weiteren Umlauf um die Sonne absolviert hatte, kam es zur zweiten und letzten Kollision. Einer der Monde Nibirus/Marduks sprengte den oberen Teil Tiamats ab. Dieser Teil wurde in eine neue Umlaufbahn geschleudert und riß dabei einen Mond (Kingu) mit. Sie blieben ein Paar und wurden Erde und Mond.

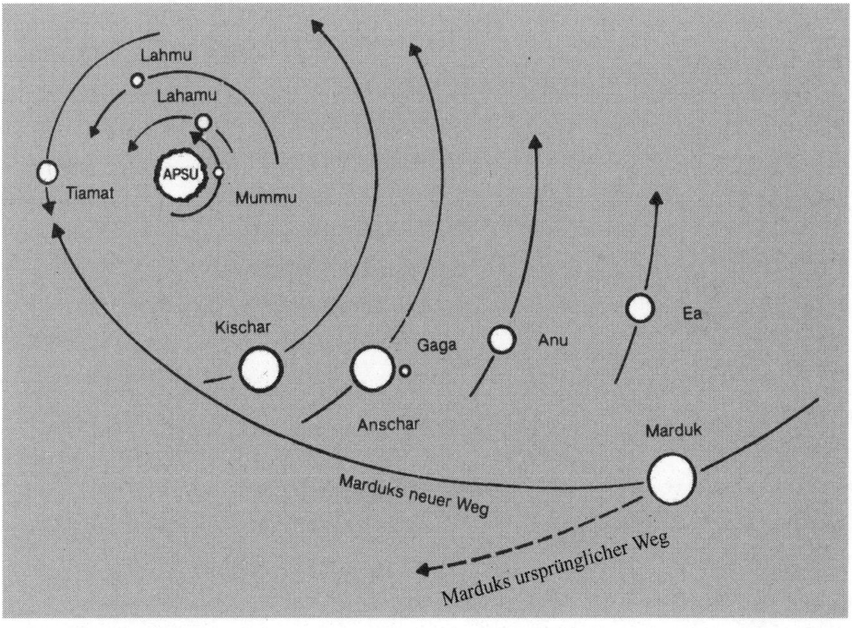

Abb. 31:
Der Planet Nibiru/Marduk drang in unser Sonnensystem ein, wurde von unserer Sonne angezogen und kam so von seiner ursprünglichen Bahn ab.

Abb. 32:
Nachdem Nibiru/Marduk in unser Sonnensystem eingedrungen war, verfehlte er nur knapp den Planeten Tiamat (die ursprüngliche Erde). Doch einer der Monde Nibirus kollidierte mit Tiamat und zerstörte ihn zum Teil. Der noch vorhandene Rest Tiamats kam von der ursprünglichen Bahn ab, zog aber einen der beiden Monde Nibirus mit, und so entstanden unsere heutige Erde und unser Mond, die sich neu plazierten.

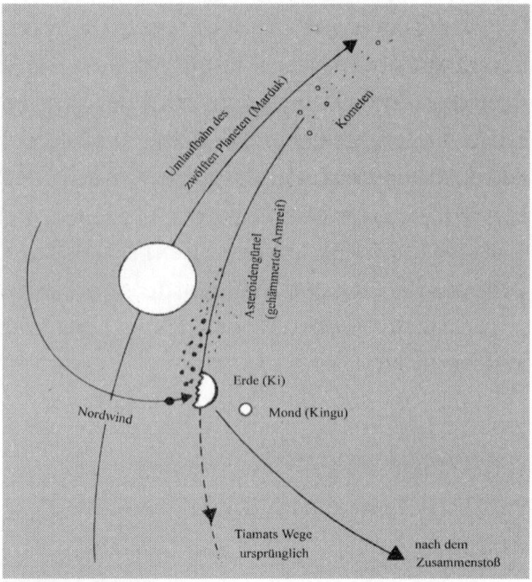

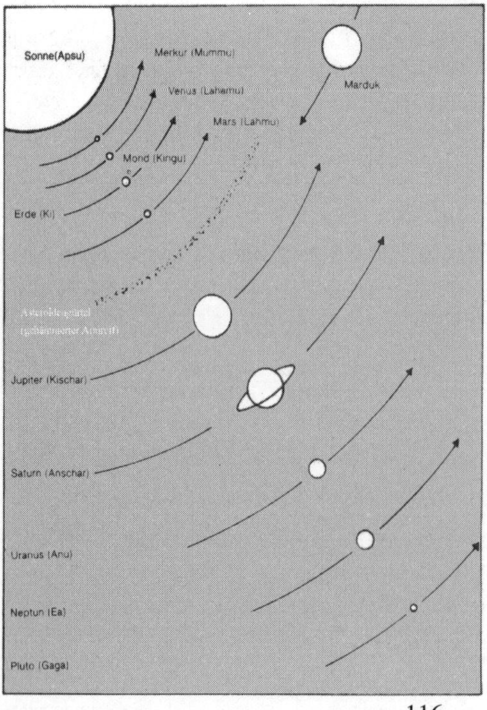

Abb. 33:
Der andere Teil Tiamats, der zerstört wurde, ist der Asteroiden-Gürtel, der sich heute zwischen Mars und Jupiter befindet.

Das bedeutendste Schriftzeugnis aus Mesopotamien ist jedoch das „Atrahasis-Epos", das in einem gut erhaltenen Zustand ist. Es berichtet von der Zeit vor der Flut und der Entwicklung des Menschen auf der Erde. Das Epos berichtet über die Anunnaki (*Jene, die vom Himmel auf die Erde kamen*), die vor zirka 450.000 Erdenjahren von diesem Planeten Nibiru, der unsere Sonne alle 3.600 Jahre einmal umkreist, zur Erde kamen, um Gold abzubauen, das sie dringend für ihren Heimatplaneten brauchten. Dies war Millionen Jahre nach der Zerstörung Tiamats.

Die Erde muß den Anunnaki – in Anbetracht der substantiellen Beschaffenheit (zum Beispiel das Vorhandensein von lebensspendendem Wasser in der Atmosphäre, feste und grüne Vegetation) und der Ökosphäre (optimale Sonnennähe) – als besonders geeignet erschienen sein. Die Erde wurde von ihnen ausgewählt!

Doch halten wir uns kurz vor Augen, wie die Mutter Erde damals beschaffen war: Sie stand inmitten der zweiten großen Eiszeit (vor 430.000-480.000 Jahren). Ein Drittel der damaligen Landmasse muß mit Eis bedeckt gewesen sein. Geregnet hat es sehr wenig. Der Meeresspiegel lag während der großen Eiszeiten (die erste begann vor etwa 600.000 Jahren) nach Schätzungen bis zu zirka 250 m tiefer als heute. Das liegt daran, daß damals auf dem festen Land sehr viel Wasser in Eisform gebunden war. Wo sich heute Meer und Küsten befinden, war zur damaligen Zeit trockenes Land. [42]

Für die Kolonisation der ersten Anunnaki eigneten sich die großen Flußebenen, wie zum Beispiel die Ebenen von Nil oder Euphrat und Tigris.

Die erste Gruppe der Anunnaki bestand dabei aus fünfzig Personen. Sie landeten im Arabischen Meer und machten sich auf in Richtung Mesopotamien, wo am Rande der Sümpfe die erste Siedlung der Erde (***Eridu** – in der Ferne erbautes Haus*) erbaut wurde.

Der Name *Eridu* ist in verwandter Form noch in einigen Sprachen zu finden, so zum Beispiel im Althochdeutschen in dem Wort *Erda*, auf deutsch *Erde*, auf englisch *earth*, mittelenglisch *erthe*, und geht man zeitlich und geographisch zurück, bedeutet *Erde* im Aramäischen ***Artha***, ***Ereds***, ***Erd*** oder ***Ertz*** und auf hebräisch ***Eretz***.

Die sumerischen Königslisten beschreiben die Niederlassungen und Regierungszeiten der ersten zehn Anunnaki-Herrscher vor der großen Flut. Die Zeit wird hier in ***Shar*** gemessen (1 Shar = 3.600 Jahre = 1 Umdrehung Nibirus um unsere Sonne). Von der ersten Landung bis zur Sintflut waren laut den Texten 120 Shar vergangen. In dieser Zeit umkreiste der Nibiru die Sonne 120mal – das entspricht 432.000 Erdenjahren. Die sumerische Königsliste ist eine chronologische Aufstellung von Herrschern, Städten und Ereignissen. Der Name des ersten „Gottes" auf der Erde, der das erste „göttliche" Königshaus von *„Eridu"* und den anderen vier Städten plante, ist leider unleserlich. Andere Texte stimmen aber in diesem Punkt überein und benennen ***Enki*** (*Herr des Bodens*), auf akkadisch ***EA*** (*Herr der Wassertiefe*), als den ersten großen Anführer. Er hatte auch den Beinamen ***Nudimmud*** (*der Dinge machen kann*). Er war Weiser und Kulturbringer, ein ausgezeichneter Naturwissenschaftler, Lehrer und Ingenieur. Enki war der Sohn von ***Anu*** (***An***), dem Herrscher des Nibiru, und der Göttin ***Nummu***.

Er bestimmte den ersten Ort am Rande des Sumpflandes und sagte: *„Hier lassen wir uns nieder."* Fortan war die Erde Enkis Herrschersitz und Hauptkultstätte. Nachdem die Anunnaki viele Jahre in ***„Abzu"*** (*tiefe Lagerstätte*) unter schwersten Bedingungen Gold abgebaut hatten, wurde ihre Unzufriedenheit immer größer. Es gab einen Aufstand, als Enkis Bruder Enlil die Lagerstätte besuchte. Die Arbeiter wollten nicht mehr... Unter anderem auch, weil sie während ihrer Arbeit auf Erden auch den irdischen Gravitationsverhältnissen und damit auch unserem Alterungsprozeß ausgesetzt waren.

Es wurde ein Rat der „Götter" einberufen, zu dem auch der große Herrscher Anu vom Nibiru herab kam und den Anunnaki beistand. Dann fand Enki die Lösung: Ein *Lulu*, ein primitiver Arbeiter, mußte erschaffen werden! Die Anunnaki stimmten zu.

Es geht klar aus den Bezeichnungen und Beschreibungen der Sumerer hervor, daß der erste Mensch künstlich erschaffen wurde, und zwar zu einem Zweck: Er sollte für die „Götter" arbeiten. Er sollte fortan ihr Joch tragen, deshalb heißt er bei den Sumerern auch ***Lulu amelu*** (*primitiver Arbeiter*).

Abb. 34 oben:
Die aztekische Darstellung des Gottes *Quetzalcoatl*, welcher der Legende nach in einer *„gefiederten Schlange“* zur Erde kam und den Azteken und Tolteken ihre Kultur brachte.

Abb. 35 links:
Eine präkolumbianische Statuette aus Ecuador (ca. 500 v.Chr.), die einen Menschen in einer Art Anzug darstellt, der einem heutigen Raumfahrer verdächtig ähnlich sieht.

Abb. 36 (oben):
Auf einer 7.000 Jahre alten Felszeichnung aus Fergana, Usbekistan, sieht man zwei Wesen in Raumanzügen und Finger-Handschuh. Im Hintergrund sieht man eine fliegende Untertasse.

Abb. 37: Fresko einer Klosterkirche im Kosovo aus dem 14. Jahrhundert.

Wann könnte das geschehen sein?

Die sumerischen Schrifttafeln berichten: Etwa 144.000 Jahre (also vierzig Shar) nach der Landung, die vor zirka 450.000 Jahren stattgefunden haben muß, hat sich der Aufstand der Anunnaki ereignet. Das würde bedeuten, daß der ***Homo sapiens***, unser Vorfahre, vor zirka 300.000 Jahren erschaffen wurde.

Wie sah es zu diesem Zeitpunkt auf der Erde aus? Wir befinden uns in der voratlantischen Zeit. Ist Lemuria bereits untergegangen? Möglicherweise. Exakt wissen wir es nicht. Doch es ist Eiszeit. Die alten Überlieferungen aus Tibet berichten darüber, daß sich die Hochzivilisationen während der Eiszeit ins Erdinnere (Tunnelsysteme usw.) zurückgezogen hatten und die anderen, die nach der Katastrophe von Lemuria übriggeblieben sind, offenbar degenerierten. Handelt es sich bei diesen Degenerierten um das, was wir als den *Neandertaler* kennen?

Als die Anunnaki während der Eiszeit zur Erde kamen, fanden sie offenbar diesen degenerierten Menschentypus in ihrer Gegend vor, in der sie gelandet sind. Doch bis zum heutigen Tag macht es den Naturwissenschaftlern besonderes Kopfzerbrechen, daß zwischen dem Übergang vom Primaten zum Menschen, also zum ***Homo sapiens***, ein viel zu kurzer Zeitraum liegt. Genau dieser Übergang, der in Fachkreisen auch als ***missing link*** bezeichnet wird, ist bis heute nicht geklärt.

Aber für die Darwinisten, die Darwins Lehre der Evolution nachzuweisen versuchen, paßt so vieles nicht ins Konzept. Nach Darwins Selektionslehre entstanden die Arten durch eine natürliche Auslese – im Kampf ums Überleben setzt sich nur der Stärkste durch. Für sie ist der *missing link* auch kein Problem. So werden beispielsweise die Lang- und Turmschädel einfach ausgegrenzt (Abb. 22 und 23). Diese werden als durch an den Kopf gebundene Bretter deformierte Schädel wegerklärt. Wie aber aus dieser Prozedur die dreifache Kopfmasse entstehen kann, können sie nicht erklären. Auch die Riesen passen nicht dazu, deren gefundene Skelette und Mumien vier Meter und größer sind. Wo passen sie denn in Darwins Lehre? Offenbar paßt nichts zusammen.

Da uns die sumerischen Texte nur über den Bereich Mesopotamiens berichten, erfahren wir in diesen nichts über Südamerika, den Himalaya oder China. Doch die Überlieferungen Asiens sind noch bedeutend älter als die der Sumerer und diese berichten uns eben vom Untergang noch älterer Zivilisationen, deren Überlebende aufgrund der äußeren Umstände (Eiszeit) degenerierten. Daher ist den Tibetern ihr Genfonds in den Samâdhi-Höhlen so wichtig.

Kommen wir zu den Anunnaki nach Sumer zurück. Sie hatten also ein Problem mit ihren eigenen Leuten und suchten eine Lösung. Das war der primitive Zeitgenosse, den sie in ihrer Gegend vorfanden. Was aus diesem wurde, darüber finden wir in den sumerischen Schrifttafeln nun wieder genaue Berichte und auch das Bindeglied zwischen dem *Homo erectus* und dem *Homo sapiens*.

Demnach wurde der erste *Arbeiter-Mensch* (Adam) von den Anunnaki-Göttern künstlich erschaffen. Es fand also eine Manipulation statt, durch die eine enorme Beschleunigung in der Entwicklung dieses Menschentypus erfolgte.

Es war ***Enki* (*Ea*)**, der laut den alten Texten die entscheidende Idee hatte, nachdem ihm der Entschluß mitgeteilt wurde, daß ein ***„Adamo“*** zu formen sei. Der primitive Mensch, den sie in ihrer Gegend vorfanden, schien den Anunnaki für ihr Vorhaben, einen modernen Sklaven zu schaffen, geeignet zu sein.

Abb. 38: Geburt des „ersten“ Menschen auf einer assyrischen Zylinderdarstellung

Doch es funktionierte nicht auf Anhieb – es wurde herumexperimentiert. Nehmen wir weiter Einblick in die alten Überlieferungen, so erfahren wir, daß die Anunnaki wohl viel Zeit benötigten, um das richtige „Bild", das heißt die richtige genetische Mischung zu finden. Von ihren Anfängen bis zum ersten „Adam" verging ein langer Zeitraum.

Führen wir uns vor Augen, daß Wissenschaftler selbst in unserer heutigen „hoch-modernen" Zeit im Bereich der genetischen Manipulation und des Klonens viele, viele Versuche benötigen, bis sie das „perfekte" Ergebnis vorliegen haben, so ergeben die alten Überlieferungen auch in dieser Hinsicht einen Sinn. Ähnlich wie bei uns heute muß es demnach auch bei den Anunnaki-Göttern gewesen sein. Auch sie benötigten geraume Zeit für Versuche, um ein „perfektes" Ergebnis zu erzielen. (42)

Erinnern wir uns an den Biologieunterricht: Man versucht, die Gesetze der Reinerblichkeit nach Gregor Mendel nachzuweisen, indem man Fliegenrassen kreuzt. Bis zum wissenschaftlichen Nachweis der Reinerblichkeit sind mehrere Kreuzungen nötig. Ähnlich muß es auch den Anunnaki vor einigen hunderttausend Jahren ergangen sein, sicherlich mit dem Unterschied, daß uns im Biologiekurs die Ergebnisse

Abb. 39 und 40: Schwarzer Obelisk des Assyrer-Königs Salamasars
Menschtiere werden an der Leine geführt.

Mendels bereits vorliegen und wir praktisch im Vorfeld einen Leitfaden haben.

Anders läßt es sich nicht erklären, daß nicht nur die alten Überlieferungen aus Mesopotamien umfangreich von Versuchen, Kreuzungen und von Mischwesen berichten. Auch in vielen anderen Kulturen und Überlieferungen wurden die Babylonier beziehungsweise die alten Sumerer auch in diesem Punkt bestätigt. Wir müssen davon ausgehen, daß es eine Zeit der Versuche und Experimente gab, bis die „Götter" die richtige „Mischung" und die richtige Methode für die ersten „Adams" gefunden hatten.

Ist das Amphibienwesen, das in Japan gefunden wurde, Zeugnis davon? Oder ist dies eine eigene Art gewesen? (Siehe Abb. 25).

Trotz klarer Beschreibungen in alten Überlieferungen der Sumerer und auch anderer Kulturen weltweit, können wir nicht mehr exakt nachvollziehen, wie viele Versuchsjahre und -jahrzehnte vergingen; zudem fehlen uns entsprechende Artefakte.

Wer war dieser Enki – der Erschaffer des Homo sapiens?

Enki soll der Sohn des Königs dieser Außerirdischen gewesen sein. Der Titel „EN.KI" bedeutet *„Herr oder Fürst der Erde"*. Nach alten sumerischen Texten war Enkis Titel jedoch nicht ganz zutreffend, da er seine Herrschaft über weite Teile des Planeten während einer der zahllosen Rivalitäten und Intrigen, welche die Herrscher dieser außerirdischen Zivilisationen immer in Anspruch zu nehmen schienen, an seinen Halbbruder ENLIL verloren haben soll.

Enki werden nicht nur die „Erschaffung des Menschen", sondern auch viele andere Leistungen zugeschrieben. Er soll die Sümpfe am persischen Golf trockengelegt und sie durch fruchtbares Ackerland ersetzt haben, Dämme und Schiffe gebaut haben und ein guter Wissenschaftler gewesen sein.

Doch was für uns hier sehr wichtig ist: Er soll seiner Schöpfung gegenüber gutherzig gewesen sein. Nach den mesopotamischen Texten wird Enki als jemand dargestellt, der sich im Rat der Außerirdischen *für* das neue Erdengeschlecht einsetzte. Er erhob gegen viele der Grausamkeiten, die andere Außerirdische, darunter auch sein Halbbruder Enlil, den Menschen auferlegten, Einspruch. Aus den Tafeln geht hervor, daß er den Menschen nicht als Sklaven wollte, er jedoch in dieser Hinsicht von den übrigen überstimmt wurde. Die Menschen, die für ihre Herren nichts weiter als Lasttiere waren, wurden von ihren Herren grausam behandelt. Die Tafeln sprechen von Hungersnöten, Krankheiten und dem, was wir heute als *biologische Kriegsführung* bezeichnen. Als dieser Völkermord schließlich keinen ausreichenden Rückgang der menschlichen Bevölkerung brachte, beschloß man, die Menschen durch eine große Sintflut auszulöschen, vor allem auch, um die Kreaturen loszuwerden, die nicht so „gut geglückt" waren – die Mischwesen, die Mutationen und die Tiermenschen.

Heute bestätigen viele Archäologen, daß es im Nahen Osten vor Jahrtausenden eine Sintflut gegeben hat, die sich neben den schon erwähnten Quellen auch bei den Mythen der nordamerikanischen Indianerstämme wiederfindet.

Nach den sumerischen Texten erzählte Enki einem Mesopotamier namens *Utnapischtim* vom Plan der übrigen Außerirdischen und lehrte diesen, ein Schiff zu bauen und mit etwas Gold, seiner Familie, Vieh, ein paar Handwerkern und wilden Tieren in See zu stechen.

Die Geschichte von *Noah* geht, wie viele andere Geschichten aus dem Alten Testament, aus den älteren mesopotamischen Schriften hervor. Die Hebräer änderten nur die Namen, und aus den vielen „Göttern" wurde der „eine Gott" der jüdischen Religion.

Unter allen von den Menschen verehrten Tieren war keines so markant und bedeutend wie die Schlange, und zwar deshalb, weil die Schlange das Zeichen einer Gruppe war, die in den frühen Kulturen beider Hemisphären großen Einfluß gewonnen hatte. Bei dieser Gruppe handelte es sich um eine gelehrte Bruderschaft, die sich der Verbreitung geistiger Kenntnisse und der Erlangung geistiger Freiheit verschrieben hatte: die *„Bruderschaft der Schlange"*. Sie bekämpfte die Versklavung geistiger Wesen und versuchte, die Menschheit aus der

Knechtschaft der Außerirdischen zu befreien. (Das urbiblische Wort für Schlange ist *nahash* und ist vom Stammwort NHSH abgeleitet und heißt *entziffern, herausfinden*). Gründer der „Bruderschaft der Schlange" war der rebellische, doch konstruktive Prinz Enki. In den Texten heißt es, daß Enki und sein Vater Anu eine umfassende ethische und geistige Bildung besaßen und es war gerade dieses Wissen, das später in der biblischen Geschichte von Adam und Eva versinnbildlicht worden sein soll. Enki wird als der Schuldige bezeichnet, der dem Menschen das Wissen um seine Herkunft, seinen Schöpfer (die Außerirdischen) und seine Freiheit gegeben und ihm zu geistiger Freiheit verholfen hat. Im Garten E.DIN, der Obstplantage der Anunnaki, wo auch einige der Homo-Sapiens-Sklaven arbeiteten, war es verboten, von einem bestimmten Baum zu essen – dem Baum der Erkenntnis.

Warum war das verboten? Was war an einem Apfel so gefährlich?

Lesen wir kurz im Alten Testament, wie es sich diesem zufolge zugetragen hat. Im 1. Buch Mose heißt es: *„Aber die Schlange war listiger als alle Tiere auf dem Felde, die Gott der Herr gemacht hatte, und sprach zu dem Weibe: Ja, sollte Gott gesagt haben: Ihr sollt nicht essen von allen Bäumen im Garten? Da sprach das Weib zu der Schlange: Wir essen von den Früchten der Bäume im Garten; aber von den Früchten des Baumes mitten im Garten hatte Gott gesagt: Esset nicht davon, rühret sie auch nicht an, daß ihr nicht sterbet! Da sprach die Schlange zum Weibe: Ihr werdet keineswegs des Todes sterben, sondern Gott weiß: An dem Tage, da ihr davon esset, werden eure Augen aufgetan, und ihr werdet sein wie Gott und wissen, was gut und böse ist."*

Alleine an dieser Stelle müßte jeder Anhänger des Alten Testaments hellhörig werden, denn sein „Gott" lügt! Adam und Eva sind nicht gestorben...

Nun war dieser „Gott" nicht Gott, also der Allschöpfer, sondern Anu, der Vater von Enki und Enlil, der um die Besonderheit des Apfels wußte – denn es war ein Granatapfel!

Und was ist daran so besonders?

Darüber klärt uns **Morpheus** auf, der in seinem Bestseller *„Matrix-Code“* das Schöpfungs-Programm, in dem wir leben, aus wissenschaftlicher Sicht beleuchtet:

„Die Kerne des Granatapfels und die Rinde der Baumwurzeln enthalten einen besonderen Wirkstoff – DMT. Wenn man diesen zu sich nimmt, wird man von einem erleuchtungsähnlichen Zustand erfaßt. Ähnlich wie die Babys, die praktisch mit einem von DMT durchtränkten Gehirn geboren werden und damit eine direkte Anbindung an den Hyper-Raum haben. DMT ist genau der Wirkstoff, den wir in den Granatapfelkernen finden. Genau das sollte also damals zu Adam und Evas Zeit verhindert werden. Und damit geschah der entscheidendste Einschnitt, der je in der menschlichen Geschichte vollzogen wurde: Die Vertreibung aus dem Paradies!“ (19, S. 80)

Das Essen dieser Frucht und die daraus folgende „Erkenntnis“ waren von größter Bedeutung, da für die Menschen so die Möglichkeit zur Fortpflanzung entstand – durch Bewußtwerdung. Bis dahin waren die Menschen nur Hybriden gewesen, Kreuzungen zweier unterschiedlicher Rassen, unfruchtbar wie alle Hybriden. Der Mesopotamien-Experte Zecharia Sitchin deutet den sumerischen Text dahingehend, daß er uns als eine Mixtur aus Anunnaki und Homo erectus, dem Vorgänger des Homo sapiens, sieht.

Natürlich waren die Anunnaki von unserem Fortpflanzungstrieb nicht sonderlich begeistert, denn sie wollten auf keinen Fall die Kontrolle über ihr Experiment verlieren. Das Wissen, das die damaligen Menschen durch das Essen der Frucht erlangt hatten, war nicht von wissenschaftlicher Art, es war die Erkenntnis der Zeugung, die Möglichkeit, sich aus sterilen Hybriden zu einer fortpflanzungsfähigen Rasse zu entwickeln. Das verärgerte die Anunnaki sehr, und man verbannte die Menschen aus dem Garten E.DIN. Enki, der die Sklaven zu einer neuen Rasse werden ließ, indem er sie zum Essen der Frucht überredete, soll sich nicht, wie in der Bibel beschrieben, gegen Gott aufgelehnt haben, sondern gegen das grausame Tun der außerirdischen „Götter“ beziehungsweise seines Vaters, dem König der Außerirdischen.

Trotz all ihrer offenbar guten Absichten gelang es Enki und der „Bruderschaft der Schlange" zweifellos nicht, den Menschen zu befreien. In den mesopotamischen Tafeln heißt es, daß die „Schlange" (*Bruderschaft der Schlange*) sehr schnell von anderen Splittergruppen der herrschenden Außerirdischen besiegt worden sei. Enki wurde auf die Erde verbannt und von seinen Gegnern gründlich verleumdet, um sicherzustellen, daß er unter den Menschen nie wieder Anhänger finden würde. Enkis Titel wurde von *„Fürst der Erde"* zu *„Fürst der Finsternis"* umgeändert – er ist der gefallene Morgenstern (Jesaja 14, 12: *„Ach, du bist vom Himmel gefallen, du strahlender Stern der Morgenröte. Zu Boden bist du geschmettert, du Bezwinger der Völker."*), der Lichtträger, da er das schönste und mächtigste Wesen seiner Zeit war; er war der Lichtbringer der Germanen, bei den Griechen als Helios oder Phosphorus bekannt und im Lateinischen als Luciferus. Er wurde verteufelt! Man stellte ihn als Todfeind des höchsten Wesens dar, in diesem Fall seines Vaters, des Raumschiffkommandanten, aber aus der Sicht der Erdenbürger, den ihres Schöpfers (was ja auch nicht ganz gelogen war). Man lehrte die Menschen, daß alles Schlechte auf der Welt von ihm komme und er die Menschen geistig versklaven wolle.

So könnte man es interpretieren, wenn man davon ausgeht, daß Enki und Luzifer identisch sind. Doch sind sie das? Und ist Luzifer wirklich so freiheitsliebend und selbstlos? Wir werden im Laufe des Buches noch etwas mehr über ihn erfahren.

Die Behauptung, daß unser Planet einer ist, den verschiedene Lebensformen aus den Tiefen des Universums besucht haben, die hier neue Lebensformen zeugten und uns dann wieder verließen, ist alles andere als „weit hergeholt". Die griechische Mythologie erzählt uns von den Göttern, die auf dem Olymp wohnten, und vor allem über Hermes, den Götterboten, der mit seinem Götterwagen am Himmel herumflog. Der hawaiianische Hula-Hula-Song beschreibt beispielsweise, wie ein Raumschiff auf dem großen Vulkan „Maunakea" auf Big Island gelandet war, der mutigste unter den Kriegern zu diesem Raumschiff emporstieg, sich mit der Frau, die herauskam, vereinigte und daraus die heutige hawaiianische Rasse entstand. Die Mayas und die Hopis berichten, daß sie von den Plejaden kommen. Sie erklären, daß sie zuerst auf einem Kontinent gelebt haben, der sich im Atlantik befand, der jedoch später gesunken ist, und sie zuerst in unterirdischen Städten überlebten, bevor sie sich auf dem nord- wie auch dem südamerikanischen Kontinent niederließen. Die australischen Aborigines erzählen, daß auch bei ihnen vor langer Zeit Raumschiffe gelandet sind, deren Insassen sie spirituelle Weisheiten gelehrt und auch den Bumerang zurückgelassen haben.

Nach den Darlegungen der (kontrollierten) wissenschaftlichen Fachwelt wird uns Glauben gemacht, daß die menschliche Geschichte 3800 Jahre v.Chr. im Reich Sumer ihren Anfang nahm. Vorher seien wir haarige Wilde und Barbaren gewesen. Da gibt es bloß ein paar Haken. Die Sphinx zum Beispiel wird auf 2500 v.Chr. datiert und als deren Erbauer der Pharao Chephren angenommen. Doch haben der Mathematiker und Orientalist R. A. Schwaller wie auch der Ägyptologe John Anthony West eindeutig bewiesen, daß die Erosionsmuster an der Sphinx nur durch Wassereinwirkung entstanden sein können. Ihre Untersuchungen ergaben, daß die Erosionsmuster nachweislich nicht durch Sand und Wind verursacht worden waren, sondern durch etwa 70 cm tiefes, fließendes Wasser. West konnte berechnen, daß die Sphinx mindestens 1.000 Jahre lang konstant strömendem Regen ausgesetzt gewesen sein mußte, damit diese einzigartigen Erosionsmuster entstehen konnten. Damit steht die Geologie im absoluten Widerspruch zur Archäologie. Die Sahara ist nicht weniger als 7.000 bis 9.000 Jahre alt, was bedeutet, daß die Sphinx mindestens 8.000 bis 10.000 Jahre alt sein muß. Doch laut unserer „Fachwelt" gab es zu dieser Zeit keine hochentwickelten Kulturen in diesem Bereich und schon gar keine, die so etwas wie die Sphinx hätten errichten können, die zu bauen ja sogar für unsere heutige Technologie eine Schwierigkeit darstellt.

Und nun kommen wir zur entscheidenden Frage:
Haben uns diese Besucher auf immer und ewig verlassen oder werden sie wiederkommen? Vielleicht sind ja manche von ihnen niemals

weg gewesen? Gibt es womöglich ein Abkommen mit den Mächtigen dieser Welt, daß sie weiter – im Stillen – diverse Rohstoffe abbauen können, wie zuvor?

Darauf deutet folgende Begebenheit hin: Im Februar 1998 traf ich auf dem Frankfurter Flugplatz mit einem Agenten des südafrikanischen Geheimdienstes zusammen. Dieser war beziehungsweise ist Bure, also weißer Hautfarbe, und wir hatten uns eigentlich für den Austausch politischer Informationen getroffen. Doch dann zeigte ich ihm mein – für ihn damals noch unbekanntes – Buch „*Unternehmen Aldebaran*" und die Fotos der deutschen Wunderwaffen – der Flugscheiben (siehe dazu die Abb. 41 – 44). Unter den Flugkörpern, die damals in Peenemünde, in den Messerschmidt-Werken in Augsburg, in Neu-Brandenburg, in Breslau wie auch in Wiener Neustadt als Prototypen gefertigt worden sind, befand sich auch einer in Form einer Zigarre. Als er das Foto sah, bekam dieser nicht nur gut gebaute, sondern auch sehr kalt auftretende Herr eine Gänsehaut und wurde nervös. Dann sagte er, er müsse mir eine Geschichte erzählen, die er noch nie jemandem anvertraut hätte, und zwar folgende:

Er war als Sohn einer vermögenden Familie auf einer riesigen Farm aufgewachsen und war eines Tages mit seiner Amme – einer dicken schwarzen Afrikanerin – auf dem Gelände unterwegs, als sie beide plötzlich ein Objekt am Himmel schweben sahen, das immer näher kam. Das, was sie zuerst als ein Flugzeug gedeutet hatten, entpuppte sich als eine riesige Zigarre, die silbern glänzte. Das Objekt kam immer näher und hielt dann etwas entfernt – ein paar Meter über dem Boden schwebend – an, eine Tür öffnete sich, eine Leiter fuhr automatisch aus und ein Mann trat heraus. Die Amme hatte zwischenzeitlich die Flucht ergriffen, doch er selbst war wie angewurzelt stehengeblieben. Und er sagte, daß dieser Mann einen Overall anhatte, lange offene blonde Haare trug und „*die blauesten Augen hatte, die er je gesehen habe*". Der Mann aus dem Raumschiff schien ihn offenbar zu kennen, denn er winkte ihm mit der Hand mit der Aufforderung, zu ihm zu kommen. Doch jetzt ergriff auch er die Flucht.

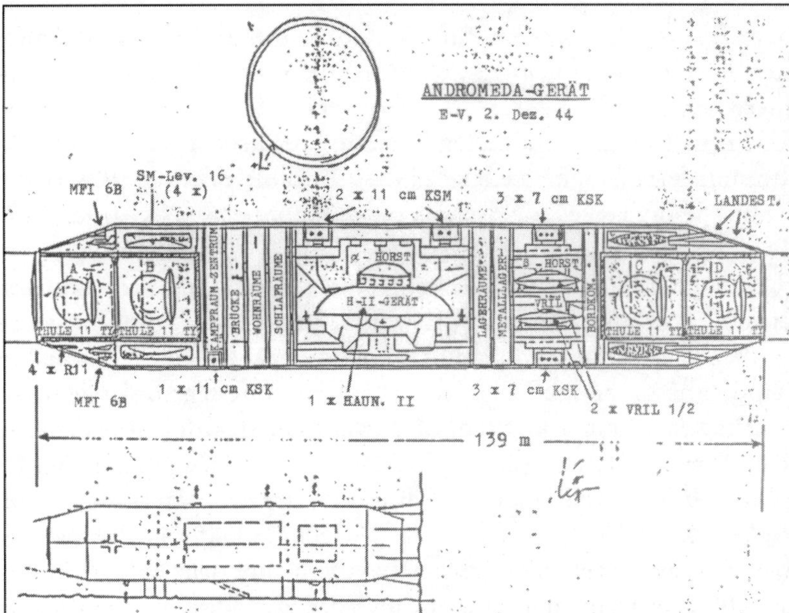

BEWAFFNETES TRÄGER- UND LANGSTRECKENRAUMSCHIFF "ANDROMEDA-GERÄT"

Länge : 139 Meter
Durchmesser : 30 Meter (in der Mitte, errechnet)
Antrieb : 4 x Thule-Tachyonatoren 11, 4 x Schumann-Levitatoren 16 (gepanzert)
Steuerung : Mag-Feld-Impulser 6b
Geschwindigkeit : Keine Angaben, theoretisch müßten fast 300 000 Kilometer p. Sekunde möglich sein
Reichweite : Keine Angaben, rein theoretisch unbegrenzt
Bewaffnung : 2 x Drehtürme m. 2 x 2 x 11cm KSK,
1 x Drehturm m. 1 x 1 x 11cm KSK,
2 x Drehtürme m. 2 x 3 x 7cm KSK,
4 x R11(?), = 4 x Raketen oder Raketenwerfer Typ 11 ?
Außenpanzerung : Unbekannt, vermutlich Dreischott-Viktalen wie bei Haunebu-III
Besatzung : 130 Mann (errechnete Durchschnittszahl)
Weltallfähigkeit : 100 %
Stillschwebefähigkeit : Unbekannt, vermutlich 25 Minuten wie bei Haunebu-III
Allgemeines Flugvermögen : Unbekannt, vermutlich wie bei Haunebu-III wetterunabhängig bei Tag und Nacht
Grundsätzliche Einsatztauglichkeit : Unbekannt, doch vermutlich war 1945/46 geplant.

Aus reichsdeutschen SS-Geheimarchiven (Planskizzen, Beschriftung aus Fragmenten rekonstruiert).

Abb. 41:
Das sogenannte *Andromeda-Gerät*, ein zigarrenförmiges deutsches Großraumschiff auf Antigravitations-Basis, das zwischen 1944 und 1945 entwickelt wurde. Wann und ob es noch zum Einsatz kam, war bisher ungewiß. Der Bericht des südafrikanischen Agenten deutet aber darauf hin, daß es einigen Technikern gelungen sein muß, diverse Technologie vor den Alliierten in Sicherheit zu bringen.

Der Agent sah mich nun mit großen Augen an und meinte, daß er später, in seiner Laufbahn als Agent für die südafrikanische Regierung, immer wieder solche Leute dort getroffen hatte, die offenbar in irgendeiner Form für diese arbeiteten – dann natürlich im Anzug mit Krawatte und kurz geschnittenem Haar. Ob die Regierung sich darüber bewußt sei, um wen es sich dabei handelt, konnte er nicht sagen.

Doch dieser Agent erzählte mir – nachdem er sich mir gegenüber geöffnet hatte – noch eine weitere Episode aus seinem Leben, die nun eigentlich eher zu unserem Anunnaki-Thema paßt.

Und zwar kennt er einen Farmer, der ein so riesiges Gelände besitzt, daß er tagelang mit dem Pferd unterwegs ist, wenn er dort nach dem Rechten sehen will. Auf seinem Grund befindet sich auch eine Art kleiner See, der jedoch die Eigenart hat, immer wieder einmal irgendwohin abzufließen. Und plötzlich ist er dann wieder gefüllt. Der Farmbesitzer selbst vermutet, daß dieser See mit einem unterirdischen Fluß oder einer Quelle verbunden sein muß und daß das Wasser aus irgendwelchen Gründen immer wieder absinkt.

Jedenfalls war dieser Farmer mit seinem Pferd unterwegs, als er an diesen – wieder einmal leeren – See kam und dort eine fliegende Untertasse stand. Er war zwar bewaffnet, entschied sich aber dazu, erst einmal zu beobachten, was geschehen würde. Es tauchte niemand auf, auch nach Stunden nicht. Der Farmbesitzer war unentschlossen, wie er nun reagieren sollte. Zurück zur Farm dauerte zu lange, ein Handy gab es zu dieser Zeit noch nicht, und es gab in der Nähe eines Tagesritts auch keine Nachbarn, die er hätte alarmieren können. So entschied er sich, die Nacht dort zu verbringen. Am nächsten Tag kamen dann humanoide Wesen, die aber eher einen reptiloiden Charakter aufwiesen – nicht unangenehm oder beängstigend, meinte er –, aus dem Loch im Boden. Sie trugen seiner Aussage nach Behältnisse mit einem Material, einem Rohstoff, den sie dort abgebaut hatten, bei sich, die sie in die Untertasse luden. Nachdem sie mehrere dieser Behältnisse verladen hatten, schloß sich die Luke hinter ihnen, und die Untertasse flog davon.

Um welches Material handelt es sich hier? Kommen diese Wesen nur deshalb zur Erde, um dieses Zeug zu holen? Die Anunnaki kamen offenbar wegen Gold zur Erde und haben dieses über die Jahrhundertausende abgebaut. Sie kamen nicht, um die Erde in Besitz zu nehmen, denn sie kehrten ja immer wieder zu ihrem Planeten zurück. Sie stellen also für uns Menschen keine Gefahr dar. Davon abgesehen, daß sie auf der Erde auch unserem Alterungsprozeß ausgesetzt sind, was auch ein Grund für die Rebellion der Anunnaki-Arbeiter war.

Doch inzwischen ist die Erde voll besiedelt. Angenommen Sie und ich wären jetzt die Anunnaki. Wir stellen fest, nachdem wir nun längere Zeit nicht mehr auf der Erde waren, daß sich hier einiges verändert hat. Vor allem in den letzten einhundert Jahren hat sich der Mensch technologisch immens entfaltet und bereist inzwischen selbst den Weltraum. Er hat Atombomben, Radar und andere Entwicklungen, die es uns schwer machen, einfach hier zu landen und unser dringend benötigtes Material abzubauen. Was tun? Den Planeten übernehmen? Uninteressant. Was wollen wir damit? Hier altern wir zu schnell. Also bleibt eigentlich nur ein Weg – einen Vertrag mit irgend jemandem abzuschließen, der uns zu dem verhelfen kann, was wir benötigen, und dann wieder verschwinden. Wahrscheinlich müssen wir etwas als Gegenleistung aufbringen – ein Tausch sozusagen. Technologie vielleicht?

Hierzu möchte ich Ihnen noch eine ganz wilde Geschichte präsentieren, die uns hierauf vielleicht eine Antwort geben kann.

Auf einer meiner Reisen durch die USA lernte ich im Jahre 1990 die Freundin eines der erfolgreichsten Anwälte der USA kennen, mit der ich mich anfreundete und die mir eines Tages folgende Episode erzählte: Ihr Freund – nennen wir ihn Marc – war bereits mit dreißig Jahren einer der bestbezahltesten Anwälte Amerikas und vertrat unter anderem auch die Familie [redacted]. Als er wieder einmal auf derem riesigen Grund in der Nähe der Stadt Houston erschien, wurde er von der Haushälterin angewiesen, noch ein wenig zu warten, da man noch anderweitig beschäftigt sei. Da er mit der Haushälterin gut auskam und diese ihn fragte, ob er nicht mit in die Küche kommen und ein Täßchen Kaffee mit ihr trinken wolle, sagte er nicht nein.

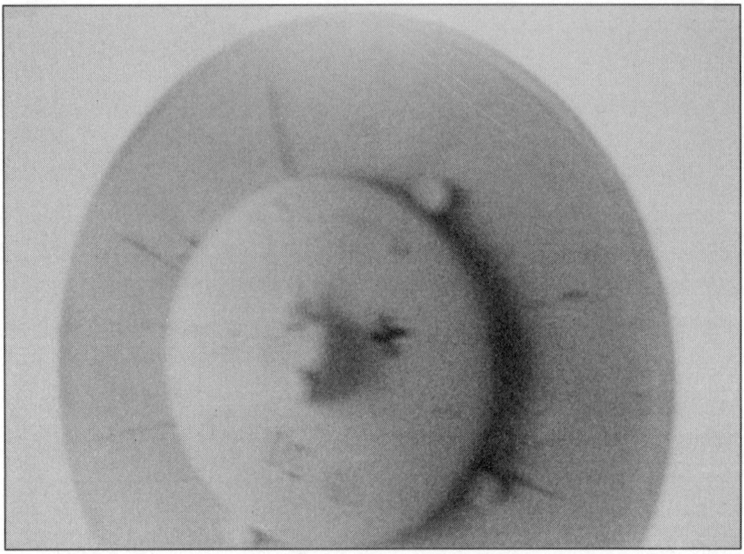

Abb. 42 und 43:
Während des II. WK wurden in den Forschungszentren des Deutschen Reichs verschiedene Flugkörper runder Bauweise entwickelt. Darunter solche mit Turbinen als auch mit einem Antigravitations-Antrieb. Insgesamt sollen 62 Prototypen existiert haben. Hier sieht man die als *Haunebu II* bezeichnete Flugscheibe während eines Testfluges.

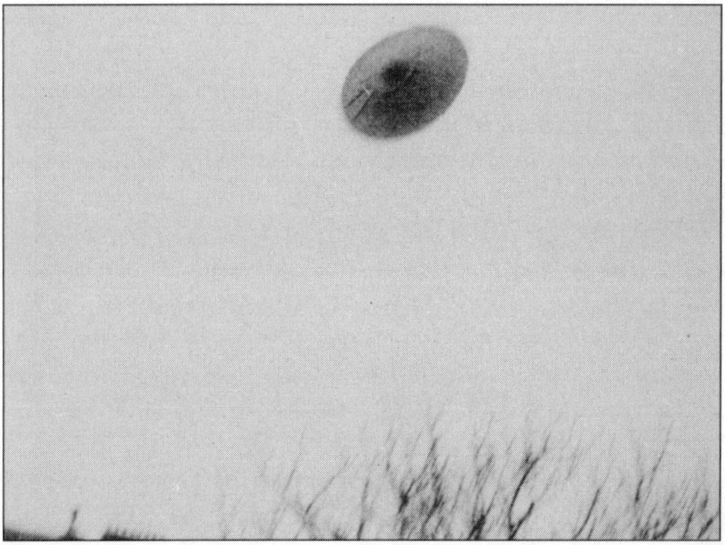

Abb. 44:
Das *VRIL 1* ist ebenfalls auf Antigravitations-Basis konstruiert, jedoch von leichterer Bauweise als das *Haunebu*.

Zu Abb. 42 und 43:
Über das *Haunebu II* berichtete mir ein deutscher Pilot, daß er 1943 in Neu-Brandenburg zwei dieser Scheiben gesehen und sich mehrere Stunden mit den Piloten unterhalten hatte. Man erklärte ihm, daß die Haunebus mit einem Antigravitations-Antrieb ausgestattet seien, der nach dem Gegenlaufsprinzip einer gequetschten Lemniskate funktioniere. Durch die gegenläufigen Scheiben im Innern des Raumschiffs entsteht dadurch ein weiterführender Dynamoeffekt. Durch diesen Effekt würden die Raumschiffe ein Null-Feld um sich herum aufbauen, wobei sie sich fortwährend in dieses Null-Feld hineinsaugen. Je nachdem, wohin man dieses Feld richten würde, zöge es das Schiff hinein. Durch diesen Antrieb gäbe es, aber nur von außen sichtbare, ruckartige zick-zack-Bewegungen, die jedoch im Innern nicht fühlbar wären. Innerhalb der Schiffe würden keinerlei Fliehkräfte auf die Piloten einwirken, da die Schiffe eben ein eigenes Gravitationsfeld besitzen.
Am nächsten Morgen sollte dann ein Erkundungsflug um die Erde stattfinden. Nach Aussage eines der Flugscheiben-Piloten sollte dies in zirka fünf Stunden möglich sein.
Mein Interview-Partner beschrieb das, was er mit eigenen Augen sah, wie folgt: *„Natürlich stand die ganze Mannschaft bei Sonnenaufgang vor den Toren, um dieses phantastische Ereignis mitzuerleben und diese unheimlichen Fluggeräte mit eigenen Augen fliegen zu sehen.“* Er schilderte, daß nur ein leises Summen zu hören gewesen sei und sich die Haunebus sehr schwerfällig vom Flugplatz entfernten – auf zirka sechshundert bis siebenhundert Meter Höhe –, bis es plötzlich einen Ruck gab und die Scheiben wie ein Blitz verschwunden waren.
Und weiter erklärte er: *„Als ich dort mit einem Piloten zusammengesessen war, erzählte er auch, daß es bei diesen Flugkörpern keinen Schallmauerdurchbruch gibt.“*

So plauderten sie ein wenig, bis ihm ein paar eigenartig geformte Stühle auffielen, die etwas abseits standen. Hierauf zu sprechen kommend, wiegelte die Haushälterin zuerst ab, meinte dann aber mit vorgehaltener Hand: „*Wenn Sie es nicht weitererzählen... Also, es ist so, einmal im Monat bekommen alle Angestellten und Bediensteten des Anwesens am Wochenende frei, nur ich nicht, da ich schon so lange da bin. Und dann landet am Nachmittag jedesmal eine fliegende Untertasse auf dem Grundstück. Tja, und dann haben wir ein Problem, denn die Typen, die aus dem Raumschiff kommen, sehen nicht aus wie Menschen, sondern wie Echsenmenschen und die haben nur drei Finger und einen Schwanz. Und die kommen dann aus dem Raumschiff und haben immer viele große Koffer dabei, die sie dann den* [redacted] *bringen – mitnehmen tun sie aber nichts.*

Die Stühle sind extra für diese Wesen angefertigt worden, und die Aussparungen am Ende der Lehnen sind für die drei Finger, und das Loch am Stuhlrücken ist für den Schwanz. Ich glaube, daß sie Geld mitbringen – ich hatte einmal einen offenen Koffer liegen sehen.“

Die junge Frau, die mir dies erzählte, erklärte mir, daß ihr Freund so geschockt gewesen sei, daß er kurz darauf seine Anwaltskanzlei aufgegeben habe – im Alter von 35 Jahren – und mit ihr in die Karibik gezogen sei. Er hätte sowieso schon so viel verdient, daß er nie wieder zu arbeiten bräuchte. Aber die Geschichte hätte ihn fertig gemacht.

Was sagen Sie nun? Alles Kokolores? Unglaubwürdig, Science Fiction?

Vielleicht. Ich weiß selbst nicht, was ich davon halten soll. Ich war persönlich nicht dabei und habe auch nur die Freundin des Betreffenden gesprochen. Aber für mich ist die Sache nicht weniger glaubwürdig, als wenn jemand behauptet, er hätte vor ein paar tausend Jahren das Meer geteilt, um mit seiner Gefolgschaft hindurchzuschreiten.

Ich würde vorschlagen, wir lassen die Sache hier einmal so stehen und blicken auf das zurück, was von Historikern dokumentiert ist – die sumerischen Schrifttafeln. Und die berichten nunmal von den Anunnaki – so wie die Genesis von den Gottessöhnen spricht, welche die Erdenfrauen vernaschten.

Meiner Ansicht nach erzählen uns diese alten Texte Ereignisse, die tatsächlich so oder zumindest ähnlich stattgefunden haben. Artefakte, die beweisen, daß es einen Eingriff von einer fremden Zivilisation gab, sind zuhauf vorhanden (siehe die verschiedenen Abbildungen hier im Buch).

Auch die Forschungsergebnisse der rumänischen Autorin Isabela Iorga sollten hier erwähnt werden. Sie erklärt, daß im Jahre 1961 von Nicolae Vlasa die sogenannten ***Tafeln von Tartaria*** gefunden wurden, von denen man zuerst annahm, daß sie aus Sumer eingeführt worden sind. Nachdem man sie jedoch in Moskau untersucht und datiert hatte, stellte sich heraus, daß diese Tafeln mit sumerischer Schrift zweitausend Jahre älter sind als die aus dem Gebiet von Euphrat und Tigris. So kommt auch der russische Historiker N. Jirov zu dem eindeutigen Schluß, daß das sumerische Volk ursprünglich aus den Karpaten kam und erst Jahrtausende später in das Gebiet des heutigen Irak auswanderte. Unabhängig davon enthalten die tartarischen Tafeln die gleichen Hinweise auf die Anunnaki, wobei Isabela Iorga glaubt, daß Nibiru nicht der Heimatplanet der Anunnaki ist, sondern nur eine Zwischenbasis. Sie vermutet als deren Heimat das Sonnensystem Aldebaran.

Schenken wir all diesen Texten wirklich Glauben – so, wie andere das glauben, was in der Bibel, im Koran, in den Veden und sonstwo steht –, so gab es vor langer Zeit fremde Kulturbringer. Die einen kamen vom Sirius, die anderen vom Planeten Nibiru, andere, darüber berichtete ich in meinem Buch „*Unternehmen Aldebaran*“, aus dem gleichnamigen Sonnensystem. Und wie wir uns sicherlich vorstellen können, gab es dabei territoriale Rangeleien, die zu Kriegen führten. Das sind die Kriege zwischen den Elohim und den Nephilim im Alten Testament, und wir finden die Probleme unter den „Göttern“ bei den Germanen, den Griechen, den Indern und so weiter.

Wer von diesen verschiedenen Außerirdischen nun dem Menschen tatsächlich wohlgesonnen ist, weiß wahrscheinlich keiner mit Sicherheit. Es gibt heute Berichte von Insidern, die behaupten, daß die amerikanische Regierung in unterirdischen Anlagen (*Area 51*) abgestürzte Flugkörper von Außerirdischen gelagert hat, ja, daß sie sogar schon solche nachgebaut haben und selbst den Weltraum erkunden. Selbige Berichte gibt es über das Deutsche Reich, wobei hier ausgezeichnetes Fotomaterial existiert, das den Bau solcher Flugkörper belegt. Doch Technik macht uns nicht liebevoller – im Gegenteil. Technologie und wissenschaftliche Errungenschaften verleiten nur zu gern zum Einsatz derselben für machtorientierte Zwecke, sei es die Genmanipulation, das Klonen von Menschen und vieles mehr.

Nun ist es anzunehmen, daß Sie dies als zu starken Tobak empfinden mögen, aber die Zeit ist jetzt gekommen, der Wahrheit ins Auge zu sehen und das zu erfahren, was von den verborgenen Herrschern unseres Planeten seit Jahrhunderten geheimgehalten und nur in elitären Logen weitergegeben wird. Denn worüber sich die Unwissenden lustig machen, wird von diesen sehr ernst genommen und recherchiert, und darin liegt der große Unterschied. Falls sich bei deren Recherche herausstellen sollte, daß sich nichts Reales hinter solch einer Geschichte befunden hat, so wissen sie das zumindest und können die Sache ad acta legen. Sollte aber etwas an der Sache dran gewesen sein, so wird das Material konfisziert, ausgewertet und mit Sicherheit auch eingesetzt.

Die meisten Menschen unseres Kulturraumes – die sich „aufgeklärt" wähnenden Bürger – haben es jedoch nicht mehr nötig, selbst zu recherchieren, sie belächeln nur noch – ist ja auch viel bequemer! *„Wir wurden ja durch eine Fernsehsendung informiert, wie es wirklich ist."* So, wie wir über den Irak-Krieg richtig informiert worden sind, nicht wahr?

Jetzt möchten Sie sicherlich gerne wissen, wieso ich Ihnen das alles erzähle. Ich verrate es aber noch nicht. Sie müssen erst weiterlesen...

Und zwar werden wir – wie es offenbar auch der Graf von Saint Germain zu tun pflegt – einen weiteren Zeitsprung vollziehen, begeben uns jetzt zurück ins zwölfte Jahrhundert und werfen einen Blick in...

DIE BUNDESLADE

Die „Bundeslade“! Welch ein Begriff. Nicht nur Indiana-Jones war ihr auf der Spur wie auch seine Gegenspieler, die okkulten Nationalsozialisten, nein, auch die Ritter um König Arthur und viele andere.

Viele Bücher wurden über sie geschrieben und ebenso viele Hypothesen darüber aufgestellt, was die Bundeslade wohl gewesen sein könnte – oder was sie noch immer IST!

Um dem Geheimnis auf die Spur zu kommen, müssen wir uns zurück in das Jahr 1094 n.Chr. begeben. Wie an jedem Morgen ging der französische Ritter Bernhard von Clairvaux, der später als Dank vom päpstlichen Kollegium heiliggesprochen wurde (*Heiliger Bernhard*), mit seinem Gefolge in die Kapelle des Schlosses, in dem er lebte, um zu beten.

Doch an diesem Tag sollte es anders kommen. Aus einem inneren Drang heraus blieb Bernhard etwas länger alleine in der Kapelle sitzen als die anderen, und es überkam ihn eine Vision.

In dieser Vision erschien ihm seinen Worten nach *„ein Engel Gottes“*, der ihm mitteilte, daß er nach Jerusalem in das Heilige Land reisen und die von König Salomo am Gründungsort – ein Tempel nahe des Felsendoms – in einer Gruft verborgene „Bundeslade“ ausgraben und mit einem Schiff nach Frankreich transportieren soll.

Aus Bernhard von Claivauxs Schriften erfahren wir, daß er den Auftrag erhielt, die „Bundeslade“ nach der Inbesitznahme mit dem Schiff nach Südfrankreich in die Nähe der heutigen Stadt Nizza zu bringen. Diesen Ort, einen kahlen Berg (*Mont Chauve*), würde er vom Schiff aus sehen können, wenn das Schiff die Spitze von Cap Ferrat erreichte.

Und wenn er die Bundeslade dorthin gebracht habe, solle er dort, an einem ganz bestimmten Ort, an dem sich eine Grotte befindet, nach *„bestimmten Maßen und nach bestimmten Himmelsrichtungen ausgerichtet, eine Pyramide errichten“*. [7, 1-7]

Doch wozu dieser Aufwand?

Bernhard erklärte, daß es der Sinn und Zweck dieses Auftrages sei, wie ihm der Engel mitteilte, *„den Inhalt der ‚Bundeslade' neu in das Denken der Menschen zu integrieren, da die Menschheit wieder reif sei, die kosmischen Gesetze zu verstehen und zu begreifen, und die Menschen erkennen können, daß Gott als Wesenheit real existiert und ihre Seelen durch die ‚Gedankenkraft' Gottes erschaffen wurden"*. (7, S. 1-7)

Der Engel hatte ihm des weiteren berichtet, daß in der „Bundeslade" das Wissen über den Sinn und Zweck allen Seins niedergeschrieben steht – so, wie es vor Tausenden von Jahren zum letzten Male der Menschheit offenbart worden ist.

Da Jerusalem zu dieser Zeit jedoch von den Seldschuken besetzt war und einen Sultan hatte, also dem Islam angehörte, war es den Christen nicht erlaubt, die „Heiligen Stätten" aufzusuchen.

Was also tun?

Was Sie nun erfahren, liest sich wie ein Spionage-Thriller, doch es hat sich de facto so zugetragen. Und zwar vollzog sich folgendes:

Da sich die Bundeslade ja keineswegs von selbst aus dem Versteck herausbewegen würde, mußte ein Weg gefunden werden, wie man an die benannte Stelle herankam. Bernhard von Clairvaux beschloß daher, den damaligen Papst Urban II. in seinen Auftrag und seine Vision einzuweihen, woraufhin der Entschluß gefaßt wurde, die Christen zu einem „Heiligen Krieg" aufzurufen, um auf diese Weise nach Jerusalem zu gelangen.

Nachdem Bernhard von Clairvaux acht weitere Ritter, unter ihnen Hugo von Payens, in das Geheimnis eingeweiht hatte, behauptete Papst Urban II. am 23. November 1095 in Clermont vor einer riesigen Menschenmenge, um so das Volk aufzuhetzen, daß das ungläubige Volk der Perser die „Heiligen Stätten" im „Heiligen Land" durch Feuer, Schwert und Plünderung verwüstet und entweiht habe.

An diesem Tag, so berichten übereinstimmend die Historiker, gelang es dem Papst, die Menge derart in Rage zu versetzen, daß diese Gläubigen sich nach seinem Aufruf, die „Heiligen Stätten" von den ungläubigen Barbaren zu befreien, auf den Boden warfen, an die Brust schlugen, ihre Sünden bekannten und schrien: „*Tötet die Heiden!*"

Danach hielt er ihnen ein Kreuz entgegen und forderte sie auf, es auf Schultern und Brust zu befestigen, was sie daran erinnern soll, daß sie, wenn sie für Christus sterben sollten, ins Himmelreich kommen würden.

Diese Botschaft ging wie ein Wirbelwind durch das Land – überall begannen die Menschen damit, sich Stoffkreuze an die Kleider zu nähen, und sie strömten nach Köln, weil sie erfahren hatten, daß sich dort große Menschenmassen unter der Führung von religiösen Fanatikern zu einem Heer zusammenschlossen.

Und so zog im März 1096 ein erster Haufen von etwa einhunderttausend Menschen – überwiegend arme Männer, Frauen und Kinder und zudem noch unbewaffnet – von Köln aus los, um das „Heilige Land" zu befreien. Alleine diese Vorstellung ist schon absurd, zeigt aber auf, wie leicht die Massen gelenkt werden können. (Ich kann es beim besten Willen nicht unterdrücken, an dieser Stelle auf die Moderne zu verweisen: Zum Beispiel auf den Golfkrieg 1991, als man getürkte Bilder zeigte – auf denen irakische Soldaten Kinder aus den Brutkästen holten und auf den Boden warfen –, um das amerikanische Volk auf einen Krieg einzustimmen. Im Januar 1992 kam die Identität der jungen Zeugin, die all das beobachtet haben wollte, heraus – es handelte sich um die Tochter von Saud Nasir al-Sabah, dem kuwaitischen Botschafter in den USA. Das Mädchen war von der Agentur *Hill & Knowlton* als Zeugin aufgebaut worden. Präsident von *Hill & Knowlton* war Craig Fuller, ein bekennender Bush-Anhänger und dessen ehemaliger Stabschef. Weitere Untersuchungen ergaben, daß kuwaitische Ärzte offensichtlich gelogen hatten und die angeblich entwendeten Brutkästen an ihren Plätzen standen. Dies nur nebenbei.

Es ist das alte Spiel, und die Menschheit, vor allem die westliche, die so arrogant von sich behauptet, so aufgeklärt und nüchtern zu sein, fällt immer wieder auf solche Tricks herein. Und sie wird es wieder tun...)

Zurück zu den Kreuzzügen:

Dieser völlig außer Kontrolle geratene Pöbel begann auf seinem ersten Kreuzzug bereits in der Heimat, jüdische Siedlungen niederzumachen und die Menschen auszurauben und abzuschlachten, kam aber immerhin bis nach Kleinasien. In Civetot jedoch gerieten sie in eine Falle der Türken und wurden dort bis auf 3.000 Überlebende niedergemetzelt. (7)

Diesem ersten Kreuzzug, der allein durch die Worte von Papst Urban II. spontan entstanden war, folgte ein zweiter durch das erste organisierte Ritterheer der Christen, das Weihnachten 1096 von europäischen Fürsten in den Osten geführt wurde. Obwohl immer neue Kreuzritter mit ihren Männern nach Osten zogen, gelangte die Armee der Kreuzfahrer erst am 7. Juni 1099 – also fast drei Jahre später – vor die Tore Jerusalems.

Am 15. Juli überredete Bernhard von Clairvaux, der mit Hugo von Payens das Heer der Kreuzritter anführte, den ägyptischen Gouverneur zur Kapitulation, der dafür mit seinem Gefolge freien Abzug erhielt. Mit der Bevölkerung Jerusalems ging man hingegen weniger behutsam um: Nach dem Abzug des Gouverneurs metzelten die „christlichen" Kreuzritter fast alle Bewohner Jerusalems nieder, wobei man von ungefähr 50.000 Opfern sprechen kann.

Sie kämpften bis ins Jahr 1114 – insgesamt also 18 Jahre – und eroberten fast das gesamte „Heilige Land" für das Christentum zurück. (7)

Nachdem in Jerusalem wieder Ruhe eingekehrt war, ging Bernhard von Clairvaux mit den acht anderen Rittern zu dem Ort, der ihm in der Vision gezeigt worden war, und sie fanden dort eine Gruft vor, die sie auszuheben begannen. Als erstes fanden sie viele Skulpturen und anderes religiöses Beiwerk. Nachdem sie jedoch tiefer in die Gruft vordrangen, fanden sie in einem anderen Raum die sogenannte *Bundeslade*, wobei es sich um 19 Steinsarkophage handelte. Diese waren mit Lederrollen gefüllt, die mit Schriftzeichen und Zeichnungen versehen waren. Außerdem befanden sich in den Sarkophagen Modelle aus heute noch unbekannten Materialien sowie speziell geschliffene Kristalle, mechanische Geräte, deren Anwendungszwecke in der damaligen Zeit unbekannt waren, und viele weitere, den damals lebenden Menschen unbekannte Gegenstände.

Nachdem sie alles gesichtet hatten, verschlossen sie die Gruft wieder, um den besten Zeitpunkt abzuwarten, an dem alles abtransportiert werden konnte. (7, S. 1-7)

Nach dem Endsieg wurde unter Gottfried von Bouillon das „Königreich Jerusalem" ausgerufen, und nachdem Gottfried ein Jahr später starb, wurde sein Bruder Balduin neuer König von Jerusalem. *Balduin der Erste* blieb bis zu seinem Tod im Jahre 1118 auf dem Thron. Bereits während seiner Regentschaft muß ein reger und zum Teil geheimer Austausch mit Frankreich stattgefunden haben. (1, S. 226)

Unter den Adeligen des Kreuzzugheeres befand sich der bereits genannte junge Ritter Hugo von Payens, Neffe des einflußreichen Grafen Hugues de Champagne, der einer der Hintermänner dieser gesamten Aktion war. Den Kreuzzug hatte Hugo zusammen mit seinem vierzig Jahre älteren Freund und Mentor Johannes von Vézelay angetreten, einem Benediktiner-Eingeweihten aus dem Burgund. Der sechzigjährige Rittermönch Johannes blieb in Jerusalem und sollte später als *Johannes von Jerusalem* bekannt werden, der mystische Verfasser von geheimen Prophezeiungen, die für eine lange Zeit nur in Eingeweihtenkreisen einzusehen waren. Dieser hatte einen Teil des Wissens, das sie entdeckt hatten – ähnlich wie später Nostradamus –, in Verse verpackt, um die Menschen auf das vorzubereiten, was einst geschehen würde. (1, S. 226)

Doch dazu später mehr.

Hugo von Payens dahingegen kehrte bald nach Frankreich zurück, fasziniert von den jüdischen und moslemischen Geheimlehren und vor allem erschüttert durch die *„verbotene Wahrheit"*, die ihm zu Ohren gekommen war: Jesus sei gar nicht am Kreuz gestorben! (1, S. 226)

Der neue König Balduin II. unterstützte die Gruppe, die sich selbst *„Die armen Ritter Christi und des Tempels Salomon"* nannte, und brachte sie im Palast auf dem Tempelberg unter, und das sicher nicht ohne Grund! Dadurch entstand auch der Name „Tempelritter".

Hugo von Payens wurde der erste Großmeister des Templerordens.

Im Jahre 1119 wurden die Sarkophage schließlich von den Templern zum *Mont Chauve* in der Nähe von Nizza gebracht, wie es in der Vision gezeigt worden war. Dort, an einer bestimmten Stelle, bauten die Templer nach den Weisungen, die Bernhard von Clairvaux erhalten hatte, über der Grotte eine Pyramide aus den Steinen des Berges, die bis zum heutigen Tage dort existiert, wenn auch kaum noch als solche erkennbar und nur schwer zugänglich.

Die Ritter beförderten alles in die Pyramide und begannen damit, den Inhalt der Sarkophage und die Schriften zu studieren. Es gab nur ein Problem – alles war in einer unbekannten Schrift verfaßt, die sich später als atlantischen Ursprungs herausstellen sollte.

Persönlich zweifle ich an, daß es sich bei diesen Sarkophagen um die „Bundeslade" handelt, die im Alten Testament beschrieben wird, da es sich dort um ein einziges Objekt gehandelt haben muß, das von den Hebräern getragen wurde. Doch die Templer waren offenbar davon überzeugt, daß es sich bei diesem Fund um ***die*** „Bundeslade" handelte.

Im weiteren Verlauf des Buches werde ich nurmehr von den *atlantischen Schriften* sprechen, wenn ich mich auf den Inhalt der Sarkophage beziehe, denn dies ist definitiv der Fall. Daß diese Sarkophage zuvor in Ägypten – möglicherweise am Gizeh-Plateau – verborgen waren, wird zwar von einigen Historikern angenommen, ist aber nicht bewiesen. Man nimmt an, daß die Hebräer sie dort geborgen und nach Jerusalem verfrachtet hatten, den Inhalt selbst jedoch aufgrund der geheimnisvollen Schrift nicht wirklich auswerten konnten.

Unter den Funden befanden sich auch alte Landkarten. Eine Kopie von einer dieser geheimen alten Landkarten wurde später in Konstantinopel entdeckt: die sensationelle Piri-Reis-Weltkarte, die neben Europa und Afrika auch Nord- und Südamerika sowie die *eisfreie* Antarktis darstellt!

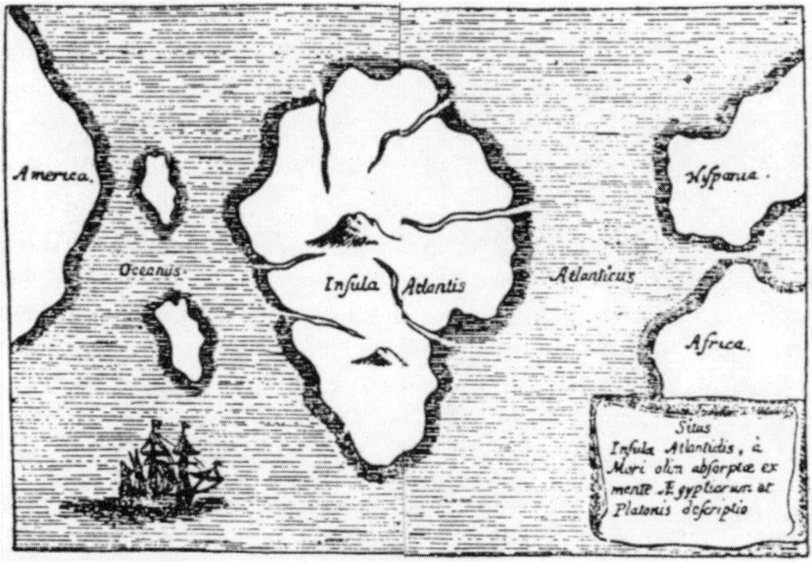

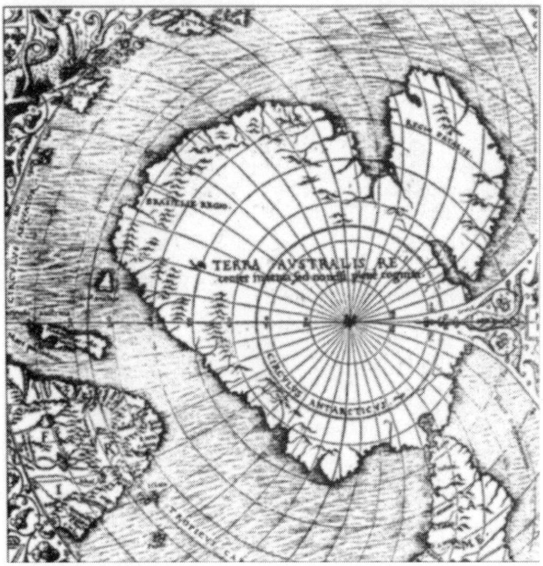

Abb. 45:
Die Atlantis-Karte von Athanasius Kircher aus dem Jahre 1664. Worauf Kirchers Berechnungen fußen, ist bis heute nicht bekannt. War Atlantis an dieser Stelle, und hatte es auch diese Größe?

Abb. 46:
Diese Antarktis-Karte von Oronteus Finaeus stammt aus dem Jahre 1531. Offiziell wurde die Antarktis erst 250 Jahre später entdeckt. Die Karte zeigt Details, die deutlich machen, daß die Antarktis kartographiert wurde – jedoch im eisfreien Zustand. Von wem? Die letzte Wärmeperiode in der Antarktis endete vor 6.000 Jahren...

Abb. 47:
Die Piri-Reis-Weltkarte stammt aus dem Jahre 1513 und wurde von dem Admiral Piri Reis gezeichnet. Auf der Karte sind viele Details wiedergegeben, die damals angeblich noch gar nicht bekannt gewesen sein konnten – zum Beipiel die Antarktis ohne Eis. Die Karte ist leicht verzerrt, als wäre sie aus der Luft aufgenommen worden. Sie wurde – so beschreibt es der Kartograph selbst – aus 20 älteren Karten zusammengestellt, die aus der Zeit Alexanders des Großen (geb. 356 v.Chr.) stammten und die gesamte Welt (!) zeigten. Zwischen Feuerland und der Antarktis zeigt die Karte auch eine Landbrücke. Das war das letzte Mal vor 11.000 Jahren der Fall. Wer hatte die Karte ursprünglich gezeichnet?

Bernhard von Clairvaux erhielt eine weitere Vision, die ihm hieß, sich in der Pyramide dem *kosmischen Geistfeld* (die *Akasha-Chronik*) zu öffnen, wodurch er visuell den Ablauf der gesamten Schöpfung vom Anfang bis zum Ende gezeigt bekam und dadurch in die Lage versetzt wurde, nicht nur die geistigen Gesetze zu verstehen, sondern auch die Schrift und Sprache der Atlanter zu lesen. So erst war es ihm und seinen Begleitern, denen er den Inhalt nach seiner neuen Vision nun einigermaßen verständlich erklären konnte, möglich, das atlantische Wissen auszuwerten und zu verwenden.

Die Atlanter hatten ihr gesamtes Wissen auf einer Pyramiden-Sprache aufgebaut, eine geometrische Universal-Sprache sozusagen, da sie ja nicht wußten, wer eines Tages auf ihre Schriften stoßen würde und welche Sprache dann gesprochen würde.

Und wer diesen Schlüssel besitzt, kann in jeder Sprache jeden Buchstaben und jeden Namen in seiner tiefsten Bedeutung für das Leben entschlüsseln.

So kam es also, daß die Templer dieses Wissen erfuhren und Kenntnisse über den Schöpfungsplan erhielten und die Mechanismen, die das Leben in sich birgt, verstanden.

Vor allem war aber eines von größter Wichtigkeit: In den Schriften war die gesamte Geschichte der Menschheit aufgeführt – auch unsere Zukunft –, und es stellte sich heraus, daß dies mit der *Johannes-Offenbarung* übereinstimmt, das heißt, daß unsere Zivilisation auf eine Art und Weise beendet oder besser gesagt vernichtet wird, wie es in der Apokalypse beschrieben steht.

Darauf kommen wir noch ausführlich im Kapitel über die *Neue Weltordnung* zu sprechen.

Durch das Studium der atlantischen Texte wurden die Ritter in die kosmischen physikalischen Gesetze eingeweiht, nach denen unser Universum entstanden ist und heute noch existiert. Sie erfuhren, daß die Entstehung aller Wesenheiten (Seelen) durch einen real existierenden Schöpfer (Gott) bewirkt wurde und daß alle Wesenheiten durch die „Gedankenkraft" Gottes erschaffen worden sind. Auch erkannten sie den Sinn, warum sich die Seelen der von Gott erschaffenen Wesenheiten in die Materie integrieren mußten, und daß nur auf diesem Wege der Schöpfungsgedanke vollendet werden kann.

Wollen wir diese Behauptung etwas näher beleuchten:

Aus den atlantischen Schriften geht hervor, daß es eine sogenannte Ur-Suppe gibt – ein *kosmisches Geistfeld*, das aus den kleinsten Teilchen überhaupt besteht, den sogenannten *Myon-Neutrinos* – und daß sich diese mit der Gedankenkraft Gottes erschaffenen Wesenheiten aus diesen Teilchen (*Myon-Neutrinos*) der Ur-Suppe (*kosmisches Geistfeld*) manifestieren.

Und zwar verbinden sich diese Myon-Neutrinos nach bestimmten physikalischen Gesetzen so miteinander, daß eine materiell existierende statische Einheit entsteht, die der heutige Mensch mit dem Begriff „Seele" umschreibt.

In dieser Einheit von „Seelen-Teilchen" ist nicht nur der gesamte Lebensplan des jetzigen Lebens enthalten, sondern – holografisch in jedem Seelen-Teilchen informativ als Schwingungsfrequenz manifestiert – alle Leben, die ein Mensch, seit der Erschaffung seiner Wesenheit als feinstoffliche Wesenheit oder, integriert in die Materie, als biologisches System erlebt hat. [6, S. 10]

Das bedeutet, daß der Schöpfer den Menschen beziehungsweise die Seele so erschaffen hat, daß er die Gedankenkraft besitzt und **dadurch selbst zum Schöpfer wird**.

Die Templer erfuhren, daß der gesamte Kosmos ohne jegliche Leerräume ausgefüllt ist mit strukturierten „Teilchen". Diese Teilchen werden von der heutigen Quantenphysik als *Elektron-Neutrinos*, *Myon-Neutrinos* und *Tau-Neutrinos* klassifiziert.

Die *Myon-Neutrinos*, aus denen sich das *kosmische Geistfeld* beziehungsweise das *Bewußtseins-Feld* – auch als *Äther-Feld*, *Akasha-Chronik* oder auch als *morphogenetisches Feld* bezeichnet – aufbaut, sind die Teilchen, die durch die *Gedankenkraft* schwingungsmäßig so verändert werden, daß sich in ihnen holografisch das Gedankenbild durch Schwingungsveränderung manifestiert.

Bedingt durch diese Wechselwirkung – da alle Teilchen miteinander verbunden sind und alles sich permanent miteinander austauscht –, ist alles, was im *kosmischen Geistfeld* existiert, schwingungsmäßig absolut miteinander verbunden. Das heißt, daß das biologische System des

Menschen immer und zu jeder Zeit durch die Schwingungsfrequenzen seines Umfeldes positiv oder negativ beeinflußt wird. Letztendlich ist dies die Beweisführung für das, was die „alten“ Mystiker schon immer sagten: „*Alles ist eins, und eins ist alles.*“ (6, 10 und 11)

Die Myon-Neutrinos sind das Träger-Element für die Gedankenbilder, die der Mensch denkt. Das bedeutet, daß jedes Gedankenbild, das der Mensch erschafft, in das *kosmische Geistfeld* einstrahlt.

Sollte es sich bei dem Gedanken des Menschen um einen „nicht gegenwarts-bezogenen“ Gedanken handeln, der als Feedback nicht zurückgestrahlt werden kann in eine aktuell existierende Form oder Situation, dann wird dieser Gedanke Bestandteil des *kosmischen Geistfeldes* und wirkt solange auf das Sein des Menschen ein, bis er in eine materielle Form oder gelebte Lebenssituation umgewandelt wird.

Einfach ausgedrückt: Es wurde den Tempelrittern geoffenbart, daß die *Gedankenkraft*, mit welcher der Mensch seine Gedankenformen erschafft, das Wichtigste ist, was er besitzt. Jeder Gedanke, der gedacht wird, wird zum Bestandteil des *kosmischen Geistfeldes*, dehnt sich durch die Frequenzübertragung kugelförmig im gesamten Kosmos aus und ist damit für jedes Geschehen im Kosmos mitverantwortlich.

Der Mensch ist deshalb, da er ja selbst nur aus Atomen und Molekülen besteht, die wiederum aus Myon-Neutrinos aufgebaut sind, mit seinen Gedanken mitverantwortlich für den Zustand dieser Welt – negativ oder positiv.

Helga Hoffmann-Schmidt schreibt darüber in ihrem hervorragenden Werk „*Das Vermächtnis von Atlantis*“, welches ebenfalls das Original-Wissen der Templer beinhaltet:

„Sie begriffen, daß der Mensch aus Systemen besteht, in denen die geistig-materielle Seele, der Gedankenspeicher gleich ‚Psyche‘ und der physische Körper drei Bereiche bilden – und seine Wesenheit, integriert in der materiellen Seele, nach dem Gesetz der Resonanz immer wieder in einen

neuen physischen Körper inkarnieren muß – solange, bis keine Gedankenformen, die der Mensch selbst ‚nicht gegenwartsbezogen' erschaffen hat, mehr existieren und realisiert, das heißt materialisiert werden müssen.

Sie erkannten vor allem auch – wie es schon die alten Weisen vieler Kulturen und die Mystiker der verschiedenen Zeitepochen erkannt hatten – daß ALLES EINS IST und EINS ALLES; daß der gesamte Kosmos vollkommen ausgefüllt ist mit unvorstellbar winzigen Teilchen, die die Struktur von zwei an den Spitzen miteinander verbundenen Pyramiden besitzen.

In der heutigen Physik werden diese Teilchen als ‚Myon-Neutrinos', ‚Tau-Neutrinos' und ‚Elektron-Neutrinos' bezeichnet, die in ihrer Gesamtheit das ‚kosmische Geistfeld' bilden und ohne jegliche Leerräume ausfüllen.

Das bedeutet, daß ALLES, was existiert – gleich ob wir es mit den Begriffen ‚materiell' (grobstofflich) oder ‚immateriell' (feinstofflich) umschreiben –, aus und in diesem ‚kosmischen Geistfeld' beziehungsweise in diesen Teilchen existiert, miteinander verbunden ist und sich wechselseitig bewirkt.« (6, S. 10 und 11)

Alles klar? Ich weiß, es ist wirklich nicht leicht verständlich, und ich habe nun an die eintausend Seiten dieses atlantischen Materials gelesen, und will Ihnen davon nicht mehr zumuten.

Schließlich, auf einen Satz komprimiert, kann man sagen, daß dieses atlantische Wissen eines beweist: daß der Mensch die *Gedankenkraft* besitzt und dadurch selbst Schöpfer ist – ja, er ist nicht nur Teil der Schöpfung, sondern Teil des Schöpfers!

Das ist der wichtigste Satz des ganzen Buches, auf den wir später noch detailliert eingehen werden. Lassen Sie sich das nochmals auf der Zunge zergehen: **Wir sind nicht nur Teil der Schöpfung, sondern Teil des Schöpfers und haben die Macht und auch alle Voraussetzungen und Mittel in uns, selbst zu schöpfen!!!**

Sprich: **Der Geist beherrscht die Materie!**

Aufgrund dieser Erkenntnis und des Wissens, wie man diese Gedankenkraft ausrichten kann – also bewußt schöpferisch tätig wird –, begannen die Templer damit, diese Kräfte für sich nutzbar zu machen, um ihren Auftrag – die Führung der Menschheit nach dem Gesetz der Resonanz – zu erfüllen.

Sie benutzten die Pyramide, in der sie unter Beachtung bestimmter Kriterien in der Lage waren, mit anderen Wesenheiten (gleich ob mit oder ohne physische Körper) geistigen Kontakt aufzunehmen, als *Kommunikationszentrum* beziehungsweise um sich dem *kosmischen Geistfeld* zu öffnen, ebenso, wie es einst die Atlanter taten. Auch sie hatten von fremden Wesenheiten gelernt, dies zu tun.

Ich selbst gehe davon aus, daß sie auch ein sagen wir einmal „mechanisches Kommunikationsmittel" hatten – eine Art Sende- und Empfangsstation, um mit anderen Intelligenzen Kontakt aufzunehmen.

Aus den Schriften, welche die Templer aus den Sarkophagen entnommen hatten, gingen nämlich zwei Dinge klar hervor:

1. daß es auch vor den Atlantern schon viele Zivilisationen gegeben hatte, die technisch hoch versiert waren und den Weltraumflug kannten. Daher hatten nicht nur diese, sondern auch die Atlanter Kontakt mit Intelligenzen anderer Gestirne, und es gab einen regen Austausch. Und

2. gab es klare Angaben in den atlantischen Schriften dazu, woher diese Intelligenzen kamen: vom Sirius!

Die atlantischen Schriften berichten auch von genetischen Eingriffen der Sirianer auf der Erde, um die Entwicklung hier etwas zu beschleunigen.

Sie meinen, daß so etwas schwer zu glauben ist und Sie schon gerne einen Beweis dazu hätten?

Kein Problem, da gibt es beispielsweise die Geschichte der Dogon.

Der im afrikanischen Mali lebende Stamm der Dogon hat nämlich Wissen seit über 700 Jahren, das die NASA erst 1970 erlangte, und das nur aufgrund der fortschrittlichen Satellitentechnik. Die Dogon behaupten seit mehr als 700 Jahren, daß der Stern Sirius, links unter dem Oriongürtel, einen weiteren kleinen Stern habe, der diesen in 50 Jahren einmal umkreise und aus der dichtesten Materie des Universums bestehe. Da es nicht möglich war, diesen Stern mit Hilfe unserer Teleskope auszumachen, hielten Ethnologen diese Geschichte für einen Mythos. 1970 schoß man ein Teleskop ins All, das schließlich einen weißen Zwergstern entdeckte, der mit seinen 55 kg pro Kubikzentimeter unglaublich schwer ist und Sirius in 50,1 Jahren einmal umkreist.

Als Wissenschaftler die Dogon besuchten, um herauszufinden, woher diese das wußten, erklärten die Dogon, daß vor etwa 700 Jahren ein Raumschiff gelandet sei, dessen Besatzung ein großes Loch grub, es mit Wasser füllte und die Wesen, die Amphibienwesen waren, aus dem Raumschiff in den See sprangen, ans Ufer schwammen und den Dogon Geheimnisse über das Weltall erzählten. Nach den Berichten der Wesen leben auf Sirius zwei verschiedene Rassen, einmal die Amphibien-Rasse und zum anderen die, die wir heute als den *Homo sapiens* bezeichnen, die jedoch bis zu vier Meter groß seien.

Die Azteken erzählen eine ähnliche Geschichte. Deren Erzählungen nach kamen vor vielen tausend Jahren Raumschiffe über den Titikaka-See, Fischmenschen sprangen aus diesen in den See, schwammen ans Ufer und erzählten die gleiche Geschichte, wie bei den Dogon.

Wir sprechen hier im Zusammenhang mit den Wesen vom Sirius von Amphibienwesen, also Lebewesen, die an Land und auch unter Wasser leben können. Nun erinnern wir uns an die Recherchen Muldashevs und an die Atlanter, die in den Samâdhi-Höhlen sitzen – und wie sahen die aus?

Abb. 48:
Die Umlaufbahn des Sirius-B nach einer Dogon-Zeichnung.

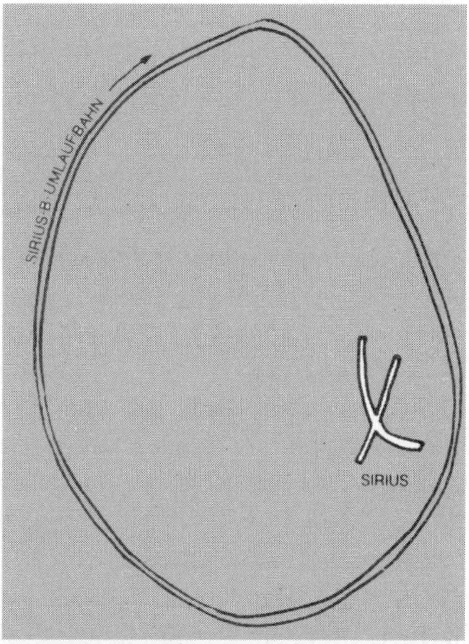

Abb. 49:
Modernes astronomisches Diagramm des Sirius-B-Umlaufes. Die Jahresangaben beziehen sich auf die Positionen, die Sirius-B jeweils in den fraglichen Jahren einnimmt. Die Dogon plazieren Sirius-B nicht im Zentrum ihrer Zeichnung, sondern verlegen ihn in die Nähe eines der Brennpunkte des ellipsenähnlichen Gebildes – das ist ein erstaunliches Detail, das die Dogon wissen – und das seit 700 Jahren!

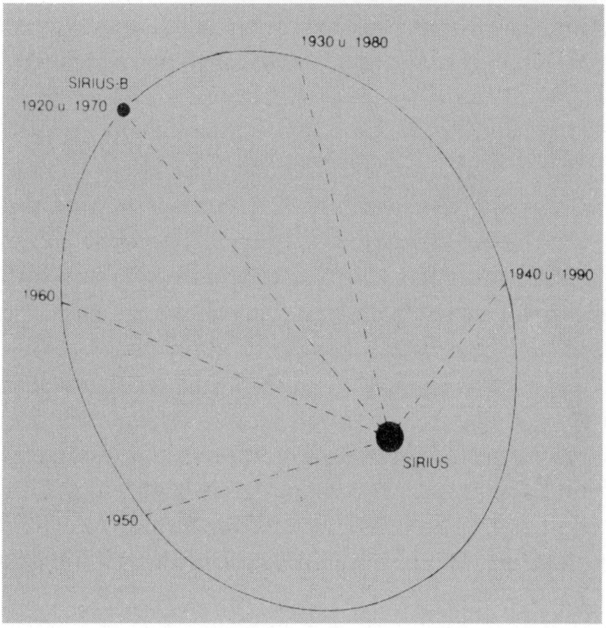

Sie hatten Augenlider, die zum schnellen Schwimmen unter Wasser geformt sind, Schwimmhäute an Händen und Füßen und eine ventilartige Nase, wie es Delphine gewöhnlich haben...

Kann es sein, daß die Atlanter tatsächlich nicht nur einen regen Verkehr mit den Wesen vom Sirius gepflegt hatten, ja, wäre es denn auch möglich, daß Atlantis beziehungsweise die Erde zur Zeit von Atlantis eine sirianische Kolonie war?

Aber auch Texte vom Titikaka-See berichten, daß die *Viracochas* – wie die Inkas die Raumfahrer nannten – ebenfalls Schwimmhäute hatten, ebenso *Manco Capak*, der Gründer der peruanischen Stadt Cuzco. Auch er wird mit Schwimmhäuten dargestellt.

Spannend, nicht wahr?

Es gilt jedoch anzumerken, daß in den atlantischen Schriften, welche die Templer auswerteten, auch von Wesenheiten sprich Außerirdischen berichtet wird, die *nicht* vom Sirius kamen und auch anders aussahen als wir.

In den atlantischen Schriften aus den Sarkophagen wird von der Epoche und Menschheit *vor* Atlantis berichtet, die ich zuvor als *Lemuria* bezeichnet hatte und die hier als *Lumania* aufgeführt ist.

Die Menschen waren sehr hoch gewachsen und hatten einen hohen technologischen Stand erreicht. Doch es gab Kriege zwischen diesen und den Bewohnern anderer Kontinente, welche die Nachfahren vorhergehender Zivilisationen waren. Diese versuchten die Lumanianer zu unterjochen. Als diese ihre zur Energiegewinnung gedachten Technologien zur Verteidigung einsetzten, kam es zum Aufbrechen der Erdplatte, zu einem Austritt riesiger Massen an Lava und zu einer gigantischen Flutwelle, die durch ihren Druck die Gewichtsverhältnisse der Erde derart beeinflußte, daß es zu einem Verschieben der Pole kam.

Dadurch wurden fast alle Bewohner der Erde ausgelöscht. Ein Teil überlebte in den Bergen. Ein anderer – und nun wird es interessant – wurde von fremden Wesen in Raumschiffen evakuiert.

Von diesen Wesen, die in den mir vorliegenden Texten aus den Sarkophagen nicht näher benannt werden, heißt es: *„Durch den Aufenthalt auf den Mutterschiffen der fremden Wesenheiten, deren Gestalt kaum dem Bild unserer Schöpfer* (vom Sirius; A.d.Verf.) *glich oder gleich unserem Bild war... wußten diese Überlebenden physischen Menschen, daß sie nicht die einzigen Lebewesen in diesem Universum waren.*

Sie bauten aufgrund ihrer geistigen Erkenntnisse und der Erfahrung, daß die Wesen, die sie gerettet hatten, gleich Götter aus dem All, anders waren als sie und technologisch einen wesentlich höheren Stand besaßen, eine Kultur auf, die nach den Gesetzen unseres Ur-Schöpfers, den sie Gott nannten, ausgerichtet war.“ (6, S. 333)

Abb. 50:
Jan van Helsing auf den Spuren Johannes des Täufers. Hier mit Vater Ireaneus im koptischen Kloster St. Makarius in Ägypten, dem Hort der Gebeine von Johannes dem Täufer.

Woher stammten diese Wesen? Vielleicht vom Orion? Darauf deutet folgendes Artefakt hin – übrigens ein weiteres, das den Archäologen ein Dorn im Auge ist:

Abb. 51:
Der Pyramidenstein wurde vor rund dreißig Jahren in Ecuador entdeckt. Es ist exakt die Darstellung der Pyramide, die auf dem Dollar-Schein abgebildet ist (siehe Abb. 76). Einem Gerücht zufolge soll es drei davon geben, einen im Besitz der Familie Rothschild, den zweiten im Hexenmuseum in Brüssel und das hier gezeigte.
Auf der Unterseite des Steins ist das Sternbild des Orion abgebildet und der Satz: *„Von hier kommt der Sohn des Schöpfers.“*

Und so kam es zur Neubesiedelung der Erde. Diese Epoche ist uns als Atlantis bekannt, wobei hier bemerkt werden muß, daß Atlantis nicht nur ein Kontinent war, sondern eben eine ganze Epoche. Es war zu dieser Zeit nicht nur der kleine Kontinent, der sich mitten im Atlantik befand, besiedelt, sondern auch andere Teile des Globus. Doch war es dieser Inselkontinent zwischen Südamerika und Afrika, der damals die höchste Zivilisation beherbergte und der später nach und nach versank.

Wir können uns das bildlich vorstellen: Da sitzen die neun Tempelritter bei Kerzenlicht oder Öllampen – Strom gab es ja nicht – im zwölften Jahrhundert über uralten Texten und erfahren etwas über ein kosmisches Geistfeld und über Außerirdische...

Kommen wir aber nun wieder zurück zu dem, was die Ritter aus den atlantischen Texten erfuhren und betrachten uns...

DAS GEHEIME WISSEN DER TEMPLER

Was Sie nun lesen werden, ist nicht erfunden, sondern den Schriften der Sarkophage entnommen. Ein kleiner Teil des Wissens wurde durch Helga Hoffmann-Schmidt nach dem Tod des Templers, der dieses verwaltet hatte, veröffentlicht – bisher nur im Selbstverlag in Kleinstauflage –, um es Insidern und Logenmitgliedern zugänglich zu machen. Ein Teil davon ist daher aus Schriften, ein anderer aus meinen persönlichen Gesprächen mit dem Groß-Prior der österreichischen Templer wie auch mit dem Großmeister einer Freimaurerloge, der ebenfalls Zugang zu diesem Wissen hat.

Den Überlieferungen der Tempelritter zufolge leben die Verkörperungen der damals im Jahre 1114 eingeweihten Templer noch heute, wenn auch unbekannt, unter uns, um die Menschheit bis zur Beendigung dieser Evolutionsstrecke nach dem Gesetz der Resonanz zu führen, damit *„der Plan Gottes sich erfüllt"*. (6)

Doch haben wir hier einen Unterschied zu den Herren im Samâdhi-Zustand, die immer im gleichen Körper verweilen: Denn jedesmal, wenn der Körper einer dieser fünf Templer seine Körperkraft verliert, wechselt die Seele zu einem anderen Körper, der für diesen Wechsel vorbereitet wurde. Im englischen gibt es einen Begriff für diese Art der Seelen-Wanderung: *Walk-In*.

Somit bleibt all das ursprüngliche Wissen, das sie bei der Einweihung bekommen haben, erhalten, und zusätzlich sind sie immer auf dem aktuellen Stand des Wissens der jeweiligen Epoche.

Helga Hoffmann-Schmidt berichtet uns von folgender spannenden Gegebenheit:

„Im Jahre 1946 entdeckte der französische Forscher und Wissenschaftler Roger Lhamoy, nachdem er in einer Vision den Ort ‚gesehen' hatte, an dem er suchen sollte, bei Ausgrabungen in der verfallenen Templerburg Gisors zwischen Paris und Rouen in einer unterirdischen Halle die 19 steinernen Sarkophage der Bundeslade. Außerdem stieß er auf 30 große

Truhen (mit den Niederschriften der Templer) sowie Statuen von Jesus und den 12 Aposteln.

Doch bevor es ihm gelang, die Sarkophage oder Truhen zu öffnen, wurde der gesamte Fund von der französischen Geheimpolizei und vom Militär beschlagnahmt und zum Staatsgeheimnis erklärt.

Zirka 25 Jahre später wurden 5 Personen, die in verschiedenen Ländern leb(t)en, Teile der Unterlagen übergeben. Genauso, wie die 5 führenden Templer jeweils für einen Bereich unseres Seins hauptverantwortlich sind, das heißt für die Bereiche Wirtschaft, Religion, Politik, Gesellschaft, Wissenschaft, so wurden auch bei der Weitergabe der Unterlagen an diese 5 Personen diese Kriterien berücksichtigt.« (6, S. 13)

Nach dem Tod des Templers, der für den Teil Wissenschaft zuständig war, hatte Helga Hoffmann-Schmidt einen Teil dieses Wissens veröffentlicht. Einer meiner engsten Freunde ist ebenfalls Erbe eines Teils des Wissens und der Unterlagen, die aus diesem Wissensschatz der Templer übriggeblieben sind, hat dies als Wissenschaftler ausgewertet und tut dies immer noch. Durch ihn bekam ich nicht nur Kenntnis über dieses Wissen, sondern habe in seiner Gegenwart auch Technologien betrachten dürfen, die Ihre Augen zum Blitzen bringen würden. Er ist nicht nur Professor der Physik, sondern auch Erfinder und hat mit einem Kollegen zusammen ein Verfahren entwickelt – es ist mehr als nur eine Maschine –, Strom, Wärme wie auch Licht direkt aus dem Äther sprich Myon-Neutrino-Feld zu erschaffen.

Durch meinen Freund, der diesem Templer sehr nahestand, erfuhr ich spannende Episoden. So war dieser Templer bei einer Antarktis-Expedition auf eine bislang unbekannte Zivilisation gestoßen, die dort unterirdisch leben soll. Dies deckt sich mit meinen bereits kurz angedeuteten Recherchen über die Polarforscher, die allesamt seltsame Erlebnisse oberhalb des 77. Breitengrades hatten. Admiral Byrds Neffe, den ich 1990 in Phoenix, Arizona, aufsuchte und interviewte, bestätigte, daß sein Onkel damals mit einem Flugzeug zum Nordpol geflogen sei und dort einen Eingang in einen irdischen Hohlraum vorfand, in dem sich eine beziehungsweise mehrere Hochzivilisationen aufhalten.

Admiral Byrd und sein Co-Pilot Floyd Bennett wurden plötzlich – in ihrem Flugzeug sitzend – von zwei fliegenden Untertassen eskortiert, die sie auch gefilmt hatten, und beschrieben die Hoheitszeichen dieser Scheiben als Hakenkreuze, was mir Admiral Byrds Neffe Harley Byrd bestätigte. Aber lassen wir das an dieser Stelle.

Kommen wir zum Templerwissen zurück:

Die Texte erzählen die Geschichte von Atlantis und den Zivilisationen zuvor, wobei sich immer wieder das gleiche abgespielt hat. Evolution bis hin zu hohem technologischen Standard, der dann von Egoisten oder Machthabern eigennützig verwendet wurde. Die Zivilisationen degenerierten und endeten im Krieg, der in allen Fällen zur totalen Zerstörung führte.

Nach den Unterlagen sind wir wieder in der gleichen Situation, die den Texten zufolge auch wieder so verlaufen wird, wie die Male zuvor – eben so, wie in der Johannes-Offenbarung beschrieben. Aus den atlantischen Texten geht nicht hervor, daß dies abzuwenden sei – eher, daß diejenigen mit klarem Verstand, gutem Herzen und ihrer Intuition folgend überleben würden, um die danach folgende „neue Welt" besser aufzubauen. So wird ein Zerfall beziehungsweise die Vernichtung der jetzigen Zivilisation nicht bedauert oder als verhindernswert benannt, sondern als ein Entwicklungsschritt für die Seelen, die heute hier inkarniert sind. Es wird dies sogar als ein notwendiger Reinigungsprozeß angesehen – ähnlich einer Fastenkur oder einem Trennen der Spreu vom Weizen.

Aus den Schriften ging vor allem eines hervor, nämlich daß es einen großen kosmischen Plan gibt, einen sogenannten *Schöpfungsplan* – eine *Matrix* oder *Blaupause* des Schöpfers –, der in den atlantischen Schriften als *„A-Omega-Projekt"* bezeichnet wird.

Über dieses erfahren wir aus den Original-Dokumenten (leicht abgeändert, um es für uns verständlicher zu machen) folgendes:

„In diesen Schriften findet ihr das Licht der Wahrheit, vorausgesetzt, ihr habt die geistige Reife und seid im Besitz der Kraft der Toleranz, durch die die Liebe zu allen Seinsformen existiert.

Nach unseres Ur-Schöpfers Willen soll noch einmal das Ur-Wissen um die Gesetze des Kosmos und die Gesetze, die alles Sein bestimmen, offengelegt werden, damit die Menschenrasse mit ihrem Verstand den Sinn und Zweck ihres Seins auf Erden begreift und versteht.

Es wurde zum Segen der Menschen offengelegt, damit sie wiedererkennen, daß ihre Wesenheit, als Geist eingebunden in die natürliche materielle Seele, unzerstörbar nach den kosmischen Gesetzen, göttlichen Ursprungs ist.

Nur dann, wenn sie begreifen, daß sie selbst Schöpfer ihres Umfeldes und ihrer Umwelt sind, und daß sie als eine große Gemeinschaft von Wesenheiten füreinander Verantwortung tragen, haben sie als individuelle Wesenheit eine Chance, zurückzukehren in das Reich unseres Ur-Schöpfers, um in dem Licht der Wahrheit, befreit von der Materie, als Wesenheit zu leben.

Jeder von uns trägt die gleiche mächtige ‚ICH BIN-Gegenwart' in sich. Die allmächtige Gottes-Kraft, mit der alles vollbracht werden kann. Denn ein jeder kann alles, was er benötigt, durch die Kraft seiner Gedanken direkt aus dem Kraftvorrat des Weltalls erzeugen.

Voraussetzung, um diese mächtige Kraft zu nutzen, ohne daß den Kindern Gottes ein Leid zugefügt wird, ist, daß ihr euch den Geboten unseres Ur-Schöpfers unterstellt, denn nur dann kann die göttliche Energie, die unbegrenzt im Raum existiert, ohne Schaden eingesetzt werden zur Vergeistigung der Materie.

Seit einer nicht denkbaren Zeit existiert das A-Omega-Projekt, das von unserem Schöpfer von Universum zu Universum gebracht wird, um die Materie im Raum zu vergeistigen.

Auch wir Erdenmenschen sind nur ein Teil dieses großen Werkes, bei dem wir helfen, die Energie des Raumes durch die Kraft unserer Gedanken mit der Materie zu verbinden, um sie zu einer in sich geschlossenen Einheit werden zu lassen.

Dies ist der Sinn allen Seins.« (6, S. 16 und 17)

Das „A-Omega-Projekt" ist ein Leben nach dem Gesetz der Resonanz, was bedeutet, daß der Mensch erkennen muß, daß er – da im Besitz der Gedankenkraft – selbst Schöpfer ist und alle seine Lebenssituationen selbst erschafft, so wie es uns der Volksmund lehrt: *„Was Du säst, wirst Du auch ernten!"*

In den Templer-Schriften wird erklärt, daß das Gesetz der Resonanz kein willkürlich festgelegtes Gesetz, sondern ein physikalischer Ablauf ist, der bewirkt, daß alles, was wir denken, von uns selbst realisiert und somit materialisiert wird. Und dazu gehört – ohne Ausnahme – jede Lebenssituation, sei es eine Krankheit, ein Unfall, unser großer Erfolg, die komischen Menschen in unserem Bekanntenkreis und so weiter.

Und so ist das Ziel die vollkommene Beherrschung der Gedankenkraft, um sie nur noch in einer Weise zu verwenden, die der Schöpfung dient – im Sinne einer Liebe, die nicht bewertet und urteilt.

Da jedoch der Mensch nur erkennen kann, was er mit der Erschaffung von Gedankenformen bewirkt, wenn er alle – die positiven und die negativen – Auswirkungen am eigenen Leibe erfährt, sind wir dem Gesetz der Resonanz unterworfen, damit wir lernen, immer bewußter und liebevoller mit unseren Gedanken umzugehen – so wie es ein Jesus auch getan hat.

Meist ist es das Leid, das der Mensch sich selbst durch sein unbewußtes Leben und Handeln zufügt, durch das er in immer wiederkehrenden Inkarnationen lernt, die Gedankenkraft unter Kontrolle zu bringen, um die Konsequenzen seines Denkens und Tuns zu erfahren. Hauptsächlich durch das Leid erkennt der Mensch schließlich, daß er, da er mit der stärksten Schöpferkraft ausgerüstet ist, die existiert, sich auch seines Schöpfer-Seins und Gott-Gleich-Seins würdig erweisen sollte.

Und wenn uns bewußt wird, daß jeder Mensch auf diesem und allen anderen Planeten die gleiche Schöpferkraft in sich trägt und eines Tages auch das gleiche Ziel erreichen wird – da er ja auch den gleichen Gesetzmäßigkeiten unterworfen ist und diesen Reifeprozeß durchmacht –, ist es nicht im Sinne der Liebe, ihn zu beurteilen oder zu bewerten.

Und weil dies so ist, kann jeder Mensch nur sich selbst retten, wenn wir so wollen. Keiner kann „die Welt“ verändern. Nur wenn wir uns selbst verändern, dann verändern wir „die Welt“, nämlich das Kollektiv. Jeder von uns kann – ob im Guten oder im Schlechten – nur etwas für sich selbst tun und hat sich auch nur dafür vor unserem Schöpfer, aber auch vor sich selbst zu verantworten.

Der Weg aus dem *Chaos* (griech.; *geistlose Unordnung*) muß von jedem von uns alleine gegangen werden. Wir selbst haben das Chaos und die Umstände geschaffen, die um uns herum sind, und nur wir selbst können diese auch wieder in eine Ordnung bringen – durch Erkennen, Selbstüberwindung und Handeln.

Doch was bringt uns denn immer wieder von unserem Weg ab?

Es sind unsere Wunschvorstellungen, unser Neid, der uns von uns selbst wegbringt. Man kann schon sagen, daß dies der Widersacher verursacht – Luzifer oder wie auch immer man ihn nennen mag –, aber genau er ist doch die Würze im Spiel. Gäbe es keinen Herausforderer, der uns die Schattenseiten in uns aufzeigt, der als Licht-Träger dort in uns hineinscheint, in uns beleuchtet und dadurch bewußt macht, wo noch nicht aufgeräumt ist, wo wir nicht vollkommen sind, würden wir uns dieser Schwachstellen nicht bewußt werden.

Das heißt, daß das Endziel immer die allumfassende Liebe ist – die Liebe zu uns selbst und zur gesamten Schöpfung. Dies bedeutet auch, daß ich mir der schwachen Seiten von mir erst einmal bewußt werden muß. Erkenne ich die Schwäche, so bin ich aufgefordert, an mir zu arbeiten, bis ich daran gereift und gewachsen bin, so daß eine erneute Versuchung nicht mehr von Belang ist.

Aber auf diese praktischen Dinge kommen wir später noch im Detail zu sprechen.

Unser Schöpfer ist daher kein strafender Gott, sondern aufgrund der Tatsache, daß er uns den freien Willen gegeben hat, zeigt er, daß er kein Diktator ist, der nur Knechte oder Sklaven unter sich hält, sondern uns die freie Wahl läßt, selbst zu kreieren. Das Gesetz der Resonanz ist der beste Beweis dafür, daß der Schöpfer seinen Geschöpfen gegenüber

Liebe, Respekt und Toleranz empfindet. Er will stolz auf uns sein, so wie ein Elternteil auch auf sein Kind stolz sein will, wenn es etwas aus seinem Leben gemacht hat.

Der Schöpfer überläßt es uns, aufgrund unserer Schöpfungen in unserem Leben, selbst glücklich zu werden oder zu leiden. Denn alles, was wir denken, müssen wir eines Tages am eigenen Leib erfahren. Denn so, wie wir in den Wald hineinschreien, so hallt es zurück!

Sollte es uns gelingen, das, was uns gegenwärtig widerfährt, einfach anzunehmen, ohne zu werten und zu beurteilen, und dies dann auch zuzulassen, so wird aus unserem Leben nach und nach ein Paradies werden. Es klingt inzwischen etwas abgedroschen, aber aus den atlantischen Schriften erfahren wir, daß das Rezept für ein vollkommenes Leben ein Leben ***im Hier und Jetzt*** ist. Es gilt, nicht an die Vergangenheit zurückzudenken und auch nicht zu sehr in die Zukunft zu schweifen, sondern mit dem anzufangen, was gerade vor uns ist – die Probleme im Beruf, die neue Partnerschaft, die Sorgen unserer Kinder, die Krankheit der Oma und die Überwindung unserer Ängste beziehungsweise Konfrontation mit diesen.

Genau hier fängt es an, das Leben und die Veränderung!

Kommen wir aber nun wieder zurück zu unseren Tempelrittern, die nicht nur dies herausgefunden hatten, sondern eben eine maßgebliche Erkenntnis hatten, die sich wie in ihr Hirn eingebrannt hatte, nämlich, daß der Mensch einst aus dem Weltraum kam und auch dorthin wieder zurückkehren wird – eines Tages!

Tja, aber dies erfahren nicht Sie, der wer weiß wie oft mit dem Flugzeug fliegt und mit über 200 km/h über die Autobahn schießt, für den ein Handy, das Internet und vor allem das Fernsehen das Normalste ist, was es gibt, sondern unsere Tempelritter – und die befinden sich im zwölften Jahrhundert!

Die Ritter erfuhren also all das zu einer Zeit, in der es weder Hollywood mit seinen Science-Fiction-Filmen gab, noch Bücher von Erich von Däniken und überhaupt kaum einer lesen oder schreiben konnte. Die Erde war für einen großen Teil der Weltbevölkerung noch eine Scheibe, und hier saßen ein paar Ritter, die vom Aufbau unseres Sonnensystems erfuhren, von alten Zivilisationen, von Flugschiffen und dem Flug zu anderen Sternen. Einfach Wahnsinn!

Einerseits war die Kirche gerade dabei, alle zu bekehren, die nicht dem christlichen Glauben beitreten wollten und zog dafür in Kriege. Andererseits mußten genau diejenigen, welche die Kriege angeleiert hatten, feststellen, daß das Wissen, das sie soeben entdeckt hatten, alles wieder über den Haufen warf!

Dieses Wissen hätte sie sofort auf den Scheiterhaufen gebracht – aber sofort! Was also lag näher, als dieses Wissen verborgen zu halten, eine Geheimgesellschaft zu gründen und aus dem Hintergrund heraus zu wirken?

Daher bildete man eine Loge, deren innerster Kreis die Templer waren, welche die ganze Wahrheit kannten. Alle anderen, die sich nicht in diesem inneren Kreis befanden, kannten nur einen Teil der Wahrheit.

So entschloß man sich, ein anderes Geheimnis als „Hauptgeheimnis" zu deklarieren – die Wahrheit über die Familie Jesu.

Dazu komme ich in Kürze.

Zuvor betrachten wir uns noch den Aufstieg der Templer, nachdem sie das atlantische Wissen aus den Sarkophagen ausgewertet hatten.

Wir lesen bei Helga Hoffmann-Schmidt: *„Da die Templer absolut nach den Gesetzen Gottes, unseres Schöpfers, und den kosmischen Gesetzen lebten, erwarben sie sich innerhalb kürzester Zeit ein so unermeßliches Wissen und ein Vermögen an materiellen Gütern, daß sie zu den mächtigsten Männern der Welt wurden und somit in der Lage waren, die Geschikke der Menschheit in der Weise zu führen, wie es ihre Aufgabe war – und ist."* (6, S. 11)

Bernhard von Clairvaux nutzte seinen Einfluß und bat den Papst darum, daß die kleine Gruppe von Rittern in Jerusalem in seiner Obhut eine „Regel" – eine eigene Verfassung, die Verhaltensmaßnahmen enthielt – bekommen sollte, so daß die Templer innerhalb der Kirche Legitimität und einen festen Status bekämen. Das geschah schließlich am 31. Januar 1128, als Hugo von Payens zu dem Konzil von Troyes eingeladen wurde. Als legitimierter päpstlicher Gesandter führte Kardinal Albano den Vorsitz. In der Versammlung saßen die Erzbischöfe von Reims und Sens, nicht weniger als zehn Bischöfe und eine Anzahl Äbte, zu denen auch Bernhard gehörte. Dem Antrag der Templer wurde zugestimmt, und so bekamen die Ritter offiziell das Recht zugesprochen, einen eigenen Mantel – der zu diesem Zeitpunkt nur rein weiß war – zu tragen und eine eigene Verfassung zu haben. Jetzt waren sie für die damalige Welt Ritter und Mönche mit einer eigenen Verfassung – legitimiert durch eine Kirche, die ihrerseits ebenso mitverantwortlich für die brutale Niedermetzelung des Ordens im Jahre 1307 werden sollte.

Der Reichtum und die Macht der Templer

Was danach geschah, ist einzigartig in der historischen Geschichtsschreibung. Gemeint ist der kometenhafte Aufstieg und der ebenso schnelle und steile Niedergang des mächtigen Ordens.

Nachdem den Templern im Jahre 1128 offiziell ihre Verfassung verliehen worden war, nahmen ihr Einfluß und ihr materieller Besitz rapide zu. Plötzlich wurden sie von vielen einflußreichen Landbesitzern unterstützt. Überall aus der katholischen Welt flossen ihnen Gelder und Besitztümer zu. Als Hugo von Payens und André von Montbard zwei Jahre nach ihrer Abreise wieder nach Jerusalem zurückkehrten, hatten sie nicht nur den Segen (die Verfassung) des Papstes im Gepäck, sondern außerdem reichlich Geld, Wertsachen, Landbesitz und eine erste Gruppe von mehr als einhundert rekrutierten Adeligen. Bereits 1130 besaßen sie Ländereien in Frankreich, England, Flandern, Spanien, Portugal und Schottland. Schottland deswegen, weil Hugo von Payens' Ehefrau, Catherine von St. Clair, eine schottische Adelige war.

Festzuhalten bleibt, daß die Templer innerhalb von nur wenigen Jahrzehnten zur mächtigsten und reichsten Organisation Europas aufstiegen. Die Klöster und Komtureien dieser geheimnisvollen Gesellschaft schossen wie Pilze aus dem Boden, als Ergebnis der Zusammenarbeit des Templer- und Zisterzienserordens. (1, S. 231)

Während des Höhepunktes – soweit man das heute zeitlich genau einzuordnen weiß, waren das die Jahre zwischen 1153 und 1170 – war der Großmeister Bertrand von Blanchefort Oberhaupt des Templerordens, und das war in der Tat ungewöhnlich. Er stammte aus einer südfranzösischen Dynastie von Katharern. Da die Templer offiziell aber als katholisch galten, ist dieser Umstand höchst sonderbar, denn daß ein Katharer bei einem katholischen Orden Oberhaupt wird, *ist genauso merkwürdig wie wenn ein Katholik bei den Juden Rabbi würde*. Vierzig Jahre später wurden die Katharer von der christlich-päpstlichen Armee in jahrelangen Aktionen fast gänzlich ausgerottet. (1, S. 232)

Die Templer hatten aber auch ein glückliches Händchen was Geldangelegenheiten anging. Stefan Erdmann schreibt dazu in *„Banken, Brot und Bomben – Band 1"*:

„Die Tempelritter waren die ersten Geldverleiher und somit Bankiers des Abendlandes. Das gegenwärtige Geldsystem hat eine lange Geschichte; sein Ursprung reicht bis in die Jahrhunderte vor Christus zurück. Vor der Schaffung des Geldsystems hatten die Menschen vom Nahrungshandel gelebt – sie tauschten Güter untereinander aus oder tauschten Güter gegen Gold.

Mit der Erweiterung der Transport- und Handelswege und der Internationalisierung der Eroberungspolitik erweiterte sich zwangsläufig auch der Radius des Handels und des Warenaustausches. Die Warenmengen wurden größer und über weitere Distanzen transportiert. Dadurch stiegen auch die Profite, die dadurch erzielt wurden. Besonders das Naturalsystem erwies sich als unpraktisch, da es zu mühsam war, große Mengen von Tauschgütern über weite Distanzen zu transportieren. Zudem war es sehr gefährlich, große Mengen an Gold- und Silbermünzen mit sich zu führen, die immer wieder das Ziel von Überfällen bildeten.

Für die Händler war es das sicherste, die erforderlichen Gold- und Silbermünzen nicht mit sich zu führen, sondern im Gegenzug einen entsprechenden Geldwert am jeweiligen Ort zu hinterlegen. So entstanden die ersten Handelskassen, die den Reichtum der Händler aufbewahrten und bewachten, während diese unterwegs waren und unter weit geringerer Gefahr ihren Geschäften nachgingen. Die Händler bekamen als Beleg eine versiegelte und unterschriebene Quittung, einen sogenannten „Wertbrief".

Mit dieser Entwicklung eröffnete sich aber für die Bankiers wenig später eine ungeahnte Möglichkeit. Mit der Zeit häufte sich das aufbewahrte Kapital (Gold- und Silbermünzen) bei den Bankiers, die sich bei den Besitzern durch Wertbriefe verbürgt hatten. So begannen sie, fremdes Gold zu verleihen, was von Beginn an Betrug war, denn das Gold war bereits einer anderen Person – dem Besitzer – verbürgt.

Es dauerte nicht lange, bis die Händler nur noch Quittungen weitergaben. Es kamen immer mehr Quittungen in Umlauf, so daß die Händler in allen Städten ihre Quittungen eintauschen konnten. Auf diese Weise entstanden die ersten modernen Banken, die vom Quittungsempfang und Quittungsaushändigen lebten und große Profite einstrichen. Das Papiergeld war geboren, und Gold war zu Geld geworden.« (1, S.232 ff)

Soviel zu der Entstehung der Banken durch die Wertbriefe. Die Folgen waren aber viel weitreichender, wie auch der Autor Armin Risi in seinem Buch „*Machtwechsel auf der Erde*" schreibt:

„Auf einmal mußten alle Waren und Dienstleistungen in Papiergeldwerte umgerechnet werden. Es dauerte nicht lange, bis nur noch Papiergeld kursierte. Es mußten Preise und Löhne festgelegt werden. Wieviel ‚Geld' ist eine Rolle Seide, ein Schwein, ein Klafter Holz, ein Tag Arbeit wert? Alles wurde mit Geldwerten definiert. Arbeit und Güter, das heißt die Menschen wurden vom Geld abhängig und damit auch von denjenigen, die den Geldfluß ermöglichten: von den Bankiers.

In der Zwischenzeit hatten die Banken schon längst begonnen, Quittungen auszuhändigen, die gar nicht gedeckt waren. ‚Hier haben wir eintausend Kisten Gold in Verwahrung. Wir haben diese Kisten bereits an Darlehensempfänger verpfändet, jedoch nicht in Form des Goldes, sondern in Form von Wertpapieren. Wir haben also eintausend Kisten Gold ausgeliehen und haben immer noch eintausend Kisten Gold! Warum also dieses Spiel nicht weitertreiben?'

Die Händler und Darlehensempfänger waren so sehr von der Ehrlichkeit und Worttreue der Bank überzeugt, daß sie einfach glaubten, daß der Schein gedeckt sei. Niemand konnte es nachprüfen, weil das Gold per Quittungen überall kursierte und auf diese Weise gar nicht mehr berührt wurde. Heute ist dieser Betrug längst Gesetz. Das Papiergeld muß nur noch bis zu einem gewissen Prozentsatz mit Gold gedeckt sein. Alle Staatsbanken bedrucken Papier und deklarieren es mit einem bestimmten Handelswert. Heute ist der größte Teil des kursierenden Geldwertes nicht einmal mehr als Papiergeld vorhanden, sondern nur noch als imaginäres Spiel von Computerzahlen. Doch dieses Zahlenspiel ist eine Illusion, die jederzeit wie eine Seifenblase platzen kann.« (20, S. 255f)

Die Templer und die Gotik

In der Blütezeit der Templer und auch der Zisterzienser entfaltete sich eine bis zum heutigen Tage einzigartige Architektur: die Gotik. Noch heute suchen die Experten eine klare Übergangsphase oder Zwischenstufe von der Romantik zur Gotik.

In der Zeit zwischen 1130 und 1260 entstanden rund achtzig Dome und Kathedralen von faszinierender und zugleich geheimnisvoller, mystischer Schönheit, zum Beispiel Notre Dame in Paris, Strasbourg, Amiens, Rouen, Reims und Chartres. Als die drei berühmtesten „Templerbauwerke" werden die Westminster Abbey in London, der Kölner Dom und der Mailänder Dom gesehen. Diese Kathedralen sind einzigartige Meisterleistungen der Architektur, in denen die Gesetzmäßigkeiten der heiligen Geometrie in Perfektion zur Anwendung kamen. Heute stehen Millionen von Besuchern in diesen „Wunderwerken" und fragen sich, wie das aus des Menschen Hand entspringen konnte. So geheimnisvoll diese Bauwerke auch heute noch auf den Besucher wirken, so geheim und schleierhaft scheint auch der Beginn der gotischen Epoche zu sein. Das plötzliche *Wiederauftauchen* der „Heiligen Geometrie“ Anfang des 12. Jahrhunderts ist natürlich auf die Entdeckung der atlantischen Schriften zurückzuführen.

Das „andere“ Geheimnis

Neben dem Fund der Sarkophage gab es jedoch noch ein anderes Geheimnis, das die Tempelritter zusammenschweißte. Es ging um eine Geschichte, die in Jerusalem kursierte und für die man später angeblich Beweise bekam: die wahre Geschichte um die Kreuzigung Jesu.

Angeblich wurde Jesus von seinen Jüngern in Sicherheit gebracht, nachdem man ihn vom Kreuz genommen hatte, und hat noch bis ins hohe Alter gelebt. Dieser Geschichte zufolge reiste er noch lange durch die Welt – vor allem nach Indien und Tibet –, starb später in Frankreich und ist heute neben seiner damaligen Gemahlin Maria Magdalena beerdigt.

So erklärte es mir der Groß-Prior der Templer in Klagenfurt bei einem persönlichen Gespräch im Herbst 2003.

Den Ort, an dem Jesus und Maria Magdalena begraben liegen, hatte er mir nicht genannt, doch erwähnt, daß man jährlich ein Templer-Treffen dort abhalten würde – zu Ehren Jesu.

Daß Maria Magdalena nach der Kreuzigung aus Palästina floh und in den jüdischen Kolonien Südfrankreichs Zuflucht suchte, ist sehr naheliegend.

Die Legende von Maria, die bis heute nicht endgültig bewiesen werden konnte, spaltet die kirchliche und die antikirchliche Seite bis in die Gegenwart. Aufgrund der vielen Hinweise spricht vieles für den historischen Wahrheitsgehalt dieser Legende. Das Brisanteste an diesem alten Geheimnis bildet jedoch die Aussage, Maria sei nicht allein nach Südfrankreich gekommen, sondern mit einem Kind oder sogar mit mehreren Kindern, denn sie sei Jesu Gemahlin gewesen.

Manche behaupten sogar, daß viele der gotischen Bauwerke, die *Notre Dame*, „unserer Dame“, „unserer lieben Frau“, geweiht wurden und schwarze Madonnen enthalten, nicht deshalb so genannt wurden, weil sie Mutter Maria meinten, sondern vielleicht Maria Magdalena mit dem Jesus-Kind – dem *Kind von Jesus*!

Die Ansicht der Tempelritter über die familiäre Situation im Hause Jesu teilten auch die Katharer, die besonders im 13. und 14. Jahrhundert in Westeuropa eine ernsthafte Bedrohung für den Vatikan darstellten. Die Überzeugungen der Katharer gründeten in den Maria-Magdalena-Kreisen, worin für die katholische Kirche auch die größte Bedrohung lag.

Dies bewegte den Vatikan schließlich auch, dringend gegen die Katharer vorzugehen. So ist auch der Niedergang – die militärische Bekämpfung – des *Katharismus* im Laufe des 14. Jahrhunderts, zumindest aus Sicht der katholischen Kirche, verständlich.

Die Katharer erfuhren somit das gleiche Schicksal wie die Templer.

Aufgrund dieses gemeinsamen Hintergrundwissens über die Familie Jesu fühlte man sich verbunden – auch im Streit mit der Kirche –, und das führte sogar so weit, daß – wie bereits erwähnt – während der Blütezeit der Templer ein Katharer (der Großmeister Bertrand von Blanchefort) deren Oberhaupt wurde.

Die Autoren Michael Baigent, Richard Leigh und Henry Lincoln kamen in ihrem Standardwerk „*Der heilige Gral und seine Erben*“ zu einem unzweifelhaften Ergebnis, das sie zu der Hypothese führte, „*daß Jesu Frau* (Maria Magdalena) *und Familie nach ihrer Flucht aus Palästina ein Refugium im Süden Galliens fanden, wo sich das Geschlecht in einer jüdischen Gemeinde fortpflanzte. Im Laufe des fünften Jahrhunderts scheint sich dieses Geschlecht durch Heirat mit der königlichen Familie der Franken verbunden und damit die Dynastie der Merowinger begründet zu haben. Mit dieser Dynastie traf die Kirche im Jahre 496 ein Abkommen, was die Vermutung nahelegt, daß ihr die wahre Abstammung der Merowinger bekannt war*“. [21, S. 381]

Die Autoren rekonstruierten nach ihren intensiven Nachforschungen auch den Stammbaum der europäischen Jesus-Nachkommen, der durch die Jahrhunderte hindurch über die Merowinger bis zu den Kreuzrittern und weiter in die heutige Zeit reicht.

Der Niedergang der Templer

Für den Niedergang und die Verfolgung der Templer liefert uns die Geschichtsschreibung mehrere Hinweise, wobei die Hauptgründe zweifellos im Zusammenhang mit ihrem Reichtum zu sehen sind, der ihnen auch zu großer politischer Macht verhalf.

Bereits im Jahr 1187 mußte das Tempelritterheer nach einer Niederlage Jerusalem an Sultan Saladin abtreten. Mit diesem Verlust begann der Niedergang ihrer Macht, denn auch die personellen Verluste waren sehr hoch.

Daher mußten sie sich zwangsweise von der Bildfläche zurückziehen.

Stefan Erdmann beschreibt uns die Situation:

„Es scheint, als hätten die Templer ihre politische Zielsetzung mit dem Verlust Jerusalems verloren. Ihr Niedergang setzte sich auch in Palästina und Europa langsam fort.

Trotz ihres Machtverlustes verfügten die Templer immer noch über Einfluß und Reichtum. Im Jahr 1291 fiel ihre Küstenfestung Akkon und auch die letzten Bastionen in Palästina, so daß die geschlagenen Templer nach Zypern fliehen mußten. Jacques de Molay wurde 1293 zum neuen Großmeister gewählt. Als sich Molay 1307 wieder nach Paris begab, spitzte sich der Konflikt mit dem französischen König („Philipp der Schöne") zu, der in den Templern eine Bedrohung seiner Macht sah. Der König hatte einerseits großen Respekt vor den Templern, denn trotz ihrer großen Verluste bei den Kämpfen um die letzten Bastionen in Outremer kam es zu einem großen Rückfluß an hervorragend trainierten Kämpfern. Philipp wußte aber auf der anderen Seite, daß die Templer nicht mehr so schlagkräftig waren wie zu ihrer Hochblüte.

Die Templer hatten mehr als eintausend Niederlassungen. Der Großteil ihrer imposanten Besitzungen befand sich in Frankreich; die Zentrale in Paris stellte quasi einen eigenständigen Bereich in der französischen Hauptstadt dar.

Der französische König traf im ganzen Land geheime Vorbereitungen, um den Orden mit einem gewaltigen und überraschenden Schlag niederzuwerfen. Der König hatte natürlich auch einen Blick auf das Vermögen der Templer geworfen, das er durch eine Niederwerfung erlangen würde."
(1, S. 247)

Die Lage spitzte sich zu, und die wichtigsten Dokumente, die atlantischen Schriften wie auch andere Artefakte wurden in Sicherheit gebracht.

Viele Tempelritter flohen aus Frankreich, um in den sicheren Regionen Portugals, Englands und Schottlands, in denen der Einfluß des Vatikans nicht so groß war, Schutz zu suchen. Dort schloß sich ein Teil den bereits existierenden Freimaurerlogen an und arbeitete unter der neuen Identität für die protestantische Reformation, um sich für die Verfolgung von der katholischen Kirche zu rächen.

Ein anderer Teil der Tempelritter wurde in Portugal neu gegründet, änderte seinen Namen in die *Ritter Christi* und wurde von Papst Clemens V. rehabilitiert. In Portugal erlangten die *Templer* erneut große Macht.

Andere Templer flohen übers Meer – mit ihrer Flotte. Die Templer besaßen nämlich eine hochwertige Flotte, die am Abend des 12. Oktober 1307 im Hafen von La Rochelle vor Anker lag. Als ein königlicher Stoßtrupp am Freitag, dem 13., im Hafen aufkreuzte, war die Flotte mit angeblich achtzehn Schiffen spurlos verschwunden. Bis heute weiß man nicht, was aus der Templer-Flotte geworden ist!

Es gibt Spekulationen darüber, daß sie auch in die *Neue Welt* geflohen sind – Land- und Seekarten vom gesamten Globus hatten sie ja.

Andere Templer gingen ganz offiziell in die Neue Welt – nach La Merica (Amerika). Dafür finden sich Hinweise: In Massachusetts, in der kleinen Stadt Westford in der Nähe des Atlantiks, gibt es einen Felsen, in den das Bild eines Ritters eingemeißelt ist. Seine Kleidung erinnert an die Uniform der Templer. Überraschend ist, daß auf dem Schild dieses Ritters ein Segelschiff abgebildet ist, darüber Sonne, Mond und ein fünfzackiger Stern, von der Sonne Richtung Mond, Richtung Westen! Der Morgenstern – die Venus – wurde in der altmandäischen Sprache *Merica* genannt. Aus den gefundenen Schriften und alten Weltkarten, die im Besitz der Templer waren, erfuhren die Templer von diesem „*Land unter dem Stern Merica*" und nannten es in ihrer französischen Muttersprache einfach „*La Merica*".

Der offizielle Befehl des Königs für die Niederwerfung der Templer erfolgte am 13. Oktober 1307. Allein in Frankreich wurden in über eintausend Zentren gleichzeitig Razzien durchgeführt, was zu vielen Verhaftungen führte.

Die Kirche unter ihrem damaligen Oberhaupt Papst Clemens V. unterstützte nur wenige Wochen später die Niederwerfung der Templer und befahl, Mitglieder des Ordens in ganz Europa und Zypern verhaften zu lassen. Die Hauptanklage lautete: *Blasphemie* und *Häresie*! Sie hätten Christus geleugnet und das Kreuz bespuckt. Obwohl viele Aussagen nur unter Folter entstanden, gilt es als erwiesen, daß die Einstellung der Templer zu Jesus, dem Christus, in keinster Weise der offiziellen Lehrmeinung der katholischen Kirche entsprach. Obwohl der Orden durch die Kirche seine offizielle Anerkennung („Regel") bekommen hatte, vertraten die Templer insgeheim andere Ansichten, die ihnen nun offiziell angelastet wurden.

Stefan Erdmann schildert uns, was dem letzten Großmeister der Templer widerfahren ist – und wie „christlich" sich die Kirche ihm gegenüber verhalten hatte. Man soll ja seinem Feind vergeben...

Abb. 52:
Jacques de Molay auf dem Scheiterhaufen.

Philipp IV. ließ am 18. März 1314 ihren Großmeister Jacques de Molay mit zwei Tempelbrüdern in Paris auf dem Scheiterhaufen verbrennen. Als de Molay in den Flammen des Scheiterhaufens stand, rief er dem Papst und dem König eine Drohung zu, die im nachhinein deutlich belegt, wie mächtig die Templer damals waren: *„Clemens, ungerechter Richter"*, lauteten seine Worte, *„ich lade dich binnen vierzig Tagen vor den Richterstuhl des Höchsten. Philipp, dich rufe ich binnen Jahresfrist."* Er schloß mit der Verwünschung: *„Vekam, Adonai!"* – *„Rache, oh Herr!"*

Der Papst und der König starben noch im gleichen Jahr! Der Nachfolger Petri erlag nur einen Monat später einem „Leiden" – angeblich der Ruhr (Infektionskrankheit). Philipp starb noch vor Jahresende, ohne daß man bis heute die genaue Todesursache kennen würde. (1, S. 250)

Sollten Sie die Geschichte der Tempelritter tiefer studieren wollen, auch ihre Verknüpfungen zur Prieuré de Sion und anderen Logen, so empfehle ich Stefan Erdmanns Zweiteiler *„Banken, Brot und Bomben"*, der Sie auf eine Reise durch unsere Vergangenheit mitnimmt, wie Sie diese bisher noch nie erlebt haben.

In diesem Kontext stellt sich nun aber auch die Frage...

WER WAR NOSTRADAMUS?

Der berühmteste Seher, den man vielleicht als eine Mischung aus Visionär, Astrologe und Alchimist bezeichnen könnte, ist ohne Zweifel der Franzose *Nostradamus*, im Gegensatz zur landläufigen Meinung kein weltabgeschiedener Sonderling, sondern ein dem Leben zugewandter berühmter Arzt.

Wollen wir einen kurzen Ausflug durch sein Leben machen:

Nostradamus wurde am 14. Dezember 1503 als Sohn eines jüdischen Notars in Saint Rémy in der Provence geboren. Sein bürgerlicher Name war *Michel de Notre Dame*. Die ersten Lebensjahre wuchs er bei seinem Großvater, dem Vater seiner Mutter, Johann de St. Rémy auf. Als Leibarzt und engster Vertrauter des Königs René, Herzog von Anjou, der unter anderem Titularkönig von Jerusalem war, ist der Großvater von Nostradamus so zu den Eingeweihten zu rechnen. Nostradamus wurde von diesem in der jüdischen Geheimlehre unterwiesen.

Nach dem Tode seines Großvaters und Lehrers studierte Michel zunächst in Avignon Rhetorik und Philosophie. Ab 1529 studierte er in Montpellier Medizin und promovierte 1532.

Er heiratete die wohlhabende Witwe Anna Gemella und wurde so 1549 in Salon, Provence, niedergelassener Arzt und Geheimwissenschaftler. 1555 veröffentlichte er den Hauptteil seiner Prophezeiungen. 1566, nach seinem Tode, veröffentlichte sein Schüler, Jean de Chavigny, den Rest seiner Schauungen, die vollständig von 1555 bis zum Jahre 3797 reichen.

Hervorzuheben ist, daß Nostradamus zwischen 1532 und 1549 längere Aufenthalte in der Abtei von Orval/Lothringen und im Kloster von Chambéry hatte. Orval war die Schwesterabtei des Klosters des Heiligen Bernhard, des Klosters von keinem Geringeren als **Bernhard von Clairvaux**. Der Nostradamus-Forscher Gérard de Sède behauptet, Nostradamus sei während der achtzehn Monate in Orval in ein furchtbares Geheimnis eingeweiht worden.

Nach Gérard de Sède unterstand Nostradamus von diesem Zeitpunkt an der straff organisierten Geheimgesellschaft „Prieuré de Sion", einer Nachfolgerin des Templerordens. Folgen wir den Angaben des obengenannten Forschers, ist es anzunehmen, daß Nostradamus dadurch Zugang zu den Geheimnissen des Templerordens hatte – vor allem zu dem über Atlantis, denn bei Nostradamus fanden sich Hinweise über das Aussehen der Atlanter und die damaligen Lebensumstände (der rote Himmel, die amphibienartigen Eigenschaften der Atlanter..., siehe Kapitel über Muldashev).

Das könnte auch erklären, wieso er in der Lage war, über mehrere Jahrhunderte, ja Jahrtausende hinweg zu prophezeien, denn er kannte ja dann die Marschroute, die auch den Templern durch die atlantischen Texte geoffenbart wurde.

Wenn Nostradamus tatsächlich eingeweiht worden war, so stellt sich die Frage, ob nicht auch andere Zugang zu diesem Wissen hatten?

Was glauben Sie? Ist das Wissen auf Nimmerwiedersehen verschwunden, oder hat sich eine kleine Gruppe von Geheimnisträgern dieses Wissen zu eigen gemacht und eine noch größere Macht erworben als die Tempelritter damals?

Daher stellen wir uns die Frage...

Abb. 53:
Michel de Notre Dame (Nostradamus); Seher, Arzt, Naturmediziner und Astrologe; lebte von 1503 bis 1566 in Südfrankreich. Er ist der bedeutendste Seher des Abendlandes.

WAS WURDE AUS DEN TEMPELRITTERN UND DEN ATLANTISCHEN SCHRIFTEN?

Um dieses Geheimnis zu lüften, möchte ich Sie auf eine weitere Reise durch die Zeit mitnehmen:

Wir befinden uns fast eintausend Jahre in die Vergangenheit zurückversetzt. Wie ging es damals zu? Es gab keinen elektrischen Strom, keine geteerten Straßen, natürlich auch keine Autos und auch keine Flugzeuge. Die Menschen fuhren mit Wagen, die von Pferden oder Kühen gezogen wurden; das Wasser wurde auf dem Herd warmgemacht; ein Klo, wie wir es kennen, mit Wasserspülung und so weiter gab es auch nicht; auch kein Handy oder sonstige Telekommunikationsmittel. Nur wenige Menschen waren gebildet und konnten lesen und schreiben. Und die Bücher, die es gab – wenn man sie sich leisten konnte –, hatten andere Themen als die Bücher heute, davon abgesehen, daß sie meist in lateinischer Sprache verfaßt waren. Aber auch zu dieser Zeit gab es Menschen, die weit gereist waren. Zwar nicht so weit, wie wir heute, aber man reiste in ferne Länder und wurde dort auch mit interessantem Wissensmaterial vertraut.

In unseren gedanklichen Ausflug sollten wir aber auch mit einbeziehen, daß damals mit Menschen, die eine andere Meinung vertraten – auch religiös – nicht sehr zimperlich umgegangen wurde. Ruck zuck war die Rübe ab... Denn wir befinden uns mitten in der Zeit der Inquisition, der Zeit der Hexenverbrennungen.

Zu dieser Zeit gab es bereits Männerbünde, sogenannte Geheimlogen, Freimaurerlogen und Debattierclubs. Hier trafen sich Männer, die gebildet und weit gereist waren und andere Meinungen als die allgemein akzeptierten diskutierten – Militärs, Apotheker, Ärzte und Schullehrer. Hier trafen sich auch die Vertreter verschiedener christlicher Gruppierungen (Franziskaner, Dominikaner...), Bankiers sowie Reisende, Archäologen, Physiker und Chemiker wie auch Erfinder und Geschäftsleute.

In den damaligen Logen wurden neueste Erfahrungen ausgetauscht, und es war klar, daß das dort Besprochene auf keinen Fall an die Öffentlichkeit kommen durfte. Das Wissen war meist ketzerischer Natur und widersprach den bisher festgelegten Standpunkten der Historie, der Religion und der Politik.

So brachten beispielsweise die Archäologen Kenntnisse über die Pyramiden mit, die nun gänzlich der damaligen Ansicht über die Kulturen der Welt widersprachen. Ich erinnere mich dabei auch an Funde in Stone-hendge in Südengland, die man bei Grabungen bei der Steinanordnung gemacht hatte. Es handelte sich hierbei auch um alte atlantische Artefakte.

Des weiteren entdeckte man bei Bergbauarbeiten in den Karpaten Schrifttafeln und Gerätschaften – heute würden wir sie als *Maschinen* bezeichnen –, die von einer älteren Kultur zurückblieben, die aufgrund von äußeren Einflüssen (möglicherweise eine Eiszeit) riesige Tunnel und Stollen in die Berge trieb, um dort für eine lange Zeit zu überleben.

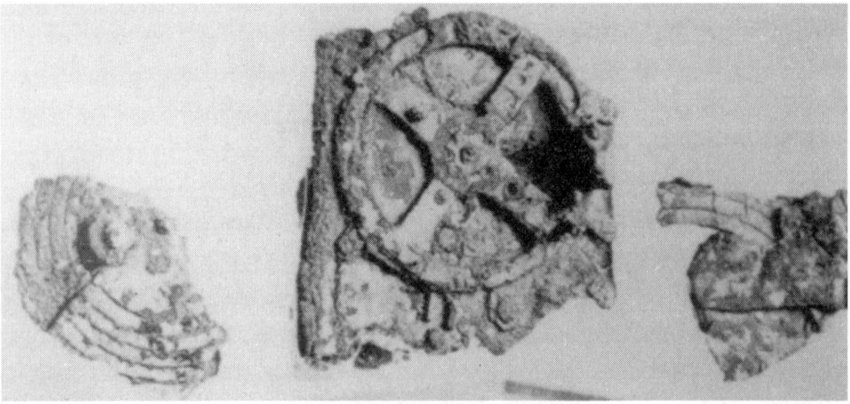

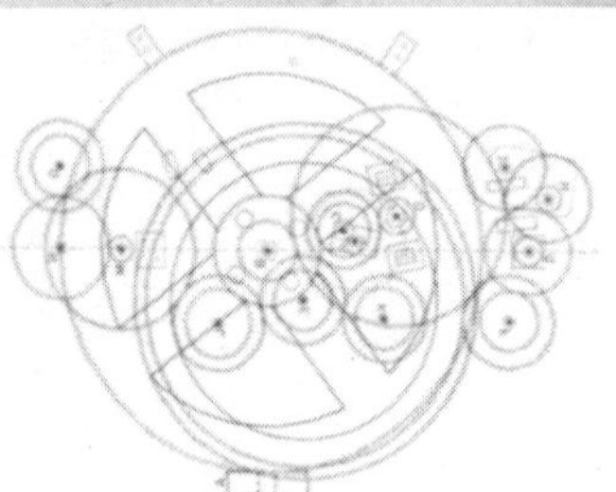

Abb. 54 und 55:
Auch andernorts wurden uralte Maschinen gefunden, beispielsweise der „Vorzeit-Computer“ von Antikythera. Dieser wurde 1901 von griechischen Schwammtauchern entdeckt. Die „American Philosophical Society“ deutet das jahrtausendealte Artefakt als ein Differenzialgetriebe mit komplizierten Zahnrad-Kombinationen.

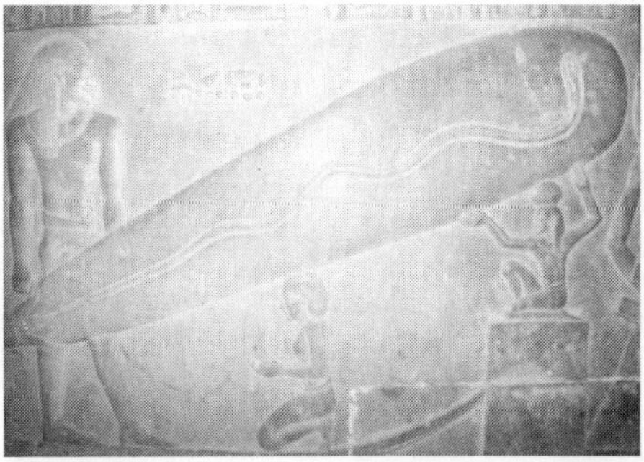

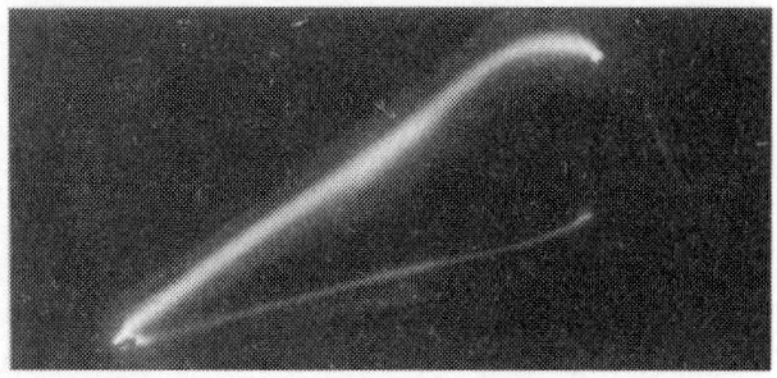

Abb. 56, 57, 58 und 59:
Auf einer Reliefdarstellung des Hathor-Tempels von Dendera findet sich eine Darstellung, die an eine Glühbirne erinnert. Aufbauend auf den genauen Maßen aus den ägyptischen Texten, die im Tempel gefunden wurden, hatte Reinhard Habeck dieses nachgebaut.
Es handelt sich zwar um keine Glühbirne, aber es kommt zu einer elektrischen Entladung im Vakuum beziehungsweise zu einem elektrischen Lichtbogenüberschlag.
Bei einem Druck von ca. 40 Torr schlängelt sich ein wellenförmiger Lichtfaden von einem Metallteil (Elektrode) zum anderen – wie auf der Reliefdarstellung abgebildet.

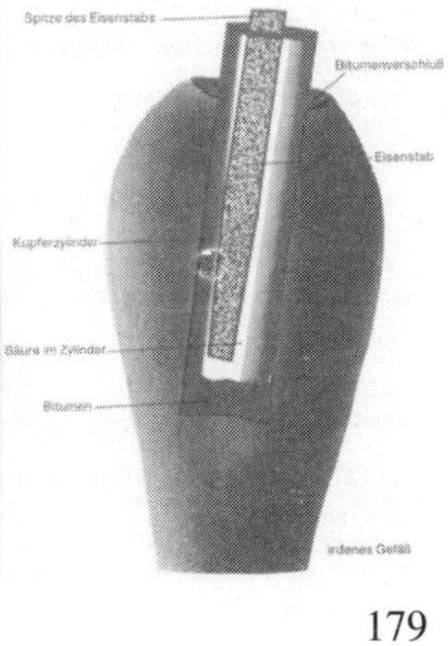

Abb. 60 und 61:
Eine 2.000 Jahre alte Batterie!
Diese Galvanisierungselemente wurden 1936 in der Nähe von Bagdad ausgegraben. Bei einem praktischen Experiment im Roemer-Pelizeus-Museum von Hildesheim fand der Museumsdirektor zusammen mit einem Chemotechniker der Firma Bosch im Jahre 1978 heraus, daß die „Kultgegenstände“ genau nach dem Prinzip elektrischer Elemente funktionierten und noch heute 0,5 Volt Spannung abgeben.

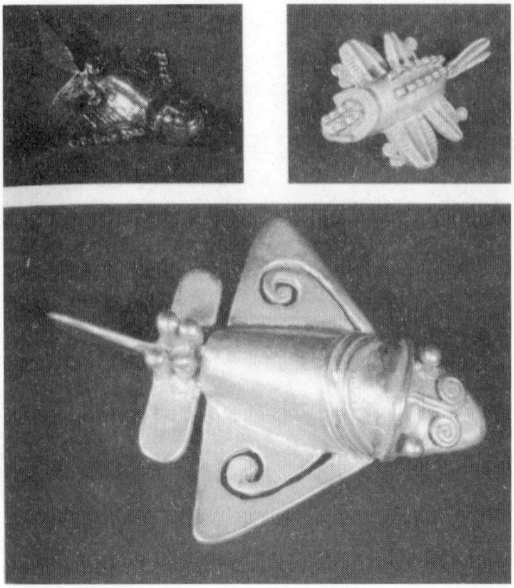

Abb. 62, 63 und 64:
Etwa 500 n.Chr. fand man in Kolumbien diese Goldflugzeuge, welche die Archäologen als Vögel oder Insekten ansehen wollen. Doch Luftfahrtingenieure besahen sich die Artefakte und bescheinigten ihnen eindeutig hochmoderne aerodynamische Konstruktionselemente, die in der Natur nicht vorkommen. 1995 wurde von dem deutschen Piloten und Modellflugzeugbauer Peter Belting dieser Nachweis erbracht, indem er die Flieger in etwa ein Meter Größe nachbaute und diese alle Erwartungen übertrafen. Vom Starten, Landen, Rollen bis hin zum Looping war alles möglich, ohne daß dabei irgendwelche aerodynamischen Schwächen aufgetreten wären.

Dies sind zwei Beispiele für geheimes Wissen, das auf keinen Fall der Menschheit mitgeteilt werden sollte. Ebenso hatten die ersten Archäologen aus Ägypten Wissen mitgebracht – Schriftrollen, die in Gräbern gefunden wurden und über den Aufbau unseres Sonnensystems berichten, die von einer geheimen Geometrie, der sogenannten *Heiligen Geometrie* erzählen (dies ist die Geometrie, wie die Natur wächst, Menschen, Bienen, Bäume, alles) und genau erklären, wie diese Geometrie in Bauwerke umgesetzt werden kann.

Alleine schon die Kenntnis über den Aufbau des Sonnensystems und daß die Erde rund ist, war in letzter Konsequenz tödlich. Damals wurde gelehrt, daß die Erde eine Scheibe zu sein hat, und damit basta.

Nun befinden wir uns ungefähr im Jahr 1300. Wir haben erfahren, was die Tempelritter als Geheimnis pflegten und welche Macht sie dadurch erlangt hatten. Nun wurden sie verfolgt und viele von ihnen hingerichtet. Doch ein Teil dieser Männer floh in benachbarte Länder und fand dort Unterschlupf. Es wurden zwar andernorts neue Templergemeinschaften gegründet, doch ein Teil der Templer ging auch in bereits bestehende Logen über – in Freimaurerlogen.

Auf diese Weise gelangte ein Teil des atlantischen Wissens an Personen, die bereits sehr einflußreich waren und über diverse Geheimkenntnisse verfügten. So bekamen die Logenbrüder auch noch tiefere Kenntnisse über die *Heilige Geometrie* zugetragen, da ja die atlantischen Texte überwiegend auf Geometrie aufgebaut sind.

Einer dieser Nutznießer war der italienische Maler, Bildhauer, Naturforscher und Erfinder Leonardo da Vinci (1452-1519), der nicht nur dafür berühmt wurde, daß er seine Bilder nach dem ***Goldenen Schnitt*** zu malen pflegte, sondern der vor allem für seine bedeutenden Erfin-

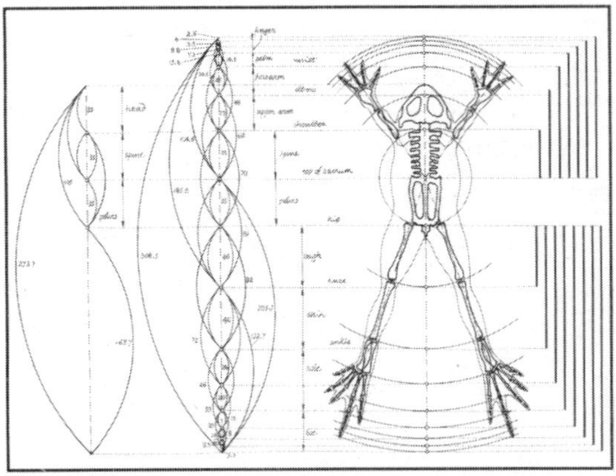

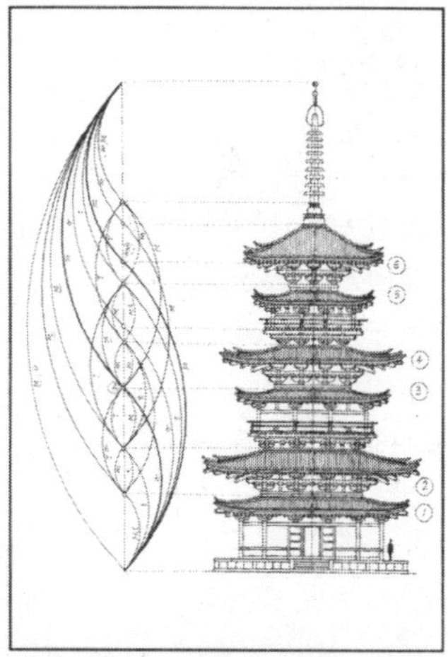

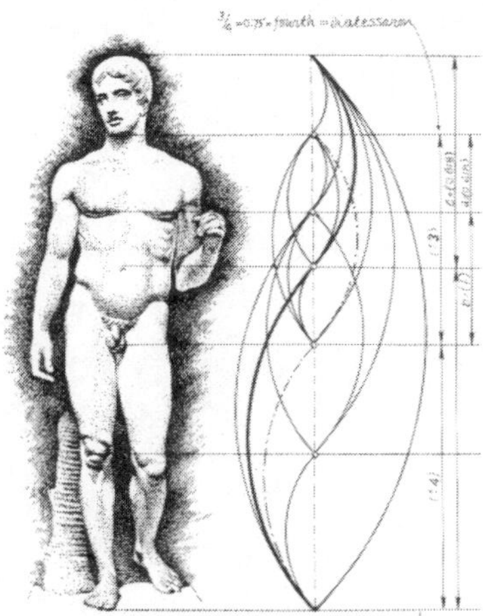

Abb. 65, 66, 67 und 68: Beispiele für die *Heilige Geometrie*: der *Phi*-Quotient in der Natur (Froschskelett), in der Kunst (griechische Statue) und in der Architektur (japanischer Tempel).

dungen geehrt wurde – Unterseeboot, Flugmaschinen, mechanischer Webstuhl, bewegliche Brücken oder Pumpen.

Die meisten Erfindungen waren nur auf dem Reißbrett verewigt, doch stellt sich die Frage, woher er plötzlich dieses Wissen hatte?

So erfuhren die Freimaurer auch von dem Aufbau der DNS, vom Wissen über Atlantis wie auch von der Existenz anderer Zivilisationen im Weltraum. Tja, und über die Personen Abraham, Moses, Mohammed und Jesus erfuhren sie, daß sich nicht alles so zugetragen hatte, wie in den gängigen Schriften gelehrt wurde.

Die Freimaurer waren also zu Todfeinden des Staates und der Kirche geworden und teilten ihre Meinung nur innerhalb der Logen mit.

Nun haben wir zwei Aspekte, die wir weiterverfolgen werden:

1. bekamen die Freimaurer durch die Templer, die hinzustießen, nicht nur enormes Wissen über unseren Planeten, den Aufbau des Kosmos und auch technische Artefakte zugespielt, sondern vor allem das Wissen um die Gedankenkraft und die Macht des Denkens, das heißt, wie sich Wünsche manifestieren und Projekte realisieren lassen, die anderen niemals gelingen würden, da sie die Mechanismen des Lebens nicht verstanden hatten, und

Abb. 69 (links): Leonardo da Vinci.

Abb. 70 (rechts): Skizze eines alten Mannes. Da Vinci hat über das eigentliche Bild eine Anordnung von Rechtecken gelegt, manche davon im Goldenen Schnitt.

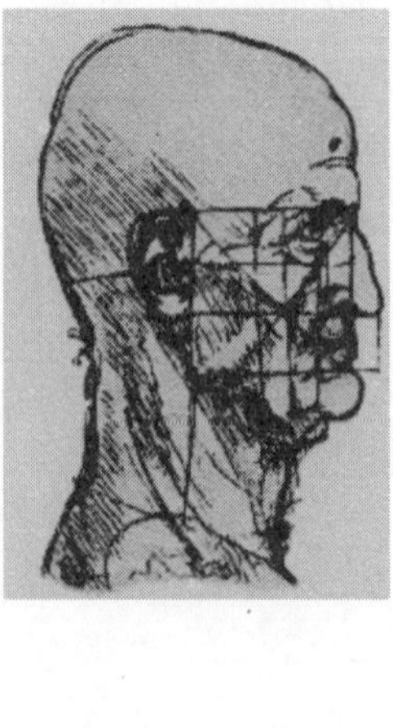

2. die Kenntnis darüber, daß die Menschheit einst aus dem Weltraum „befruchtet" wurde und auch wieder dahin zurückkehren wird.

Und genau aus diesem Grund kam man zu folgendem Gedankengang: Angenommen, Besucher aus dem Weltraum – ob vom Sirius, Orion, Aldebaran, womöglich vom Planeten Nibiru oder von einem anderen Planeten – würden einst hier landen, was würde man dann tun? Vor allem, was würden *sie* tun? Würden sie in China landen oder in Amerika, in Fürstentum X oder Grafschaft Y? Würde nicht jeder Mensch versuchen, einen Kontakt mit einer höher entwickelten Zivilisation für sich selbst auszuschlachten? Würde nicht jeder versuchen, einen persönlichen Vorteil daraus zu ziehen?

Daher beschloß man, einen subversiven Plan auszuhecken, um die Menschheit auf den Tag X vorzubereiten. In einfacheren Worten: Wie sollte man es anstellen, daß die Welt nicht mehr in Religionen, verschiedene Länder und irdische Kriege zersplittert ist?

Es ging darum, die Weltherrschaft anzustreben mit dem Ziel einer Weltregierung, die dann in der Lage wäre, mit anderen Zivilisationen zu verkehren und einen Austausch mit der Erde „normal" zu gestalten.

So entstand die Idee einer Weltregierung – im positiven Sinne. Es wurde ein Plan ausgearbeitet, der darin bestand, die bestehenden Königshäuser und Regierungen zu stürzen – durch Revolutionen und Intrigen –, um am Ende das zu erreichen, was heute als die *Neue Weltordnung* bezeichnet wird (auf die wir gleich tiefer eingehen werden).

Das ging auch alles sehr gut – es war die Zeit, als viele weise und gelehrte Männer den Logen angehörten, Politiker, ja sogar Monarchen und Präsidenten, die alle das gleiche Ziel anstrebten.

Doch dann kam ein Wechsel in der Struktur der Logen zustande, und zwar die Gründung einer neuen Loge, die als der *bayerische Illuminaten-Orden* bekannt ist und im Jahre 1770 im Auftrag des Bankhauses Rothschild von Adam Weishaupt ins Leben gerufen wurde (laut der Rothschild-Geliebten Ayn Rand).

Diese Loge schuf neue Grade und warb die Hochgradfreimaurer ab, lockte sie mit angeblich neuem Wissen und noch mehr Macht, doch ist dieser Plan diabolischer Natur gewesen (Details dazu folgen gleich).

Nun kam es zu wirklichen Problemen: Ein Teil des Wissens der Templer sowie Dokumente wie auch Artefakte aus den Sarkophagen gingen in Illuminaten-Hände über, und diese erfuhren nun ebenfalls von den Mechanismen des Lebens und der Macht der Gedankenkraft sowie von Atlantis, anderen Zivilisationen zuvor als auch von denen im Weltraum. Und die Mechanismen der gezielt eingesetzten Gedankenkraft funktionieren – egal ob man sie konstruktiv oder destruktiv einsetzt. Man bezeichnet sie heute als *schwarze* und *weiße Magie*. Die Mechanismen und Gesetzmäßigkeiten sind bei beiden die gleichen, nur der Beweggrund unterscheidet sie.

Durch die Templerschriften erhielten die Illuminaten aber auch Kenntnis über Örtlichkeiten großer Rohstoffvorkommen und machten sich sogleich daran, diese auszubeuten. Das Resultat kennen wir alle – die Halter dieser Monopole sitzen an der *Wall Street* und in der *City of London*, dem Londoner Finanzdistrikt, der als *„die reichste Quadratmeile der Welt"* bezeichnet wird und eine eigener, unabhängiger Staat ist – ähnlich dem Vatikan.

Falls Sie nicht genau wissen sollten, was oder wen ich hier meine, so mögen die Worte Oskar Lafontaines ein wenig die Richtung weisen, der sagte: *„Die Weltpolitik wird von einem Hochfinanz-Imperium regiert."*

Nun erinnern wir uns an meine Aussage zu Beginn des Buches, daß wir hier einen Zustand haben, bei dem geheimes oder zurückgehaltenes Wissen zu einer Waffe wird, da es jetzt einerseits vor dem Kollektiv zurückgehalten, andererseits von den Trägern des Wissens aber tagtäglich genutzt wird, um ihre Ziele zu erreichen.

Jetzt sind Sie gewiß neugierig – sofern Sie nicht schon vor Jahren meine Bücher gelesen haben –, wer diese *Illuminati* sind und was sie im Schilde führen. Dringen wir also nochmals ein in die schräge Welt der modernen Geheimlogen und der Mächtigen dieser Welt mit ihrem verborgenen Wissen und betrachten uns, was unserem Planeten in den nächsten Jahren ins Haus steht...

DIE NEUE WELTORDNUNG

In meinen ersten beiden Büchern über Geheimgesellschaften habe ich auf über achthundert Seiten im Detail erklärt, wie es zu dieser Entwicklung kam, wer genau hinter der *Neuen Weltordnung* steht, wie der Plan dazu entstand und so weiter. Ich möchte es mir an dieser Stelle selbst ersparen – genauso wie Ihnen –, erneut die Beweisführung aufzunehmen. Diese Bücher sind aufgrund eines Verbotsverfahrens nicht mehr erhältlich, doch können Sie dies auch bei Stefan Erdmann („*Banken, Brot und Bomben – Band 1* und 2“) in aller Ausführlichkeit nachlesen.

Wir wollen in diesem Buch ja das wirklich Wesentliche betrachten, und daher genügt uns hier eine grobe Zusammenfassung.

Um dem Neueinsteiger dies hier etwas anschaulicher zu vermitteln, möchte ich kurz den Aufbau einer Loge skizzieren. Normalerweise ist eine Loge nach dem Zwiebelring-System aufgebaut, was bedeutet, daß es einen innersten Kreis an Personen gibt, der das gesamte Wissenspaket besitzt. Um diesen herum befindet sich der nächste Kreis, im Fachjargon der nächste *Grad* genannt, der nicht mehr das gesamte Wissensspektrum kennt, doch mehr als der nächste Grad, und der wiederum

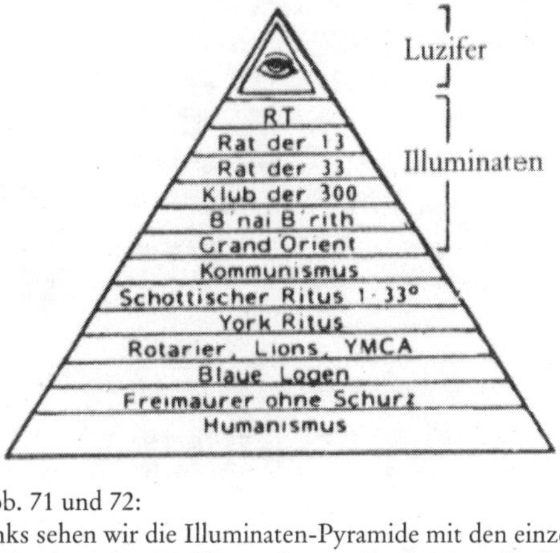

Abb. 71 und 72:
Links sehen wir die Illuminaten-Pyramide mit den einzelnen Graden wie sie Gary Allen deutet. Rechts ist Adam Weishaupt dargestellt, der Gründer des bayerischen Illuminaten-Ordens.

mehr als der unter ihm. Man kann es auch als Pyramide darstellen – oben an der Spitze sind diejenigen, die alles Wissen besitzen und die wiederum nur das an den nächst niederen Grad weitergeben, was sie für angemessen empfinden.

Der bayerische Illuminaten-Orden beziehungsweise die Personen und Familien im Hintergrund hatten es auf die bestehenden Freimaurerlogen abgesehen, in denen das Templerwissen verwahrt wurde, um einerseits an das atlantische Geheimwissen aus den Sarkophagen zu kommen und andererseits die mächtigen Logenbrüder auf ihre Seite zu ziehen.

Sie meinen, das sei abwegig? Dann lesen wir zusammen einmal den Brief des damaligen Großmeisters des Schottischen Ritus der Freimaurer und Gründers des Ku Klux Klans Albert Pike (1809-1895) aus den USA, den dieser am 22. Januar 1870 an Guiseppe Mazzini, den damaligen Führer der bayerischen Illuminaten sandte. Pike war ein schwarzmagischer Großmeister, Experte in sechzehn antiken Sprachen, Luziferverehrer und Genie:

„*Wir müssen allen Verbänden gestatten, wie bisher weiterzuexistieren mit ihren Systemen, ihren zentralen Organisationen und den verschiedenen Arten der Korrespondenz zwischen den hohen Graden desselben Ritus, in ihren gegenwärtigen Organisationsformen. Aber wir müssen einen* ***Superritus*** *schaffen, der unbekannt bleiben soll und in den wir die Maurer hoher Grade nach unserer Wahl berufen werden. Aus Rücksicht auf unsere Mitbürger müssen sich diese Männer der strengsten Geheimhaltung unterwerfen.* ***Mit diesem obersten Ritus*** *werden wir das gesamte Freimaurertum regieren; er wird die internationale Zentrale werden, die um so mächtiger ist, weil seine Leitung unbekannt sein wird.*“ (22, S. 208 und 209)

Abb. 73:
Guiseppe Mazzini

Interessant, nicht wahr? Wollen wir uns nun auch betrachten, welchen Geist er den neuen Mitgliedern einhauchen wollte. Dazu liegt uns ein weiterer Brief Albert Pikes vom 15. August

1871 vor, der vor einigen Jahren im britischen Museum ausgestellt war und uns einen unzweifelhaften Einblick in die Gedankenwelt Pikes liefert:

„*Wir werden die Nihilisten und Atheisten loslassen; wir werden einen gewaltigen gesellschaftlichen Zusammenbruch provozieren, der in seinem ganzen Schrecken den Nationen die Auswirkungen von absolutem Atheismus, dem Ursprung der Grausamkeit und der blutigsten Unruhen, klar vor Augen führen wird. Dann werden die Bürger – gezwungen, sich gegen die Minderheit der Revolutionäre zur Wehr zu setzen – diese Zerstörer der Zivilisation ausrotten. Die Mehrheit der Bürger wird, gottgläubig wie sie ist, nach der Enttäuschung durch das Christentum und daher ohne Orientierung, besorgt nach einem neuen Ideal Ausschau halten, ohne jedoch zu wissen, wen oder was sie anbeten soll. Dann sind die Menschen reif, das reine Licht durch die weltweite Verkündung der reinen Lehre Luzifers zu empfangen, die endlich an die Öffentlichkeit gebracht werden kann. Sie* [diese Verkündung] *wird auf die allgemeine reaktionäre Bewegung folgen, die aus der gleichzeitigen Vernichtung von Christentum und Atheismus hervorgehen wird.*“ (16, S. 223)

Und weiter heißt es darin: „*Folgendes müssen wir der Menge sagen: ‚Wir verehren Gott, aber unser Gott wird ohne Aberglauben angebetet.‘ Euch, den großen Generalinstruktoren, sagen wir, was ihr den Brüdern der 32., 31. und 30. Grade wiederholen sollt: Die Maurer-Religion sollte von uns allen, die wir Eingeweihte der höchsten Grade sind, in der Reinheit der luziferischen Doktrin erhalten werden. ...Luzifer ist Gott; unglücklicherweise ist Adonai auch Gott. Denn nach dem ewigen Gesetz gibt es Licht nicht ohne Schatten, Schönheit nicht ohne Häßlichkeit, Weiß nicht ohne Schwarz. Das Absolute kann nur in Gestalt zweier Gottheiten existieren: Das Dunkel dient dem Licht als Hintergrund...*“ (16, S. 223)

Abb. 74:
Albert Pike

Leider hatte dieser Plan Mazzinis und Pikes Erfolg. Und der luziferische Geist hatte bereits sehr schnell bei den obersten Graden der Logen Wurzeln geschlagen (die unteren wissen nichts davon), die einst im Namen Christi kämpften und das Gesetz der Resonanz und der Liebe als oberstes Gebot hatten.

Doch dem nicht genug: Noch im gleichen Jahr entwarfen die beiden einen Plan, wie sie durch drei Weltkriege die Welt in ihre Gewalt bringen könnten. Auf dem Weg zur ihrer *„Neuen Weltordnung"* (*Novus Ordo Seclorum*) sollte der **Erste Weltkrieg** inszeniert werden, um das zaristische Rußland in die Hände des bayerischen Illuminaten-Ordens zu bringen. Rußland sollte dann als „Buhmann" benutzt werden, um die Ziele der bayerischen Illuminaten weltweit zu fördern.

Der **Zweite Weltkrieg** sollte über die Manipulation der zwischen den deutschen Nationalisten und den politischen Zionisten herrschenden Meinungsverschiedenheiten fabriziert werden. Daraus sollte sich eine Ausdehnung des russischen Einflußbereiches und die Gründung des Staates Israel ergeben.

Der **Dritte Weltkrieg** sollte sich, diesem Plan zufolge, aus den Meinungsverschiedenheiten ergeben, die man zwischen den Zionisten und den Arabern hervorrufen würde. Es wurde die weltweite Ausdehnung des Konfliktes geplant.

Teil des Dritten Weltkrieges sei es ebenfalls, Nihilisten und Atheisten aufeinander loszulassen, um einen sozialen Umsturz, der durch noch nie dagewesene Brutalität und Bestialität erreicht werden würde, zu provozieren. Nach der Zerstörung des Christentums und des Atheismus würde man jetzt die wahre luziferische Doktrin entgegenbringen und damit zwei Fliegen mit einer Klappe schlagen.

Die Erfüllung des Planes bezüglich der beiden ersten Weltkriege können wir nun im nachhinein alle bestätigen. Was den Dritten Weltkrieg angeht, so sieht die ganze Welt via CNN/n-tv live dabei zu, wie dieser durch die Krisenherde im Irak und in Israel/Palästina künstlich und voll bewußt herbeigeführt wird.

Sie meinen, das wäre eine zu gewagte Aussage? Was sagen Sie dann zu dem Kommentar Wesley Clarks, dem ehemaligen Oberbefehlshaber der Nato-Streitkräfte, der überzeugend vermittelte: *„Ich warne die Europäer davor zu glauben, daß die USA im Rahmen der* ***Neuen Weltordnung*** *Skrupel haben würden, auch in Europa militärisch zu intervenieren, wenn unsere Interessen gefährdet sind, und zwar mit allen Mitteln, einschließlich Atomwaffen. Im allgemeinen werden die USA danach streben, die meisten Länder im Zustand der Armut zu belassen, mit korrupten, aber gehorsamen Regimes. Ich gehe jedoch davon aus, daß die USA auch in Westeuropa intervenieren würden, auch wenn dies gegenwärtig manchen Leuten als absurde Idee vorkommen mag. Die USA würden eine europäische nukleare oder wirtschaftliche Großmacht nicht lange dulden!"* (23)

Zusätzliches über die Ziele des Illuminaten-Ordens wurde der Öffentlichkeit im Jahre 1875 bekannt, als ein Kurier der bayerischen Illuminaten auf seinem Ritt von Frankfurt nach Paris vom Blitz getroffen wurde und dabei ein Teil dieser Informationen einer weltweiten Verschwörung sichergestellt werden konnten. Darin heißt es:

„Durch die Kontrolle der Presse soll die Masse nach dem Willen der Illuminaten gelenkt werden...

Man muß die Schwächen der Menschen, alle schlechten Gewohnheiten, Leidenschaften und Fehler, auf die Spitze treiben...

Man wird die Völker daran gewöhnen, den Schein als wahre Münze zu nehmen, sich mit Äußerlichkeiten zu begnügen, nur dem Vergnügen nachzujagen, sich in der ewigen Sucht nach etwas Neuem zu erschöpfen...

Man müsse in Europa persönliche und völkische Gegensätze, Rassen- und Glaubenshaß schüren, damit ein unüberbrückbarer Zwiespalt entsteht...

Als Präsidenten der Staaten sollen aus den Reihen der sklavisch untergebenen Günstlinge der Illuminaten jene gewählt werden, deren Vergangenheit irgendeinen dunklen Punkt aufweist, der sie zu getreuen Vollstreckern der Weisungen der Illuminaten macht. Dadurch wäre es den Illuminaten ermöglicht, Gesetze umzudeuten und Verfassungen zu ändern...

Durch die Käuflichkeit der höchsten Staatsbeamten sollen die Regierungen durch die Aufnahme auswärtiger Anleihen in die Schuldenknechtschaft der Illuminaten gestürzt werden, um ihre Staatsschulden empfindlich zu vermehren. Durch hervorgerufene Wirtschaftskrisen, indem alles erreichbare Geld plötzlich aus dem Verkehr gezogen wird, soll der Zusammenbruch der Geldwirtschaft der „Nicht-Illuminierten" bewirkt werden. Die Geldmacht muß die Alleinherrschaft in Handel und Gewerbe erringen, damit die Industriellen durch ihr Geld an politischer Macht gewinnen...

Durch diese Mittel sollen die Völker gezwungen werden, den Illuminaten die Weltherrschaft anzubieten. Die neue Weltregierung muß als Schirmherrin und Wohltäterin derer erscheinen, die sich ihr freiwillig unterwerfen (UNO, A.d.Verf)*. Widersetzt sich ein Staat, müssen die Nachbarn zum Krieg gegen ihn angestachelt werden. Wollen diese sich verbünden, müsse man einen Weltkrieg entfesseln.*" [(46, S.115f)]

Betrachten wir uns nun einmal etwas genauer, wer die „Illuminierten" heute sind, und was es mit der *Neuen Weltordnung* auf sich hat.

Buchautor Bob Frissell formuliert es so: „*Ob man sie nun Bilderberger, Geheimregierung, die Trilaterale Kommission, den Council on Foreign Relations oder Illuminaten nennt – der Name spielt keine Rolle. Die Geheime Regierung besteht einfach aus den reichsten Leuten der Welt, und diese zirka zweitausend Magnaten haben unsere sogenannten Regierungen seit langer Zeit fest im Griff. Sie entscheiden wer, wann und wo gewählt wird; sie bestimmen, wann ein Krieg stattfindet und wann nicht. Sie kontrollieren die Nahrungsmittel-Verknappungen auf der Erde und setzen die Inflationsraten der einzelnen Währungen fest. All diese Bereiche sind in der Hand der Illuminaten. Sie haben zwar keine Macht über die Naturgewalten, aber wo sie zu ihrem Vorteil manipulieren können, tun sie es auch.*" [(24, S. 177)]

Und das angestrebte Ziel der Illuminaten ist die Weltherrschaft, der sie den wohlklingenden Namen ***Neue Weltordnung*** gegeben haben. Diese hatte George Bush Senior erstmals am 11. September 1990, also „zufälligerweise" exakt elf Jahre vor dem Anschlag auf das WTC, öffentlich ausgerufen. Hauptbestandteil der *Neuen Weltordnung* ist neben einer Weltreligion der bargeldlose Zahlungsverkehr über Kreditkarten (die sogenannte *Debit-Card*) und später über einen unter der Haut implantierten Chip, der es *„Big Brother"* – wie George Orwell die Illuminati nannte –, ermöglicht, alle Menschen zu kontrollieren und beherrschen.

Abb. 75 und 76:
Die Dollar-Note mit der Pyramide der bayerischen Illuminaten – vergleichen wir diese nochmals mit der Pyramide aus Ecuador auf Abbildung 51.

Den Begriff der ***Neuen Weltordnung*** finden wir auf der Ein-Dollar-Note verewigt, und zwar auf dem „Großen Siegel". Dieses sehen wir rechts vergrößert. Über der Pyramide steht *„Annuit Coeptis"* (*„unsere Unternehmung ist vom Erfolg gekrönt"*) und darunter *„Novus Ordo Seclorum"* (*„Neue Weltordnung"*). Beides bezieht sich auf das Ziel der geheimen Weltherrscher, der Illuminati: die Weltherrschaft! Auf der untersten Stufe der Pyramide finden wir die römische Zahl 1776. Offiziell steht diese Jahreszahl für das Gründungsdatum der USA am 1. Mai 1776. Tatsächlich ist das amerikanische Siegel aber das Siegel des „bayerischen Illuminaten-Ordens", der von Adam Weishaupt im Jahre 1770 im Auftrag des Bankhauses Rothschild in Ingolstadt gegründet wurde. Im Jahre 1776 wurde der Geheimorden offiziell eingeführt. Die dreizehn Stufen der Pyramide sind die dreizehn Einweihungsgrade des Illuminaten-Ordens, und das „Allsehende Auge" an der Spitze ist das Auge Luzifers. Luzifer, der Lichtträger, ist für die Logenmitglieder der Träger und Verwahrer des höchsten Wissens.

Das *Große Siegel*, die *Pyramide mit dem Allsehenden Auge*, der aus dreizehn Sternen bestehende Davidstern über dem Phönix, der Phönix selbst, das Staatswappen auf der Rückseite des Siegels sowie das Sternenbanner-Original mit den dreizehn Streifen und dreizehn Sternen sind alte und wichtige Freimaurersymbole, die zwar im Auftrag der Rothschilds geschaffen und von Adam Weishaupt plaziert worden sind, jedoch von ihrer Symbolik her nicht nur bis ins alte Ägypten, sondern auch ins Andengebiet (Ecuador) zurückgehen. Der Entwurf der Illuminaten-Dollar-Pyramide stammt von Philipp Rothschild, wie von seiner Geliebten Ayn Rand in ihrem Buch *Atlas Shrugged* enthüllt wurde.

John Todd, selbst ehemaliges Mitglied der Illuminati, beschreibt die Pyramide wie folgt: *„Das Siegel wurde auf Anordnung der Familie Rothschild in London kreiert. Es ist eine luziferische Organisation und die Rothschilds sind deren Kopf. In dieser Organisation kann man Freimaurern, Kommunisten und Mitgliedern anderer Vereinigungen begegnen. Diese Organisation ist sehr weit verbreitet. Es geht um Politik und Finanzen und man hat die Auffassung, eine einheitliche Weltregierung zu schaffen. Diese Organisation wird alles tun, um diese Weltregierung herbeizuführen und kalkuliert sogar den Dritten Weltkrieg mit ein. Sie nennt sich die ‚Illuminati'. Das Wort bedeutet: ‚Die Lichtträger'...*

Wenn man einen Oberhexer fragt, wer die mächtigste Hexe der Welt sei, dann wird man die Antwort bekommen: Ruth Carter Stapleton, die Schwester des ehemaligen US-Präsidenten Jimmy Carter. Ich weiß nicht, ob Jimmy Carter zu den Freimaurern gehört. Wenn man in den USA Politiker ist, dann ist man gewöhnlich Freimaurer, denn damit kommt man in die politischen Kreise hinein. Seit Wilson, dem Präsidenten im Ersten Weltkrieg, hat es keinen Präsidenten gegeben, der nicht zu den Illuminati gehört hatte, außer Eisenhower, und der war von ihnen kontrolliert. Es gibt etwa fünftausend Leute auf der Welt, die eine tiefere Erkenntnis über die Illuminati besitzen. Für diese arbeiten dann Millionen von Menschen. So ähnlich ist es auch bei den Freimaurern. Nur die, die im 33. Grad des Schottischen Ritus sind, haben auch das Wissen. Die anderen haben die Erkenntnisse nicht. Ihnen (den Illuminati) gehört jede große

Benzin-produzierende Gesellschaft in der Welt; alle großen Versandhäuser in den USA und neunzig Prozent der großen Kaufhäuser gehören dazu. Alle elektrischen Computerkassen in den USA sind mit einem riesigen Computer in Dallas (Texas) verbunden, der ‚The Beast' (das Tier) genannt wird. Dieser ist wiederum verbunden mit zwei weiteren Computern in Brüssel und Amsterdam, die auch ‚The Beast' genannt werden."

Aus dem Kapitel über die Tempelritter wissen wir, daß diese geäußert hatten, daß sich der Plan für das Schicksal der Menschheit mit dem decken würde, was als die ***Johannes-Offenbarung*** bekannt ist. Daher wollen wir uns doch einmal diese Offenbarung betrachten...

Die Offenbarung des Johannes Kapitel 13, Vers 1-18:

„Und ich sah ein Tier aus dem Meer steigen... Und der Drache gab ihm seine Kraft und seinen Thron und große Macht... Und ihm wurde gestattet, gegen die Heiligen Krieg zu führen und sie zu überwinden; und ihm wurde Macht gegeben über alle Stämme, Völker, Sprachen und Nationen...

Und ich sah ein zweites Tier aus der Erde heraufsteigen... Und es übte alle Macht des ersten Tieres mit dessen Zustimmung aus und bringt die Erde und die darauf wohnen dazu, das erste Tier anzubeten... Und es (das zweite Tier) tut so große Zeichen, daß es auch Feuer vom Himmel auf die Erde fallen läßt vor den Augen der Menschen; und es verführt die Menschen, die auf der Erde wohnen, durch die Zeichen, die es mit Zustimmung des Tieres tun darf; und befiehlt denen, die auf der Erde wohnen, ein Bild zu errichten für das Tier, das die Schwertwunde hatte und lebendig geworden war. Und ihm wurde gestattet, dem Bild des Tieres Geist zu verleihen, damit es sprechen und bewirken könnte, daß alle, die es nicht anbeteten, getötet würden. Und es bewirkt, daß alle, die Kleinen und Großen, die Reichen und Armen, die Freien und Sklaven, sich ein Zeichen an die rechte Hand oder an die Stirn machen, und daß niemand kaufen oder verkaufen kann, wenn er nicht das Zeichen hat, nämlich den Namen des Tieres oder die Zahl seines Namens – Hier geht es um Weisheit! – Wer Verstand hat, der deute die Zahl des Tieres, denn es ist die Zahl eines Menschen, und seine Zahl ist 666."

Hier sollte kurz bemerkt werden, daß Johannes in einer Vision Bilder gezeigt wurden, für die es zu dieser Zeit überhaupt keine Beschreibungen gab (Fernseher, Bombe, Kreditkarte), und er diese in seinen sehr einfachen Worten interpretierte. Das „Tier" darf man sich nicht als solches vorstellen, sondern repräsentiert in diesem Fall das Gegenstück zum „Geist" – also die Materie oder den Materialismus und die Organisation, die diesen propagiert.

In diesem Auszug sind mehrere wichtige Teile enthalten, die wir nun entschlüsseln:

1. „*Und ich sah ein Tier aus dem Meer steigen... Und der Drache gab ihm seine Kraft und seinen Thron und große Macht... Und ihm wurde gestattet, gegen die Heiligen Krieg zu führen und sie zu überwinden; und ihm wurde Macht gegeben über alle Stämme, Völker, Sprachen und Nationen.*"

Der Drache könnte als Luzifer interpretiert werden (es könnten aber auch die Echsenwesen sein?), und das erste Tier sind die Illuminati (die FED-Banken und die Wall Street), die von Luzifer auf den weltlichen Thron gesetzt und mit finanzieller Macht ausgestattet worden sind (siehe dazu im A.T.: 2 Chr. 9, 13 sowie 1 Kön. 10, 14: „*Das Gewicht des Goldes, das alljährlich bei Salomo einging, betrug 666 Goldtalente...*"). Jesus hatte nicht umsonst im Tempel unter den Geldverleihern aufgeräumt. Er hatte dazu auch eine klare Begründung, denn er sagte zu ihnen (Joh. 8,44): „*Ihr habt den Teufel zum Vater, und was eurem Vater gefällt, das wollt ihr tun...*"

Nachdem davon auszugehen ist, daß nur wenige wissen, was der Unterschied der FED – der Zentralbank Amerikas – zu anderen Zentralbanken ist, möge hier eine kurze historische Rückschau zusätzliche Aufklärung bringen:

Gegen Ende des 19. Jahrhunderts starteten die Banken, die durch das Rothschild-Imperium kontrolliert waren, eine große Kampagne, um die reiche US-Wirtschaft unter ihre Kontrolle zu bekommen. Die europäischen Rothschilds finanzierten die J. P. Morgan & Co. Bank, die Bank von Khun Loeb & Co., John D. Rockefellers Standard Oil Co.,

Edward Harrimans Eisenbahn und Andrew Carnegies Stahlwerke. Diese Verbindung war zum damaligen Zeitpunkt mehr als nur ein Standbein in der US-Wirtschaft. Um das Jahr 1900 sandten die Rothschilds einen ihrer Agenten in die USA, Paul Warburg, um mit der Khun Loeb & Co. Bank zusammenzuarbeiten. Jacob Schiff und Paul Warburg starteten eine Kampagne für die Errichtung der „Federal Reserve Bank" (FED) als fest installierte **private Zentralbank** in Amerika.

Jacob Schiff ließ die New Yorker Handelskammer bei einer Rede im Jahre 1907 wissen: „*Wenn wir keine Zentralbank mit einer ausreichenden Kontrolle über die Kreditbeschaffung bekommen, dann wird dieses Land die schärfste und tiefgreifendste Geldpanik seiner Geschichte erleben.*"

Gesagt, getan, stürzten sie daraufhin die USA in eine Währungskrise, deren daraus resultierende Panik am Kapitalmarkt das Leben zehntausender Menschen im ganzen Land ruinierte. Die Panik an der New Yorker Börse brachte den Rothschilds neben mehreren Milliarden US-Dollar auch den gewünschten Erfolg. Genau diese Panik benutzte man nun als Argument, endlich eine Zentralbank zu errichten, um Vorfälle wie diesen zu vermeiden. Paul Warburg sagte dann dem Bank- und Währungskomitee: „*Das erste, was mir auf die Panik hin in den Kopf kam, ist, daß wir eine nationale Clearing-Bank (Zentralbank) brauchen...*"

Die endgültige Version des Beschlusses, die FED einzuführen, entstand auf einem Privatgrundstück J.P. Morgans, auf Jekyll Island, Georgia. Die Einführung der FED im Jahre 1913 ermöglichte nun den internationalen Bankiers, ihre finanzielle Macht in den USA sehr zu festigen. Paul Warburg wurde der erste Vorsitzende der FED. Dem FED-Beschluß folgte der 16. Zusatzartikel der amerikanischen Verfassung, der es nun dem Kongreß ermöglichte, das persönliche Einkommen der US-Bürger zu besteuern. Das war die Konsequenz, nachdem die US-Regierung nun kein eigenes Geld mehr drucken durfte, um ihre Operationen zu finanzieren. Dies war das erste Mal in der Geschichte seit der Gründung der USA, daß das Volk Einkommensteuer bezahlen mußte.

Die wichtigsten Aktienbesitzer der FED waren damals:

1. Rothschild Banken aus London und Paris
2. Lazard Brothers Bank aus Paris
3. Israel Moses Seif Bank aus Italien
4. Warburg Bank aus Amsterdam und Hamburg
5. Lehmann Bank aus New York
6. Khun Loeb & Co. Bank aus New York
7. Rockefellers Chase Manhattan Bank aus New York
8. Goldman Sachs Bank aus New York

Kongreßmitglied Charles Lindbergh beschrieb schon damals die neu entstandene Federal Reserve Bank als die *„unsichtbare Regierung"* wegen ihrer Geldmacht.

Wie funktioniert die FED eigentlich? Das „Komitee des offenen Marktes" der FED produziert „Federal-Reserve-Noten" (Dollar-Scheine). Diese Noten werden dann für Obligationen (Schuldverschreibungen) an die US-Regierung verliehen, die der FED als „Sicherheit" dienen. Diese Obligationen werden durch die FED-Banken gehalten, die wiederum die jährlichen Zinsen darauf beziehen. Bereits 1992 betrug der Wert der Obligationen, die durch die FED gehalten werden, rund 5.000.000.000.000 Dollar und die Zinszahlungen der Steuerzahler steigen ständig. Und dieses ganze Vermögen hat die FED erschaffen, indem sie der US-Regierung Geld leiht und dafür hohe Zinsen kassiert, was die FED an und für sich nur Farb- und Druckgebühren kostet. Das klingt wirklich unbegreiflich, ist aber eine Tatsache!

Der US-amerikanische Bürgerrechtler Daniel Doyle Benham war dreist genug, bei der ***„San Francisco Federal-Reserve-Bank (FED)"*** im Jahre 2002 anzurufen und ein mehr als aufschlußreiches Telefonat mit einem Ron Supinski vom *„Public Information Department"* zu führen, das ich hier im Wortlaut wiedergebe (***F*** steht für FRAGENDER und *MR. S* für MR. SUPINSKI):

F: *Mr. Supinski, hält mein Land das „Federal-Reserve-System"?*

MR. S: *Wir sind eine Dienststelle der Regierung.*

F: *Das ist nicht meine Frage. Wird es durch mein Land gehalten?*

MR. S: *Es ist eine Dienststelle der Regierung, geschaffen durch den Kongreß.*

F: *Ist die „Federal-Reserve“ ein Unternehmen?*

MR. S: *Ja.*

F: *Hält meine Staatsregierung irgend einen Aktienbestand in der „Federal-Reserve“?*

MR. S: *Nein, es wird durch die Mitglieder-Banken gehalten.*

F: *Sind die Mitglieder-Banken private Gesellschaften?*

MR. S: *Ja.*

F: *Sind die „Federal-Reserve-Bank-Noten“ durch irgendwas gedeckt?*

MR. S: *Ja, durch das Vermögen der „Federal-Reserve“, aber hauptsächlich durch die Macht des Kongresses, eine Steuer auf die Bürger umzulegen.*

F: *Sagten Sie „durch die Macht, Steuern zu kassieren“? Ist es das, was die „Federal-Reserve-Noten“ deckt?*

MR. S: *Ja.*

F: *Was sind die Gesamtvermögen der „Federal-Reserve“?*

MR. S: *Die „San-Francisco-Bank“ hat $ 36 Milliarden an Aktiva.*

F: *Woraus sind diese Aktiva zusammengesetzt?*

MR. S: *Gold, der Federal-Reserve-Bank selbst und Regierungs-Bürgschaften.*

F: *Zu welchem Wert hält die Federal-Reserve-Bank Gold per oz. in ihren Büchern?*

MR. S: *Ich habe die Information nicht, aber die „San-Francisco-Bank" hat $ 1,6 Milliarden in Gold.*

F: *Wollen Sie damit sagen, die „Federal-Reserve-Bank" von San Francisco hat $ 1,6 Milliarden in Gold, als Bank selbst, und der Saldo dieses Vermögens sind Regierungs-Sicherheiten?*

MR. S: *Ja.*

F: *Woher erhält die „Federal-Reserve" die „Federal-Reserve-Banknoten"?*

MR. S: *Sie sind durch das Schatzamt autorisiert.*

F: *Wieviel zahlt die „Federal-Reserve" für eine $ 10 „Federal-Reserve-Note"?*

MR. S: *Fünfzig bis siebzig Cents.*

F: *Wieviel zahlen sie für eine $ 100 „Federal-Reserve-Note"?*

MR. S: *Dasselbe – fünfzig bis siebzig Cents.*

F: *Nur fünfzig Cents im Tausch für $ 100 ist ein gewaltiger Profit, nicht wahr?*

MR. S: *Ja.*

F: *Entsprechend zum US-Schatzamt zahlt die „Federal-Reserve" $ 20,60 per $ 1.000 Nennwert beziehungsweise ein bißchen mehr als zwei Cents für eine $ 100 Rechnung, ist das so korrekt?*

MR. S: *Das ist wohl nahe dem.*

F: *Benutzt nicht die „Federal-Reserve" die „Federal-Reserve-Noten", welche jeweils zwei Cents kosten, um US-Schuldscheine von der Regierung zu kaufen?*

MR. S: *Ja, aber da ist mehr als das.*

F: *Im wesentlichen ist es das, was stattfindet?*

MR. S: *Ja, im wesentlichen ist das korrekt.*

F: *Wie viele „Federal-Reserve-Noten“ sind im Umlauf?*

MR. S: *$ 263 Milliarden, und wir können nur über einen kleinen Prozentsatz Rechenschaft abgeben.*

F: *Wohin gingen die „anderen“ Scheine?*

MR. S: *In die Matratzen der Leute, „beerdigt“ und in den Hintergrund, so wie illegales Drogen-Geld.*

F: *Seit die Schulden in „Federal-Reserve-Noten“ zahlbar sind, wie können die $ 4 Billionen nationale Schulden mit den insgesamt sich in Zirkulation befindlichen „Federal-Reserve-Noten“ je abgezahlt werden?*

MR. S: *Weiß ich nicht.*

F: *Wenn die Bundes-Staatsregierung jede in Umlauf befindliche „Federal-Reserve-Note“ einsammeln würde; würde es mathematisch möglich sein, die $ 4 Billionen nationale Schulden zu zahlen?*

MR. S: *Nein.*

F: *Wäre es korrekt, wenn ich sagen würde, daß für je $ 1 Einlage in eine Mitgliederbank demzufolge $ 8, mit genügend Reserve-Politik, wieder ausgeliehen werden können?*

MR. S: *Etwa $ 7.*

F: *Korrigieren Sie mich, wenn ich falsch liege, aber es handelt sich hier um $ 7 weiterer „Federal-Reserve-Noten“, die nie in Umlauf gelangten. Aber sie waren „erschaffen aus dünner Luft“ in der Form, daß Kredite und die zwei Cents je Nennwert nie gezahlt worden waren. In anderen Worten: Die „Federal-Reserve-Noten“ waren nicht in der Realität, physikalisch ausgedruckt und* *geschaffen, sondern schlicht generiert als ein Buchungs-Eintrag und zu Zins verliehen. Ist das korrekt?*

MR. S: *Ja.*

F: *Ist das die Ursache dafür, daß da nur $ 263 Milliarden „Federal-Reserve-Noten“ in Umlauf sind?*

MR. S: *Das ist ein Teil des Grundes.*

F: *Interpretiere ich das falsch: Als das „Federal-Reserve“-Gesetz (an Weihnachten 1913) geschlossen wurde, übertrug dieses Gesetz die Macht, Münzen zu prägen und somit Geld an unsere Nation auszugeben sowie den Umlauf und den Wert zu regulieren, vom Kongreß zu einer PRIVATEN Gesellschaft? Und mein Land ENTLEIHT nun das, was unser eigenes Geld sein sollte, von der „Federal-Reserve-Bank“ (eine PRIVATE Gesellschaft) ZUZÜGLICH Zinsen. Ist das korrekt – und die Schulden können NIE abbezahlt werden – unter dem aktuellen Geldsystem, unseres Landes?*

MR. S: *Im Grunde – Ja.*

F: *Ich „rieche da eine Ratte“, Sie nicht?*

MR. S: *Sorry, ich kann darauf nicht antworten, ich arbeite hier.*

F: *Ist die „Federal-Reserve“ je unabhängig geprüft worden?*

MR. S: *Wir sind geprüft.*

F: *Warum gibt es da einen aktuellen Haus-Beschluß (als Nummer 1486 bezeichnet) für eine komplette Bücherprüfung zur „Federal-Reserve“ durch die GAO? Und warum ist die „Federal-Reserve“ da widerstehend?*

MR. S: *Ich weiß nicht.*

F: *Reguliert die „Federal-Reserve" den Wert der „Federal-Reserve-Noten" und die Zinsraten?*

MR. S: *Ja.*

F: *Erklären Sie, wie das „Federal-Reserve-System" verfassungsmäßig sein kann, wenn doch nur der Kongreß der USA, welcher sich in den Senat und das Haus der Repräsentanten gliedert, hier die Macht hat (zumindest haben sollte), unsere Münzen zu prägen, herauszugeben und den Wert darüber zu regulieren? [Article 1 Section 1 and Section 8] Nirgendwo in der Verfassung ist dem Kongreß die Macht oder Befugnis gegeben, irgendeine gewährte Macht im Bereich der Verfassung zu einem PRIVATEN Unternehmen zu transferieren – oder doch?*

MR. S: *Ich bin kein Experte in Verfassungsrecht. Ich kann Sie zu unserer Gesetzes-Abteilung verweisen.*

F: *Ich kann ihnen sagen, ich habe die Staatsverfassung gelesen. Diese erlaubt es NICHT, daß irgendeine gegebene Macht an eine private Firma oder Vereinigung gegeben werden kann. Ist es nicht ausdrücklich festgelegt, daß alle andere Macht, nicht einzelnen gewährt, sondern dem State und den Staatsbürgern vorbehalten ist? Trifft das auf ein privates Unternehmen zu?*

MR. S: *Ich glaube nicht, aber wir wurden durch die gesetzgebende Versammlung geschaffen.*

F: *Würden Sie beipflichten: Es ist unser Land und es sollte UNSER Geld sein, wie in der Staatsverfassung ausgegeben?*

MR. S: *Ich verstehe, was Sie sagen wollen.*

F: *Warum sollten wir „unser eigenes Geld" von einem PRIVATEN Konsortium von Bankern (GEGEN ZINSEN) borgen? War es nicht genau das, weswegen „wir" eine Revolution kreierten, um eine separate souveräne Nation mit eigenen Rechten zu werden?*

MR. S: (hat abgelehnt zu antworten)

F: *Hat die „Federal-Reserve" dies je überhaupt verfassungsmäßig beim höchsten Gerichtshof geklärt?*

MR. S: *Ich glaube, da waren Gerichtsfälle diesbezüglich.*

F: *Waren da Fälle beim höchsten Gerichtshof?*

MR. S: *Ich glaube schon, bin mir aber nicht sicher.*

F: *Bestätigte der höchste Gerichtshof nicht einstimmig in A.L.A. (Schechter Poultry Corp. vs. US and Carter vs. Carter Coal Co.) die körperschaftlich-konstatierende Anordnung als verfassungswidrige Abordnung von gesetzgebender Macht?*
[„Die Macht übertragen ist die Macht zu regulieren. Dies ist eine gesetzgebende Abordnung in ihrer meist anstößigen Form; für sich ist es nicht eben eine Abordnung zu einer offiziellen Körperschaft/Gesellschaft/Gruppe, welche vermutlich desinteressiert das allgemeine, aber interessiert das private der Personen regelt." Carter vs. Carter Coal Co...]

MR. S: *Ich weiß nicht, Ich kann Sie an unsere Gesetzes-Abteilung verweisen.*

F: *Ist das derzeitige Geld-System nicht ein „Karten-Haus", das einstürzen MUSS, weil die Schulden hier mathematisch NIE getilgt werden können?*

MR. S: *Es erscheint so. Ich kann ihnen sagen, daß Sie offenbar sehr gut die Materie durchschauen und sehr kenntnisreich sind. Dennoch, wir haben eine Lösung.*

F: *Was ist die Lösung?*

MR. S: *Die Debit-Card.* (Teil der Neuen Weltordnung ist die bargeldlose Gesellschaft. Die Debit-Card ist die *„Eine Kreditkarte für Alles"* – sie ist sowohl Ausweis als auch Zahlungswerkzeug in der *Neuen Weltordnung*; A.d.Verf.)

F: *Meinen Sie damit den EFT-Act (Electronic Funds Transfer = Elektronischer Zahlungsverkehr)? Ist es nicht sehr beängstigend, wenn man die Fähigkeiten von Computern bedenkt? Es wird den Staat und all seine Dienststellen, inklusive der „Federal-Reserve" solche Informationen liefern wie: Sie waren um 2 Uhr 30 an der Tankstelle und kauften für $ 10,00 bleifreies Benzin zu $ 1,41 per Gallone, und anschließend waren Sie um 2 Uhr 58 im Lebensmittelladen und kauften Brot, Mittagessen, Fleisch und Milch für $ 12,32, und anschließend kauften Sie um 3 Uhr 30 Arzneimittel in der Apotheke für $ 5,62. Mit anderen Worten: Sie würden wissen, wann und wo wir hingehen, wieviel wir zahlten, wieviel der Großhändler zahlte und wieviel Profit er machte. Unter dem EFT-System würden sie wortwörtlich alles von uns wissen. Ist das nicht erschreckend?*

MR. S: *Ja, es verwundert schon.*

F: *Ich rieche da eine GIGANTISCHE RATTE, welche unsere Staatsverfassung da wohl übertölpelt hat. Zahlen wir nicht einen Tribut/Zoll in der Form von Einkommensteuern an ein privates Konsortium von Bänkern?*

MR. S: *Ich kann es nicht einen Tribut nennen, es sind Zinsen.*

F: *Haben nicht alle gewählten Beamten einen Amtseid geleistet, die Verfassung sowohl vor ausländischen als auch inländischen Feinden zu beschützen und zu verteidigen? Ist die „Federal-Reserve" so gesehen nicht ein inländischer Feind?*

MR. S: *Ich kann das nicht sagen.*

F: *Unsere gewählten Beamten und Personen von der „Federal-Reserve" sind schuldig der eigenen Begünstigung und vernichten damit meine Staatsverfassung, und das ist Verrat. Ist nicht die Strafe für Verrat der Tod?*

MR. S: *Ich glaub schon.*

F: *Danke schön für die Informationen und Ihre investierte Zeit. Und wenn ich könnte, würde ich sagen, daß Sie die notwendigen Schritte zum Schutz für sich und ihre Familie einleiten sollten und all ihr Geld von den Banken abziehen, bevor das System zusammenstürzt. Ich tue dies.*

MR. S: *Es schaut nicht gut aus.*

F: *Möge Gott Barmherzigkeit haben für die Geister, welche hinter diesem verfassungswidrigen und kriminellen Handeln genannt „The Federal Reserve" stehen. Wenn die ALLMÄCHTIGE MASSE erwacht und diesen gigantischen Streich erkennt, werden sie es nicht nehmen wie ein Salzkorn.*
Es war eine Freude, mit Ihnen zu sprechen, und ich danke nochmals für Ihre Zeit. Ich hoffe, Sie werden meinen Ratschlag befolgen, bevor es zum Zusammenbruch kommt.

MR. S: *Leider sieht es nicht gut aus.*

F: *Haben Sie noch einen schönen Tag und danke für Ihre Zeit.*

MR. S: *Danke für den Anruf.*(46)

Nochmals im Klartext: **Der Dollar wird nicht von der US-Regierung herausgegeben, sondern von der FED, einem Zusammenschluß privater Banken, welcher der Regierung das Geld zur Verfügung stellt und dafür kräftig Zinsen kassiert und Steuern erhebt.**

Das ist mit der größte Schwindel in der Geschichte der USA, und kaum einem fällt das auf. Dazu kommt, daß die FED durch die Obligationen der US-Regierung das Pfandrecht, staatlich und privat, auf den Grundbesitz der gesamten Vereinigten Staaten von Amerika hat. Zahllose Gerichtsverfahren, um das FED-Gesetz rückgängig zu machen, waren bisher ohne Wirkung. Der erste, der sich versuchte, war Präsident John F. Kennedy, der damals einen Gesetzeserlaß einbrachte, um die FED zu kippen. Das Resultat kennen wir! Nun mag ein Kritiker einwenden, daß dies Spekulation wäre. Doch die erste Amtshandlung seines Nachfolgers Lyndon B. Johnson war es, genau diese letzte Amtshandlung seines Vorgängers wieder rückgängig zu machen. (Lesen Sie hierzu auch das Interview mit einem FED-Mitarbeiter im Anhang).

2. *„Und ich sah ein zweites Tier aus der Erde heraufsteigen... Und es übte alle Macht des ersten Tieres mit dessen Zustimmung aus und bringt die Erde und die darauf wohnen dazu, das erste Tier anzubeten..."*

Das zweite Tier sind die dem ersten Tier Dienstbaren – die Regierungen, die den Illuminati und ihrem Werkzeug, der Wall Street, hörig sind. Nochmals zur Wiederholung der Kommentar der Süddeutschen Zeitung zur Präsidentschaftswahl 2000: *„Es ist egal, ob George W. Bush oder Al Gore Präsident wird – Alan Greenspan ist der Chef der Notenbank..."* Muß es noch deutlicher sein?

3. *„Das Tier tut so große Zeichen, daß es auch Feuer vom Himmel auf die Erde fallen läßt..."*

Das klingt verdächtig nach einem Atombombenabwurf. Und wer hat die erste Atombombe abgeworfen? Die Amerikaner, im Auftrag des Personenkreises, welcher der amerikanischen Regierung befiehlt, was diese zu tun hat – die Illuminati.

4. *„Und ihm wurde gestattet, dem Bild des Tieres Geist zu verleihen, damit es sprechen und bewirken könnte, daß alle, die es nicht anbeteten..."*

Auch diese Aussage ist ziemlich eindeutig, ein Bild das sich bewegt und das sprechen kann – das Fernsehen und der Computer! Und nun nennen Sie mir ein Volk auf der Erde, welches das Fernsehen nicht anbetet beziehungsweise den Computer. Stellen wir uns den Seher Johannes vor, der eine Szene aus der Zukunft vor Augen hat und einen heutigen Menschen erblickt, der entweder gebannt vor der Glotze sitzt oder vor seinem Bildschirm am Arbeitsplatz. Wie würde er das wohl anderen Menschen seiner Zeit beschreiben? Er sieht die Menschen der Zukunft, *die ein Bild anbeten, das sich bewegt und spricht.* Und das Fernsehen ist das wichtigste Werkzeug der Weltbeherrscher. Und jeder weiß, wo sich die Meinungsschmiede befindet, welche die Welt heutzutage prägt: im Land der Wall Street, in den Verunreinigten Staaten.

5. „*Und es (das zweite Tier) bewirkt, daß sie allesamt, die Kleinen und die Großen... sich ein Zeichen an die rechte Hand oder an die Stirn machen, und daß niemand kaufen oder verkaufen kann, wenn er nicht das Zeichen des Tieres hat oder die Zahl seines Namens. – Hier geht es um Weisheit! – Wer Verstand hat, der deute die Zahl des Tieres, denn es ist eines Menschen Zahl. Und seine Zahl ist 666.*"

Dieser letzte Abschnitt ist mehrfach zu deuten:

Die Zahl 6 symbolisiert in der Kabbala, wie auch die Tarotkarte Nummer 6 („Die Liebenden"), die Versuchung, der Weg aus dem Geistigen in die Materie, während die Zahl 9, die Zahl der Weisheit, den Weg aus der Materie zurück ins Geistige symbolisiert.

Die Hopi-Indianer in Nord-Arizona haben auch eine Prophezeiung, und die sagt: „*Keiner wird kaufen oder verkaufen können, wenn er nicht das Zeichen des Bären hat. Wenn dieses Zeichen zu sehen sein wird, dann kommt der Dritte Große Krieg.*"

Das Zeichen des Bären sieht so aus:

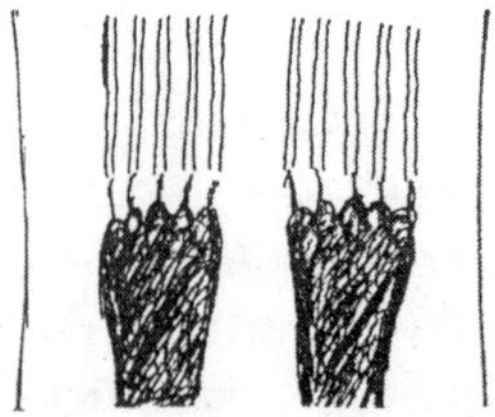

Nun vergleichen wir das einmal mit dem „Strich-Code":

002575 016666

Wir müssen uns vor Augen halten, wie einem Indianer vor mehreren hundert Jahren eine Vision gezeigt wird, in welcher er den Strich-Code erblickt. Da er diesen natürlich nicht unter diesem Namen kennt, beschreibt er, daß dieses Zeichen aussieht, wie die Spuren des Bären, wenn er seine Krallen schärft. Die Strichmuster auf den einzelnen Handelsprodukten enthalten verschiedene Doppellinien, die nach Stärke und Abstand eine bestimmte Zahl darstellen, wodurch das bestimmte Produkt nach einem binären Zahlensystem identifiziert werden kann. Sie sehen die zwölf kürzeren Doppelstreifen, sechs links und sechs rechts. Dazu kommen DREI längere, links außen, rechts außen und in der Mitte. Wenn Sie jetzt bei den kürzeren Streifen auf der rechten Seite die Zahl 6 heraussuchen (zwei dünne Striche) und sie mit den längeren Streifen vergleichen, werden Sie sehen, daß die längeren Streifen auch eine 6 darstellen, nur steht sie unter diesen nicht. Die drei längeren Doppelstreifen sind und bleiben auf jedem Strich-Code auf der Welt gleich, nur die kürzeren verändern sich. Der Computer ließt also immer 666.

Und die westliche Welt, vor allem die USA, kann ohne den Strich-Code bereits nicht mehr existieren beziehungsweise ohne die Kreditkarte nicht mehr einkaufen. Und schon bald bekommen die Menschen diesen Strich-Code dann eben auf die Hand oder die Stirn beziehungsweise an dieser Stelle unter die Haut plaziert. Und warum gerade diese Stellen? Weil der Chip durch eine kleine Batterie beziehungsweise eine Art Wärmepumpe angetrieben wird, die sich durch den Wechsel zwischen warm und kalt auflädt. Die Hand und die Stirn sind die beiden Stellen, an denen es im Körper zu den häufigsten Temperaturwechseln kommt und die praktisch auch am leichtesten zur Personenerkennung dienlich sind.

Symbolisch interessant ist hierbei auch, daß der größte Computer der Welt, an den alle anderen angeschlossen sind, in Brüssel steht und *„La Bête“* (*„The Beast“*) also *„das Tier“* genannt wird.

Daß die Zahl 666 mit dem Strich-Code, dem Kreditkartensystem, also mit Banken und Geld zu tun hat, zeigt sich auch schon dadurch, daß der Code der Welt-Bank-Nummer 666 ist oder beispielsweise die Karten der australischen Nationalbank die 666 aufweisen. Die Scheck-Verrechnungsstelle für indische Banken in Bombay trägt den Nummernschlüssel 666. Neue amerikanische Kreditkarten zeigen jetzt die Vorziffer 666. Das „Olivetti-Computer-System P 6060" gebraucht jetzt Nummern, die mit 666 beginnen. Überall in den USA tragen Computerquittungen eine Gruppe von grauen Punkten, welche die Zahl 666 umgeben. Auf jedem israelischen Lotterieschein ist die Zahl 666 aufgedruckt. Die Übersee-Telefonnummer Israels lautet 666 und so weiter.

Und wer sind die Personen, die das Kreditkartensystem eingeführt haben und bereits die Lasertätowierung in verschiedenen Bereichen verwenden? Es sind die privaten internationalen Bankiers! Es sind diejenigen, die das Federal Reserve System 1913 eingeführt haben; diejenigen, welche die Wall Street steuern und über die Wall Street Konzerne ruinieren oder übernehmen, ja sogar ganze Länder.

Und genau diese Kameraden, welche die Welt über ihr Zinseszinssystem knechten, werden einen künstlich herbeigeführten Banken-Crash (eventuell mit einem Krieg oder einen weiteren Terroranschlag als Vorwand) dazu nutzen, das Bargeld durch Plastikgeld zu ersetzen und damit den nächsten Meilenstein zu ihrer Eine-Welt-Regierung, der *Neuen Weltordnung*, zu setzen. Wie das gehen soll? Nun, ganz einfach. Es kommt zu einer Inflation, und es muß, damit das wirtschaftliche Leben weitergeht, Geld gedruckt werden, so wie wir das aus den letzten Inflationen auch kennen. Eine andere Variante wäre die Einführung einer neuen Leitwährung (vielleicht einen *Euro-Dollar*), einem Zusammenschluß von Euro und Dollar. Man wird argumentieren, daß neues Geld nicht so schnell gedruckt werden kann, um alle Menschen damit zu versorgen (die Menschheit hat sich ja erheblich vermehrt seit dem letzten Banken-Crash...) – man wird an die Einführung des Euro erinnern und daran, wie lange diese vorbereitet sein mußte... Und man wird mit der perfekten Lösung aufwarten, nämlich mit der *cashless society*, der bargeldlosen Gesellschaft über virtuelles Geld (oder Plastik-Geld=Kreditkarte). Da sowieso jeder Kontobesitzer eine EC-Karte hat, wird erklärt, daß das Geschäftsleben weitergehen kann, wenn mit der Karte bezahlt wird. Um den jeweiligen Kurs der Währung braucht sich der Konsument nicht zu kümmern, das machen schon unsere Chefs (Big Brother) an der Wall Street. Wie sagt doch eine Bankenwerbung so schön: „*Leben Sie, wir kümmern uns um den Rest.*" Und ruckzuck hat sich die *Offenbarung des Johannes* erfüllt!

Wollen wir uns nun aber noch die letzte Zeile der Offenbarung betrachten:

„...wenn er nicht das Zeichen des Tieres hat oder die Zahl seines Namens. – Hier geht es um Weisheit! – Wer Verstand hat, der deute die Zahl des Tieres, denn es ist eines Menschen Zahl. Und seine Zahl ist 666."

Hier handelt es sich um Numerologie, das heißt: die Berechnung von Buchstaben beziehungsweise Wörtern. Wie der Ausschnitt aus der Offenbarung schon sagt, geht es um die Zahl seines Namens (des Tieres). Nach der Kabbala entspricht jeder Buchstabe auch einer Zahl. Jede Zahl und jeder Buchstabe hat wiederum eine Bedeutung beziehungsweise einen Charakter. Kennt man die Bedeutung der Zahlen, kann man mit der errechneten Zahl eine Charakter- und Schicksalsbestimmung vornehmen. Da es verschiedene Zahlenschlüssel gibt, gibt es auch ebensoviele Interpretationsvarianten. Ein Schlüssel ist beispielsweise, daß man die Buchstaben ihrer Reihenfolge im Alphabet nach abzählt (a=1; c=3; u=21). Nehmen wir diesen Wert nun mal sechs (a=6; c=18; u=126) kommen wir zu folgenden Entschlüsselungen:

C	**O**	**M**	**P**	**U**	**T**	**E**	**R**	
18	**90**	**78**	**96**	**126**	**120**	**30**	**108 =**	**666**

K	**I**	**S**	**S**	**I**	**N**	**G**	**E**	**R**
66	**54**	**114**	**114**	**54**	**84**	**42**	**30**	**108 =666**

Neben der hier dargestellten Variante gibt es noch weitere Zahlenschlüssel, die zu äußerst interessanten Ergebnissen führen! Numerologisch können hierbei auch Firmennamen entschlüsselt werden oder auch das www vor jeder Website im Internet. Das „w" entspricht in der

Kabbala der Zahl 6 und somit geben wir symbolisch immer die 666 ein, wenn wir eine Website besuchen (beispielsweise www.amadeus-verlag.com). Es handelt sich hierbei um den selben Symbolgehalt wie beim Strich-Code mit seinen drei verlängerten Strichen – die 666 ist immer dabei! (Wie weit wir bereits in diesem Spiel sind, sehen wir auch, wenn wir uns die Rückseite des BRD-Personalausweises betrachten und diesen dann auf den Kopf stellen: Dort erkennen wir den stilisierten Totenschädel des Tieres mit seinen Hörnern – Baphomet oder Luzifer –, über dem die Krone schwebt.)

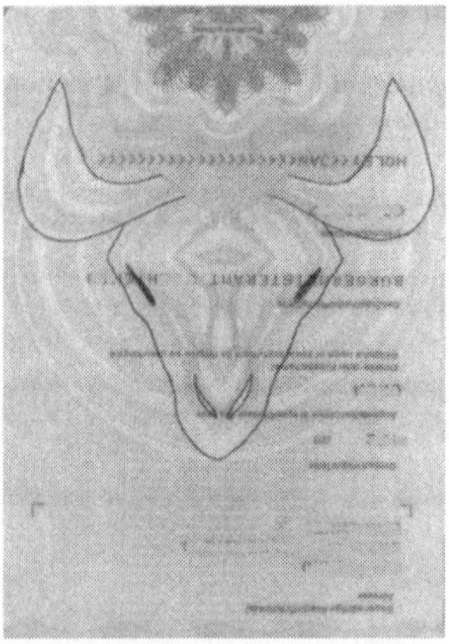

Abb. 77 und 78:
Wie kommt Baphomet – der Gehörnte – auf unseren Personalausweis?

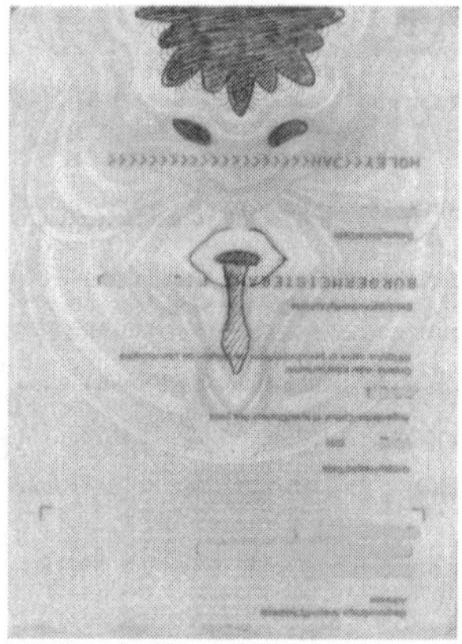

Festzuhalten bleibt nun bezüglich der letzten Zeile des obigen Offenbarungstextes, daß es sich um einen Menschen handelt, dessen numerologische Aufschlüsselung des Namens den Wert 666 ergibt und der durch sein Charisma und seine Hofierung durch die Weltmedien die Massen in seinen Bann ziehen wird. Und diese Person wird als der *Antichrist* bezeichnet – der Gegenspieler Jesu. Sein Ziel ist die Herbeiführung der *Neuen Weltordnung* mit einer Welt-Einheitsreligion.

Und über diesen Burschen und sein Auftreten erfahren wir nun auch etwas von einigen Seherinnen und Sehern. Dabei soll es sich um eine Person handeln, die Anfang der sechziger Jahre im Bereich Israels oder im Nahen Osten (hier variieren die einzelnen Visionen) geboren worden sei und in Kürze die Weltbühne betreten soll.

Hohenloher Tagblatt, 21.12.2001

ELEKTRONIK/ US-Firma will Informations-Implantate auf den Markt bringen

Mit einem Chip unter der Haut Geld abheben

LOS ANGELES ■ Eine US-Firma will in drei Monaten mit dem Verkauf von Mikrochips beginnen, die Menschen unter der Haut eingepflanzt werden. Die Chips sollen wichtige medizinische Informationen enthalten, die mit einem Scanner gelesen werden können. Der Hersteller „Applied Digital Solutions" empfiehlt diese Kennzeichnung besonders Patienten mit künstlichen Organen für eine schnelle Identifizierung in medizinischen Notfällen. Der implantierte „Ausweis" könnte auch bei der Suche nach entführten Personen hilfreich sein, wirbt die Firma für ihr Produkt. Über Satelliten könnte der Chip und damit auch sein Träger lokalisiert werden. „Ich wäre überrascht, wenn wir in zehn Jahren nicht einen Chip unter der Haut haben, mit dem man sein Haus aufschließt, das Auto startet und Geld abhebt", meint Chris Hables Gray, Computerprofessor von der Universität Great Falls in Montana. „Applied Digital" stellt bereits elektronische Chips für Tiere her, mit denen Landwirte ihre Herden überwachen können. dpa

MEDIZIN / Gerät liefert Notfall-Informationen für Ärzte

Mini-Chip unter der Haut

Bei der Vorstellung kann es einem im ersten Moment grausen: In den USA wurde Menschen ein Computerchip eingepflanzt. Doch das Ding soll in Notfällen Leben retten.

BOCA RATON ■ Ein US-Ehepaar und sein 14-jähriger Sohn haben sich im US-Bundesstaat Florida als erste Menschen weltweit einen Computerchip einpflanzen lassen. Der reiskorngroße Chip, auf dem die Telefonnummer sowie Informationen über Medikamente der Familienmitglieder gespeichert sind, wurde ihnen unter örtlicher Betäubung in den Arm implantiert. Der Eingriff dauerte nach Angaben von Jeff und Leslie Jacobs nur eine Minute und verlief problemlos.

„Wir versprechen uns davon mehr Sicherheit", sagte Leslie Jacobs (46). Ihr Mann Jeff hat bereits

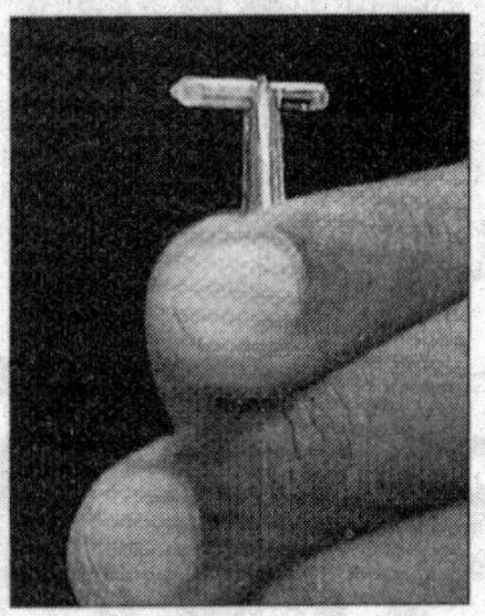

Das Gerät ist winzig. FOTO: AP

mehrere Operationen hinter sich und kämpft mit vielen Krankheiten. Die Familie wolle mit dem Chip für Notfälle besser gerüstet sein.

Ärzte können mit dem Gerät in Notsituationen und bei Bewusstlosigkeit schnell Patienteninformationen bekommen. Auch für Alzheimer-Patienten, die an Gedächtnisverlust leiden, sei der Chip gedacht. Die Daten sind mit einem Scanner durch die Haut abzulesen.

„Wie ein Hund an der Leine"

Kritiker äußerten sich dagegen besorgt über mögliche Eingriffe in die Privatsphäre. „Wer entscheidet, wer einen solchen Chip bekommt?", fragte Marc Rotenberg vom US-Informationszentrum für Privatsphäre in der Elektronik. „Damit kann man einen Menschen einfacher gängeln als wenn man einen Hund an die Leine legt."

Der Hersteller will den so genannten VeriChip für etwa 200 Dollar (rund 219 Euro) verkaufen. Er geht von einem riesigen Markt aus dpa

Hohenloher Tagblatt vom 14.5.2002

Abb. 79 und 80:
Es gibt immer noch Menschen, die nicht wahrhaben wollen, was bereits Realität ist:
Schon seit Jahren werden Menschen in Deutschland solche Mikro-Chips implantiert.

Jeane Dixon, ein Medium aus den USA, erklärt uns: „*Sein Wirkungsgebiet wird die individuelle Verführung der Menschheit sein, das heißt eine Ideologie, die sich aus politischen, philosophischen und religiösen Begriffen zusammensetzt und die Menschen in eine tiefe Glaubenskrise stürzen wird... Während der Prophet des Antichristen seine Ideologie verbreiten wird, werden die Menschen vom Fortschritt der Technik und äußerem Wohlergehen geblendet sein. Die Gesellschaft wird schließlich sich selbst und ihre materiellen Errungenschaften anbeten, bis zu dem Augenblick, in dem der Mensch sagen wird: Ich bin die Kraft und brauche keinen Gott. Nur meine menschliche Wissenschaft habe ich nötig.*"

Er soll dann Wunder vollbringen, die aber nur durch die Errungenschaften der menschlichen Technologien ermöglicht werden können.

Jeane Dixon ist auch davon überzeugt, daß der Antichrist im wesentlichen ein Phänomen politischen Charakters sein werde. „*Er wird eine militärische Gestalt sein. Mit den modernsten Waffen wird er die Erde erobern und auch in Schach zu halten verstehen... Er wird sich selbst zum „Friedensfürsten" ausrufen... Er wird eine eigentümliche und im Grunde anti-menschliche Religion einführen, deren Grundlage der Atheismus und der Kampf gegen jede Form von Religion ist.*" (25, S. 159ff)

Die amerikanische **Seherin Mary** soll 1930 gesagt haben, daß sich „*Luzifer einen Leib aus der Materie machen (wird), um als Mensch unter den anderen Menschen zu erscheinen*". (25, S. 159ff)

Um das Wesen des Antichristen zu verstehen, müssen wir auf Christus schauen, dessen Gegenteil er ist. A. Voldben schreibt dazu:
„*Christus ist die Macht des Guten, das Prinzip der Liebe, die Synthese des Großen Lichtes, fähig, den Menschen zu erlösen und zu retten. Was nicht mit ihm im Einklang steht, ist gegen ihn. Der Angelpunkt des menschlichen Lebens ist der Kampf, aber nicht gegen die anderen, sondern der Kampf der inneren Kräfte, die jeder in sich trägt. Die anderen sind nur die falschen Gegenstände und manchmal auch Vorwände für die Kräfte,*

die in unserem Inneren am Werk sind. Es ist ein Kampf, der sich ohne Unterlaß bis zum Ende wiederholt und mit der Niederlage der negativen Kräfte, des Antichristen, der in jedem von uns ist, zu Ende geht. So ist jeder Mensch ein Schlachtfeld. Was noch an Tierischem und Rohem in ihm ist, wie Hochmut, Egoismus, Haß und Wollust, das verschwindet allmählich wie der Schatten vor der Sonne, denn das Licht des Guten rückt immer weiter voran. Die negativen, Christus entgegengesetzten Kräfte des Bösen mit ihren hundert Namen und ihren tausenderlei Aspekten (Dreisthaftigkeit, Herrschsucht, Intoleranz, Gewalt) sind in der Gestalt des Antichristen verkörpert, dem Bösen schlechthin, dem direkten Boten des Teufels (Paulus, 2. Brief an die Thessalonicher, II,9), dessen Erfolge illusorisch und begrenzt sein werden. Denn im Buch Hiob steht geschrieben: ‚Der Teufel schadet nur, wenn Gott es zuläßt.'“ (25, S. 195ff)

So mag es durchaus sein, daß die Person des sogenannten Antichristen nur symbolisch auf das übermäßige Ausleben des Egos in der Zeit vor dem Goldenen Zeitalter hinweist. Doch kann es auch sein, daß tatsächlich noch eine Person erscheint, die als der „Antichrist“ ausgemacht werden kann.

Vor der *Neuen Weltordnung* warnte aber nicht nur die Offenbarung des Johannes, sondern auch ein visionärer Namensvetter von ihm, **Johannes von Jerusalem (Johannes von Vézelay)**, den wir im Kapitel über die Tempelritter kurz betrachtet hatten. Dieser hatte damals das, was er den atlantischen Texten entnommen hatte, in Verse gesetzt und einem kleinen Kreis zugänglich gemacht. Das war vor etwa 900 Jahren, als er prophezeite:

> Wenn das Jahrtausend, das nach dem Jahrtausend kommt,
> zu Ende geht,
> entsteht eine finstere, heimliche Ordnung. Neid wird ihr Schlachtruf sein und Gift ihr Schwert. Sie wird schrankenlos Gold raffen und den Erdkreis unter ihre Peitsche zwingen. Durch einen Blutkuß schmiedet die Ordnung den finsteren Pakt. Sie zwingt ihr heimliches Gesetz den Menschen ohne Macht und den Menschen guten Her-

zens auf. Aus der Finsternis heraus befiehlt die Ordnung ihr einziges Gesetz. In die Gotteshäuser hinein verspritzt sie ihr schwarzes Gift. Mit dem Giftstachel des Skorpions unter ihren Schuhen schreitet die Erde in ihr Verderben.

Wenn das Jahrtausend, das nach dem Jahrtausend kommt,
zu Ende geht,
werden Zwingherren ohne Glauben regieren. Tyrannen werden sie sein über hilflose und ahnungslose Menschenströme. Die Gesichter der Bösartigen werden verhüllt sein und die Namen der bösartigen Herrscher geheim. Tief in unzugänglichen Forsten verbergen sich ihre uneinnehmbaren Zwingburgen. Das Schicksal aller Menschen halten sie in ihren eisernen Fäusten. Kein Unberufener findet Zugang zu den Festungen ihrer heimlichen Ordnung (unterirdische Städte; A.d.Verf.).
Die Menschen glauben, frei von ritterlichem Reichtum zu sein. Aber in Wahrheit sind sie Leibeigene und Sklaven. Nur die aus den Behausungen in der Wildnis, diejenigen, die als Ketzer verflucht werden, sind imstande, den Aufstand zu wagen. Aber sie werden geschlagen und bei lebendigem Leibe verbrannt werden. [26]

Inzwischen wissen wir, durch welches Hintergrundwissen es diesen Magnaten, diesen mächtigen Familien gelungen ist, so einflußreich zu werden. Und es wird Sie sicherlich auch interessieren, ob denn die *Neue Weltordnung* unabdingbar ist oder vielleicht nicht eintreffen wird.

Im März 2003 hatte ich in Amsterdam den Großmeister einer belgischen Loge getroffen und mich mit ihm lange unterhalten, und ich kann versichern, daß das angestrebte Ziel ganz in unsere Nähe gerückt ist.

Seit April 2003 werden in Deutschland Menschen ganz offiziell Computer-Chips unter die Haut gepflanzt – für Herzschrittmacher-Patienten und die Kinder Prominenter. In Holland, den USA oder Neuseeland gibt es diese Möglichkeit bereits seit über zehn Jahren. Doch viele Deutsche glaubten, daß wir um diese Markierung herumkommen. Pustekuchen!

Auch der bargeldlose Zahlungsverkehr kommt – wie zuvor bereits beschrieben – in Kürze. Es war im Jahre 1996, als ich in der Schweiz einen Bodyguard benötigte. Er selbst war jahrzehntelang für den Schweizer Wirtschaftsgeheimdienst tätig, und es kam an diesem Wochenende auch zu einem Treffen mit zwei anderen Herren vom Geheimdienst. Und von einem dieser Herren war der Sohn damals der Chef von [redacted], einer der größten Telefongesellschaften der Welt. Dieser junge Mann berichtete gegenüber seinem Vater mit Stolz, daß bereits alle Terminals hergestellt seien, um die gesamte Schweiz innerhalb von einer Woche auf bargeldlosen Zahlungsverkehr umzustellen – das war 1996!

Machen wir uns nichts vor, es ist alles vorbereitet, und das Bargeld wird verschwinden. Es kommt bloß darauf an, wodurch.

Die *Neue Weltordnung* scheint nicht mehr zu verhindern zu sein – und wahrscheinlich soll es auch gar nicht verhindert werden, denn es scheint zum Reifeprozeß der Menschheit zu gehören, durch das durchzugehen, was nun ansteht. Es bestand aber tatsächlich bis vor ein paar Jahren die Möglichkeit, die Welt in eine andere Richtung zu lenken, doch die wurde verpaßt. Wollen wir die Illuminati entmachten, so müssen wir das Zinseszins-System und die Börsen verbieten, denn das sind deren „Werkzeuge", und dort werden deren goldene Eier gelegt. Doch die Welt ist inzwischen – vor allem durch die Einführung des Euro (der uns ja – nach typischer Illuminati-Manier – äußerst „demokratisch" aufs Auge gedrückt worden ist) und die in den letzten zehn Jahren vorangetriebene Globalisierung – nicht mehr vom FED-System abzukoppeln, was bedeutet, daß ein Ende der Illuminati die Welt in ein absolutes Chaos stürzen würde.

Aber das kommt ohnehin, denn die *Neue Weltordnung* wird über den künstlich geschaffenen Terrorismus hervorgebracht. Das Siegel des Schottischen Ritus der Freimaurer sagt *„ordo ab chao"*, was *„Ordnung aus dem Chaos"* bedeutet. Die Illuminati stiften so gut es geht Chaos durch die Aufhebung von regionalen Grenzen, die Misch-Ehe, Homo-

Ehe, Verrohung der Kinder wie auch der Gesellschaft durch Gewalt und Sex aus dem Fernseher, Video-Spiele und Internet, Zerstörung von Werten wie Familie, Tradition, Ehre und Stolz durch Perversion, Pornographie, Drogen... Das Resultat sind Unruhen zwischen Einheimischen und Ausländern in den einzelnen Staaten – das steht uns Deutschen übrigens auch noch ins Haus, aber richtig! –, die Menschen fühlen sich unsicher, sind voll Angst und verlangen nach einer starken Hand. Diese bringt die Regierung über die Ausweise, Personenkontrolle, Überwachung...

So läuft das. Und das ist nicht mehr zu verhindern. Daß die Welt ganz gezielt mit einer Welle des Terrorismus überzogen werden würde, erzählte der Großmeister einer Berliner Loge einem sehr guten Freund von mir – und das war bereits 1997. Die Dinge laufen also nach Plan...

Ich möchte hier keine Angst machen, doch wenn die Menschen immer duckmäusern, dann kommt so etwas dabei heraus.

Viel erschreckender war es aber zu erfahren, was man mit den *„nutzlosen Essern“* vor hat. Da Sie wahrscheinlich nichts mit diesem Begriff anfangen können, möchte ich diesen hier erläutern.

Aus einem persönlichen Gespräch mit einem US-amerikanischen Illuminat im Herbst 2003 ging hervor, daß sie ihr größtes Problem in der Überbevölkerung sehen. Spätestens nach dem *Global 2000 Report* hätte man demnach erkannt, daß die Schere eines Tages auseinandergehen wird. Seinen Worten nach würde im Jahre 2012 das letzte große Erdölfeld in Saudi Arabien seinen *Peak* (Zenit) erreicht haben und die Welt hätte spätestens dann ein Problem.

(Kurze Erläuterung meinerseits: Jedes Erdölfeld hat einen *Peak* – einen *Höhepunkt*, an dem am meisten verdient wird. Zu Beginn hat man nur Kosten: Bohrtürme werden angeliefert, aufgebaut, es wird gebohrt. Wird dann Öl gefördert, haben sich die Kosten irgendwann amortisiert und das Verdienen beginnt. Das geht solange, bis ungefähr zwei Drittel des Ölfeldes abgesaugt sind. Ab dann treten langsam immer mehr Verunreinigungen auf (Sediment, Schlamm...), die dann ein Reinigen und Filtern erfordern, was wieder etwas kostet. Diesen Zeitpunkt, an dem am meisten verdient wird, nennt man den *Peak*, da danach die Gewinnkurve aufgrund der enstehenden Filterkosten wieder fällt. Das Ölfeld, das als letztes seinen Peak haben wird, ist der Aussage des Illuminaten zufolge in Saudi Arabien und erreicht ihn im Jahr 2012.)

Ab 2012 gäbe es deshalb ein Problem, da ab dann alles, was aus Erdöl hergestellt wird, teurer würde – und niemals wieder billiger.

Auf meinen Einwand, daß die *Freie Energie* das Problem lösen könnte, kam als Antwort, daß dies nur Augenwischerei sei, da nur etwa 20 bis 30 Prozent des geförderten Erdöls für Transportmittel und Heizungen verwendet würde, also Autos, LKWs, Züge, Ölöfen...

Er erklärte, daß heutzutage in so ziemlich allem, was uns umgibt, Erdöl verarbeitet sei: Jegliche Form von Farbe, ob in unseren Kleidungsstücken, an der Wand, auf Papier. Es betrifft alle Kunststoffe, Computer, die Innenausstattung unserer Häuser, Autos, Spielzeug, Textilien, Schuhe, Fotoapparate... einfach alles. Und all dies würde dann teurer werden.

Doch das alleine wäre nicht das Hauptproblem, sondern, daß die Menschheit bis 2012 einen riesigen Bevölkerungsanstieg haben würde. Einerseits würde alles teurer, während gleichzeitig dann immer mehr Menschen weniger Arbeitsplätzen gegenüberstehen.

Diese Rechnung würde nicht aufgehen. Daher habe man bereits in den achtziger Jahren den Regierungen, vor allem in Afrika und in den moslemischen Ländern, gesagt, daß *„sie ihr Geburten-Problem in den Griff kriegen müssen. Das haben diese aber nicht. Daher werden wir das jetzt erledigen. Wir haben Waffen entwickelt, sogenannte ‚Ethno-Waffen', die auf genetische Merkmale ansprechen und es uns so ermöglichen, nur bestimmte Bevölkerungsteile beziehungsweise ‚Rassen' zu dezimieren."*

In ihren Augen wären beispielsweise die Völker Afrikas *„nutzlose Esser"*, da sie nichts produzieren, sondern immer nur nehmen würden, also konsumieren, und sich dabei auch noch *„vermehren wie die Kaninchen"* (Wortwahl des Illuminaten).

In seinen Augen sind die Volksmassen der Welt wie Tiere, da sie sich auch so verhalten würden. Die Menschen müsse man wie eine Herde ansehen und auch so mit ihnen umgehen. *„Und was macht man mit Vieh?"*, fragte er mich. *„Markieren!"* Und deshalb bekommen die Menschen einen Chip unter die Haut – so seine Argumentation.

Davon abgesehen gibt es noch eine weitere „Spielkomponente", nämlich die eines massiven Einflusses von Intelligenzen außerhalb unseres Sonnensystems, die den irdischen Illuminati keine Wahl lassen. Erinnern Sie sich an die Wesen, die hier etwas abbauen, das sie dringend benötigen?

Würde der Normalbürger wissen, was hier wirklich auf unserem Planeten abläuft, würde er die Dinge wohl anders betrachten können. Die Illuminati versuchen daher, die Massen durch Hollywoods Science-Fiction-Filme langsam an die Realität heranzuführen.

In meinem Dialog mit dem Illuminaten kam auch das klar heraus.

Das Gespräch hatte ich damals zwar nicht mitgeschnitten, doch nach dem Treffen handschriftlich notiert, und ich möchte hiervon zitieren.

Auf meine Frage, wieso sie die *Neue Weltordnung* anstreben würden, sagte er mit einem Lächeln:

„Herr Holey, Sie sehen doch, daß die Neue Weltordnung an und für sich schon da ist. George Bush Senior hatte sie doch 1990 offiziell ausgerufen. Die ganze Welt hatte es über das Fernsehen mitbekommen. Es ist doch auch gar kein Geheimnis mehr. Aber auch zuvor waren alle Wege und Gesetze bereits verankert, welche die Neue Weltordnung anvisierten.

Die Neue Weltordnung kommt, und es gibt auch keinen anderen Weg. Wie Sie selbst in Ihren Büchern beschrieben haben – die wir übrigens alle kennen –, gab es fremde Kulturen, die unseren Planeten besuchten und das auch weiterhin tun. Und wir haben uns mit diesen zusammengetan. Sie benötigen etwas von unserem Planeten, und wir haben im Gegenzug

Technologie erhalten. Und die Menschen wundern sich, daß seit den fünfziger Jahren eine technische Revolution begonnen hatte...

Aber das kann man den Menschen nicht sagen – noch nicht. Mit wem sollen diese hochintelligenten Wesen, die uns besuchen, denn reden und verhandeln auf der Welt? Mit einem arabischen Scheich oder vielleicht mit einem buddhistischen Mönch, der mehr schwebt als er auf dem Boden steht? Vielleicht mit einem Türken aus Antalia, einem Mexikaner aus dem Ghetto in Mexiko-City, einem Italiener aus Sizilien oder einem Bergbauern aus der Alpenregion?

Das sind keine guten Repräsentanten für unsere Welt. Bereits in den fünfziger Jahren hatten wir Vertreter anderer Welten in unseren Gremien sitzen, ja sogar im Pentagon, die uns bei dem Gedanken unterstützten, eine Weltregierung beschleunigt voranzutreiben – über die UNO.

Die Mittel, die wir verwenden, um dahin zu kommen, sind nicht immer die schönsten. Doch wer sich dagegen wehrt, den werden wir zerstören. Die Zukunft der Menschheit liegt im Weltraum. Und wir können mit den Völkern im Weltraum nur dann kooperieren, wenn wir ***Eine Welt*** *sind. Es darf dann keinen Krieg mehr geben. Deswegen zwingen wir der Erde diese Art der Weltregierung auf, an die sich die Menschen aber gewöhnen werden.*

Wir haben allen Regierungen der Welt gesagt, was wir vorhaben und daß es zwei Wege gibt – entweder freiwillig mitzumachen oder gezwungen zu werden. Die Länder, die sich dagagen wehren, bekommen Krieg. Oder wir zetteln dort eine Revolution an oder machen sie wirtschaftlich fertig.

Sie glauben doch nicht, daß sich ein Venusianer von einem Muslim den Koran erklären lassen wird... Und spätestens dann haben wir ein Problem. Die Besucher anderer Welten haben ein anderes Gottesverständnis als die Völker dieser Welt. Sie kennen keinen Moses oder Jesus oder Buddha. Natürlich haben sie inzwischen davon erfahren, und sie respektieren das auch, aber nur insofern es eine friedvolle Kommunikation mit ihnen unterstützt. Wenn jemand einen Glauben hat, der diese Besucher fremder Welten ausgrenzt oder sogar als Feinde ansieht, so kann ein solcher Glauben auf dieser Welt keine Zukunft haben. Denn wir bereiten diese Welt auf lange Sicht hin auf den Weltraum vor. Viele der Gruppen, mit denen wir zusammenarbeiten, kommen von außerhalb unseres Sonnensystems und haben teilweise auch ein anderes Aussehen als wir. Glauben Sie, daß die mit einem verbohrten Gläubigen herumdiskutieren?

Die verschiedenen Glaubensrichtungen werden nicht freiwillig von ihren Irrlehren abrücken, das haben Gespräche mit diesen gezeigt. Daher werden wir sie zersetzen."

Ich wechselte das Thema und kam auf unsere *Kinder* zu sprechen und führte dabei an, daß die Menschen durch die Massenmedien gezielt verblödet und „unten gehalten" (Unter-Haltung) werden. Er antwortete:

„Sicherlich. Aber die Menschen haben doch die freie Wahl, welchen Sender sie wählen. Von uns kommen nicht nur die Porno-Sender, die den Geist zerfressen, sondern auch die Theater- und Konzertsendungen. Glauben Sie, daß ich mir jemals eine Talk-Show angesehen habe? Das ist etwas für das niederste vom Niederen. Und dieses Pack beschäftigen wir, damit es ansonsten keinen Blödsinn anstellt. In wenigen Jahren haben all diese Personen einen Chip unter der Haut, und dann können sie keinen Unfug mehr machen.

Glauben Sie, daß meine Kinder und die anderen unserer Familien den Trend mitmachen, wie es die meisten Jugendlichen tun? Keineswegs. Unsere Kinder sind gepflegt und elegant, gehen auf Eliteschulen, sind mehrsprachig und denken global. Es sind die Anführer von morgen, die wir heranziehen. Sie werden stolz und aufrecht erzogen. Sehen Sie doch die heutige Jugend an, mit hängenden Schultern und können einem nicht in die Augen sehen, geschweige denn einen vernünftigen Händedruck geben oder ein klares Gespräch führen. Ich gebe klar zu: Wir verführen sie. Doch jeder einzelne entscheidet selbst, ob er sich verführen läßt und ist daher selbst verantwortlich."

Dazu konterte ich: ***„Ja, aber das liegt ja auch an Ihrem Fernsehprogramm und wie die Menschen heute mit Lügen und Geschichtsverdrehungen bombardiert werden – durch Ihre Massenmedien..."***

„Falsch, mein junger Freund. Haben denn nicht auch Sie die Wahrheit herausgefunden? Haben nicht auch Sie alle Bücher und Schriften erhalten, die Sie suchten? Und haben nicht auch Sie dadurch die Bestätigung für das erhalten, was Sie zuvor fühlten oder gar erlebt hatten? Haben nicht gerade Sie so viele der Geheimnisse der Welt selbst entdeckt?

Wer sucht, der wird finden! Doch die meisten Menschen wollen gar nicht suchen. Deswegen unterscheiden wir sie auch nicht von den Tieren, denn die suchen auch nicht. Klar? Wer seinen Verstand nicht nutzt und um seine Freiheit nicht kämpft, der vermißt sie auch nicht.

Das Wissen ist doch da! Es ist überall. Doch wer nicht sehen will, der sieht es eben nicht. Sie wissen doch, daß wir uns auch nicht verstecken. Eigentlich haben wir uns nie versteckt. Unsere Symbolik ist offen in Firmenzeichen und Emblemen, wir sagen den Menschen durch Zeitungsartikel und das Fernsehen, daß wir auf einen Überwachungsstaat zustreben, und sie wehren sich nicht. Gut, ich gebe zu, daß wir sie lange genug eingelullt haben. Aber trotzdem – theoretisch hätten sie die Chance gehabt, etwas zu verändern. Wir können es andereseits aber auch nicht dulden, daß etwas dazwischen kommt, das darf nicht sein. Auch durch Sie nicht, Herr Holey. Ihr Ansinnen kann ich nachvollziehen. Es ist in gewisser Hinsicht sogar berechtigt – aus Ihrer Sicht. Doch können Sie auch unsere Sichtweise nachvollziehen?

Sie selbst haben nur die Spitze des Eisbergs angekratzt – oder etwas mehr. Doch ich weiß Dinge, die, wenn Sie darüber Kenntnis besitzen würden, wahrscheinlich auch Sie zu einem Umdenken bezüglich der Neuen Weltordnung animieren würden. Es ist wie in dem Film „Matrix“. Es gibt die Masse – das sind über 95 Prozent –, die von nichts eine Ahnung hat – aber von überhaupt nichts. Und dann gibt es die fünf Prozent – wenn es überhaupt so viele sind –, die sich wie Menschen aus der Zukunft fühlen, die zwangsweise in einer vergangenen Welt leben.

Herr Holey, es steht uns eine Technologie zur Verfügung, die bereits heute das Niveau erreicht hat, wie wir es durch Hollywoods Science-Fiction-Filme dem Volke nahelegen. Und es gibt kein Zurück mehr.

Vielleicht werden Sie eines Tages an meiner Seite stehen und mir Recht geben.“

„Sie werden der Welt das Bargeld entziehen. Wann wird das sein?“

„Das kommt darauf an, wie sich andere Faktoren entwickeln. Es wird neue Terroranschläge geben, da wir durch diese die Massen mürbe machen. Die Menschen der Welt werden uns darum bitten, die Welt für sie sicherer zu machen, was wir durch unsere Technolgie – die längst entwickelt ist – auch tun werden. Das Bargeld wird verschwinden, doch es wird mit einem anderen Ereignis parallel laufen, über das ich Ihnen leider nichts sagen kann. Sonst dürfte ich Sie heute Nacht nicht mehr nach Hause lassen.

Auch ist klar, daß wir den arabischen Staaten nicht bis 2012 die letzten Erdölfelder überlassen werden...“

„Wie steht es mit der Freien Energie?“

„Ach, die wird kommen. Wir selbst setzen sie seit Jahrzehnten ein – vor allem in unseren unterirdischen Anlagen. Auch unsere Raumtransporter fliegen mit einer dieser Varianten. Übrigens haben wir auch hier Schützenhilfe von Deutschland erhalten, die ja als erste mit der Anti-Gravitation erfolgreich waren.

Die Freie Energie kommt, aber nur unter unserer Kontrolle.“

Und so weiter...

Ziemlich brutal, nicht wahr? Aber das ist der Stand der Dinge.

Nach dem Gespräch mit diesem Herrn kam ich zu dem Schluß, daß er persönlich tatsächlich glaubt, daß er auf *„der guten Seite“* steht!

Er ist davon überzeugt, daß die Menschen nicht in der Lage sind, selbst zu entscheiden, sondern immer geführt werden müssen – von einer *„geistigen Elite“*, zu der er sich und seinesgleichen zählt.

Wie sehen Sie das? Kann ein Zweck die Mittel heiligen, egal welcher das nun sein mag? Und wie weit darf man dabei gehen?

Für mich gilt auch hierbei die alte Weisheit: *„Was Du nicht willst, was man Dir tut, das füg‘ auch keinem andern zu!“*

Tatsächlich ist es aber so – wie wir uns später noch näher betrachten werden –, daß sich hier auf Erden ein großer und vor allem langfristiger Plan vollzieht. Und die Illuminati sind Teil davon. Sie zeigen den schlafenden Menschen auf brutale Weise auf, daß sie sich ihre Freiheit freiwillig haben abnehmen lassen und daß dies Konsequenzen hat. Sie dienen in diesem Fall der Kraft, die stets das Böse will und am Ende doch das Gute schafft. In der Zukunft werden wir womöglich zurückblicken und sagen: *„Das hat alles so sein müssen."*

Auch der Anschlag auf das WTC war seit langer Zeit geplant. In meinem Prophezeiungswerk *„Buch 3 – Der Dritte Weltkrieg"* hatte ich es auf Seite 300 schon erwähnt, und das Buch erschien 1996.

Inzwischen habe ich auch drei mediale Kinder gefunden, bei denen nachgewiesen ist, daß sie den Anschlag auf das WTC bis zu zehn Monate im voraus gesehen hatten. Also war dieses Ereignis bereits manifestiert. Und diese Kinder haben natürlich auch für die nächsten Jahre Ereignisse vorausgesehen, die einiges Spannende – vor allem auch für Deutschland – erwarten lassen.

Wollen wir uns aber dennoch der Frage widmen, ob alles so eintreffen ***muß*** wie es vorhergesagt und von den Illuminati geplant ist oder nicht? Um Ihnen diese Frage sinnvoll erklären zu können, müssen wir zuerst ein paar Hausaufgaben machen und die Grundlagen des Lebens einstudieren – ähnlich wie bei einem Vokabeltest –, damit das, was ich Ihnen dann erklären werde, auch einen Sinn ergibt und damit das, was wir danach behandeln, mit dem wir verbal jonglieren werden, logische Voraussetzung ist.

Daher betrachten wir uns nun...

DIE KOSMISCHEN GESETZE

So wie die physische Welt ihre Gesetze hat, so hat auch die feinstoffliche Welt die ihren. Wir sprechen von sogenannten *geistigen* oder *kosmischen Gesetzen*. Das Wort *Kosmos* kommt aus dem Griechischen und bedeutet *Ordnung*. Wir leben also in einer Ordnung beziehungsweise sind Teil einer Ordnung. Und eine Ordnung unterliegt Gesetzmäßigkeiten, sonst wäre es keine Ordnung. Dann wäre es ein *Chaos*, das ist auch griechisch und heißt auf deutsch *Unordnung*. Wir sind also Teil der Ordnung und ihrer Gesetze.

Die wichtigsten Gesetze möchte ich hier kurz aufführen. Ich erlaube mir dabei, aus meinem Buch *„Die Kinder des neuen Jahrtausends"* zu zitieren mit dem Manko, daß dies für den einen oder anderen meiner Leserfreunde eine Wiederholung bekannter Tatsachen bedeutet. Dennoch erbitte ich ein erneutes Lesen, denn, nachdem die Lügen in den Geschichtsbüchern sowie in den Massenmedien ständig wiederholt werden, ist es dringend erforderlich, auch die Wahrheit immer und immer wieder zu wiederholen. Ähnlich dem Vokabeltest, muß auch hier immer wieder aufgefrischt werden. Seien Sie froh, daß Sie dies an dieser Stelle freiwillig machen dürfen und nicht wie in der Schule „müssen" (sehen Sie mein Auge zwinkern?).

1. Das Kausalitätsgesetz (das Gesetz des Karmas)

Es ist das Gesetz von *Ursache und Wirkung.* Wir können es auch durch den Satz ausdrücken: *„Was man sät, das erntet man"* oder für Materialisten und Atheisten: *„Wie man in den Wald hineinruft, so hallt es zurück"*. Nach dem Gesetz des Säens und Erntens werden wir, wenn wir Destruktives säen, auch Destruktives ernten. Säen wir Ärger und Haß, werden wir auch diesen ernten. Pflanzen wir Weizen in die Erde, werden wir hundertprozentig auch Weizen bekommen und keinen Roggen. Und je nachdem, wie wir unsere Saat pflegen und ihr Aufmerksamkeit schenken, desto besser und größer wächst sie, egal welche Saat es ist.

Man nennt dieses Gesetz auch das *Gesetz des Ausgleichs* oder auch das ***Gesetz des Karmas.*** (sanskrit „*karma*“: *die Tat*, wird aber auch als *Weg des Dienens* übersetzt.) Es beruht darauf, daß wir Menschen ein richtiges Verhalten nach den göttlich-geistigen Gesetzen offenbar nur dadurch erlernen können, indem wir genau das, was wir anderen Lebewesen angetan haben, zu einem späteren Zeitpunkt selbst zu spüren bekommen. Das ist keineswegs eine Bestrafung, wie dies oft von Kritikern oder Unwissenden gesehen wird. Es dient vielmehr der seelischen Reifung durch Erkennen und Begreifen in der Erfahrung. Dieses Gesetz sorgt dafür, daß jeder Mensch (oder genauer: jede Seele) so lange mit dem gleichen Problem konfrontiert wird, bis er dieses gelöst hat. Hierdurch wird jeder Gedanke, jedes Gefühl und jede Tat unsterblich und kommt wie ein Bumerang auf uns zurück. Es fordert vom Menschen die volle Verantwortung für sein Schicksal.

Einem hellsichtigen Menschen ist daher im Energiefeld (der Aura) des Menschen dessen *Karma* ersichtlich, also all das, was dieser Mensch an Gedanken, an Worten oder Taten gesät hat. Der Hellsichtige sieht nicht unbedingt die Zukunft eines Menschen, sondern er kann sehen, was die entsprechende Person bisher verursacht hat, und kann dem Betroffenen daher die daraus folgende Konsequenz sagen. Und diese wird auch eintreffen, falls die Person nichts an ihrem Leben ändert. Das Schicksal ist veränderbar. *Schick*-sal bedeutet, daß das, was wir losge*schickt* haben, auf uns selbst zurückfällt. Treffen wir am nächsten Tag eine grob lebensverändernde Entscheidung in Richtung Konstruktivität und Liebe, so ändert sich auch unser Schicksal.

2. Das Gesetz der Analogie (wie oben, so unten)

Es ist auch bekannt als das *hermetische Gesetz* (nach Hermes Trismegistos): „*Dasjenige, welches unten ist, ist gleich demjenigen, welches oben ist. Und dasjenige, welches oben ist, ist gleich demjenigen, welches unten ist, um zu vollbringen die Wunderwerke eines einzigen Dinges.*“ Manchen ist dieser Ausspruch als „*Wie im Himmel, so auf Erden*“ bekannt. Im Makrokosmos wie im Mikrokosmos herrschen die gleichen Gesetzmäßigkeiten.

Geist, Bewußtsein und Spiritualität sind mit der Stofflichkeit auf unserer materiellen Ebene vernetzt. Doch mit der Qualität und der Wertigkeit dieser jenseitigen Begriffe hapert es. Ethik, Liebe, Weisheit, Erkenntnis, Wahrheit und Friede sind im Irdischen sicher nur ein Abklatsch dessen, was sie im Jenseits darstellen. Wenn wir bedenken, daß das menschliche Gehirn bisher kaum mehr als etwa zwanzig Prozent seines Potentials nutzt und unser *göttlicher Funke* ein Kümmerling in der Kommunikation mit dem Göttlichen ist, dann können wir nur ahnen, was das Axiom *„wie oben, so unten"* auch noch bedeuten könnte.

Zum Gesetz der Analogie gehört aber ebenso das Axiom *„wie innen, so außen"*. Der Körper ist ein Spiegelbild der Seele und eine Krankheit des Körpers spiegelt daher einen inneren Zustand, einen Zustand der Seele wider.

3. Das Gesetz der Resonanz (lateinisch *„resonare"*: *zurück-klingen*)

Sowohl der Mensch als auch die geistige Welt unterliegen, wie die Stimmgabel oder ein Radioempfänger, dem *Gesetz der Resonanz*. Ein Empfänger, der auf UKW eingestellt ist, kann keine Mittelwelle oder Langwelle empfangen. Beim Menschen ist es das gleiche. Ist eine Person aggressiv und haßerfüllt, ist sie für Liebe nicht empfänglich. Jeder kann nur die Bereiche der Wirklichkeit wahrnehmen, mit denen er in Resonanz schwingt. Die Aussage *„Jeder sieht nur das, was er sehen will"* beziehungsweise: *„Die Umwelt ist ein Spiegel Deiner selbst"* beruht darauf.

Unser Umfeld wird uns immer das präsentieren, was wir selber ausstrahlen. Lügen wir, werden wir belogen werden. Sind wir ängstlich, werden wir mit unseren Ängsten konfrontiert werden. Sind wir in der Resonanz von Liebe, werden wir diese anziehen. Leben wir in Freude, werden wir auch immer etwas finden, worüber wir uns freuen können. Das nennt man *Resonanzfähigkeit*. Ändern wir unsere Sichtweise, wird uns das unser Umfeld als Spiegel ebenfalls zeigen.

Bezüglich des Jenseits wäre diese Resonanzfähigkeit leichter verständlich als *Gesetz der Affinität* oder *Prinzip der Anziehung der Gleichheit* zu bezeichnen. Es ist die elementare Kraft, die jene Bewußtseinszustände entstehen läßt, die wir landläufig als „Himmel“ und „Hölle“ bezeichnen. Denn wenn im Jenseits – durch die Resonanzfähigkeit – die Seelenkörper aller Lügner beisammen sind und die aller Selbstmörder und aller Betrüger, Wucherer und so weiter, dann ist das die wahre „Hölle“ für sie.

Doch auch im Irdischen ist dies so. Da wir das Gesetz der Resonanz auch hier erfahren, kommen auch hier die Lügner zusammen mit den Betrügern, Wucheren und so weiter, und für diese Menschen wird es hier die „Hölle auf Erden“.

4. Das Gesetz der Wiederverkörperung basiert wiederum auf dem **Gesetz des Rhythmus**

Rhythmus kann als geregelte Vibration beschrieben werden. Vibration verhält sich zu Musiknoten wie Rhythmus zur Melodie. Rhythmus hat mit Wiederholung und mit Zyklen zu tun. Das ganze Universum kann durch Begriffe wie Vibrationen, Rhythmen und Wellen definiert werden – als eine Folge von strukturierten, periodischen Phasen, die jedem Ereignis innewohnen. Das Leben und alles, was dazugehört, dehnt sich in einer Progression von Zyklen aus, die von spiralförmiger Natur sind, und zieht sich ebenso wieder zusammen. Alles kehrt sich zu gegebener Zeit in sein Gegenteil.

Und hierzu gehört auch das *Gesetz der Reinkarnation*. So, wie wir also das Leben in der Materie in zwei Polaritäten aufteilen müssen – in weiblich und männlich – so teilt sich das Leben selbst in das *Diesseits* und das *Jenseits* auf. Sterben wir im Diesseits, werden wir im Jenseits geboren, und wir erleben das Jenseits als Realität. Verlassen wir dagegen das Jenseits, werden wir hier wieder geboren. Wer sich also von der Subjektivität der Erscheinungen ein wenig lösen kann, erkennt, daß Geburt und Tod beziehungsweise Diesseits und Jenseits letztlich zwei Seiten der gleichen Medaille sind.

Das Leben spielt sich *in der polaren Welt* im Wechsel zwischen zwei verschiedenen Ebenen ab – der materiell-physischen und der feinstofflich-jenseitigen. Wechseln wir erneut von der jenseitigen Welt in die physische, sprechen wir hierbei von der *Re-Inkarnation*, der *Seelen-Wiederverkörperung* oder auch *Wieder-Geburt.*

Mit dieser Lehre ist gleichzeitig das Wissen verbunden, daß wir alle Taten aus einem Leben, „gute“ wie „schlechte“, in die neue Inkarnation mitnehmen, um das zu erfahren, das Angenehme wie auch das Unangenehme, was wir anderen im Leben zuvor angetan haben, um daraus zu lernen und uns aufgrund der Erkenntnisse spirituell weiterzuentwikkeln. Dies beruht auf dem Gesetz der Kausalität, bekannt als das *Gesetz von Ursache und Wirkung*, nämlich daß wir alles, was wir gesät haben, eines Tages auch ernten werden.

In der Lehre der Reinkarnation spricht man auch vom *Rad der Wiedergeburt*. Manche glauben, daß sich dieses Spiel von Geburt, Tod und Wiedergeburt bis zum Sankt-Nimmerleins-Tag fortsetzt, da wir ja ständig neue Ursachen setzen, die wir auch irgendwann als Wirkungen erfahren werden. Doch dem ist nicht so (da hätte ich ehrlich gesagt auch keine Lust mehr...), sondern es endet mit dem Erreichen einer bestimmten ethischen Entwicklungs- und Bewußtseinsstufe – einfacher ausgedrückt: Wenn wir ein „lieber“ Mensch geworden sind, wollen wir nicht mehr auf die Erde zurück.

Wir lösen uns erst dann aus dem *Rad der Wiedergeburt*, wenn wir alle Aufgaben, die wir uns selbst gestellt haben, bestehen, und alle Ereignisse, die wir selbst erleben wollten, erlebt haben. Ist dieser Zustand irgendwann erreicht, können wir uns immer noch freiwillig dazu entscheiden, nochmals zu inkarnieren, womöglich, um einem Freund in einem Leben als dessen Kamerad oder als Ehepartner beizustehen, vielleicht aber auch als Heiler oder Mönch. Sollte dies aber nicht mehr unser Wunsch sein, so geht nun die Seelen-Entwicklung in der feinstofflichen Welt weiter. Und hier sind keine Grenzen gesetzt, da auch die feinstoffliche Welt in verschiedene Ebenen und Dimensionen unterteilt ist (die ich hier jedoch nicht aufführen möchte, um das Thema nicht unnötig zu komplizieren).

Und diese letzte Stufe durch Selbst-Erkenntnis, Selbst-Veredelung und Selbst-Arbeit im Sinne der Lehre Jesu ***in einem*** Erdenleben zu erreichen, sollte durchaus möglich sein.

Mein Vater erklärt dazu noch etwas weiterführend in seinem Buch *„Jesus 2000 – Das Friedensreich naht“*:

„Für diesen Reifeprozeß unserer Seele gibt es den Weg der Wiederverkörperung, der für viele nur eine Theorie oder gar Hypothese ist, aber für immer mehr wieder die einzige Logik eines Welt- und Gottesverständnisses, wie die vielen Buchneuerscheinungen, Seminare und internationalen Kongresse der letzten Jahrzehnte aufzeigen. Auch bei der Definition gibt es schon Schwierigkeiten. Re-in-carne, ‚zurück ins Fleisch‘, lautet die Übersetzung aus dem Lateinischen und meint die Re-Inkarnation oder Palingenesie, die Lehre von der Wiederkehr in die Materie und den wiederholten Erdenleben als Mensch. Dagegen ist man bei der Seelenwanderung (Metempsychosis) der Ansicht, daß das menschliche ICH nach dem Tode auch in einen Tier- oder Pflanzenkörper übergehen könne. Letzteres wird gerne den westlichen Anhängern der Reinkarnation zu deren Lächerlichmachung mit aufs Auge gedrückt, hat aber mit der Reinheit der ursprünglich gnostischen Lehre nichts zu tun und ist als hinduistischer Weg im Gegensatz zu unserem christlichen Seelen-Reife-Prozeß bei den jeweiligen Anhängern ausreichend klar definiert.“ (13, S. 233)

Hierzu möchte ich drei Beispiele anführen, die Ihnen verdeutlichen mögen, wie es einem Menschen, der sich an eine frühere Inkarnation erinnern kann, ergeht. Drei Kinder sind es in diesem Fall, die uns davon erzählen. Von den ersten beiden Fällen berichtet uns Trutz Hardo, einer der führenden Reinkarnationsexperten und Rückführungstherapeuten Deutschlands und einer der weitgereistesten Menschen, die ich kenne. Als Autor mehrerer Bücher zum Thema Wiedergeburt hat er einen wichtigen Beitrag zum Verständnis dieser Lehre geleistet, doch vor allem mit seinem Buch *„Reinkarnation aktuell – Kinder beweisen ihre Wiedergeburt“* hat er eines der wichtigsten Werke dazu geliefert. Unter dem Titel *„Meine Mutter wohnt in Charles City“* erfahren wir folgende Episode:

Romy ist die Tochter von Barry und Bonnie Crees, die in Des Moines im Staate Iowa in den USA leben, wo sie auch zur Welt kam. Immer wieder sprach die Kleine davon, daß sie früher ein Junge gewesen sei, dessen Name Joe Williams war. Mit der Zeit erfuhren die Eltern immer mehr aus dem Leben des Joe. Natürlich hielten sie zuerst jene Aussagen der Tochter für Ausgeburten einer blühenden Kinderphantasie. Sie gab an, in Charles City gelebt zu haben. Nun, vielleicht hatte sie diesen Namen jener Stadt, die sich etwa zweihundertfünfzig Kilometer von Des Moines entfernt befand, im Fernsehen aufgeschnappt. Sie behauptete auch, mit einer Frau namens Sheila verheiratet gewesen zu sein; beide hätten drei Kinder gehabt. Auch das war nichts, was die Eltern alarmiert haben könnte. Nach einiger Zeit sprach sie davon, daß ihre frühere Mutter Louise Williams hieß und daß Joe in ihrem Hause, das rote Ziegel habe, aufgewachsen sei. Einmal habe es durch sein Verschulden dort einen Brand gegeben, und beim Löschen hätte sich seine Mutter die Hand verbrannt. Auch hätte die Mutter am Bein Schmerzen davon getragen, und Romy zeigte ihren Eltern genau die Schmerzstelle am rechten Bein. Immer wieder bat sie ihre Eltern, sie nach Charles City zu bringen, denn sie wollte ihre dortige Mutter besuchen, um ihr zu sagen, daß *„alles in Ordnung ist"*. Doch ihre Eltern wußten immer noch nicht, was sie von all dem halten sollten. Doch sobald sie mit dem Kind auf der Straße waren und ein Motorrad vorbeibrauste, bekam Romy Panikzustände. Sie hatte ihnen ja immer wieder beschrieben, wie sie als Joe ein Motorrad gehabt hatte und wie er und seine Frau Sheila, die hinten drauf saß, bei einem Unfall das Leben verloren hätten. Und als Romy die Eltern immer wieder bat, sie nach Charles City zu bringen, damit sie ihnen alles zeigen und vor allem ihnen Mutter Louise vorstellen könnte, erschien ihnen all das Eigenartige wichtig genug, um Romys eindringlichen Bitten nachzukommen. Wie sollte man aber jetzt dabei vorgehen?

Sie hatten von einem Professor in Kalifornien gehört, der Fällen nachgehen sollte, bei denen sich Kinder an frühere Leben erinnern. Sie verständigten sich mit dem indischen Professor Hemendra Banerjee, der im Winter 1981 mit seiner Frau und zwei schwedischen Journalisten der Zeitschrift *Allers* nach Des Moines kam, um den Fall Romy Crees zu untersuchen. Hier handelte es sich sozusagen um einen Idealfall aus der Sicht der Reinkarnationsforschung, da ein Forscher einen Fall übernimmt, der nicht schon seitens der Betreffenden gelöst ist. In den meisten Fällen kann man sich später nur noch auf die Berichte der anderen verlassen in der Hoffnung, daß alle Angaben auch korrekt wiedergegeben worden sind. Nachdem sich Professor Banerjee noch einmal alles von den Eltern und natürlich von Romy selbst in allen Einzelheiten berichten ließ, setzten sie sich alle ins Auto und fuhren los.

Als sie sich Charles City näherten, wurde Romy immer aufgeregter. Sie kletterte auf den Vordersitz, und als sie nun in die Stadt hineinfuhren, sagte sie: *„Wir müssen für Mutter Williams noch Blumen kaufen. Sie mag blaue Blumen am liebsten. Wir können auch nicht durch die Vordertür eintreten. Wir müssen um die Ecke zur Tür in der Mitte gehen."* Man kaufte, wie Romy es wünschte, einen Strauß mit blauen Blumen. Auch schaute man nochmals in ein Telefonbuch und fand dort zu aller Freude den Namen Louise Williams samt ihrer Adresse. Und Romy konnte ihnen wie selbstverständlich den Weg zu ihrem Haus zeigen.

Schließlich erreichten sie samt den beiden Reportern das von der Tochter beschriebene Haus in einem Vorort von Charles City. Es war ein weißer Bungalow, er hatte aber nicht jene roten Ziegel, von denen Romy gesprochen hatte. Doch tatsächlich – auf einem Schild stand geschrieben: *„Bitte den Hintereingang benutzen."* Als man an der hinteren Seitentür klopfte, kam eine ältere Frau zur Tür. Sie stützte sich auf eine Krücke. Um ihr rechtes Bein war ein Verband gewickelt. Man fragte sie, ob sie Frau Louise Williams sei. Sie bejahte. *„Hatten Sie einen Sohn namens Joe?"*

„Ja."

Man legte ihr nahe, sich mit ihr näher unterhalten zu wollen, doch Frau Williams entgegnete, daß das jetzt nicht möglich sei, denn sie müsse dringend ihren Arzttermin wahrnehmen, doch anschließend, in etwa einer Stunde, stünde sie ihnen gerne zur Verfügung. Romy war sehr enttäuscht, denn sie hatte sich diese erste Begegnung mit ihrer früheren Mutter ganz anders vorgestellt. Und die blauen Blumen waren auch noch nicht überreicht worden. Ihre Augen füllten sich mit Tränen.

Nach einer Stunde kam die Siebenergruppe wieder zur Tür von Frau Williams. Sie schien schon gewartet zu haben und bat sie einzutreten. Jetzt konnte die kleine Romy Frau Williams die blauen Blumen überreichen. Diese war vor Freude ganz überrascht und sagte, daß sie solch einen Blumenstrauß zum letzten Mal von ihrem Sohn Joe überreicht bekommen hätte. Und nun berichtete man ihr, wer Romy sei, und daß sie sich an ein früheres Leben als ihr Sohn erinnern könne. Frau Williams hörte all dem fassungslos zu. Es mag ihr wohl zumute gewesen sein wie jemandem, dem sich auf einmal Außerirdische vorstellen, die Dinge aus seiner Vergangenheit erzählen. Sie mußte die ihr berichteten Einzelheiten alle bestätigen und fragte immer wieder: *„Woher weiß sie denn das alles?"* Ihr war es unverständlich, wie ein kleines Mädchen über sie und ihren verstorbenen Sohn alles wissen konnte, denn sie selbst kennt niemanden in Des Moines, der Romy irgend etwas über sie erzählt haben könnte. Danach befragt, warum Romy ihr Haus mit roten Ziegeln beschrieben habe, entgegnete sie, daß in Charles City vor Jahren ein furchtbarer Wirbelsturm sein Unwesen getrieben habe, der das Dach dermaßen beschädigte, daß es neu gedeckt werden mußte, wobei man keine roten Ziegel mehr benutzt habe. Ihr wurde erzählt, daß Romy wußte, daß man durch den seitlichen Hintereingang das Haus zu betreten hätte. Und Frau Williams erklärte, daß Joe ihnen damals geholfen hätte, das Haus zu bauen. Und er habe ihnen angeraten, im Winter die Vordertür verschlossen zu halten.

Obwohl Frau Williams nicht an die Reinkarnation glaubte und ihr vieles unglaublich vorkommen mußte, fühlte sie sich zu Romy hingezogen. Beide gingen in das Nebenzimmer. Als sie aus diesem wieder zurückkamen, hielten sich beide an der Hand. Frau Williams hielt in der anderen Hand eine eingerahmte Fotografie und sagte freudestrahlend: *„Sie hat sie alle wiedererkannt."* Nun zeigte sie den Anwesenden dieses Foto, das an dem letzten Weihnachtsfest vor Sheilas und Joes Tod aufgenommen worden war. Und immer wieder bestätigte Frau Williams, daß Romy ihr im Nebenzimmer all die Namen der auf diesem Foto Abgebildeten richtig genannt hatte.

Frau Williams konnte im Laufe der Unterhaltung vieles von dem bestätigen, was Romy ihren Eltern in Des Moines gesagt hatte. Tatsächlich war Joe mit Sheila bei einem Motorradunfall 1975 ums Leben gekommen, und die beiden hatten tatsächlich drei Kinder. Auch stimmten die Namen der Verwandten, die Romy zu Hause noch genannt hatte. Ebenso bestätigte sie den Brand, von dem Romy gesprochen hatte, bei dem sie sich damals tatsächlich die Hand verbrannte.

Weder Frau Williams noch die Eltern von Romy waren jedoch bereit, an die Reinkarnation zu glauben. Zu sehr waren sie von den Dogmen der Kirche vorbelastet, um die Möglichkeit einer Wiedergeburt von Joe als Romy akzeptieren zu können. Für diese drei bleibt das hier Geschilderte ein unerklärliches Phänomen. Doch Frau Crees schließt einen Betrug seitens ihrer Tochter aus: *„Ich weiß ganz sicher, daß meine Tochter nicht lügt."*

Wir sehen an diesem Beispiel, wie schwer sich Menschen von alten Glaubens- und Gedankenmustern lösen. [27, S. 29ff]

Bei dem zweiten Fall haben wir eine andere Voraussetzung, da das Kind bei Eltern aufwächst, die mit der Reinkarnation vertraut sind. Unter der Überschrift *„Dreijähriger überführt seinen Mörder"* lesen wir nun eine kleine „Kriminalgeschichte", die ursprünglich von dem bekannten israelischen Arzt und Professor der Medizin, Eli Lasch, erzählt wurde:

Die Drusen sind ein Volk von etwa zweihunderttausend Menschen, die sich schon vor langer Zeit im Libanon, in Syrien, Jordanien und im Gebiet des heutigen Israel niedergelassen haben. Sie sind weder Moslems noch Christen, denn sie haben ihre eigene Religion. In Israel sind sie vornehmlich auf den Golanhöhen anzutreffen. Sie dienen als einzige nichtjüdische Israelis auch in der israelischen Armee. Die Reinkarnation ist das Zentrum ihres Glaubens. Sobald ein Kind geboren wird, sucht man seinen Körper nach Muttermalen ab, denn man ist davon überzeugt, daß diese von Todeswunden herstammen, die man in einem vorausgegangenen Leben erfahren hat. Hat man solche an einem Kind festgestellt, versucht man, sobald das Kind sprechen kann, von ihm etwas aus dem vergangenen Leben zu erfahren, um Anhaltspunkte für seinen damaligen Tod zu erhalten. Man weiß, daß Kleinkinder oft die vorausgegangenen und die jetzigen Lebensereignisse nicht genau auseinanderhalten können und folglich alles noch wie in *einem* Leben erleben. Sobald sie jedoch drei Jahre alt geworden sind und sie Vergangenes aus früheren Leben eindeutig von Begebenheiten aus dem jetzigen Leben zu unterscheiden wissen, begibt man sich mit dem Kind zu jenem Ort – falls es von diesem gesprochen hat –, von dem es behauptet, dort gelebt zu haben. Dies ist meistens ein besonderes Ereignis, weshalb eine Art einheimischer Untersuchungsausschuß unter Leitung der jeweiligen Dorfältesten gebildet wird.

Als wieder einmal ein Junge drei Jahre alt geworden war, auf dessen oberer Stirn ein langes rotes Muttermal zur Kopfmitte hin führte, bildete sich eine Gruppe von fünfzehn Männern. Diese Gruppe bestand aus dem Vater und weiteren Verwandten des Jungen, einigen Ältesten aus seinem Dorf und auch jeweils aus Vertretern der drei umliegenden Dörfer. Denn aus den Andeutungen des Jungen ging hervor, daß er in unmittelbarer Nachbarschaft gelebt haben müsse. Zu dieser Gruppe hatte man als einzigen Nichtdrusen Professor Eli Lasch eingeladen, da man von ihm wußte, daß er sich für die Reinkarnation interessierte. Man kam mit dem Jungen zum ersten benachbarten Dorf. Er wurde gefragt, ob es ihm vertraut sei. Aber er entgegnete, daß er in einem anderen Dorf gelebt habe. Also ging man zum nächsten Dorf. Dort angekommen wiederholte sich die gleiche Antwort. Schließlich gelangte man zum dritten Dorf. Jetzt sagte der Junge, daß es *sein* Dorf sei. Auf einmal fiel ihm sein früherer Name wieder ein.

Er hatte schon vor Monaten gesagt, daß er von einem Mann mit dem Beil erschlagen worden war. Aber sein eigener Name und der des Mörders waren nicht mehr in sein Gedächtnis zurückzurufen gewesen. Doch jetzt fiel ihm wieder sein früherer Vor- und Zuname ein. Und einer der Ältesten dieses Dorfes, der bei dieser Gruppe weilte, kannte jenen Mann mit dem nun genannten Namen. Er sagte, daß jener vor vier Jahren spurlos verschwunden sei und man ihn für vermißt erklärte, da man geglaubt habe, daß er bei den Kriegswirren in dieser Gegend zu Schaden gekommen sein müsse, denn öfter passiere es, daß Leute zwischen die Linien der Israelis und der Syrier geraten und dann gefangen genommen oder als mutmaßliche Spione erschossen werden. Man ging durchs Dorf. Der Junge zeigte sein Haus. Viele Neugierige hatten sich nun eingefunden. Plötzlich schritt der Junge auf einen Mann zu und sagte: „*Bist du nicht...?*“ (Der Name ist Eli entfallen) Der Mann antwortete mit einem „*Ja*“.

„*Ich war früher dein Nachbar. Wir hatten uns gestritten. Und du hast mich mit der Axt getötet.*“ Der Mann, wie Eli sagte, sei auf einmal ganz bleich geworden. Und der Dreijährige sagte: „*Ich weiß auch, wo er meinen Körper begraben hat.*“

Nun zog die ganze Gruppe, begleitet von anderen Neugierigen, in die vor dem Dorf gelegenen Felder. Jenen Mann, den der Kleine als seinen Mörder wiedererkannt hatte, forderte man auf, mitzukommen. Der Junge führte sie nun auf ein Feld und sagte, vor einem Steinhaufen stehenbleibend: „*Unter diesen Steinen hat er meinen Körper versteckt. Und dort drüben hat er die Axt vergraben.*“ Man deckte nun die Steine ab und entdeckte darunter Bauernkleider und das Skelett eines erwachsenen Mannes. Der Schädel war vorn gespalten, wie man genau erkennen konnte. Jetzt schauten alle auf den vom Jungen bezeichneten Mörder. Dieser bekannte sich nun vor allen anderen zu dieser Tat. Man ging zu jener Stelle hinüber, die der Junge als den Ort der vergrabenen Axt angegeben hatte. Man brauchte nicht lange zu graben, und man hielt die Axt in der Hand.

Für die Drusen ist die Reinkarnation etwas Selbstverständliches, man braucht keine Beweise mehr, um diesen Glauben zu festigen. Und trotzdem ist es für sie immer wieder erstaunlich, wie sich die Reinkarnation durch Fälle wie diesen bewahrheitet... Eli erkundigte sich auch noch, was mit dem Mörder jenes Ermordeten geschehen würde. Man deutete ihm an, daß man ihn nicht den öffentlichen Behörden überstellen, sondern daß man selbst ein Strafgericht über ihn verhängen würde. (27, S. 37ff)

Und das dritte Beispiel kommt aus meinem Freundeskreis:

Ende 2003 feierte einer meiner beiden Schwager ein Fest, zu dem auch ein Freund eingeladen war. Goran, so sein Name, hatte auch seinen vierjährigen Sohn Finn mit dabei. Goran ist in Jugoslawien geboren, jedoch in Deutschland aufgewachsen. Eine Woche zuvor war er bei seiner Mutter in Serbien und besuchte samt seinem Sohn und ein paar Verwandten das Grab der Großmutter auf dem örtlichen Friedhof. Nach einer Weile stellte Goran fest, daß sich sein Sohnemann aus dem Staube gemacht hatte, und ging auf die Suche nach ihm. Er fand ihn im Schneidersitz vor einem fremden Grab sitzen, wobei Finn auf ein Foto der dort Begrabenen starrte, das auf dem Grabstein angebracht war – wie dies in dieser Gegend so üblich ist. Auf Gorans Frage, was er denn hier mache, antwortete Finn: *„Die Frau kenne ich."* Überrascht wollte Goran von seinem Sohn wissen, wer denn das sei – schließlich war dies das erste Mal, daß sich Finn in diesem Teil der Welt aufhielt, und dieser antwortete: *„Das ist Mariah!"*

Da Goran in Deutschland aufgewachsen ist und kyrillische Buchstaben nicht lesen kann, rief er seine Mutter herbei, die mit den Verwandten am Grab erschien. Sie übersetzte die Inschrift mit dem Namen Mariah Jakula und das Sterbedatum 1979.

Die Überraschung war jetzt groß, und man fragte Finn, woher er Mariah denn kennen würde, worauf dieser selbstbewußt äußerte: *„Bei ihr hatte ich Fleisch gekauft."*

Alle Umstehenden waren perplex, denn Mariah und ihre Familie hatten zwar keine Metzgerei im Dorf, jedoch selbst geschlachtet und Fleisch verkauft.

Nun, wie würden Sie sich diese Phänomene erklären?

In den letzten zehn Jahren habe ich auf fünf Kontinenten etliche solcher Kinder besucht, ihre Fälle recherchiert und Antworten gefunden, wobei ich zugeben muß, daß die wichtigsten Antworten von den Kindern selbst kamen, die nämlich ganz genau wußten, wer und was sie waren, bevor sie sich im Bauch ihrer Mutter aufhielten...

Dazu erfahren Sie im Laufe des Buches noch mehr, ich werde nämlich ab jetzt immer wieder die Äußerungen medialer Kinder mit einflechten, um Ihnen aufzuzeigen, daß neben den abgestumpften „Computer-Kids" auch eine geistige Elite heranwächst, die noch Großes vollbringen wird (all diese Kinder sind in meinem Buch *„Die Kinder des neuen Jahrtausends"* aufgeführt und näher beleuchtet).

Zurück zur Reinkarnation:

Der Entwicklungsweg der menschlichen Seele ist ein Weg des Lernens. Dieser Lernprozeß, dessen Ziel das Erfahren des Lebens in seiner Ganzheit ist, ist ein sehr langer Weg mit vielen Irrtümern und Korrekturen. Diese Inkarnationen (Wiedergeburten) sind vergleichbar mit den Klassen einer Schule. Das irdische Leben würde einer Schulklasse entsprechen, mit ihren Aufgaben, Problemen, Tests, Schwierigkeiten und Erfolgen. Einem solchen Zeitraum des Lernens folgt ein Zeitraum der Ferien, in dem manchmal versäumte oder mangelhafte Lernprozesse nachgeholt werden dürfen. Danach kommen wir in eine neue Klasse. Je nachdem, wie wir in der letzten abgeschnitten haben, teilen wir uns neu ein. Haben wir nicht gelernt, dürfen wir wiederholen; waren wir lernfähig, kommen wir in die nächsthöhere Stufe mit neuen und höheren Aufgaben und Prüfungen. Der Unterschied zwischen Schule und Leben ist jedoch der, daß das Leben endlose Geduld mit uns hat und dem Menschen beziehungsweise den Seelen immer wieder neue Möglichkeiten bereitstellt, Nichtgelerntes noch zu begreifen.

Je höher eine Seele entwickelt ist, desto größer ist ihre Verantwortung, und so ist auch das Bedürfnis zu dienen, anderen zu helfen und Schwächere zu unterstützen stärker.

Das heißt nicht, daß wir deswegen ins Kloster zu gehen brauchen oder als Heiler tätig sein müssen. Wir können uns auch als Milliardär und erfolgreicher Geschäftsmann humanitär engagieren. Der Unterschied zwischen dem einen und dem anderen ist beispielsweise der, wie wir unsere Angestellten behandeln, ob wir etwas spenden, andere am eigenen Erfolg teilhaben lassen; oder ob wir unsere Macht und unseren Einfluß dazu einsetzen, um die eigene Position noch mehr zu stärken.

Auch ein Politiker oder Bankier kann, wenn er will, seine Position dazu benutzen, sich für Hilfesuchende einzusetzen.

Dieses Beispiel der Lebens-Schule wählte auch **Flavio** aus Argentinien, der als Siebenjähriger erklärt: *„In Wirklichkeit ist das Leben eine große Schule: Einige fangen gerade an, andere sind sitzengeblieben, und man steigt die Stufen des Lernens aufwärts, bis man selbst Professor ist. Dann ist man Fachmann der Ewigkeit und hat die Aufgabe, herunterzukommen und den Schülern zu helfen, damit sie auch so weit kommen. Und dann bringt man ihnen bei, daß wir alle ein Teil Gottes sind und daß das Leben uns solange abschleift, bis wir tadellos geworden sind.“* (28, S. 38)

Alle Gesetze nochmals zusammengefaßt können in folgendem Satz wiedergegeben werden: ***„Alles was Du Gottes Geschöpfen antust, ob Gutes oder Schlechtes, ob Menschen, Tieren oder Pflanzen, kommt irgendwann als Gutes oder Schlechtes auf Dich zurück.“***

Daher haben all unsere sogenannten Schicksalsschläge einen *karmischen Hintergrund*, das heißt, daß wir nun die Chance haben, etwas auszugleichen, was wir einst jemand anderem zugefügt haben.

Hierzu ein kurzes Beispiel, um das etwas besser zu verdeutlichen:
Stellen wir uns einen Magneten vor. Aufgrund seiner bestimmten Stärke wird er auch ganz bestimmte Nägel aus einem ganz bestimmten Abstand anziehen. Nehmen wir den Magneten mit nach Holland, Griechenland, Hawaii oder Südamerika, wird er es dort genauso tun.
Übertragen auf uns Menschen bedeutet dies, daß wir, egal wo wir uns befinden, unsere Aura beziehungsweise unser Energiefeld dort mit hinnehmen, mit all unseren Ängsten, Hoffnungen, Programmen und Mustern. Wenn wir zu Hause das Geld oder Ärger angezogen haben, so werden wir das in Thailand ebenso, da wir immer noch dieselben sind. Ändern wir aber unsere Muster, also unser Verhalten, so ändert sich auch unser Resonanzfeld, und wir ziehen andere Menschen und andere Themen in unser Leben.

So ist es auch mit der **Reinkarnation**. Gerade haben wir uns eine örtliche Versetzung unseres Energiefeldes betrachtet (verglichen mit dem Magneten, der auch in Norddeutschland genauso wirkt wie in Süddeutschland). Würden wir diesen Magneten nun zwanzig Jahre in einem Vakuum aufbewahren, so würde er danach immer noch die gleiche Wirkung haben und erneut die gleichen Nägel von gleicher Größe und vom gleichen Abstand aus anziehen.

Und so ist es auch mit wiedergeborenen Seelen. Haben wir am Ende eines Lebens ein bestimmtes Lebensmuster in unserem Energiefeld, aufgrund dessen uns eben bestimmte Verhaltensmuster, Ängste, Hoffnungen, Talente... zu eigen sind, so werden diese im nächsten Leben ab dem Alter des Erwachsenwerdens wieder aktiv – beim einen früher, beim anderen später. Ebenso wie der Magnet. Es ist nur zeitlich versetzt. Die Seele ist die gleiche, nur der Körper, in dem sie steckt, ist ein neuer.

Eine Rückführung oder die Konsultation eines guten Mediums mag im Falle karmisch bedingter Krankheiten eine Hilfe darstellen, um zu erfahren, was der Hintergrund eines Leidens, eines Unfalls, einer Behinderung oder einer Blockade im Leben ist. Je eher wir solche Zusammenhänge verstehen, desto eher gelingt es uns auch, solche karmischen Verstrickungen oder falschen Lebenswege durch

1. **erkennen**,
2. **verstehen** und
3. **vergeben** – einerseits uns, aber auch dem anderen – aufzulösen beziehungsweise zu korrigieren.

Nur *wir selbst* können beziehungsweise dürfen uns *selbst* befreien. Denn genau das macht uns zum Gott-Menschen, zu demjenigen, durch den Gott wirkt; also derjenige, der Göttliches in sich verwirklicht hat. Das Leben als Sklave, als geistiger Sklave, hört auf, und wir werden nicht nur *selb*-ständig, sondern auch *selbst*-denkend und *selbst*-bewußt.

Vor allem der dritte Aspekt ist der wichtigste – das Vergeben. Dieser von Jesus vorgelebte und gelehrte Aspekt des Lebens ist es, der seine

Lehre von allen anderen weltweit um Längen abhebt. Sehen wir einmal von dem irdischen Machtstreben der *Organisation Kirche* ab und vor allem vom Alten Testament, das ja mit Jesus und dem liebenden Vater, von dem dieser spricht, nichts zu tun hat, wird klar erkennbar, wieso man Jesus ans Kreuz genagelt hat.

Doch das Gesetz des Karmas, das Gesetz des Ausgleichs, wird meistens nur mit negativen, mit unangenehmen und schmerzhaften Erfahrungen in Verbindung gebracht. Aber so, wie es in die eine Richtung wirkt, so wirkt es natürlich auch in die andere – die angenehme, die positiv-konstruktive! Manches, was wir in einem Leben als Privileg zu bezeichnen pflegen – ein gutes Elternhaus, gute finanzielle Umstände, Glück im Beruf, eine gute Hand im Umgang mit Kindern oder eine Heilfähigkeit –, ist die Ernte einer solchen Saat in einem früheren Leben.

Reinkarnationsexperte Trutz Hardo erklärt dazu:
„*Wir sehen, daß Karma irrigerweise als eine Bestrafung für früher unrecht verübte Taten angesehen wird. Im eigentlichen Sinne hat Karma nichts mit einer Bestrafung zu tun, denn es gibt in der Schöpfung Gottes keine Bestrafung. Karma bedeutet jedoch, daß man das erntet, was man ausgesät hatte. Wenn wir über die Leben hinweg sehen, welche Früchte wir aufgrund von unseren Taten ernten, dann werden wir mit der Zeit lernen, nur noch solche Taten auszuführen, die uns süße Früchte bescheren. Das Karmagesetz bewirkt einen sich allmählich über viele Leben hin vollziehenden Erkenntnisvorgang und verhilft uns dazu, schließlich aus Erfahrung nur noch den göttlichen Gesetzen der Liebe entsprechend auf Erden zu denken, zu sprechen und zu handeln.*“ (27, S. 173)

Keine gute Tat wird im Universum vergessen. Auch wenn wir manchmal den Eindruck haben könnten, daß wir gänzlich verlassen sind.

Genau hier setzt eigentlich der spirituell Suchende an. Der **Esoteriker**, der **in seinem Inneren** forscht, unterscheidet sich dadurch vom **Exoteriker**, der **in der Außenwelt** lebt, daß er sich nicht mit Oberflächlichkeiten und einer rein materiellen Sicht- und Denkweise zufrieden gibt, sondern in die Tiefe und an die Ursache heran will. Er möchte verstehen, warum er krank oder alleine ist und warum er plötzlich erfolgreich ist und ständig eigenartige Personen trifft oder Ereignisse erlebt. Er möchte wissen, wieso er auf diesem Planeten ist, welche Aufgabe er hat, welche Rolle er in diesem Theaterstück spielt, wie er diese Rolle noch besser spielen kann...

Und in diesem Sinne sollte die Beschäftigung mit geistig-spirituellen Themen einen Menschen ruhiger machen, ausgeglichener und verständnisvoller, toleranter, aber auch direkter, selbstbewußter, mutiger, risikobereiter und tapferer – um seinen eigenen Weg zu gehen im Einklang mit den geistigen Gesetzen.

Dennoch ist es nicht zu übersehen, daß bei einigen Menschen der Schuß nach hinten losgeht. Manche „Erkorene" drehen völlig ab, verlieren ob dieser Themen den Boden unter den Füßen, weil sich ihr Ego zu „Höherem" berufen fühlt (nicht ihre Seele), vernachlässigen ihre täglichen Pflichten (Familie, Kochen, Geld verdienen...), verlieren sich in Hirngespinsten und phantastischen Gedankenkonstruktionen und stehen im nachhinein noch schlechter da als zuvor.

Das, meine lieben Leserinnen und Leser, ist eben die Kehrseite der Medaille. Auch ich habe mit meinen Büchern bei vielen Menschen Impulse gesetzt, die Welt mit anderen Augen zu sehen, um in Zukunft bewußter und selbständiger zu leben. Doch habe ich auch erleben müssen, daß manche Leser überhaupt nicht damit umgehen konnten, Ängste bekamen, in Paranoia lebten, Wut in ihnen aufkam...

Wenn ich solche Geschichten erfahre, frage ich mich oft, ob es nicht besser gewesen wäre, die Bücher nicht zu schreiben. Aber so ist es mit allen Dingen im Leben. Der Entdecker des Stroms hatte sicherlich auch nicht beabsichtigt gehabt, Menschen auf elektrischen Stühlen hinzurichten...

Wenn wir also merken, daß uns die Beschäftigung mit einem bestimmten Thema nicht weiterbringt, so sollten wir eine Pause einlegen und die Dinge ruhen lassen, innerlich verarbeiten und während des praktischen Weiterlebens beobachten, was von dem, was wir gelesen haben, tatsächlich praktisch anwendbar beziehungsweise einsetzbar ist und konstruktive Resultate hervorbringt.

Jedenfalls ist der eigentliche Hintergrund des karmischen Gesetzes nicht der, daß wir von Leben zu Leben den Müll (der uns oft als „Schuld" eingeredet wird) mitschleppen sollen, den wir anderen und damit auch uns selbst aufgeladen haben, sondern der, daß wir irgendwann kapieren werden, daß, wenn das Gesetz des Ausgleichs im destruktiven Sinne perfekt funktioniert, dies logischerweise auch im konstruktiven Sinne so ist. Also werden wir doch – als logisch denkende Menschen – versuchen, in der Gegenwart so viel Gutes wie möglich zu säen, um in unserer Zukunft, ob in diesem oder einem nachfolgenden Leben, angenehme Früchte ernten zu können.

Im Talmud finden wir alles nochmals auf **fünf** Sätze komprimiert:
Achte auf Deine Gedanken, denn sie werden Worte,
achte auf Deine Worte, denn sie werden Handlungen,
achte auf Deine Handlungen, denn sie werden Gewohnheiten,
achte auf Deine Gewohnheiten, denn sie werden Dein Charakter,
achte auf Deinen Charakter, denn er wird Dein Schicksal.

Unter diesem Gesichtspunkt wollen wir hier auch kurz das Thema *Krankheiten* unter die Lupe nehmen, da auch diese nicht vom Himmel fallen, und fragen uns...

WER IST SCHULD AN MEINER KRANKHEIT?

Krankheiten fallen nicht vom Himmel und sind auch keine *„Strafe Gottes“*. Sicherlich gibt es Viren und Erreger, die in einem Organismus für Unruhe sorgen können, doch nur, wenn der Nährboden dafür geschaffen ist, das heißt, daß einerseits das Immunsystem entsprechend schwach ist und andererseits auch ein geistiger Nährboden vorhanden sein muß. Gott straft nie. Alles, was uns geschieht, ist eine Folge unserer eigenen vorherigen Handlungen.

Nach der Analogie *„Wie innen, so außen“* ist der Körper das Spiegelbild der Seele. Ist der seelische Zustand eines Menschen in Disharmonie, so ist es der Körper auch. Ist der innere Zustand Ärger, wird sich auch der Körper ärgern und das durch Krankheit auch verdeutlichen.

Krankheiten können wir daher auch nicht mit äußeren Mitteln bekämpfen, denn sie sind unsere Freunde, die uns auf etwas hinweisen wollen. Auch hier gilt das *Sog-Prinzip*: Je mehr Angst wir vor einer Krankheit haben, desto eher bekommen wir sie auch. Je mehr wir eine Krankheit bekämpfen, desto schlimmer wird sie. Je mehr wir sie beseitigen wollen, desto länger bleibt sie bei uns. Verstehen wir jedoch ihre Seelen-Botschaft, geht sie von alleine, eben deshalb, weil sie nicht zu unserem Schaden bei uns ist, sondern aus Freundschaft. Sie will uns wie ein guter Freund sagen, daß wir uns verändern sollen, daß wir in unserer seelischen Entwicklung stehengeblieben sind. Die Krankheit ist also kein Gegner, sondern ein Botschafter. Denn es gibt eigentlich gar keine „Krankheiten“, sondern nur kranke Menschen!

Ziehen wir folgendes Beispiel heran: Ein Alkoholiker ist kurz davor, daß sein Körper nicht mehr mitmacht. Es ist ihm anzusehen, daß die Leber bald ihren Geist aufgeben wird, doch bisher geht es dem Patienten noch gut. *„Mein Alter hat schon gesoffen und ist dieses Jahr neunzig geworden, also werd' ich es auch.“* Solche und ähnliche Sprüche gibt unser Kamerad von sich, um sich einerseits nicht eingestehen zu müssen, daß er bereits vom Alkohol abhängig und andererseits auf dem besten Wege ist, seinen Körper – neben dem bereits zum Teil weggesoffenen Verstand – auch noch zu ruinieren. Er hat eine Menge Ausreden parat, doch weiß er selbst insgeheim, wie es um ihn steht. Er ist jedoch nicht bereit, Hilfe anzunehmen, da er auch nicht bereit ist, eine Entscheidung zu treffen.

Es gäbe nun die Möglichkeit, die zusammengesoffene Leber mit einer neuen, frisch gelieferten auszutauschen (der Organhandel ist inzwischen zu einem lukrativen Geschäftszweig geworden) oder mit einem neuen Superpräparat der Pharmaindustrie zu behandeln, welches die Leberzellen besonders schnell regenerieren läßt. Vielleicht geht der Patient auch zu einem unserer Super-Kinder, das ihn durch Handauflegen von seinem Leiden befreit.

Wir fragen uns natürlich: Was würde die spontane Heilung der Leber bei unserem alkoholkranken Freund bewirken? Würde sie ihn zu einer Umkehr in seinem Denken und einer Abkehr vom Alkohol bewegen? Bestimmt nicht. Sobald die Leber wieder funktioniert, wird er weitersaufen, und sein Schutzengel rauft sich die lockigen Haare. Alle Hinweise, die er ihm hat zukommen lassen, über sein Gewissen, über Kommentare von Freunden und Bekannten... nichts hat geholfen. Er wollte weder auf seine innere noch auf eine Stimme von außen horchen und ist auf dem besten Wege, sein Lebensziel nicht zu erreichen.

Also hilft nur noch eins: Ein gewaltiger Dämpfer. Höchstwahrscheinlich wird nun seine Leber völlig streiken, was ihn heftig in die Knie zwingen wird. Seine Frau ist ihm sowieso schon davongelaufen, nachdem er sich nicht nur immer häufiger in der Wortwahl vergriffen, sondern auch noch die Kontrolle über seine Aggressionen verloren hat, und so ist er nun alleine im Krankenhaus, da seine „Freunde" aus der Pinte sowieso nie seine richtigen Freunde waren, was er spätestens jetzt schmerzhaft erkennen muß. Nun hat er die nötige Zeit, zur Besinnung zu kommen. Womöglich erkennt er jetzt, daß der Grund für seinen übermäßigen Alkoholkonsum seine Ängste sind. Erst wenn er sich diesen stellt, kann er eine wirkliche Heilung erfahren.

Ist die *Krankheit* nun gut oder schlecht? Will die kaputte Leber dem Patienten eine Botschaft für seinen Lebensweg vermitteln oder soll sie nur durch eine neue, vielleicht künstlich gezüchtete ausgetauscht werden? Ist eine Heilung möglich, ohne eine Umkehr im Denken?

Hinter jeder Krankheit verbirgt sich eine verborgene Botschaft der Seele, gleich ob es ein harmloser Schnupfen ist oder Krebs. Die Krankheit will nicht bekämpft werden, sondern sie will, daß wir ihre Botschaft verstehen und daß wir unser Denken und Handeln ändern, denn dann ist die Aufgabe erfüllt, und das Symptom kann verschwinden.

Was meine ich, wenn ich von einer *verborgenen Botschaft der Seele* spreche? Lassen Sie mich dies hier anhand einiger Beispiele kurz andeuten:

- Bei unseren **Augen** handelt es sich um das Sinnesorgan, mit dem wir die Welt wahrnehmen, mit dem wir die Welt sehen. Sollten hier Funktionsstörungen vorliegen, wäre die Frage angebracht, was wir *nicht sehen wollen*, was wir nicht so sehen wollen, wie es tatsächlich ist. Oder was nervt uns derart, daß wir *es nicht mehr sehen können*? Der Spruch *„die Liebe macht blind"* und eine gewisse *Blauäugigkeit* deuten ebenfalls in diese Richtung. Wir *sehen die Dinge nicht klar*, nicht *scharf*, nicht so, wie sie tatsächlich sind, der Blick ist *vernebelt*, und die Brille wird als Krücke verwendet, um die eigene verkorkste Sichtweise, die nicht die Realität sehen will, zu überbrücken. Daher wäre die Frage berechtigt, was der Sehgeschädigte nicht sehen will? Ist jemand kurzsichtig und fehlt es ihm an Weitblick? Hat er vielleicht auch oft die Redewendung verwendet, daß er *etwas nicht mehr sehen kann*? Hat er sich hier programmiert oder nur die Wahrheit ausgesprochen, nämlich, daß er in einem sich zurechtgeschusterten Weltbild existiert und die Realität verdrängt und nicht sehen oder ansehen will?
  Daß eine *schlechte* Sicht nichts mit schlechten oder kranken Augen zu tun hat, möchte ich anhand eines sehr eindrucksvollen Beispiels erläutern. Ein bekannter deutscher Hypnotherapeut hatte in einem Seminar einen starken Brillenträger in seine Kindheit zurückgeführt. Der Mann hatte sich auf eine Liege gelegt, seine Brille abgelegt und seine Augen geschlossen. Der Hypnotiseur ging nun mit ihm in dessen zehntes Lebensjahr zurück, in dem er, wie er dem Therapeuten zuvor berichtet hatte, noch keine Brille gebraucht hatte. Der Mann

veränderte seine Wortwahl und sprach plötzlich wie ein zehnjähriger Bub, berichtete von den Umständen in der Familie, von der lustigen Tapete im Schlafzimmer und anderes. Dann gab der Therapeut dem Patienten ein Buch in die Hand und bat ihn, daraus vorzulesen. Dieser, immer noch unter Hypnose, begann nun – wohlgemerkt ohne Brille –, fehlerfrei aus dem Buch vorzulesen, eben so wie als Zehnjähriger, als er noch keine Brille besaß. Das Publikum hatte dies mit Faszination miterlebt. Nachdem er die Passage zu Ende gelesen hatte, holte der Hypnotiseur den Mann wieder in die Jetztzeit zurück, ließ ihn aufstehen und bat ihn dann, die gleiche Passage noch einmal vorzulesen. Doch dieser sagte, daß er nichts erkennen könne und zuerst seine Brille brauche, da seine Augen so schlecht seien.

Die Zuschauer waren überrascht. Soeben hatten sie bewiesen bekommen, daß die *schlechte Sicht* des Mannes nicht an seinen *Augen* lag, denn er hatte ja soeben damit vorgelesen, sondern daß es mit seiner „Sicht-Weise" zu tun hatte. Es liegt an seinen Ansichten, an seiner Art, wie er die Welt sieht, wie er sich selbst in der Welt sieht, wie er bewertet, als gut und schlecht be- und verurteilt. Mit dem offenen, unverdorbenen und uneingeschränkten Herzen und der Sichtweise eines Zehnjährigen konnte er die Zeilen lesen, obwohl es die gleichen Augen waren. Doch der alte Mann, mit dem durch viele Ereignisse, Konflikte und Enttäuschungen geprägten und daher auch eingeschränkten Weltbild, konnte es nicht. Es geht also um denjenigen, der durch die Augen schaut – die Seele; der unsterbliche, geistige Aspekt von ihm; derjenige, der den Körper bewohnt.

Denken wir darüber nach!

- Und was sagen uns die **Ohren**? Auch hier hilft uns die deutsche Sprache weiter: Ich *kann es nicht mehr hören, ein offenes Ohr haben, jemandem sein Ohr leihen, jemandem Gehör schenken, auf jemanden hören,* ge-*horchen* oder auch Ge-*horsam*. All dies sind Redewendungen, die schon ganz deutlich darauf hinweisen, wo das Problem der Hörgeschädigten liegt: Sie wollen nicht *hinhören*, sie kapseln sich ab, können keine Kritik vertragen, wollen nicht ge-*horchen*. Sie über*hören* einfach, was sie *nicht hören wollen*, was ihnen nicht in den

Kram paßt. Solche Menschen zeichnen sich oft durch eine besonders ausgeprägte Verbohrtheit und eine geistige Unbeweglichkeit aus. Allerdings kann Schwer-Hörigkeit inzwischen auch zu einem gewissen Maß auch ein Schutz innerer Empfindsamkeit vor dem Übermaß heutigen Lärmes sein.

- Bei **Kopfschmerzen** ist es offensichtlich, daß sich jemand *den Kopf zerbricht* über etwas oder andere. Er *kann keinen kühlen Kopf bewahren*. Manche handeln *kopflos* oder können sich nicht *behaupten*. Anderen wurde *der Kopf verdreht*. Manche sind sehr *dickköpfig*, und andere haben manchmal *ein Brett vor dem Kopf*. Dies zeigt auf, daß ein Mensch mit Kopfschmerz häufig sehr ehrgeizig ist und versucht, *mit dem Kopf durch die Wand zu gehen*. Dabei kann es sehr gut vorkommen, daß dem Betroffenen sein Ehrgeiz, seine Machtsucht und sein Wille *zu Kopfe steigen*. Wer *zuviel im Kopf verarbeitet* oder über den Verstand arbeitet, kommt aus dem Gleichgewicht (Herz/Kopf). Er ist *zu kopflastig*. Er hat sich *etwas in den Kopf gesetzt* und folgt diesem – eintönig. Der Kopfschmerz zeigt, daß am Denken des Betroffenen etwas falsch ist, wenn er sich den Kopf über absolut unwichtige Dinge zerbricht, sich nach allen Seiten hin absichern will, abwägt und nochmals abwägt, bis ihm *der Schädel* brummt.
- Andere Redewendungen, die unsere Organe mit ins Spiel bringen, sind: *Es geht uns etwas an die **Nieren***, oder *wenn wir unter Druck stehen*, meldet sich die **Blase**, oder *spucken wir Gift und **Galle***, so sollten wir lernen, mit unseren angestauten Aggressionen besser umzugehen, und *ein kaltes **Herz*** oder *Herzlosigkeit* hat ebenso eine Auswirkung auf das gleichnamige Organ. Hierbei wären die Fragen angebracht, ob wir immer auf unser Herz hören und welchen Stellenwert die Gefühle in unserem Leben haben. Und daß, wenn *uns jemand auf die **Nerven** geht*, das nicht ohne Folgen für unser Nervensystem bleiben wird, sollte inzwischen auch einleuchten. Der ***Haut***kranke könnte sich fragen, was ihm *unter die Haut geht* oder was ihn *juckt*; der Erkältete hat *die **Nase** voll* oder *zuviel um die Ohren* gehabt; dem ***Magen***kranken ist *etwas auf den Magen geschlagen* – oder *geht ihm die Liebe durch den Magen*? Vielleicht *ist er auch auf jeman-*

den sauer – oder hat er etwas *in sich hineingefressen*? Wenn jemand *Schiß hat* oder *sich vor lauter Angst in die Hose macht*, zeigt dies auf, daß der **Darm** auch Ängste katalysiert. Aber auch Geldprobleme spiegeln sich im Darm wider. Der *Geldscheißer* (im Volksmund) zeigt diese Verbindung auf. Auch das *Treten in einen Hundehaufen*, was angeblich einen Geldsegen ankündigen soll, verweist in diese Richtung. Eine Verstopfung hat daher mit dem Nicht-hergeben-wollen und dem Nicht-loslassen-wollen zu tun – Geiz.
Der *Schleimscheißer*, der anderen *hinten reinkriecht*, gibt sein Rückgrat an der Garderobe ab, um im Leben voranzukommen. Er hat Angst, sein eigenes Leben und seine eigene Persönlichkeit zu entwickeln und sich durchzusetzen.[(29)]
Und so weiter...

Doch so, wie unsere Seele uns Signale und Botschaften über sogenannte „Krankheiten" übermittelt, tut dies das Leben auch durch **Unfälle**. Es liegt auch hier eine Aufforderung an uns zugrunde, *wenn wir vom Wege abkommen, ins Schleudern geraten, den Halt verlieren, aus der Bahn geworfen werden, aufs Glatteis geraten, jemanden anfahren* oder *im Graben landen*. Ein Knochenbruch unter-*bricht* das, was wir gerade taten, und hindert uns daran, es weiterzuführen. Die Krankheit macht uns immer ehrlich und bringt das zutage, was wir gerne zu verdrängen versuchen. Sollte Sie diese Art der Krankheitssicht näher interessieren, so empfehle ich als Lektüre Thorwald Dethlefsens und Rüdiger Dahlkes Buch *„Krankheit als Weg"*. [(29)]

Doch es gibt auch durch ehemalige Leben **karmisch bedingte Krankheiten.**

Bevor wir inkarnieren, entwerfen wir, meistens zusammen mit unseren Begleitern – dem sogenannten *Schutzengel* und/oder unserer *Seelenfamilie* –, unser Lebensmuster. Und dieses beinhaltet auch angeborene Leiden, aber auch später auftretende Krankheiten, um uns zurückzubringen, falls wir von unserem Lebensmuster abkommen sollten.

Aber es gibt auch solche Krankheiten, die man als *karmisch bedingt* bezeichnet. Das heißt, daß wir in einem früheren Leben möglicherweise jemanden gefoltert haben, indem wir ihm wochenlang Wasser auf den Kopf tropfen ließen, und deswegen Migräne mit in ein neues Leben nehmen, um nachempfinden zu können, was wir diesem Menschen angetan haben. Vielleicht haben wir auch einem Feind die Augen ausgestochen und kommen jetzt blind auf die Welt oder verlieren bei einem Unfall das Augenlicht.

So etwas ist möglich, muß aber nicht zutreffen. Es kann aber sein, daß bei solch einer karmisch bedingten Krankheit eine Heilung nicht möglich sein wird, weil die inkarnierte Seele ausgleichen will, was man einem anderen Menschen einst angetan hatte.

Aber stellen wir uns das einfach einmal bildlich vor: Wir lesen in der „Bild"- oder in unserer Tageszeitung von einem bestialischen Mord, bei dem ein Mann ein paar Kinder sexuell mißbraucht und dann mit einem Hammer deren Köpfe zerschlagen hat. Und haben wir in solch einem Fall dem Täter nicht auch die Pest an den Hals gewünscht? Ihm gewünscht, daß er dafür irgendwann einmal büßen muß? Angenommen, dieser Mann stirbt ein paar Jahre später bei einem Autounfall, wird sofort wiedergeboren und ist seit der Geburt nicht nur im Gesicht entstellt, sondern auch noch auf einem Auge blind. Nun nehmen wir einmal an, wir wären der Arzt, zu dem die Mutter mit diesem Kind, das vorher der brutale Kinderschlächter war, kommt, und wir erkennen auch noch, aufgrund unserer medialen Begabung, daß es dieser Mann war, der damals die Kinder umgebracht hatte. Was würden wir dann denken? Wäre es gerecht vom „Leben", daß er so entstellt ist? Klar, dieses Leben ist seine persönliche Matrix, die sich erfüllen wird.

Das ist natürlich nur ein erfundenes Beispiel und soll nicht heißen, daß alle Behinderten vorher Mörder waren. Es kann aber auch sein, daß dieser Kinderschlächter in einem neuen Leben eine ganz normale Familie hat, ja, sogar drei wunderhübsche Kinder, doch eines Tages seine Kinder von einem anderen Kinderschänder abgeschlachtet werden, damit er nachfühlen kann, wie es den Eltern der Kinder ergangen sein mußte, die er selbst umgebracht hat.

Wie gesagt, sollten wir mit Urteilen vorsichtig sein. Bloß weil jemand behindert oder entstellt ist, muß das nicht bedeuten, daß er ein schlechter Mensch ist oder (in einem Vorleben) war. Doch können nicht nur die hellsichtigen Kinder solche Fälle bestätigen, sondern jeder Hypnose- oder Rückführungstherapeut oder Hellseher, da solche Tragödien eben oft in deren Sitzungen zum Vorschein kommen; nach dem inzwischen bekannten Naturprinzip: „*Was wir säen, werden wir auch ernten.*"

Gemäß dieser Betrachtungsweise würde jede Krankheit ihren Sinn verlieren, wenn sie geheilt werden könnte, ohne daß die Ursache erkannt wird. Wahre Heilung kann nur eintreten, wenn wir die Botschaft des Symptoms verstanden haben und uns an die Lösung des Konfliktes machen. Das leuchtet doch ein, nicht wahr?

So, nun haben wir aber genug der Vokabeln einstudiert.

Mit diesem Hintergrund stellen wir uns der nächsten Frage, nämlich...

GIBT ES DUNKLE KRÄFTE?

Um diese Frage beantworten zu können, müssen wir noch ein wenig tiefer in die feinstoffliche Welt eindringen und uns eine weitere Frage stellen: „*Gibt es denn ein Jenseits?*"

Daß es finstere menschliche Gestalten gibt, das wissen wir. Doch was meint ein Albert Pike, wenn er von einem *Luzifer* spricht? Ist das ein Mensch? Wohl kaum. Es handelt sich hier um ein feinstoffliches Wesen, angeblich ein „gefallener Engel" oder „Dämon" (griech.: daimon = *übermenschliches Wesen*), der offenbar die Herren Illuminati inspiriert. Und wo könnte dieser oder auch andere feinstoffliche Wesenheiten sich aufhalten?

Eben – im Jenseits!

Das *Jenseits* – oder die *feinstoffliche Welt* – ist als unser eigentliches Zuhause zu betrachten. Es sind die Dimensionen, aus denen wir kommen; es ist unsere eigentliche Existenzebene und gleichzeitig auch die Heimat, in die wir eines Tages wieder zurückkehren. Dort ist auch unsere wirkliche Familie – unsere Seelenfamilie – zu Hause. Und diesen Ort verlassen wir freiwillig, um eine Aufgabe zu übernehmen, einen Auftrag – oder etwas fröhlicher ausgedrückt: um das irdische „Lebens-Spiel" zu spielen. Wir könnten ihn als den Ort der *Theorie* bezeichnen, den wir verlassen, um das Leben in der *Praxis* der Materie kennenzulernen.

Kehren wir nach dem physischen Tod dahin zurück, finden wir unsere geistige Familie meist so wieder vor, wie wir sie einst verlassen haben – als ob überhaupt keine Zeit vergangen wäre (weil es nur in der Materie das Raum-Zeit-Kontinuum gibt). Dann betrachten wir unser Leben, die Aufgaben, die wir uns gestellt und wie wir sie gemeistert haben; manche zu unserer Zufriedenheit, andere weniger. Wir sind zurück, und das letzte Leben mag dem einen vorkommen wie ein böser Traum, dem anderen wie eine lange Weltreise, von der er in die Heimat zurückgekehrt ist.

Jeder, der bereits einmal ein sogenanntes **Nahtod-Erlebnis** hatte, wird mir hier ohne weiteres folgen können. Ein Nahtod-Erlebnis nennt man gängigerweise eine Situation, in der man durch einen Unfall, eine Krankheit, Koma oder ähnliches für eine bestimmte Zeit „tot" ist. Die Berichte derjenigen, die diesen Zustand des „Sterbens" erlebt haben, gleichen sich in folgenden Punkten:

- Es ist das Erlebnis, aus dem menschlichen Körper wie durch einen Tunnel auszutreten und über dem Körper zu schweben.
- Es kommt zu Begegnungen mit geistigen Wesen (Verwandte, Freunde, Schutzengel...), die in einem übernatürlichen Licht erscheinen.
- Man sieht seinen Lebens-Film ablaufen; alle wichtigen Etappen des Lebens spielen sich noch einmal ab, und man betrachtet sich diese.
- Man begegnet einem höchsten Wesen, das gleißendes Licht ausstrahlt und ein Gefühl höchster Harmonie und Glück vermittelt.
- Es wird einem mitgeteilt, daß man nochmals auf die Erde zurück müsse, um seine Matrix zu erfüllen.
- Die Rückkehr in den physischen Körper wird oft als Enttäuschung empfunden.

Wer so etwas einmal erlebt hat, der kennt die Sehnsucht nach diesem Zustand. Selbst hatte ich bereits zweimal das Vergnügen, das Jenseits von Innen betrachten zu dürfen, und kann obige Aufzählung bestätigen. Man hatte kurz einen Einblick in den „Himmel", in unser Zuhause, und ein Schimmer von Heimweh kommt auf. Man erinnert sich kurz an den Ursprungsort der Reise, eine lichtvolle Welt der Harmonie, Musik und Freude.

Doch wie können wir uns das Jenseits vorstellen?

Dazu werde ich später den Bericht von **Harald** anführen. Harald ist der Sohn eines bekannten Regierungspolitikers (den ich leider Gottes nicht nennen darf... schade eigentlich!), der übrigens nicht besonders beglückt über die Begabung seines Sohnes ist, denn der inzwischen dreiundzwanzigjährige (2004) ist hoch medial begabt und hat, neben der Fähigkeit, die Aura der Menschen zu sehen – was ihn dazu bewogen hat, seinen Vater und dessen „Freunde“ zu verlassen –, auch die Möglichkeit, sich mit Verstorbenen zu unterhalten. Harald ist das, was man in Fachkreisen als spirituelles Medium bezeichnet.

Doch was ist ein Medium und wie arbeitet es?

Es gibt verschiedene Wege, mit der feinstofflichen Welt zu kommunizieren. Wir sollten uns das wie ein Radio vorstellen, welches als Übermittler unsichtbarer Funkwellen in ein hörbares Radioprogramm fungiert. Die spirituellen Medien sind Mittler zwischen der geistigen und unserer materiellen Welt oder der feinstofflichen Einheit und der grobstofflichen Zweiheit. Deshalb sind sie Werkzeuge – entweder durch Ausbildung oder angeboren –, welche die Fähigkeit haben, uns Botschaften mitzuteilen und eine Kommunikation zwischen diesen beiden Welten zuzulassen. In dem Hollywood-Streifen *Ghost* ist das sehr anschaulich dargestellt worden.

In meinem Buch über die medialen Kinder habe ich diese verschiedenen Medien im Detail erklärt und möchte an dieser Stelle nur die wichtigsten erwähnen: Im Gegensatz zu irgendwelchen okkulten Praktiken benötigen die spirituellen Medien keine Hilfsmittel, um Kontakt mit dem Jenseits aufzunehmen – also kein Pendel, Ouija-Brett, Palmblätter oder ähnliches.

Es gibt darunter solche Medien, die ein feinstoffliches Wesen Besitz über den Körper übernehmen und dieses durch sich wirken lassen, das entweder schreibt, spricht oder etwas materialisiert. Dies nennt man entweder ein Halb- oder Volltrance-Medium.

Nehmen wir hier kurz den jungen Patrick als Beispiel:

Patrick, ein medialer Junge aus München, den ich – als er im Alter von sechzehn Jahren war – aufgesucht hatte und der ***automatisch schreibt***, schildert dies ungefähr so: „*Ich spüre plötzlich den Drang, einen Stift zu nehmen. Es kann auch mitten in der Nacht sein, daß ich aufwache und mir eine innere Stimme sagt, daß ich zum Tisch gehen und schreiben muß. Manchmal schreibe ich dann in ein paar Minuten mehrere Seiten. Dabei sind alle Wörter aneinandergereiht und die Schrift sieht meist eher verkrakselt aus, also ganz anders als ich sonst schreibe. Ich spüre dann, wie eine unsichtbare Macht von mir Besitz nimmt, gegen die ich mich nicht* *wehren kann. Auf dem Papier stehen dann immer Ausführungen über spirituelle Themen, über Gott und wie wir Menschen uns besser verhalten sollen. Meine Eltern wundern sich immer wieder. Unterschreiben tue ich die Texte dann immer mit dem Namen Dorian. Das ist der Geist, der durch mich schreibt.*"

Eine weitere Variante ist heutzutage das sogenannte *Channeling*, wobei wir in jeder Buchhandlung heute Bücher finden, die gechannelt worden sind und Botschaften aus der geistigen Welt beinhalten.

Ein sogenanntes ***Channel*-Medium** (aus dem Englischen: *Kanal*) ist der „Kanal" für ein Geistwesen und bekommt von diesem Gedanken eingegeben, das es dann ausspricht oder niederschreibt. Diese werden so stark eingegeben, daß dabei die eigenen Gedanken verdrängt werden. Das Wesen übernimmt sozusagen den Körper für diese Zeit, doch das Medium behält dabei sein **volles Bewußtsein** und kann sich danach auch an alles erinnern.

Karl Schnelting schreibt in seiner Abhandlung *Zukunfts-Szenarien aus Geisteswissenschaft und Prophetie* hierüber:

„Da gibt es den erfolgreichen Geschäftsmann, der selbst am meisten verblüfft ist, daß er ganz unvermittelt eine innere Stimme wahrnimmt, die ihn mit Themen der Veränderung seines Lebens und des Lebens überhaupt konfrontiert. Er muß feststellen, daß er zu einem ‚Medium' geworden ist. Und schon bald darauf gibt er einen Informationsdienst heraus, der inhaltlich das wiedergibt, was er ‚innerlich' hört.

In fast jeder Stadt kann man heute ‚Sitzungen' bei Medien buchen, die sich in einen anderen Bewußtseinszustand, sei es Halb- oder Volltrance, versetzen und den Klienten mit Aussagen über seine Vergangenheit und Zukunft erstaunen. Besonders gesucht sind Sensitive, die den Besucher in Kontakt mit seinem geistigen Begleiter bringen (dem ‚Schutzengel' der Religionen), der seinen Schützling am intimsten kennt und ihn deshalb am besten in weltlichen und spirituellen Fragen beraten kann. [...] Die Medien, die sich als Kanal, als ‚Channel' für andere Bewußtseinsebenen verstehen, erhalten vielfach Eingebungen für ganze Buchmanuskripte, so daß sich weltweit eine eigene Sparte ‚gechannelter' Bücher entwickeln konnte. Die

Qualität des Vermittelten hängt von der Ebene ab, aus der die Botschaften kommen. Die Ebene wiederum, an die sich ein Medium anschließen kann, hängt vom Grad seiner Lauterkeit und Neutralität ab. Ein auf sein Ego zentriertes und emotionsgeladenes Medium ist kaum geeignet, klare und reine Botschaften aufzunehmen.« (30, S. 3)

Bei den Kindern, die ich während der letzten Jahre getestet habe, handelt es sich jedoch überwiegend um solche, **die mit einer medialen Fähigkeit geboren worden sind** beziehungsweise diese zu einem späteren Zeitpunkt auf natürliche Weise erlangten: Beim Hellsehen, Hellhören und Hellfühlen ist die Person selbst so befähigt, daß sie kein anderes Wesen braucht, um Informationen aus der feinstofflichen Welt zu bekommen (zum Beispiel sieht das Kind die Aura eines Lebewesens).

Wollen wir uns doch gerade einmal dieses Auralesen etwas näher betrachten:

Die Lebenskraft, die uns belebt, aus der wir bestehen und die uns durchströmt, also der feinstoffliche Körper, hört nicht an der Grenze der Haut auf, sondern ragt beziehungsweise strahlt darüber hinaus. Was der Hellsichtige dann wahrnehmen kann, nennt man die ***Aura***. Sie wird schon von alters her (allerdings nur auf das Haupt bezogen) als Heiligenschein (Aureola, Gloria) dargestellt (siehe dazu Abb. 81).

Was sieht ein Hellsichtiger beziehungsweise nimmt ein Medium wahr, wenn es in der Aura liest?

Ein Mensch, der die Fähigkeit hat, die vielfarbige Aura zu sehen, sieht in einer *harmonischen* Aura auch eine Harmonie im Gemüt des Menschen, den er betrachtet. Ist die Aura *disharmonisch*, so ist es auch der Mensch. Seelische Vorgänge drücken sich durch entsprechende Farben in der Aura des Menschen aus. Ist ein Mensch beispielsweise wütend, so färbt sich die Aura rot, religiöse Gedanken hingegen färben sie violett.

Der Hellseher sieht und liest das, was im Energiefeld desjenigen abgespeichert ist, den er betrachtet. Die Aura wäre daher auch mit der Speicherplatte eines Computers zu vergleichen. Wer den Zugangscode zum Speicher kennt, kann alle Daten abrufen. Alle Ursachen, die ein

Mensch je gesetzt hat, seine Gedanken, seine Handlungen, seine Wünsche und Hoffnungen sind für den Hellseher in der Aura sichtbar. Daher kann er in etwa abschätzen, was die Wirkung sein wird. Anders ausgedrückt: Sieht der Hellseher die Saat des Betroffenen, so kann er abschätzen, wie die Ernte ausfallen wird – falls die Person nicht durch Entscheidungen etwas Gravierendes ändert. Dabei zeitliche Angaben zu machen, ist schwierig. Da Ursachen gesetzt sind, werden auch Wirkungen folgen, doch kann der Hellsichtige meistens nur Bildfolgen sehen. Den zeitlichen Abstand zwischen den einzelnen Bildern kann der Hellsichtige jedoch nicht oder nur schlecht abschätzen.

Wollen wir uns noch kurz eine andere Begabung betrachten, die für alle von Interesse sein wird:

Die visionäre Schau oder **Prophetie** und das **Lesen in der Akasha-Chronik** zählt man ebenfalls zur *Hellsichtigkeit.* Eine **Vision** „geschieht" mit der betroffenen Person. Sie wirkt entweder von *außen* oder von *innen* auf diese ein. Ein Beispiel für solch eine *äußere* Vision wäre eine *Marienerscheinung*, während der einer Person von einem nichtphysischen Wesen eine Botschaft „sichtbar" übermittelt wird, die diese dann den anderen Menschen weitergibt.

Eine *innere* Vision kommt manchmal durch Träume, in tiefer Meditation, oftmals während eines Unfalls oder eines Nahtod-Erlebnisses. Hierbei ist es für den Menschen, dem die Vision eines kommenden Ereignisses gezeigt worden ist, schwierig, einen genauen Zeitpunkt zu nennen, da er normalerweise Bildfolgen sieht, die sich aneinanderreihen. Er sieht im ersten Bild beispielsweise einen Menschen, der in ein rotes Auto steigt. Im zweiten sieht er den Wagen auf einer ganz bestimmten Landstraße mit einer Kirche im Hintergrund. Und im dritten Bild sieht er, wie das Auto im Graben liegt und ein Krankenwagen daneben steht.

Derjenige, der diese Vision hatte, kann keinerlei Zeitangaben machen, wann das Gesehene eintreten könnte. Doch kann er sagen: „*Paß auf, wenn du eines Tages in ein rotes Auto einsteigst...*"

Anders ist dies beim Lesen in der ***Akasha-Chronik***, bei der mediale Menschen Zugriff auf Informationen anderer Menschen oder des gesamten Kollektivs haben. Sie bekommen im Gegensatz zu den Visionären keine Bilder gezeigt, sondern sehen selbst in der Akasha-Chronik nach.

Wie ist das möglich?

Wie bereits erklärt, haben alle Lebewesen ein Energiefeld, in dem alle ihre Gedanken, Gefühle und Handlungen abgespeichert sind, wie auf der Speicherplatte eines Computers – was der Hellsichtige als **Aura** sieht. Das *Erdmagnetfeld* hat wiederum alle Informationen aller Lebewesen, die auf der Erde leben, abgespeichert, und das Weltgeschehen ist daher ein Spiegel dessen, was die Lebewesen in sich tragen. Dieses Weltgedächtnis, in dem alle Daten aller Lebewesen dieses Planeten abgespeichert sind, nennt man die ***Akasha-Chronik***, welche die Tempelritter als *kosmisches Geistfeld* bezeichnen oder Prof. Rupert Sheldrake *morphogenetisches Feld*.

Das energetische Muster eines jeden Gefühls und Gedankens ist dort wie in einer Datenbank gespeichert. Dabei ist es egal, ob eine Naturkatastrophe, ein Tier oder ein Mensch eine solche Speicherung hervorgerufen hat. Da alles Energie ist, kommt es auf die Menge der aktivierten Energie an, die gespeichert wird. Das heißt, je stärker ein Gefühlsausbruch in einem Menschen ist, um so stärker ist auch sein gespeichertes Muster in der Akasha-Chronik.

Nun gibt es Menschen, die nicht nur die Aura eines Menschen – also das *persönliche* Energiefeld – lesen können, sondern die auch in die Akasha-Chronik einsehen können, um dort zu allen Daten aller Lebewesen Zugriff zu haben, um zu sehen, wie der (Ursachen-)Stand einer Person oder der Welt ist. Wird einem Visionär von einem Geistwesen eine Vision der Erde der Zukunft gezeigt, handelt es sich dabei auch um Bilder aus der Akasha-Chronik. Das ist dann eine Momentaufnahme des *kollektiven* Datenspeichers der Erde, zu dem Zeitpunkt, an dem sie ihm gezeigt wird. Daher sieht der Visionär, welche Wirkungen die Bewohner der Erde aufgrund ihrer Ursachensetzungen erfahren werden, falls sie sich nicht ändern und einen anderen Kurs einschlagen.

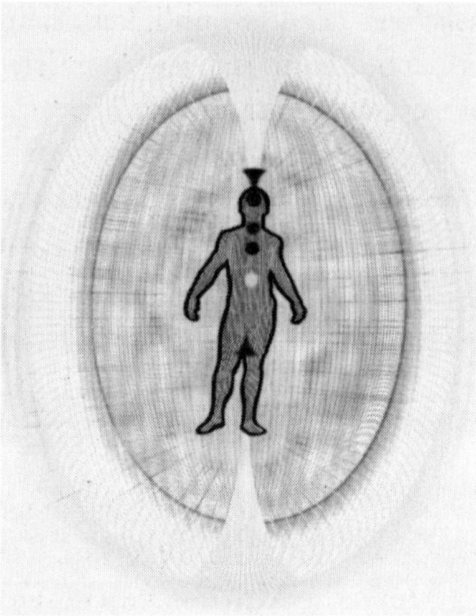

Abb. 81:
Die menschliche Aura

Von hohen geistigen Wesenheiten wird uns Menschen durch die Visionen der Propheten vor Augen geführt, was wir bisher „geschöpft" haben, um uns bewußt werden zu lassen, welche Wirkungen unsere Taten haben. Die Erde ist mit einem materiellen, zweipoligen Spielfeld zu vergleichen, auf dem sich die Seelen durch die verschiedensten Erfahrungen entwickeln können: eine Art Lebens-Schule.

Und durch die Hilfe und Unterstützung der geistigen Welt, also Wesen, die außerhalb von Raum und Zeit existieren und daher einen größeren Überblick haben als wir, werden uns durch die Visionäre diese Visionen als Warnung gezeigt, da wir offenbar mit unseren Schöpferkräften sehr eigenwillig und destruktiv umgegangen sind.

So erklärt sich auch der Doppelcharakter der Prophetie: Sie ist Warnung und Voraussage zugleich. Hat sie als Warnung Erfolg und bewirkt beim Menschen eine Umkehr, so braucht sie als Voraussage keinen Erfolg zu haben. Erkennt der Mensch durch die Voraussage seine Handlungsweise und ändert ab diesem Moment sein Denken und Handeln, so hat er neue Ursachen gesetzt, welche die Daten in der Akasha-Chronik abändern. Er wird neue Wirkungen erfahren, und die Voraussage hat ihren Zweck als Warnung erfüllt und wird nicht eintreffen.

Aus dieser Sichtweise heraus ist die Zukunft ein sich ständig veränderndes Webmuster, sich verändernd durch das Denken, Fühlen und Handeln der Menschen. Unsere Zukunft ist nicht ein willkürliches Schicksal, von irgendeinem männlichen Gott geplant und unveränderbar, sondern unsere Zukunft ist die Wirkung der Ursachen, die wir jetzt setzen!

Neben der Hellhörigkeit, dem Hellriechen, der Hellfühligkeit, dem medialen Musizieren und den Seelenreisen beziehungsweise Astralreisen gibt es noch die Kinder mit den telekinetischen Kräften.

Von Uri Geller haben sicherlich die meisten schon gehört. Er ist der Mann, der durch Gedankenkraft Löffel verbiegt. Doch nicht nur dazu nutzt er seine Gedankenkräfte. Er sucht auch Diamanten-, Kohle-, Gold- oder Ölfelder und wurde dadurch ein sehr reicher Mann. Er wurde in verschiedenen Universitäten und Forschungsinstituten getestet, und seine Fähigkeiten sind somit wissenschaftlich belegt. [31]

Diese Fähigkeiten hat aber nicht nur Uri Geller, sondern jeder Mensch. Es ist nur eine Sache der Konzentration, des Glaubens und der Übung. Vor allem bei Kindern habe ich gemerkt, daß es diesen sehr leicht fällt, solche und ähnliche „Wunder" zu vollbringen. Wahrscheinlich ist der Grund, warum es gerade Kindern leichtfällt, Gegenstände durch Gedankenkraft zu bewegen oder zu verbiegen, der, daß sie davon überzeugt sind, daß sie es können beziehungsweise, daß ihr Verstand, der bei den meisten Erwachsenen sofort sagt: *„Das ist nicht möglich, das glaube ich nicht!"*, noch nicht so oberflächlich ist und daher nicht so engstirnig denkt.

Ich selbst habe mit drei Kindern auf Hawaii experimentiert, und diese hatten vor meinen Augen, nachdem ihre Mutter mit ihren starken telekinetischen Kräften es vorgemacht hatte, selbst Löffel verbogen.

Daß Erwachsene so etwas können, war für mich auch schon fast Normalität, nachdem ich mich auf einem Kongreß über Geistheilung einen Abend lang mit einer Gruppe russischer Heiler und sogenannter *Magnetmenschen* unterhalten hatte. Zwei haben so ganz nebenbei, um den Ober zu ärgern, sein Besteck verbogen und in das Messer einen Knoten gemacht. Der nächste hängte sich das Besteck an die Stirn, welches dort kleben blieb, und ein anderer nahm, nachdem wir mit dem Essen fertig waren, eine Schöpfkelle und heftete sich diese auf seine behaarte Brust. Ein anderer verschob seinen Teller mit Gedankenkraft – also ein ganz normales Nachtmahl!

Bei Kindern hatte ich es bisher mehrmals selbst beobachten können, daß sie Gegenstände durch Willenskraft auf einem glatten Tisch verschoben haben, doch nur ein Kind, die hübsche dreizehnjährige **Tatjana** aus Usbekistan, hatte vor meinen Augen einen Kugelschreiber fliegen lassen. Sie arbeitete bereits seit mehreren Jahren für den KGB, der übrigens heute immer noch weiter existiert, und man benutzt ihre Fähigkeiten für Spionage-Zwecke. Sie erzählte bei unserem Treffen in der Tschechei, daß es noch viele von ihrer Sorte gäbe, doch die meisten Kinder noch jünger als sie wären. Es gäbe richtige Zentren für solche Kinder, die den Eltern weggenommen werden (die dabei übrigens nicht leer ausgehen), um in einer Art Internat neben wenig normalem Schulunterricht eine parapsychologische Ausbildung zu erhalten.

Alles ist möglich! Doch das Problem des modernen Konsummenschen ist, daß er an keine Wunder mehr glaubt, daß er nicht mehr an sich selbst glaubt und sich selbst nicht genügend vertraut. Er traut den Versicherungen, den Banken, den Politikern, dem Papst... Irgendeiner wird es schon richten. Eigenständiges Denken ist nicht mehr das Ziel unseres heutigen politischen Systems und auf gar keinen Fall das Anliegen irgendwelcher Religionen.

Menschen, die durch Gedankenkraft Löffel verbiegen, Gläser durchs Zimmer schweben lassen oder offene Wunden schließen, sind „gefährlich" für diese Welt. Es könnte ja dadurch die Basis von allem (Wissenschaften, Religionen...) durcheinandergeraten. Wir wollen ja die Menschen nicht auf eigene Gedanken bringen; nachher wollen sie nicht mehr zur Arbeit gehen, sondern wie Uri Geller Gold und Öl suchen und reich werden.

„Was ich mache, ist real! Vielleicht ist das auch der Grund, warum einige Leute mich unbedingt zum Schweigen bringen wollen!"

Uri Geller

Zum Thema Gedankenkraft fällt mir ein interessantes Beispiel ein. Drunvalo Melchizedek – ein US-Amerikaner, der eine Technik lehrt, durch eine Kombination von Meditation, Wissen und Gefühlen den eigenen Lichtkörper (genannt Merkabah) zu aktivieren und sich dann unsichtbar zu machen, zu dematerialisieren und woanders wieder zu materialisieren – erzählte auf einem Seminar folgende Geschichte:

Ein Junge hatte einen Verkehrsunfall und verlor dabei ein Bein. Doch nach einigen Wochen bemerkten die Eltern und auch die Ärzte, daß das Bein anfing, wieder nachzuwachsen. „*Unmöglich*", kreischten alle sofort. Man konnte sich die Sache nicht erklären und begann, das Wachsen auf Video aufzuzeichnen. Drunvalo behauptete auf dem Seminar, daß in der Zeit, als er davon erfuhr, gerade die Zehen am Nachwachsen waren. Welches Geheimnis steckt dahinter?

Nun, was den Eltern irgendwann wieder einfiel, war, daß der Junge in seiner Kindheit immer mit Eidechsen gespielt hatte. Und wie wir alle wissen, wächst bei den Eidechsen ein abgerissener oder abgefallener Schwanz wieder nach. Nun hatten es sowohl die Ärzte als auch die Eltern versäumt, dem Jungen zu erklären, daß bei Menschen die Glieder *nicht* mehr nachwachsen. Und da ihm das keiner gesagt hatte, ging der Bub durch seine Beobachtung der Eidechsen davon aus, daß dies beim Menschen genauso ist.

Wir sehen, die Kraft der Gedanken und Vorstellungen kann wirkliche Wunder vollbringen. Oder ist es vielleicht gar kein Wunder? Ist es vielleicht normal, daß die Glieder nachwachsen? Ist es unsere beschränkte Denkweise, die uns davon abhält?

Vor über zehn Jahren habe ich in Neuseeland eine Lehrerin kennengelernt, die mir eine ähnliche Geschichte erzählte. Ein kleines Mädchen hatte sich in der Schule beim Bastelunterricht einen Finger zur Hälfte abgetrennt. Nachdem das Kind im Krankenhaus war und ein paar Tage später wieder in die Schule kam, zog die Lehrerin die Kleine an ihre Seite und sprach sehr vertraulich mit ihr. Sie erklärte dem Mädchen, daß der Finger wieder nachwachsen würde, aber nur, wenn sie es keinem anderen Menschen verraten würde. Die Lehrerin schwor sie darauf ein, daß dies ihr ganz persönliches Geheimnis sei und niemandem erzählt werden dürfe. Und was geschah? Der Finger wuchs innerhalb zweier Jahre wieder nach.

Warum hatte die Lehrerin von dem Mädchen verlangt, es niemand anderem zu verraten? Weil die Reaktion anderer Menschen auf die Überzeugung des Mädchens, daß der Finger nachwachsen würde, beeinflussend, wenn nicht sogar vernichtend gewirkt hätte. Die Erwachsenen oder die anderen Kinder hätten gesagt, daß ein Finger nicht nachwachsen kann, und das Mädchen hätte womöglich selbst nicht mehr daran geglaubt.

Aber der feste Glaube daran ist die Voraussetzung dafür, daß es funktioniert. Wir müssen überzeugt davon sein. Jeglicher Zweifel kann vernichtende Folgen haben.

Die Kraft des Glaubens kann natürlich genauso in die negative Richtung verwendet werden. Viele Menschen werden krank oder bekommen Krebs, weil sie Angst davor haben, einmal Krebs zu bekommen, und andere sind sogar davon überzeugt, daß sie Krebs bekommen, weil schon der Bruder Krebs hatte, die Tante...

Kommen wir aber nun zu dem jungen **Harald** zurück – dem Sohn des Regierungspolitikers –, der uns über das Jenseits das berichten möchte, was er medial empfangen hatte. Als Harald eines Tages einen Freund verloren hatte, der bei einem Autounfall ums Lebens gekommen war, zeigte sich dieser Freund ein paar Wochen später und erklärte Harald folgendes:

„Hat eine Seele ihren physischen Körper verlassen, ob durch einen Unfall, Mord oder einen natürlichen Tod aus Altersgründen, so kommt diese in die feinstoffliche Welt hinüber. Es ist für diejenigen, die auf der Erde ein ehrliches und voller Liebe und Fürsorge gestaltetes Leben hatten, ein schöner Ort, da die Seele hier von Freunden, Bekannten und Familienmitgliedern empfangen wird, die bereits übergetreten sind. Hier gibt es auch Gärten, Häuser, Wiesen, und die Sonne geht nie unter. Man ist auch nie müde und kann lesen, studieren, sich weiterbilden, Gespräche führen oder was auch immer das Herz begehrt...

Diejenigen, die jedoch ein Leben voller Haß, Neid, Zweifel, Selbstsucht oder gar Verbrechen geführt haben, werden hier von solchen empfangen, die in ihrem Leben ebenso waren und auch verstorben sind. Das ist es, was die Menschen dann als ‚Hölle' bezeichnen.

Von hier aus gehen die Seelen wieder in einen neuen Körper zurück, um es in einem neuen Leben besser zu machen. Sie können sich aber auch hier in der feinstofflichen Welt schulen und dem Licht zustreben. Wer hier um Hilfe bittet, der wird sie sofort bekommen. Es gibt viele Geistwesen des Lichtes, die sich solcher Seelen annehmen und sie auf ihrem weiteren Wege beraten.

Wie lange die Seelen, die wieder in einen neuen Körper gehen, hier bleiben, ist von mehreren Faktoren abhängig. Verstorbene Kinder gehen normalerweise sehr schnell zurück. Man kann auch sagen, je früher eine Seele einen physischen Körper verläßt, desto schneller kehrt sie auch wieder zurück, weil die Aufgabe oftmals nicht vollendet wurde.

Verstorbene Erwachsene bleiben unterschiedlich lange hier. Manche kommen sofort wieder, manche bleiben Wochen, manche Jahre oder gar Jahrzehnte. Zeit spielt für uns hier keine Rolle. So etwas gibt es hier nicht.

Es hat sich aber etwas verändert hier in der feinstofflichen Welt: Da auf der Erde eine besondere Zeit angebrochen ist, bei der viele große Veränderungen stattfinden werden, möchten immer mehr Seelen ‚mit dabei' sein. Viele wollen lernen. Es gibt ja nur eine begrenzte Zahl an Körpern auf der Erde, doch es kommen immer mehr Seelen, die zuvor auf anderen Planeten gelebt haben und nun auch auf der Erde inkarnieren wollen. Man könnte sagen, daß hier eine große Warteschlange steht. Es ist also alles anders geworden. Manchmal warten die Seelen gar nicht mehr auf eine Geburt, sondern nehmen einen Körper, in dem eine Seele steckt, die ihre Aufgabe vollendet hat, und sie tauschen einfach [Walk-In; A.d.V.]. *So kann eine Seele viel Zeit sparen und eine andere nimmt den Weg über die Geburt. Solche suchen dann mit Hilfe geistiger Helfer – was ihr den Schutzengel nennt – ein Elternpaar aus, das mit dem Plan, den man sich für ein neues Leben erstellt hat, übereinstimmt."*

Manche glauben vielleicht, daß sich das Jenseits im Himmel befindet, hinter unserem Sonnensystem oder vielleicht sogar außerhalb unserer Galaxis, aber das ist ebenso falsch wie der Glaube, Gott sei ein alter Mann mit Bart. Tatsächlich befindet sich das Jenseits mitten unter uns.

Doch wir nehmen es deshalb nicht wahr, weil es eine feinere Schwingungsfrequenz hat, eine höhere, was den heutigen Normalbürger daran hindert, das Jenseits wahrzunehmen. Es ist nur ein dünner Schleier, der das Diesseits vom Jenseits trennt. Ich sage gezielt „der Normalbürger", denn die geistige Welt ist ja, wie wir ja nun vernommen haben, nicht für jeden verschlossen. Es ist der Hellsichtige, der am Menschen den helleren Körper, das leuchtende Energiefeld oder die Aura um den Menschen sehen kann. Wieso? Weil er eine höhere Frequenz wahrnehmen kann, eine größere Bandbreite. So wie das menschliche Ohr normalerweise nur eine bestimmte Bandbreite an Frequenzen wahrnehmen kann, ist es mit dem Auge ebenfalls.

Nehmen wir als Beispiel einmal die Hundepfeife. Ihre hohen Töne sind für Hunde wahrnehmbar, für Menschen gewöhnlicherweise aber nicht. Es gibt aber Menschen, die können auch die Töne einer Hundepfeife wahrnehmen. Würden Sie nun neben einem Menschen stehen und diesem erzählen, daß Sie ständig Töne hören (aus der Hundepfeife des Nachbarn), würde der Sie vielleicht für verrückt halten. Doch Sie wissen, was Sie hören. Das gleiche haben wir nun auch beim Jenseits oder zum Beispiel auch bei der Welt der Naturgeister. Diese befinden sich in einer Zwischenwelt, einer Schwingungsfrequenz, die sich oberhalb der Schwingungsfrequenz unserer materiellen Welt befindet, aber noch nicht so hochschwingend wie die des Jenseits. Daher ist es auch sehr vielen Kindern, die in ihrem kindlichen offenen Geist die aus dem Jenseits mitgebrachte hohe Schwingung noch innehaben, möglich, die Naturwesen zu sehen. Ebenso geht es Landwirten und sehr naturverbundenen Menschen, die sich der materiellen Welt und dem intellektuellen Denken nicht so sehr hingegeben haben.

Wiederum wissen wir aus der Parapsychologie, daß Tiere, insbesondere Katzen und Hunde, auf Verstorbene reagieren – sie bellen oder werden unruhig. Auch sie können die feinstoffliche Welt wahrnehmen.

In diesem Fall ist sogar die knochentrockene Wissenschaft auf unserer Seite, wenn sie beweist, daß es ein „Sterben" tatsächlich gar nicht gibt. Wir bestehen aus Energie, und Energie kann nicht sterben. Sie kann nur andere Zustände annehmen, so wie auch ein Eiswürfel nicht

„stirbt“, wenn wir ihn erhitzen – er wird zu Wasser. Er ändert nur seinen Aggregatzustand. So ist es auch bei uns Lebewesen. Wir haben einen physischen Körper mit einem ganz bestimmten Schwingungsmuster – einer spezifischen Frequenz. Die Seele hingegen hat aber eine höhere Frequenz, eine höhere Schwingungsrate, in der die „Zeit“ völlig anders verläuft. Wollen wir beim Beispiel des Wassers bleiben, könnten wir den physischen Körper mit dem Eiswürfel vergleichen, die Seele mit dem Wasser und den Geist mit dem Wasserdampf. Alles besteht aus der gleichen Substanz, nur die Schwingungsrate, in der die Moleküle schwingen – die Frequenz –, unterscheidet sie voneinander.

Und was Begriffe wie *Raum* und *Zeit* angeht, so gibt es diese im Jenseits offenbar nicht.

Wir können uns die Nicht-Existenz von Zeit in etwa so vorstellen, daß wir uns die physische Existenzebene aus Sicht des Jenseits wie eine Scheibe vorstellen oder wie eine Kugel, auf der jede Zeit und jeder Raum gleichzeitig existiert, und unsere Seele kann wählen, wann und wo sie „einsteigen“ will.

Eine Sekunde im Jenseits kann demnach hier auf Erden ein Jahrhundert oder ein Jahrtausend sein oder auch nur eine Minute. Es kommt immer darauf an, wann wir wieder inkarnieren wollen. So sei es diesem Wesen zufolge auch möglich, beispielsweise im Jahre 6012 n.Chr. zu inkarnieren oder auch 100 v.Chr. Je nachdem, welche Erfahrung wir machen wollen.

Im Jenseits selbst würden wir uns aber weder alt noch jung fühlen. Eher so Mitte dreißig, also in der Blüte des Erdenlebens.

Mit dieser Kenntnis wagen wir uns nun an die ursprüngliche Frage nach den „dunklen Kräften“:

Bei einer Reise in Zentralamerika traf ich bei Recherchen nach bewohnten unterirdischen Städten auf eine Familie, die in einer deutschen Kolonie lebt und einen bemerkenswerten Sohn hat. Er heißt **Arian** und war damals mit seinen sechzehn Jahren bereits 1,90 Meter groß. Er hat die blauesten Augen, die ich je in meinem Leben gesehen habe. Er hat dazu goldgelbes Haar und ist der absolute Frauenschwarm in der Gegend. Doch hat er aber neben seinem besonders hübschen Aussehen auch die Fähigkeit, die Aura zu sehen; er konferiert mit Verstorbenen, mit Außerirdischen und heilt Menschen durch Handauflegen.

Täglich macht er Runen-Übungen, wobei er mit geistigen Wesen Kontakt aufnimmt. Arian führte mir dies einmal vor, stellte sich mitten ins Wohnzimmer seiner Eltern und begann, sich in verschiedenen Körperhaltungen aufzustellen. Wer die Runen-Übungen kennt, weiß, welche Kraft sie ausüben können. Er sagt, daß vier riesige Wesen in den vier Zimmerecken erscheinen würden, wenn er ungefähr eine Minute eine ganz bestimmte Runen-Stellung darstellt (die Man-Rune). Arian beschreibt diese Wesen im Aussehen, wie wir uns nordische Götter vorstellen – wie Thor oder Odin –, mit langen blonden Haaren und weißen Roben. Diese beschützen nicht nur ihn, sondern den ganzen Raum, in dem er dann entweder Heilungen durchführt oder Dämonen austreibt. Arian erklärte mir, daß viele der Einheimischen mit Vodoo experimentieren würden, wobei diese überwiegend mit niedrigen Wesen kommunizieren und sich deswegen auch nicht zu wundern hätten, daß sie sich dämonische Energien einfangen. Oft habe er den Leuten gesagt, daß sie ihre Finger davon lassen sollten, doch hörten sie meistens erst dann auf ihn, wenn sie ihn holen würden, um die Dämonen wieder zu entfernen. Angst vor diesen Wesen kennt er nicht. Da lacht er nur. Arian sagt, daß seine Wesen, die er übrigens manchmal auch als die *„Lichtgötter“* bezeichnet, kein anderes Wesen, egal wie mächtig es auch sein mag, an ihn heranlassen.

Mit seinen Fähigkeiten als Hellseher wird Arian aber auch immer wieder von Menschen aus den umliegenden Dörfern gerufen, wenn es dort angeblich spukt. Er fährt dann mit seinem Motorrad zu den Leuten und sieht sich die Häuser an.

Arian unterscheidet grob zwischen:

- **Verstorbenen**, die sich darüber bewußt sind, daß sie ihren physischen Leib verlassen haben;

- **Spuk**, worunter er Verstorbene versteht, die sich nicht darüber bewußt sind, daß sie tot sind (Gespenster oder Geister genannt), die aber an und für sich niemandem etwas Böses wollen, und
- **Dämonen**, die sich über ihr Unwesen bewußt sind und gezielt Schaden anrichten.

Arian erläutert uns im Detail:

„Die meisten Seelen Verstorbener werden von ihren geistigen Begleitern (Schutzengel) abgeholt, betrachten sich ihr Leben in einer Rückschau und entscheiden sich dann, ob sie erneut inkarnieren möchten oder ob sie in der geistigen Welt bleiben. Doch es gibt auch Verstorbene, die sich über ihren ‚Tod' bewußt sind, sich also bereits in der geistigen Welt befinden, jedoch aus verschiedenen Gründen Menschen wie mir erscheinen. Wenn sie mich besuchen, dann kommen sie aus einer höher schwingenden geistigen Sphäre. Deshalb ist es für mich auch schwieriger, diese wahrzunehmen. Meistens kommen solche Seelen kurz nach ihrem ‚Tod', wenn ihre Emotionen und ihre Erinnerungen an ihre Familien und Freunde noch am stärksten sind und auch der Wunsch, diese noch einmal zu sehen. Sie sprechen dann zu mir, und ich übersetze das dann an die Anwesenden, die Verwandten. Diese Seelen sind nicht ortsgebunden, sondern können Menschen überallhin begleiten (zum Friedhof, in den Urlaub), wenn sie das möchten. Mit der Zeit verschwinden diese Emotionen dann, und die Seelen steigen in höher schwingende Welten auf. Dann kann ich sie normalerweise auch nicht mehr sehen.

Als ***Spuk*** *bezeichne ich hingegen solche Seelen, die sich nicht darüber bewußt sind, daß sie ‚tot' sind und verschiedenen Menschen erscheinen. Aus unterschiedlichen Gründen weigern sich diese, den Tod zu akzeptieren und ins Jenseits überzuwechseln. Sie hängen oft in der Zwischenwelt fest, ja, sind manchmal nicht einmal in der Lage, ihren Schutzengel zu sehen. Meistens sind sie verwirrt und glauben fest daran, daß sie nicht gestorben sind und daß sie noch genauso im Leben stehen würden wie wir. Wenn man sie dann ‚spuken' sieht, ist das meistens an einem Ort, mit dem diese Seelen zu Lebzeiten sehr stark emotional verbunden waren – das Haus, das Schloß, der Ort, an dem man zu Tode gekommen ist... Sie sind sozusa-*

gen erd-gebunden. Manchmal ist es aber auch wegen des Ehepartners, wegen den Kindern, aus Eifersucht oder aus Trauer.

Und da sie sich so fest an ihr letztes Leben klammern und nicht loslassen wollen, sind die Seelen, die ‚spuken', von allen feinstofflichen Wesen diejenigen, die ich am leichtesten wahrnehmen kann, da sie unserer materiellen Welt am nächsten stehen. Es sind daher auch diejenigen, die am ehesten von ‚normalen' Menschen gesehen werden können. Solche ‚normale' Menschen sagen dann, daß sie einen ‚Geist' oder ein ‚Gespenst' gesehen hätten. Und aufgrund der Überzeugung der spukenden Seelen, daß sie eigentlich noch ganz ‚normal' leben, möchten sie auch Aufmerksamkeit von den Menschen bekommen. Sie sehen uns, nur wir können sie nicht sehen – üblicherweise. Da hatte ich schon die heißesten Diskussionen, da diese Seelen ja oft auch gar nicht glauben wollten, daß sie tot sind. Sie regten sich dann darüber auf, daß sie mit ihrem Ehepartner geredet hatten, der sie aber ständig ignorierte. Das war schon ein Ding... Oft mußte ich dann lachen, was die armen Seelen nur noch mehr aufgeregt hat. Ich sprach dann lange mit ihnen, zeigte ihnen ihre Todesanzeige, falls ich diese zur Verfügung hatte, ging mit ihnen zu ihrem Grabstein, und dann akzeptierten sie langsam, daß sie in dem Haus oder in der Ortschaft nichts mehr zu suchen hatten...

Seelen, die spuken, kann ich deutlicher sehen und hören als die anderen, die sich über ihren Übergang in die geistige Welt bewußt sind."

Und über Dämonen und „dunkle Wesen" an sich erklärt er uns:

„Die Lichtgötter berichten vom Lande Ur, welches der Ur-Heber, der Schöpfer, geschaffen hatte – das Universum. Das Entstehen des Universums, des Landes Ur, nennt man den Ur-Sprung. Damals war Ur noch eins. Dann erschuf der Ur-Heber das Licht und teilte Ur in Licht und automatisch auch in Dunkelheit (daher spricht man auch von ur-teilen). Ur wurde polar, wurde geteilt. Wir sollen aber nicht ur-teilen und die Schöpfung getrennt sehen, denn beide Hälften gehören zusammen, beide sind ‚gut'. Denn wir sind all-ein, mit allem eins. Deswegen geht es uns so gut, wenn wir mit uns allein und im Geiste mit allem eins sind und uns in der Stille mit dem Ur-Heber, mit dem Schöpfer, verbinden.

Als der Schöpfer das Licht geschaffen hatte, entstand also automatisch auch die Dunkelheit. Sie ist nicht böse oder schlecht, Dunkelheit ist einfach der Bereich, in dem kein Licht ist. Doch Licht ist auch Liebe, daher ist Dunkelheit auch der Bereich ohne Liebe.

Der Schöpfer hat **alle Wesen** *aus Licht erschaffen. Das Böse hat er jedoch nicht erschaffen, genausowenig wie das Schlechte oder einen ‚Teufel'. Manche Wesen, die erschaffen wurden, haben sich jedoch dazu entschieden, das Licht abzulehnen, haben diesen lichtlosen Bereich als neues Zuhause für sich entdeckt und fühlen sich dort auf ihre Weise ‚wohl'. Das ist deren freie Entscheidung gewesen. Das Licht beziehungsweise der Schöpfer wendet sich von niemandem ab, hält aber auch niemanden zurück, der sich von ihm abwenden will. Der Schöpfer wußte, daß die Existenz des Lichts und die damit einhergehende Eigendynamik der Schöpfung die Zwei-Teilung voraussetzt, die wir heute als Polarität bezeichnen. Und diese gibt den Wesen die Möglichkeit, eine Ent-Scheidung zu treffen. Und so entstand der Zustand, den wir heute kennen – Licht oder Dunkelheit, Engel oder Dämonen, Liebe oder Haß."*

Wir könnten uns das Jenseits beziehungsweise die geistige Welt, in der die Seelenkörper, Geistführer, Schutzengel und so weiter herumschwirren, auch als ein Hochhaus vorstellen. Noch besser wäre zu verdeutlichen, wie es im Jenseits zugeht, wenn wir uns dieses Hochhaus auch noch komplett aus Glas vorstellen, es also durchsichtig ist. Und es gibt nur eine einzige Lichtquelle, und die ist ganz oben auf dem Dach des Hochhauses plaziert. Somit wäre das Erdgeschoß der Ort, zu dem am wenigsten Licht durchdringt. Das Erdgeschoß wäre daher der Ort im Jenseits, den wir als „Hölle" bezeichnen könnten – es ist der lichtfernste, an dem sich die Seelen von Verbrechern, Mördern, Wucherern und ähnlichen aufhalten. Dennoch ist es ein Teil des gleichen Hauses, also nichts Abgetrenntes. Und die Auswahl, wer sich im Erdgeschoß aufhält, trifft nicht der Vermieter, sondern die Resonanz der Mieter – entsprechend ihrer eigenen Schwingung der Seelenkörper, die sich lieber in den dunklen Bereichen aufhalten.

Es gibt eine Geschichte, daß Gott, als er feststellte, daß sich immer mehr Wesen vom Licht abwendeten, seine Erzengel fragte, wer in die Dunkelheit ausziehen würde, um die anderen wieder zurückzuholen. Sein schönster und herrlichster Engel meldete sich und sagte: „*Vater, ich werde für dich ausziehen und dein Licht dorthin tragen, wo es am finstersten ist, damit sich diese wieder erinnern können, wer sie sind.*“ Dieser Erzengel war Luzifer, der Licht-Träger!

Dies ist nur eine Geschichte, denn *Luciferus* war einst der römische Name des Morgensterns, der das anbrechende Tageslicht ankündigte. Doch steckt vielleicht auch etwas Wahres darin? Jedenfalls sind die medialen Kinder in diesem Punkte alle einer Meinung, nämlich, daß der Schöpfer keinen *Teufel* erschaffen hat, um die kleinen Menschlein zu ärgern. Aber da viele von uns einst diesen Weg gewählt hatten, den Weg der Dunkelheit, haben wir zwei Seiten, die uns ins Ohr flüstern, und zwei Seiten, die in uns ruhen – die lichte und die dunkle. Und manchmal flüstert uns ein Engel ins Ohr, der uns ins Licht helfen will, und ein anderes Mal flüstert ein Dämon hinein, um uns in der Dunkelheit zu halten.

Das ist es, was Jesus meinte, als er sagte: „*Himmel und Hölle sind in uns.*“ Es liegt an uns, wozu wir die Kräfte, die in uns ruhen, benutzen – für lichte Dinge oder für dunkle, lichtlose.

Und natürlich ist es für die dunkle Seite leichter, zu uns zu flüstern, wenn wir *nicht ganz wir selbst sind* – im Rausch, ob durch Alkohol, Drogen, Geschwindigkeit, Aggression und Haß oder Depressionen...

Arian erklärt weiter:

„Die Dämonen, die lichtlosen Seelen, besetzen die Menschen nicht auf Anordnung eines Höllenfürsten, doch sie brauchen Energie, um zu leben, und die holen sie sich bei Menschen, die das Dunkle in ihren Gedanken, Gefühlen und Taten hervorbringen, das Licht- und Lieblose, und dadurch eine defekte und löchrige Aura haben. Und so gibt es auch Menschen, die teilweise sehr erfolgreich im Geschäftsleben, ja, auch in Politik und Religion sind, die sich aber durch eine äußerste Rücksichtslosigkeit, Kälte und Gewissenlosigkeit hervortun. Diese haben dann viele Aspekte des Dunklen in sich. Auch bin ich überzeugt davon, daß es Inkarnationen des Dunklen

gibt, die hier auf Erden versuchen, das Dunkle zu propagieren. Das Resultat sehen wir jeden Tag im Fernsehen oder an den Kindern, die zur Waffe greifen, Tieren wehtun und anderen wehrlosen Geschöpfen.

Solche Menschen treffen wir auch in unserem Leben. Sie reden über Spirituelles, lächeln einem ins Gesicht und reden von Liebe; doch spielen sie es nur, ihre Taten bezeugen anderes. Manchmal versucht man dann noch, in solch einem Menschen auch das ,Gute' zu sehen, doch ist es wirklich das beste, sich von solchen Menschen so schnell als möglich zu trennen, denn ,retten' kann man niemanden. Retten kann sich nur jeder selbst, wenn man von ,retten' überhaupt sprechen kann.

Die dunkle Seite versucht immer wieder, uns zu ködern. Teilweise, um uns auf ihre Seite zu ziehen, was aber nicht wirklich geht, da das Licht nicht so einfach auszulöschen ist. Man kann das Licht nur kurzfristig verdunkeln. Die dunklen Wesen versuchen, von der Lichtenergie zu zehren, teilweise aber auch gleichzeitig, lichtvolle Wesen emotional kaputt zu machen. Die dunklen Seelen wollen nicht bekehren, sondern zerstören...

Es gibt zwar keinen Teufel, aber mächtige Dämonen, die wiederum eine Heerschar an Dämonen anführen. Diese sind aber niemals Gegenspieler des Lichts oder gar Gegenspieler der Schöpfungskraft."

Das ist natürlich eine harte Aussage von Arian, daß es wirklich „dunkle" Menschen gibt, also bösartige. Aber die Realität bezeugt dies tagtäglich. Warum sonst sollte wohl ein Mensch Kindern Drogen geben, seine eigenen Kinder zur Prostitution zwingen, Kinder mißhandeln oder verkaufen, Kinderpornos drehen und dabei auch noch töten (*Snuff* nennt man die Kinderpornos, bei denen die mißhandelten Kinder am Ende vor laufender Kamera bei lebendigem Leibe zerstückelt werden)? Wer kann ein Interesse daran haben, Gewaltfilme zu produzieren, Killer-Videospiele? Es ist nur eines: Fehlende Liebe, fehlendes Licht – Dunkelheit. Kein Mensch, der nur ein Quentchen Liebe in sich spürt, wäre zu so etwas in der Lage, also können es nur die *anderen* sein.

Wir nennen sie Wesen ohne Gewissen. Sie zu bekehren, ist sinnlos; sie zu bekämpfen, wäre dumm, da alles, was wir aussenden, wie ein energetischer Bumerang auf uns zurückkommt. Das beste, was wir tun können, wenn wir einem Menschen mit solch einer Aura begegnen, ist es, diesen zu meiden und einen Bogen um ihn zu machen. Das mag zwar hart und lieblos klingen, aber glauben Sie mir, ich spreche aus Erfahrung. Jesus sagte einst: *„Wir sollen die Perlen nicht vor die Säue werfen."* Und hierbei handelt es sich um *„Säue"*, denn wer sich anderen Menschen – und vor allem Kindern gegenüber – wie ein *„Schwein"* verhält, der mag gemieden werden. Natürlich lehrte Jesus auch, für solche Seelen zu bitten und zu beten.

Dennoch muß ich hier gleichzeitig vor einer zu schnellen Be- oder gar Verurteilung eines Mitmenschen warnen. Nur zu gerne beginnen wir nun, in unserer Erinnerung zu forschen, welcher Mensch zu dieser Gattung *dunkler Wesen* gehören könnte. Hier bitte nicht ins andere Extrem verfallen! Nur weil uns jemand Leid zugefügt hat, ist er deswegen nicht gleich von der „anderen Seite", denn inzwischen wissen wir, daß das „Leid" ein Spiegel unserer Lebensqualität war und uns zu Veränderungen herausfordern sollte. Aber es gibt wirklich Menschen, die sogar noch stolz darauf sind, einem anderen Menschen oder Geschöpf Schaden zugefügt, andere verletzt, zusammengeschlagen oder gefoltert zu haben, und die gleich zum nächsten Opfer übergehen (wobei aber auch untersucht werden sollte, welches karmische Täter-Opfer-Spiel sich hier abspielt).

Es gibt auch solche Menschen, die ihresgleichen niemals etwas antun könnten, obige Emotionen aber an Tieren – bewußt oder unbewußt – ausleben (Tierhaltung, Tiertransporte und vor allem Tierversuche).

Warum sind „gute" Energien stärker?

Das möchte ich Ihnen an folgendem einfachen Beispiel erläutern:

Stellen wir uns einen Raum am hellichten Tag vor. Kein noch so großer Schatten kann die Helligkeit in dem Raum verdrängen. Sogar wenn es draußen dunkel ist, ist immer noch ein wenig Helligkeit vorhanden. Nun wollen wir das Ganze herumdrehen: Wir befinden uns in einem gänzlich abgedunkelten Raum. Bereits ein winziger Lichtstrahl oder eine harmlose kleine Kerze genügt, um einen großen Teil der Dunkelheit zu verdrängen.

De facto: Das Licht verdrängt die Dunkelheit, doch die Dunkelheit kann das Licht nicht verdrängen. Denn Dunkelheit existiert in Wirklichkeit gar nicht, sie ist nichts weiter als fehlendes Licht – die Abwesenheit von Licht! Das Licht ist also immer stärker!

Übertragen auf die dunklen Energien bedeutet dies: Fröhlichkeit und Lachen verdrängen den miesesten Energiesumpf, oder noch anders ausgedrückt: Licht, Liebe oder Freude zieht es dorthin, wo „nichts“ ist – Lichtlosigkeit, Lieblosigkeit, Freudlosigkeit.

Doch wie kommt es zu der Besetzung eines Menschen?

Ganz wichtig nochmals! Wie wir von Arian zuvor erfahren haben, holen sich lichtlose Seelen, genannt Dämonen, die Energie, die sie zum Leben brauchen, bei Menschen, mit denen sie in Resonanz kommen können – bei Menschen, die ebenfalls das Dunkle in ihren Gedanken, Gefühlen und Taten hervorbringen, das Licht- und Lieblose.

Kein Dämon oder sonstiges Energiewesen der Dunkelheit kann einfach so, weil es gerade nichts anderes zu tun hat, einen Menschen anfallen. Rennt aber jemand mit einer defekten Aura, also dem kokonähnlichen Energieschutz unserer Seele, herum, wird sich an dieser defekten Stelle sofort etwas Dämonisches anheften, und man spricht von Besetzung. Starke Dämonen jagen uns Angst ein, denn Angst ist eine der gewaltigsten Emotionen, die Energie für die Lichtlosen darstellt. Mein Vater nennt das in seinen Büchern ***Energievampirismus***. Ansonsten können diese Wesenheiten aber nichts Wesentliches verursachen.

Besetzen heißt in diesem Fall, daß eine dunkle Fremdwesenheit oder ein Dämon in unser Bewußtsein eindringt beziehungsweise sich anklammert. Solche Wesen stehen vielleicht auch in unserer Nähe und warten auf einen schwachen oder emotionalen Moment, in dem wir ausrasten – aber das gehört zu manchem Leben mit dazu. Wenn wir uns gar öffnen, also in Resonanz mit einem dunklen Wesen stehen, also uns so verhalten, wie ein dunkles Wesen es tun würde – aggressiv, haßerfüllt, gemein, genervt, verärgert, rachsüchtig, streitlustig, im Rausch oder depressiv und voller Ängste –, dann hat es sozusagen eine Eintrittskarte bekommen – nach dem

Gesetz „*Gleiches zieht Gleiches an*". Es ist dann nicht der Dämon schuld, sondern der Besetzte, da er ihn bewußt oder unbewußt hereingebeten hat. Ein anderes mediales Kind hatte mir einmal berichtet, was es in Diskotheken und unter Drogenkonsumenten erlebt hat. Unglaublich...

In dieser Auflistung dürfen natürlich die Horrorfilme nicht fehlen. Es ist bei mehreren Hollywood-Produktionen vorgekommen, daß Schauspieler, die bei Horrorfilmen mitwirkten, während oder kurz nach Fertigstellung des Filmes ums Leben kamen. Das bekannteste Beispiel wäre der Streifen *Poltergeist*.

Das ist kein „Zufall", sondern auch in diesem Falle Resonanz – Gleiches zieht Gleiches an. Drehen oder sehen wir einen Film über Dämonen, Vampire oder Poltergeister, dann brauchen wir uns nicht darüber zu wundern, daß sich solche angezogen fühlen. Es kann also auch durch Filme beziehungsweise die dadurch ausgelösten Emotionen zu Besetzungen kommen. Im Falle des Dracula-Darstellers *Bela Lugosi* war es beispielsweise so, daß dieser in seinen letzten Lebensjahren tatsächlich in einem Sarg geschlafen hatte. Er hatte sich also nicht nur stark mit der Rolle identifiziert, sondern wahrscheinlich auch eine Fremdwesenheit bei sich, die sich bei solch einem Tun wohlfühlte.

So, und diese dunklen Kräfte sind es, die unsere illuminierten Freunde inspirieren und ihnen so tolle Ideen eingeben, daß man den Menschen einen Chip einpflanzen sollte, daß man alle Rassen der Welt zu einem Brei vermischt, alles überwacht und kontrolliert und einen Teil der Weltbevölkerung dezimiert, was ihr erklärtes Ziel ist. Das sind die Wesenheiten, die einen Albert Pike inspirierten, und es sind die gleichen, welche die heutigen Mächtigen, die Illuminierten, inspirieren, welche unsere Politiker in der Hand halten und zu dem bringen, was uns dann letzten Endes wieder den Schlaf raubt.

Doch aussichtslos – *Aussicht* hat mit Licht zu tun – ist hier überhaupt nichts.

Ich möchte noch einmal kurz zusammenfassen, was es Wichtiges über die feinstoffliche Welt – das Jenseits – zu wissen gibt, weil es doch grundlegend ist für unser neues Weltbild, das ich Ihnen nachher darstellen möchte.

Zusammenfassend kann also über das Jenseits gesagt werden:

- Außer der grobstofflich-materiellen Welt gibt es die feinstoffliche, auch *Jenseits* oder *geistige Welt* genannt.
- Diese ist unser seelischer Ursprung, aus dem alles Leben kommt und der daher logischerweise auch mit Leben erfüllt ist. Es gibt geistige Wesen, die diese feinstoffliche Welt bevölkern und die sich grob in zwei Gruppen unterteilen lassen:
  1. Geistwesen, die nie mehr inkarnieren, da sie bereits derart hochschwingend und der göttlichen Einheit nahe sind, und
  2. Geistwesen, die auf der Erde oder auf anderen Planeten inkarnieren, um wieder und wieder Erfahrungen in der physischen Welt zu sammeln. Die Seele, die in einen Körper schlüpft, kehrt nach dem Absterben des physischen Körpers zurück in die geistige Welt. Daher gibt es an und für sich keinen *Tod*.

  Grundlage aller Gesetzmäßigkeiten in der Schöpfung – sowohl physisch als auch geistig (metaphysisch) – ist das *Gesetz von Ursache und Wirkung*, welches be-*wirkt*, daß wir all das ernten, was wir zuvor irgendwann einmal gesät haben. Aufgrund unserer eigenen Saat ernten wir Schmerz, Freude, Haß oder Liebe, Erfolg oder Mißerfolg. Haben wir einem anderen Lebewesen Schmerzen und Leid zugefügt, so können wir entweder im gleichen oder in einem weiteren Leben erfahren, wie es dem ergangen war, dem wir etwas zugefügt haben, sowohl angenehm als auch unangenehm. Sind wir mit dem zufrieden, was wir in der physischen Welt erlebt haben, so bleiben wir in der feinstofflichen und gehen dort andere, neue Entwicklungswege.

  Die Urkraft all dessen, was besteht, die aus alter Sicht in männlicher Form als „Schöpfer“ oder „Gott“ verstanden wird, kann als die „absolute Liebe“ bezeichnet werden oder auch als „absolutes Licht“! Alle Geistwesen, die erschaffen wurden, waren einst in diesem Licht – auch wir! Allerdings haben sich manche besonders weit von diesem Licht abgewandt und befinden sich für einige „Zeit“ (wenn es sie dort gäbe) in Bereichen der Dunkelheit – teilweise bewußt, teilweise unbewußt. Aufgrund des fehlenden Lichts, das sie jedoch zum „leben“ brauchen, heften sich solche dunklen Wesen – auch ***Dämonen*** genannt – an Menschen, die das zugelassen oder diese „eingeladen“ haben. Eingeladen heißt, daß in einem Energiefeld eines Menschen, in der Aura, Löcher oder Risse sein müssen beziehungsweise andere *Anker*-Punkte, an die sich die dunklen Wesen anheften können, um Lebensenergie des betroffenen Menschen abzusaugen. Die Löcher, Risse oder dunklen Flecken entstehen jedoch nicht durch die dunklen Wesen, sondern durch die jeweilige Person selbst – durch jegliche Form von Rauschzuständen –, eine Situation also, in der der Betreffende nicht mehr er selbst ist – wie Drogenkonsum, Alkohol- oder Blutrausch, Haß, Wut, Depressionen, Selbstmitleid... Die reine gnostische Lehre spricht vom *Licht und Schatten in uns*, ohne welche *Licht und Schatten von außen* nie resonant sein können. Diese dunklen Wesen können von sich aus nicht angreifen, sondern brauchen eine „Einladung“ (Resonanz), die von den Menschen selbst geschaffen wird, nach dem Gesetz: *„Gleiches zieht Gleiches an.“*

- Es gibt auch Zwischenreiche, die nicht mehr ganz physisch sind, aber auch noch nicht ganz jenseitig – die Welt der transparenten Naturgeistwesen.
- Es gibt Engel, Schutzengel und Geistführer, also Wesen, welche die Seelen, die in der grobstofflichen Welt inkarniert sind, betreuen und führen. Sie gehören meistens unserer eigenen Seelenfamilie an und beraten uns, bevor wir in die Grobstofflichkeit einsteigen. Sie sind es auch, die uns, wenn wir in der physischen Welt „sterben“, wieder abholen und „heim“ führen. Mit ihnen zusammen betrachten wir dann im nachhinein, ob wir mit unserem Aufenthalt auf Erden zufrieden sind oder ob wir nochmals „hinunter“ wollen, um noch andere Erfahrungen zu machen.

- „Verstorbene" sind daher nicht „tot", sondern fühlen sich in der geistigen Welt besser denn je zuvor. Manchmal nehmen diese Kontakt mit uns auf beziehungsweise ist es uns möglich, durch ein Medium mit diesen oder anderen Wesen aus der feinstofflichen Welt direkten Kontakt aufzunehmen, was jedoch nicht zum Spaß und auch nicht aus Neugier praktiziert werden sollte, sondern nur vom ernsthaft Interessierten und auch nur in unbedingten Notfällen.
- Botschaften von der geistigen Welt erhalten wir zuallererst über unser *Herz* und unsere *Intuition*, die sogenannte *innere Stimme* – andere nennen es auch *Gewissen* oder *Instinkt*. Die professionelle Kommunikation mit der feinstofflichen Welt läuft jedoch normalerweise über spirituelle Medien ab.

Wenn Sie bibelfest sind, wissen Sie ja, warum sich die Medialität unter den Menschen, vor allem unter den heutigen Kindern, so massiv verstärkt: „*Und es soll geschehen in den letzten Tagen, spricht Gott, da will ich ausgießen von meinem Geist auf alle Menschen; und eure Söhne und Töchter sollen weissagen, eure jungen Männer sollen Gesichte sehen, eure Alten sollen Träume haben; und auf meine Knechte und Mägde will ich in jenen Tagen von meinem Geist ausgießen, und sie sollen weissagen...*" (Apostelgesch. 2, 17-18)

Bevor ich Ihnen jedoch schlüssig erklären kann, welchem Schicksal auch die *Neue Weltordnung* ausgeliefert sein wird, soll noch eine weitere Komponente behandelt werden.

Zu Beginn unserer Reise waren wir in Tibet und betrachteten uns die Menschen, die im Samâdhi-Zustand vor sich hinschlummern. Nun gehen wir einen Schritt über die Grenze ins heutige China und betrachten uns einmal, was sich dort gerade Verrücktes abspielt. Denn die Chinesen, die von den Tibetern als „*gottlose Kommunisten*" verurteilt werden, haben auch einige höchst interessante Personen in ihrem Land, welche die Macht der Gedanken überaus beeindruckend beherrschen. Ich spreche im folgenden Kapitel über...

DIE SUPER-KINDER AUS CHINA

Worum handelt es sich hierbei?

Im März 1979 wurde in China ein Fall bekannt, bei dem ein kleiner Junge mit seinen Ohren „sehen“ konnte. Die Zeitung *Sichuan Daily* berichtete damals, daß der zwölfjährige Tang Yu mit seinen Ohren sah, wie andere mit den Augen sehen, und das sogar noch besser. Der Reporter Zhang Naiming recherchierte für einen späteren, noch ausführlicheren Bericht über diesen Jungen und testete ihn folgendermaßen: Er drückte ihm ein sechsmal gefaltetes Blatt Papier in die Hand, auf das er mit blauer Tinte vier Buchstaben geschrieben hatte. Tang Yu hielt den Zettel kurz an sein Ohr und sagte den Inhalt korrekt auf. Später schrieb man sogar ganze Gedichte auf ein zusammengefaltetes Blatt, die er ebenso fehlerfrei erkannte.

Das war aber nur der Anfang einer unheimlichen Geschichte. Aufgrund der Zeitungsartikel, die damals ganz China in Erstaunen versetzten, meldeten sich die Eltern anderer Kinder mit ähnlichen Fähigkeiten, die dann ebenfalls getestet wurden. Die chinesische Regierung behauptet sogar, daß inzwischen tausende dieser Kinder in China mit verbundenen Augen nicht nur mit den Ohren, sondern mit der Zunge, der Nase, den Armhöhlen, Händen oder Füßen lesen können. Jedes getestete Kind ist dabei unterschiedlich veranlagt.

Zwei Schwestern mit ähnlichen Fähigkeiten wurden beispielsweise von mehreren Journalisten und Fachleuten aus Bildung, Wissenschaft und Medizin aufgesucht und intensiv getestet. Die Schwestern sagten, wenn sie ein Schriftstück an ihr Ohr, ihre Nase oder unter ihre Achselhöhle hielten, in ihrem Geist die Bilder und Worte auftauchten, die sich auf dem Papier befanden. Doch nur für einen kurzen Augenblick, dann seien die Bilder wieder verschwunden. Auch wüßten sie nicht, *wann* diese Visionen eintreten würden. Manchmal müßten sie ein paar Minuten warten, manchmal auch eine halbe Stunde, manchmal geht es sofort.

Durch diese Berichte angeregt, befaßten sich auch andere Personen mit diesem Phänomen, und es stellte sich heraus, daß es nicht unbedingt neu war. Im Zweiten Weltkrieg machte man die Entdeckung, daß einige Männer, die in den Radarstationen arbeiteten, in der Lage waren, Mikrowellensignale zu „hören". Und im Jahre 1964 fand man einen Jugendlichen, der durch Wände und andere Objekte hindurchsehen konnte. (33)

Über die medialen chinesischen Kinder erfahren wir aus dem Magazin *Licht Forum* folgendes:

„Ungefähr im Jahre 1984 fand die chinesische Regierung erstmals ein Kind, einen Knaben, mit einer Medialität, die jenseits von allem war, was man bisher kannte. Als die Regierung seine medialen Fähigkeiten testete, stimmten seine Aussagen zu hundert Prozent. Danach fand die Regierung ein weiteres solches Kind, später mehrere, dann Hunderte und schließlich Tausende. Über dieses Phänomen stellte das US-Magazin Omni auf Einladung der chinesischen Regierung Recherchen an. Die Omni-Journalisten kamen in der Annahme, es könnte sich um einen Betrug handeln und gingen mit äußerster Vorsicht vor. Die Regierung wies ihnen ungefähr einhundert Kinder zu, mit denen sie arbeiten konnten. Die Omni-Leute entwickelten Tests, wie etwa, daß sie aus einem beliebigen Buch irgend eine Seite herausrissen, diese zerknüllten und in die Achselhöhle der Testperson legten. Die Kinder lasen jedes einzelne Wort auf der Seite ganz exakt! Nachdem viele Kinder getestet worden waren, fanden die Omni-Leute diese Kinder unglaublich, doch konnten sie sich dieses Phänomen nicht erklären. Ihr Bericht kann in der Omni-Januar-Ausgabe von 1985 nachgelesen werden. Seither sind in vielen anderen Ländern solche Kinder gefunden worden, so etwa in Rußland, Japan, Kanada, Europa und in den Vereinigten Staaten." (32)

Das sind starke Berichte. Über diese chinesischen Kinder publizierte auch das Wissenschaftsmagazin *Nature* und ist von der Authentizität der Ereignisse überzeugt.

In dem äußerst interessanten Buch von Paul Dong und Thomas Raffill, *„Indigo-Schulen – Chinas Trainingsmethoden für medial begabte Kinder"*, dem ich auch die meisten dieser Informationen entnommen habe, listen die beiden Autoren die Namen der Jungen und Mädchen (teilweise mit Foto) auf, die bei Tests folgende Fähigkeiten aufwiesen:

- Lesen und Farbwahrnehmung mit Ohren, Händen, Achselhöhlen, Stirn, Handflächen, Füße, Nase;
- durch Geisteskraft Objekte bewegen und Zweige an Bäumen brechen;
- Röntgenblick: durch menschliche Körper, Kartons und Wände hindurchsehen;
- Rechenaufgaben im Kopf schneller lösen als ein Taschenrechner
- Objekte durch Ansehen vergrößern und durch Gedankenkraft transportieren;
- durch Gedankenkraft Schlösser öffnen und
- Worte und Bilder auf zerknülltem oder auch auf zerschnittenem Papier sehen. (33)

Doch diese Phänomene sind nicht auf China beschränkt, sondern ereignen sich inzwischen überall auf der Welt.

In Mexiko beispielsweise fand man in der Hauptstadt inzwischen über eintausend Kinder mit ähnlichen Fähigkeiten, wie sie die chinesischen Kinder aufweisen, und die in der Lage sind, mit den unterschiedlichsten Körperteilen zu „lesen". Es scheint fast so, als habe sich die Fähigkeit der chinesischen Kinder auf die in Mexiko und anderswo übertragen. Und offenbar ist das mit dem biblischen „Geist ausgießen" Tatsache...

Doch nachdem die chinesische Regierung begann, das Phänomen der Kinder zu untersuchen, stellte sich heraus, daß diese „Lese"-Phänomene nur die Spitze des Eisbergs sind. So berichtet Paul Dong auch davon, daß tausende Besucher einer Veranstaltung eine Rosenknospe ausgehändigt bekamen. Nachdem alle Platz genommen hatten und Stille im Saal herrschte, betrat ein junges chinesisches Mädchen im Alter von ungefähr sechs Jahren ganz alleine die Bühne und sah in Richtung Publikum. Dann, nach einer sanften Armbewegung, begannen sich all die tausende Rosenknospen vor den Augen derer, die sie in Händen hielten, zu öffnen und sich in prächtige Rosen zu verwandeln.

Paul Dong schreibt auch von einer anderen demonstrativen Veranstaltung, an der etwa fünftausend chinesische Kinder teilnahmen. Ein Kind saß dabei vor einer verschlossenen Arzneiflasche mit kleinen Tabletten darin. Nachdem diese Flasche vor dem Publikum mit einem Deckel verschlossen und mit Klebeband versiegelt worden war, wurde diese vor das Kind plaziert. Daneben wurde eine Videokamera aufgestellt, die alles auf Band festhielt. Dann sagte das Kind, daß es nun anfangen würde, und die Zuschauer sahen gespannt zu. Plötzlich begannen die Tabletten, die sich im Innern der Glasflasche befanden – ohne daß sich das Kind bewegte, also nur mit Gedankenkraft –, sich durch das Glas hindurch auf den Tisch zu bewegen, wo sie dann liegenblieben. In einem anderen Fall führte ein Kind den gleichen Versuch mit einer Münze durch, die sich ebenfalls widerstandslos durch die Glaswand in das Behältnis hineinbewegte und dort liegenblieb.

Paul Dong zufolge gab es noch viele andere Phänomene, die in China vorgeführt wurden und auch von der chinesischen Regierung inzwischen als echt anerkannt worden sind. Selbstverständlich war die chinesische Regierung am Anfang davon überzeugt, daß es sich hierbei um irgendeinen Trick à la David Copperfield handeln würde, doch die Zahl der Kinder mit diesen Fähigkeiten stieg weiter an. Als das Buch von Paul Dong 1997 in den USA erschien, hatte die chinesische Regierung angeblich bereits über einhunderttausend solcher Kinder registriert.

Abb. 82:
Hochrangige Führungskräfte eines US-Ölkonzerns beobachten das Mädchen beim Öffnen einer Knospe durch die Kraft seiner Gedanken (1992). Das Mädchen daneben läßt durch seine telekinetischen Kräfte eine Tablette durch die Glaswand einer Flasche „wandern“.

Nachdem die Realität dieser Ereignisse nicht mehr von der Hand zu weisen war und man sich auch darüber bewußt wurde, was dies für China bedeutete, begann man, spezielle Schulen und Ausbildungsstätten einzurichten, in denen solche Kinder mit ihren Fähigkeiten unterstützt werden können. Es ist inzwischen so, daß, wenn ein neues Kind mit diversen Fähigkeiten gefunden wird, dieses gleich zu solch einer Schule gebracht und dort betreut wird. [33]

Ein interessanter Nebeneffekt ist der, daß teilweise Kinder, die keine solchen Begabungen haben, in Anwesenheit solcher medialer Kinder ebenfalls medial werden.

Das erinnert an Uri Geller, den ich zuvor bereits erwähnte. Uri Geller, der übrigens in seinem Buch *„Mein Wunder-volles Leben"* beschreibt, daß er mit Außerirdischen in Kontakt steht, die ihm helfen, diese Dinge zu vollziehen, hatte im November 1973 an einer Radio- und später an einer Fernsehsendung teilgenommen, bei der er Löffel und andere metallische Gegenstände mit Gedankenkraft verbog. Er bat dabei die Zuhörer- und schauer, bei sich zu Hause ebenfalls Löffel oder Messer auf den Tisch zu legen, um zu sehen, ob sich der Effekt übertragen ließe. Und tatsächlich war es so, daß tausende Löffel sich bei den Menschen zu Hause bogen, ohne daß diese das Besteck berührt hatten. Auch Gabeln, Schlüssel, Nägel, Ketten, Armbänder... Sogar in den Besteckkästen bog sich das Besteck. Stehengebliebene Uhren begannen plötzlich wieder zu gehen. Doch noch ein weiterer Effekt konnte registriert werden – Kinder, welche die Fernsehsendung mitverfolgt hatten, konnten plötzlich auch Löffelbiegen. Dabei hatten sie es nur ein einziges Mal gesehen. Anfang 2004 wiederholte er dies im deutschen TV.

Das berühmteste chinesische „Kind" mit solchen Fähigkeiten ist inzwischen dreißig Jahre alt und heißt Zhang Baosheng. Er ist bereits eine Berühmtheit in China, war mehrmals im Fernsehen, demonstriert seine erstaunlichen Fähigkeiten vor ausländischen Würdenträgern und hat sogar von der chinesischen Regierung einen Dienstwagen und zwei Bodyguards vom chinesischen Geheimdienst zur Verfügung gestellt bekommen.

Abb. 83:
Starke telekinetische Kräfte sind keine Erscheinung der Neuzeit. Bereits im Jahre 1852 hatte der Brite Daniel D. Home über einen Zeitraum von 40 Jahren vor hunderten Zeugen, darunter Reporter, der Herausgeber der *Hartford Times* als auch Mark Twain und Kaiser Napoleon II. sein Können unter Beweis gestellt: Er konnte nicht nur Gegenstände wie Tische und Stühle levitieren lassen, sondern selbst bis zur Decke schweben und im Raum umherfliegen.

Abb. 84:
Auf einer Reihe von Fotos aus der *Illustrated London News* vom 6. Juni 1936 sieht man diesen Yogi in der Luft schweben. Der Reporter P. T. Plunkett hatte dieses Ereignis vor 150 Zuschauern in den verschiedenen Stadien der Levitation sowie auch aus unterschiedlichen Perspektiven fotografiert.

Zhang läßt auch Gegenstände, die sich in verschlossenen Glasflaschen befinden, durch die Glaswand wandern und andere Gegenstände, wie ein Blatt Papier, das vorher beschrieben worden ist, hinein. Professor Song Kongzhi hatte Zhang wiederholt Tests unterzogen und bestätigt, daß er auch in der Lage ist, Schlüssel, Wärmflaschen, Schuhe, in einem Fall sogar einen Sack Zucker durch Wände aus Holz oder Stein zu befördern. Einmal hatten Regierungsbeamte ihn bei einem Test in einen Raum eingeschlossen, und einer der Beamten fand Zhang Baosheng dann bei sich in seinem Zuhause vor. Er ist also auch in der Lage, sich selbst an einen anderen Ort zu versetzen. Ab diesem Zeitpunkt arbeitete Zhang dann auch für das Verteidigungsministerium.

Was meinen Sie zu dem Gedanken, daß man heute Jesus nicht kreuzigen, sondern ihm Dank seiner übernatürlichen Fähigkeiten Sondergehälter zahlen würde?

Im Gegensatz zu Deutschland werden solche „Wunderkinder" in China offenbar nicht ausgelacht und diskreditiert, sondern mit Stolz vom eigenen Land gedeckt. Ja, die chinesische Regierung mißt diesen Begabungen sogar soviel Bedeutung bei, daß sie Menschen wie Zhang in topgeheime militärische und wissenschaftliche Forschungsprojekte integriert. Einmal hatte Zhang für das chinesische Raumfahrtministerium (das Gegenstück zur amerikanischen NASA) Pillen aus der Öffnung einer fest verschlossenen Arzneiflasche wandern lassen, was von den beobachtenden Wissenschaftlern mit einer Hochgeschwindigkeitskamera (vierhundert Bilder pro Sekunde) gefilmt worden ist. Die entwickelten Filme zeigten bei einer Tablette, wie sich diese auf halbem Weg zur Flaschenöffnung befand.

Doch Zhang läßt nicht nur Münzen aus der Jackentasche eines Bodyguards in die Tasche des Fahrers „wandern" oder einen Kilometer weit entfernten Apfel in seine Hand, sondern läßt auch Kleidungsstükke, die jemand ausziehen mußte, in seinen Händen in Flammen aufgehen.

Paul Dong berichtet auch von dem chinesischen Mädchen Yao Dong, die ebenfalls Tabletten aus verschlossenen Arzneifläschchen „wandern" läßt und neben Löffelbiegen auch Kleidungsstücke durch

Gedankenkraft entflammen kann. Aber diese Fähigkeiten können auch noch anders genutzt werden. 1994 entdeckte das Mädchen für die *Bohai Oil Company* im Beisein eines Forscherteams Erdöl- und Wasservorkommen.(33)

Als erwähnenswert empfinde ich an dieser Stelle auch die *Schnellrechner* wie beispielsweise den dreizehnjährigen Shen Kegong, für den es keine Schwierigkeit darstellte, die aus sechsundzwanzig Stellen bestehende Lösungszahl von 625^9 in zwanzig Sekunden im Kopf zu berechnen (14.551.915.228.366.851.806.640.625). Dies tat er in der *China Agricultural Bank*, beobachtet von sämtlichen Bankangestellten.

Im September 1997 fanden in der chinesischen Provinz Shanxi Abakus-Meisterschaften statt (Abakus war ein Rechenbrett der Griechen und Römer), zu denen zweitausend Teilnehmer aus der gesamten Provinz kamen. Zu den Kategorien, die bei diesen Meisterschaften vertreten waren, gehörten unter anderem vielstellige ganze Zahlen, Dezimalzahlen, Bruchrechnen, Quadrate und Quadratwurzeln. Sheng gewann diesen Wettbewerb, indem er die Lösung für 639 x 33 + 3 ÷ 884.736 schneller berechnete als jeder Abakus oder elektronische Taschenrechner (er benötigte dazu ganze 3,4 Sekunden). Bei einem anderen Rechen-Wettbewerb, der von dem *Zentralkolleg für Wirtschaft und Finanzen* und dem *chinesischen Abakus-Verband* gesponsert wurde, löste er die Aufgabe 4.789.240 ÷ 45 in 1,6 Sekunden (106.427,555), oder 35 x 45 x 25 in 1,8 Sekunden (39.375).(33, S. 143)

Wie wir sehen, spielen sich wunderbare Ereignisse vor unseren Augen ab. Diese Kinder werden die Welt verändern beziehungsweise man muß sagen: Wenn *diese* Kinder die Welt nicht verändern, dann tut es keiner mehr. Sie werden durch ihre phänomenalen Fähigkeiten die Wissenschaft und die Welt zwingen, sich zu verändern.

Und so wie es in China bereits Schulen gibt, in denen diese Kinder statt gehänselt gefördert werden, wird dies auch irgendwann in der westlichen Welt und somit auch in Deutschland geschehen.

Abb. 85:
Chinas „Super-Computer“ Shen Kegong, der mit dreizehn Jahren zwanzig Sekunden brauchte zur Beantwortung der Frage: 625^9 ergibt?
14.551.915.228.366.851.806.640.625

Im Kopf gerechnet wohlgemerkt!

Falls die super-medialen chinesischen Kinder Sie noch mehr interessieren sollten, so können Sie all diese Berichte und noch viele mehr in Paul Dongs Buch entdecken. Darin berichtet dieser, neben den eben schon betrachteten Phänomenen, auch von Kindern mit der Fähigkeit, fahrende Autos anzuhalten, durch Wände zu gehen oder Farben und molekulare Strukturen zu verändern. Ferner berichtet er über Kinder, die über telekinetische Fähigkeiten verfügen und auch in der Lage sind zu levitieren – also zu schweben.

Soviel zu den chinesischen Kindern.

Mit dem nötigen Weitblick können noch mindestens zwei weitere Schlüsse aus diesen „irdischen Neuheiten“ gezogen werden:

1. abgesehen von den Rechenkünsten demonstrieren diese Kinder die metaphysische Technologie der De- und Rematerialisierung. Das können viele „Eingeweihte“ aller Religionen und Jahrhunderte und zwei der geläufigsten Beispiele sind:
   - das Wasser-in-Wein-verwandeln Jesu wie auch seine Speisung der Fünftausend seiner Zuhörer,
   - weniger bekannt sind die Experimente von Montauk (der nördlichste Zipfel von Long Island, New York). Beim

Montauk-Projekt hatte man nicht nur – wie bereits zu Anfang des Buches erwähnt – mit der Zeit experimentiert, sondern auch mit Materialisation. Und zwar hatte man mittels eines speziell dafür hergestellten Verstärkers die Gedanken einer Versuchsperson (Duncan Cameron) derart verstärkt, daß diese Realität wurden. Man begann beispielsweise damit, daß sich Duncan eine Cola-Dose vorstellte, welche durch die unterstützende Technologie tatsächlich Realität wurde. Später experimentierte man auch damit, daß er sich Lebewesen vorstellte, wobei es hier dann zu chaotischen Zuständen kam.
Inzwischen weiß ich von einem sehr guten Freund, dessen Schwiegervater in einem geheimen Forschungszentrum in Alma-Ata (Kasachstan) arbeitete, daß diese eine ähnliche Technologie hatten und wahrscheinlich auch noch immer haben. Dort wurde vor den Augen dieses Mannes zuerst ein Hund und später ein Mensch „realisiert", der für Wochen hinweg feststofflich blieb, bis er sich wieder auflöste. Man konnte mit diesem Mann sprechen und dieser sich selbst auch frei bewegen.

2. Werden diese Kinder unsere Welt verändern. Ich meine äußerlich durch gesellschaftliche Impulse und teilweise durch Reformen. Ihre indirekte Botschaft solcher „göttlicher Wundertätigkeit" geht aber viel tiefer. Sie demonstrieren top-aktuell und nachprüfbar, was Jesus bei seinem Heilen und „Wunderwirken" ankündigte: *„...das alles könnt ihr, und noch mehr..."*

Ergo: Die heutigen Menschen sollten auf dem Weg zu ihrem erweiterten Bewußtsein endlich ihre eigene Göttlichkeit annehmen, ihre *Gottes-Ebenbildlichkeit*, ihr *Höheres Selbst* oder ihre *ICH-BIN-Gegenwart* – alles uralte Forderungen.
Die Kleinen zeigen uns, daß dies alles keine „gottgegebenen" Wundertätigkeiten sind, die männliche studierte Theologen bislang mit einem Heiligenschein sanktionierten (lat.: sanctus = *heilig*),

sondern solches auch völlig atheistische und sogar kommunistische Inkarnierte religionslos be-herrschen.

Der hellsichtige Jesus wußte das schon, wenn er empfahl: *„...wenn ihr nicht werdet, wie die Kinder...“*

Und nun frage ich Sie...

HABEN SIE ANGST VOR DER NEUEN WELT-ORDNUNG?

Ja? Das kann ich mir gut vorstellen. Und Sie werden sich nun fragen, wie es in Ihrem Leben jetzt weitergehen soll.

Wenn die Welt so kontrolliert sein wird und die Illuminati ihrem Ziel immer näher kommen, welchen Zweck hat dann das Leben noch, wozu noch zur Arbeit gehen, wozu noch Kinder zeugen – es wird doch eh alles schlechter... (kurz vorab: Es muß noch schlechter werden, damit die Menschen, vor allem die der Erste-Welt-Länder, aufwachen).

Gerne möchte ich Ihnen daher etwas nahelegen, was ich bereits in Stefan Erdmanns Buch „*Banken, Brot und Bomben – Band 2*" als Nachwort zum besten gab.

Neben vielen Repressalien aufgrund des Verbots meiner ersten beiden Bücher habe ich aber auch eine ganze Menge positiver Erfahrungen sammeln dürfen.

Dies schildere ich Ihnen deshalb, da auch ich immer wieder gefragt worden bin, wie ich mit all diesem Wissen gespickt normal meinen Alltag durchleben und mit meiner Familie umgehen kann.

Ich möchte Sie hier nicht mit allzu langen Ausführungen ablenken. Fakt ist, daß ich aufgrund von Kontakten, die durch die Publikation meiner Bücher entstanden sind, Dinge erleben und mit eigenen Augen sehen durfte, die mein Leben derart zum Positiven verändert haben, daß ich sie kaum in Worte zu kleiden vermag.

An dieser Stelle möchte ich vier Punkte anführen, die uns verdeutlichen, daß die Lage alles andere als hoffnungslos ist, wobei ich zwei Punkte aus dem Bereich der äußeren – also der *exo*-terischen – Welt nenne, und zwei weitere aus der uns inneliegenden Welt – der *eso*-terischen.

Exoterisch: Vor über zehn Jahren sah ich, wie bereits berichtet, in Neuseeland zum erstenmal eine kleine Maschine – einen Magnetmotor –, der ein Häuschen im Dschungel autonom mit Strom versorgte.

Jahre später kam durch das Buchverbot ein Kontakt zustande – um mit Goethe zu sprechen, hatte *„die Kraft, die mir Böses wollte, Gutes geschafft“* –, der mir die Begutachtung einer Technologie ermöglichte, die ich selbst bis zu dem Augenblick, da ich sie mit meinen eigenen Augen sah, als *Science Fiction* bezeichnet hätte. Dabei waren Flugkörper, die, anstatt irgendeinen Treibstoff zu verbrennen, sich die im Universum vorherrschenden elektromagnetischen Kräfte zunutze machten – wie übrigens unsere Erde auch, die mit über zweitausend Stundenkilometern durch das Weltall düst, ebenfalls ohne Diesel- oder Ottomotor. Und so sah ich auch, zusammen mit Zeugen, wie ein älterer Herr mit einem Gerät die Wolken am Himmel kontrollierte und sie zu Formationen zusammenkommen ließ... und vieles mehr.

Kommen wir nun zu Punkt zwei der äußeren Welt – der Politik:

Ich möchte ehrlich sein, wenn ich Ihnen sage, daß ich der Ansicht bin, daß die *Neue Weltordnung* schon bald Wirklichkeit sein wird. Doch Vorsicht – keine Angst! Denn sie wird nicht von Bestand sein, genauso wenig wie der Euro. Wieso?

Zum einen sind sich unsere irdischen momentanen Weltbeherrscher zwar sicher, daß sie ihr Ziel erreichen werden, doch wir können uns ebenso sicher sein, daß diese Leute gewaltige Differenzen untereinander haben.

Dies erkennen wir beispielsweise an einer Äußerung Michael Gorbatschows, der im März 1999, als der Nato-Luftkrieg gegen Serbien begann, erklärte: *„Der Westen betrügt Rußland. Wir waren uns über die Neue Weltordnung einig. Danach sollten die Vereinigten Staaten von Europa vom Atlantik bis zum Ural unter der Herrschaft Rußlands stehen. Rußland wird diesen Verrat nicht vergessen.“*

Das heißt, daß diese Burschen sich untereinander betrügen und reinlegen, wo es nur geht...

Und zum anderen sind sie nicht nur arrogant und selbstherrlich, sondern auch hochmütig. Wenn ein James Warburg sagt: *„Wir werden zu einer Weltregierung kommen, ob sie es wollen oder nicht – durch Unterwerfung oder Übereinkunft.“*, bestätigt dies, daß unsere illuminierten

Freunde nicht im geringsten damit rechnen, daß noch etwas schiefgehen könnte. Doch wie wissen wir aus der Praxis? *Hochmut kommt vor dem Fall...!*

Denn was diese unterschätzen, werde ich Ihnen nun offenbaren:

Wodurch ist denn die *Neue Weltordnung* gekennzeichnet?

- Durch den bargeldlosen Zahlungsverkehr,
- Fingerabdrücke und Iris-Scans,
- Ersetzen des Briefverkehrs durch elektronische Post (Emails und SMS)
- absolute Überwachung durch Kameras und später durch die Lasertätowierung oder einen implantierten Chip unter der Haut und
- das Aufspüren jeder Person durch Satelliten...

Ahnen Sie bereits, worauf ich hinaus will?

Um die *Neue Weltordnung* umzusetzen, benötigt es genau zweier Dinge: des Computers in Kombination mit dem Internet und Satelliten. Und was benötigen diese Gerätschaften, um zu funktionieren?

Richtig – elektrischen Strom!

Und was ist, wenn es einem Hacker gelingt, einen Virus so anzusetzen, daß er dieses Überwachungsnetzwerk von innen heraus zerstört? Vor allem, wenn es sich um eine Person handelt, die das System der Illuminati programmiert hat und damit auch dessen Schwachstellen kennt beziehungsweise solche bewußt eingebaut hat?

Und was ist, wenn es eine elektromagnetische Waffe gibt, welche die Stromversorgung weiträumig lahmlegen kann und vor allem so stark ist, daß sie die Empfangsgeräte in den Satelliten derart außer Gefecht setzt, daß eine Kommunikation nicht mehr möglich sein wird – für immer? Elektronenblitze, die alle Softwares löschen?

Und was wäre, wenn – wie wir aus den Visionen in meinem *„Buch 3 – Der Dritte Weltkrieg“* erfahren – es Orkane mit Windgeschwindigkeiten bis über vierhundert Stundenkilometern geben würde? Da bleibt kein Strommast aufrecht stehen! Ebenso werden von den Visionären

Asteroideneinschläge beschrieben, die zuvor – auf ganz natürliche Weise – Satelliten abräumen...

Auch sollten wir in diesem Kontext nicht unterschlagen, daß das Erdmagnetfeld weiter abnimmt und es auch hierdurch zu einer Beeinträchtigung des weltweiten Wechselstrom-Systems, aber auch der Elektronik kommen wird.

Sehen Sie schon, worauf ich hinaus will?

Kommen wir nun zum esoterischen Aspekt des „Spiels" – des irdischen Lebens-Spiels in der Dualität oder Zweiheit:

Durch meine Arbeit mit medialen Kindern konnte ich kleine „Engel" kennenlernen, die diese Welt alleine durch ihre Anwesenheit und ihr Sein schon verändern. Ich konnte mit eigenen Augen beobachten, wie kleine Kinder mit Gedankenkraft Besteck verbiegen oder einen Stift in der Luft schweben lassen; ich traf Kinder, die im Energiefeld anderer Menschen Krankheiten oder zurückliegende Erlebnisse erkennen konnten; Jugendliche, die meine Gedanken lesen und aus meiner Vergangenheit berichten konnten – und – jetzt wird es richtig spannend – auch Ereignisse aus meinem persönlichen Leben sowie globaler Natur, beispielsweise wie das Drama um den 11. September, voraussahen. Und sie sehen selbstverständlich auch anderes, was kommen wird...

Eines dieser Kinder ist sogar in der Lage, die Ur-Matrix zu sehen, also das Lebens- oder „Computer"-Programm, in dem wir uns befinden (als die *Ur-Matrix* bezeichne ich das, was die Christen als den *Schöpfungsplan* bezeichnen, die Juden als den *Bibelcode* und die Muslime mit Begriffen wie *Kismet* oder *inshallah* erahnen).

Und ein anderes Kind liest im *Buch des Lebens* – ähnlich den *Nadi-Lesern* der indischen Palmblattbibliotheken –, in dem das Leben aller Menschen auf diesem Planeten geschrieben steht – auch das der Illuminati...

Was ich damit sagen will: Es gibt Dinge, vor denen die Illuminati eine riesige Angst haben. Es sind die Dinge, die ihr Konzept erheblich durcheinanderbringen, Zweifel aufkommen lassen und zur Folge haben, daß in ihrem Inneren keiner mehr dem anderen traut – siehe den Fall des Michael Gorbatschow...

Es sind genau diese Kinder, welche die Illuminati über die Verblödung im Fernsehen, die Verrohung durch Gewalt- und pornographische Filme innerlich zerstören wollen – doch das funktioniert so nicht. Man kann vielleicht viele dieser kleinen und zarten Gehirne weichkochen und verschmutzen oder durch *Ritalin* stillegen, doch nur eine Zeitlang. Denn es benötigt nicht vieler dieser Kinder, um das Kollektiv energetisch zu verändern. Wie Sie nun wissen, sind es ja auch nur wenige Menschen, welche das irdische Kollektiv momentan knebeln und nach ihren Richtlinien bestimmen. Doch was ist mit den Millionen von Mitläufern, welche die *Neue Weltordnung* mit aufbauen und mit zu verwalten haben? Diese werden schneller umkippen als es den Illuminati lieb ist. Das sind Familienväter und Mütter, die von heute auf morgen ihre Meinung ändern können, wenn es an ihre eigenen Kinder geht...

Dann geht es nämlich an das Herz der Menschen, und das ist göttlich (und ist auch das einzige menschliche Organ, das sich nicht durch Krebs selbst zerstören kann).

Und nun haben wir gerade von den chinesischen Super-Kindern erfahren. Was ist, wenn sich mehrere von diesen zusammentun und sich eines Tages dazu entscheiden, ihre Kräfte gegen die Illuminati einzusetzen? Was ist, wenn diese sich vor einen oder mehrere der Großrechner der Welt begeben und diese über ihre telekinetischen Fähigkeiten außer Gefecht setzen?

Verstehen Sie nun, wieso ich Sie mit den langen Berichten über diese Kinder herausgefordert habe?

Und seien Sie versichert, daß viele dieser Kinder nicht nur meine Bücher gelesen haben, sondern ich bei unseren persönlichen Treffen auch feststellte, daß diese kleinen Zauberer schon die richtigen Gedanken hegen, was sie mit ihren Kräften „Gutes“ tun können... (sehen Sie nun mein anderes Auge zwinkern?).

Doch es kommt noch eine weitere Komponente mit ins Spiel, welche die Illuminati uneins sein läßt. Hierbei handelt es sich um die Schwingungserhöhung in unserem Sonnensystem.

Unser Sonnensystem bewegt sich in Zyklen von 25.920 Jahren immer wieder in elliptischen Bewegungen zum Zentrum unserer Galaxis hin und entfernt sich auch wieder davon (ein Zyklus unterteilt sich in zwölf Zeitalter à 2.160 Jahre). Heute haben wir einen Zeitpunkt erreicht, zu dem unser Sonnensystem sich dem Galaxiszentrum wieder annähert, was zur Folge hat, daß wir mehr „Energie“ bekommen.

Bewegt sich unser Sonnensystem von der Urzentralsonne weg, könnte man sagen, daß die Menschen in einen Schlaf fallen. Die Schwingung des göttlichen Lichtes wird langsamer, es wird „dunkler“. Bewegt sich unser Sonnensystem hingegen wieder in Richtung Urzentralsonne beziehungsweise Galaxiszentrum, so kann man diesen Verlauf als eine Zeit des Erwachens bezeichnen. Wir bewegen uns heute von dem am weitesten von der „Lichtquelle“ entfernten Punkt aus langsam wieder zurück zum Lichtzentrum oder zur Ur-Energiequelle.

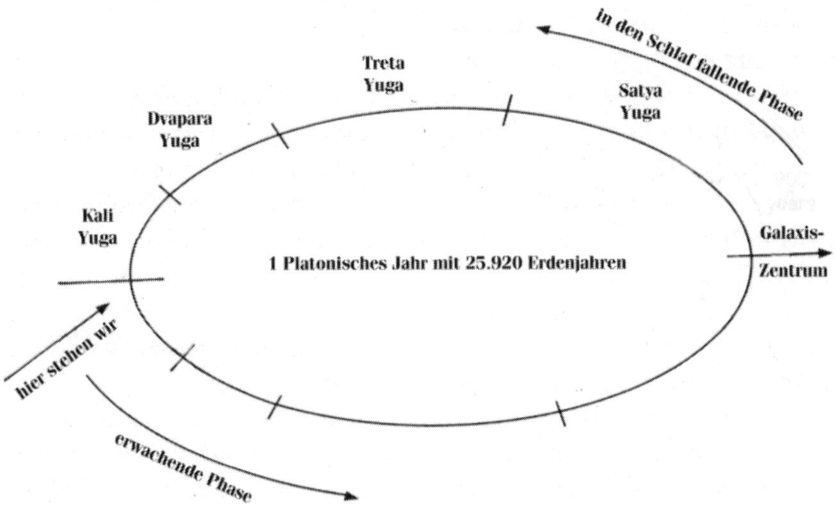

Abb. 86:
Unser Sonnensystem bewegt sich in einer ellyptischen Bewegung immer wieder zum Galaxiszentrum (Urzentralsonne) – rechts angedeutet – hin und entfernt sich auch wieder davon.

An dieser Stelle muß ergänzt werden, daß diese Ellipse nach neuesten Erkenntnissen nicht geschlossen verläuft, sondern offen in Form einer Spirale. Diese Wendepunkte des *In-Schlaf-Fallens* und des *Erwachens* werden mit enormen Veränderungen in Verbindung gebracht – Änderungen im Bewußtsein der Lebewesen genauso wie Veränderungen der magnetischen Pole unseres Planeten. Wir befinden uns im Moment genau an dem Wendepunkt, von welchem aus wir wieder zurück in Richtung Zentrum der Galaxis reisen und aufzuwachen beginnen. *Astronomisch* gesehen haben wir den äußeren Umkehrpunkt, den Aphel, erreicht und schwenken wieder in Richtung Zentrum. *Astrologisch* ausgedrückt war das soeben zu Ende gehende Fische-Zeitalter das letzte „verschlafene" alte Zeitalter, und wir sind im Moment dabei, die „Kurve zu kriegen" und mit Eintritt in das Wassermann-Zeitalter, dem *Neuen Zeitalter* oder *New Age*, zu erwachen oder erweckt zu werden.

Dieser Zeitpunkt des *„Kurve kriegens"* kann auch als der Höhepunkt des derzeitigen Seelenevolutions-Zyklus bezeichnet werden. Dieses „Goldene Zeitalter" ist wie der Sonntag einer Erdenwoche oder der siebte Tag der jüdischen Schöpfungsgeschichte – der 2.160 Erdenjahre währende Ruhetag im kämpferischen, dualen Entwicklungsgeschehen. Erst anschließend folgt wieder der neue Erfahrungs-Zyklus.

In den altindischen Veden wurden diese beiden Phasen als *Ein- und Ausatmen Brahmas* formuliert, und dies erinnert uns an das schon im Altertum formulierte Gesetz der Periodizität, von Hin- und Rückfluß, von Ebbe und Flut, von Tag und Nacht, von Leben und Sterben und anderem mehr.

Das Schaubild stellt den elliptischen Zyklus (von 25.920 Jahren) unseres Sonnensystems dar, wobei wir auf der rechten Seite die Urzentralsonne angedeutet sehen (die sich im Zentrum unserer Galaxis befindet). Der linke Scheitelpunkt (Kali Yuga) ist dabei der Punkt, der am weitesten von der Urzentralsonne entfernt ist. Der rechte Scheitelpunkt ist der, welcher der Urzentralsonne am nächsten kommt. Und dieser Zeitabschnitt des Kali Yuga heißt deswegen das *dunkle Zeitalter*, weil unser Sonnensystem eben für 2.160 Jahre lang am weitesten von der „Licht-" oder „Stromquelle" entfernt ist.

Was sich momentan mit der Erde und unserem ganzen Sonnensystem vollzieht, ist an und für sich ziemlich einfach zu verstehen. Dennoch wähle ich nochmals folgendes Beispiel, um es Ihnen etwas leichter einprägsam darzustellen.

Sehen wir uns dazu nochmals das Schaubild an. Anstatt der Urzentralsonne stellen wir uns hier eine Kerze (symbolisch für eine Licht- und Stromquelle) vor, und unser Sonnensystem ist dabei ein Eiswürfel. Nun bewegt sich dieser Eiswürfel in einer elliptischen Bahn, wobei er am einen Scheitelpunkt von der Kerze am weitesten entfernt ist und ihr am anderen Scheitelpunkt am nächsten ist.

Ist der Eiswürfel am weitesten von der Kerze entfernt, ist es auch am kühlsten. Das heißt, der Eiswürfel bleibt auch ein Eiswürfel, da seine Moleküle sich ganz langsam bewegen und die Dichte hierbei am höchsten ist. Nun bewegen wir uns mit dem Eiswürfel langsam auf die Kerze zu. Was passiert? Durch die leichte Erwärmung werden sich die Moleküle etwas schneller bewegen, die Dichte des Eiswürfels wird schwinden, und wenn wir diesen noch etwas näher zur Kerze hinbewegen, wird er anfangen zu schmelzen. Und zwar ändert er ab einer ganz bestimmten Temperatur (in diesem Fall bei null Grad Celsius) seinen Aggregatzustand von Eis zu Wasser. Dies wäre mit dem zu vergleichen, was mit unserem Sonnensystem passiert. Viele spirituell interessierte Menschen, aber auch alle religiösen Schriften sprechen von einer neuen Zeit, die kommen soll – eben das Goldene Zeitalter, das Friedensreich – andere sprechen von einem Wechsel in die vierte Dimension. Diese Bezeichnung ist wahrscheinlich die beste aller, weil sie am ehesten beschreibt, was hier geschieht. Wir werden eine neue Stufe der materiellen Existenz erreichen.

Doch kommen wir auf den Eiswürfel zurück. Genausowenig wie sich dieser bei exakt null Grad von einer Sekunde auf die andere in Wasser verwandelt, sondern dies langsam tut, genauso geschieht auch die Veränderung mit unserem Sonnensystem und auch mit unserer Erde. Dieser Prozeß wäre auch mit einem Sonnenaufgang vergleichbar. Die Sonne geht nicht so auf, wie wir eine Glühbirne anschalten, sondern ein Sonnenaufgang vollzieht sich langsam, harmonisch und gleitend.

Nun ist der Eiswürfel zu Wasser geworden, bewegt sich aber weiter zur Kerze hin. Was geschieht jetzt? Nun wird das eine Weile gutgehen, aber dann beginnt sich das Wasser zu erwärmen und wird langsam verdunsten.

Es wechselt also erneut – aufgrund der weiteren Beschleunigung der Moleküle – seinen Aggregatzustand. Und auch dieser Wechsel vollzieht sich harmonisch. Das Wasser verpufft nicht plötzlich von einer Sekunde zur anderen in Wasserdampf, sondern es verdunstet langsam, harmonisch, fast unbemerkt und still.

Nun wären wir – vergleichend mit unserem Sonnensystem – in der nächsten, in der fünften Dimension.

Der Eiswürfel ist für uns, den Betrachter von außen, unsichtbar geworden, er ist weg, er ist verschwunden. Würde nun eine andere Person dazukommen, die beim Verschwinden des Eiswürfels nicht zugesehen hat, so würde die uns ungläubig ansehen und auslachen, wenn wir behaupten würden, daß hier eine ganze Menge Wasserdampf vorhanden ist. Der andere könnte sagen: *„Ich sehe nichts, du kannst mir viel erzählen. Ich glaube nur, was ich anfassen kann."*

Der Wasserdampf ist aber immer noch da, er ist voll existent und wird, wenn er sich von der Kerze, also der Wärmequelle, wieder entfernt, wieder zu Wasser werden und später wieder zu Eis.

So, nun übertragen wir das alles auf unser Sonnensystem und auf unseren Planeten Erde. Wir bewegen uns also langsam auf die Urzentralsonne zu, die Kraft-, Energie- oder Lichtquelle. Die festgefahrene Entwicklung auf der Erde beginnt sich nun langsam zu bewegen, es kommt wieder was in Bewegung, es kommt Stimmung auf, alles wird schneller. Und das bis zu dem Zeitpunkt, zu dem wir einen Dimensionswechsel vollziehen werden. Doch – wie bei dem Übergang des Eiswürfels in Wasser – geht dies langsam, kaum merklich und still vonstatten und wird von den Erdlingen kaum wahrgenommen. Wir werden deswegen nicht unsichtbar. Die Moleküle des Eiswürfels verschwinden ja schließlich auch nicht, sie sind nur weiter von den anderen Molekülen entfernt (sie sind nicht so dicht beieinander, die Dichte ist geringer). Der Dimensionswechsel wird also von uns selbst kaum wahrgenommen. Doch ein außenstehender Beobachter würde uns nach und nach verschwinden sehen. Wir würden früher oder später unsichtbar werden wie der Wasserdampf.

Wollen wir in unsere Gedanken das mit einbeziehen, was mein Vater dazu zu sagen hat. In seinem Buch „*Jesus 2000 – Das Friedensreich naht*" schreibt er:

„*Dieser eiförmig-elliptische Rundlauf unseres Sonnensystems dauert 25.920 Jahre. In der Halbzeit von rund 13.000 Erdenjahren durcheilt es einmal den sogenannten* ***Manasischen Gürtel****, der die Länge eines Äons mit rund 2.160 Jahren hat. In den meisten Religionen ist das die jeweils erwartete Paradieszeit oder das ‚Goldene Zeitalter' oder wie Jesus sagte, das Friedensreich, mit höheren Schwingungsverhältnissen im ganzen Sonnensystem. Der letzte Zeitabschnitt einer Halbzeit, an dessen Ende wir genau jetzt stehen, ist von alters her am bekanntesten unter seiner hinduistischen Bezeichnung* ***Kali Yuga*** *– das dunkle Zeitalter, da wir am weitest möglichen von der Urzentralsonne entfernt sind. Ab der Mitte des Kali Yuga mit seinen 5.200 Jahren beginnt der Count Down zum Tage X, der nach diesen Zählsystemen* ***auf unseren Jahrtausendwechsel in diesen Jahren fällt****. Seit jenem Zeitpunkt traten immer mehr Religionsstifter auf – Krishna, Zarathustra, Buddha, Jesus, Mani und Mohammed sind die bekanntesten von zig anderen edlen Heilsbringern – die die Menschheit bis zu diesem Tage X durch eine konstante Bewußtseins-Höherentwicklung auf das nächste ‚Jahrtausend' vorzubereiten hatten. Es wird dies der nächste Äon des Wassermanns sein, der durch seine ethisch und geistig hochqualifizierten Schwingungen dem Erwachen oder dem Erweckt-werden nach der Wende der Ellipse gerecht werden kann. Diese Wende wird für die Entwicklung unseres Globus mit seiner Menschheit außerordentliche Bedeutung haben und wird von immer mehr ‚Kundigen' als Paradigmen-Wechsel oder Dimensionssprung oder Bewußtseins-Mutation oder einfach Zeitenwende angesehen.*" (13, S. 82)

Noch ausführlicher behandelt mein Vater dieses Thema in seinem Sachbuch „*Bis zum Jahr 2012 – Der Aufstieg der Menschheit*".

Für die verunsicherten Illuminati bedeutet all dies, daß sie ein wirkliches Problem haben. Denn die Annäherung unseres Sonnensystems an die Urzentralsonne bringt auch eine höhere Sonnenaktivität mit sich, die sich wiederum auf die Erde auswirkt. Mit der Intensität der Sonnenstürme steigt auch die Selbstmordrate, die Anzahl der Erdbeben sowie anderer Naturkatastrophen und auch die Anzahl der Stromausfälle, da die höhere Frequenz unsere elektrischen Geräte – vor allem die mit Wechselstrom betriebenen – beeinflußt.

Andererseits steigt aber auch die Anzahl der Erfindungen, die Zahl an rebellierenden Menschen und die Qualität des Bewußtseins der weltweit Erwachenden.

Und weil alles im Leben zyklisch verläuft, so braucht alles seine Zeit – und zwar den richtigen Zeitpunkt. Die Illuminati arbeiten seit mehreren Jahrhunderten auf ihr großes Ziel hin, die andere Seite – die lichtvolle – aber auch.

Vergleichen wir dies mit einem intakten Samen. Der Same alleine nützt uns gar nichts. Wenn das Klima beziehungsweise die Jahreszeit nicht stimmt und zudem der Boden aus Sand oder Granit besteht, so wird der Same nicht aufgehen. Haben wir jedoch die richtige Jahreszeit sowie einen fruchtbaren Boden, so brauchen wir den Samen nicht einmal zu düngen oder zu gießen – er geht ganz von alleine auf.

So ist es auch mit der Schwangerschaft bei Frauen. Eine Frau kann nur schwanger werden, wenn sie reif ist für den Eintritt einer neuen Seele. Ebenso ergeht es dem Surfer mit der Welle oder dem Paragleiter mit dem Aufwind. Alles braucht in unserem Raum-Zeit-Kontinuum den richtigen Zeitpunkt.

Die derzeitige Menschheit ist nun an ihrem Entwicklungs-Zenit angekommen – an einem Punkt, an dem es sich zu entscheiden gilt. Die meisten Menschen haben vergessen, daß sie einst frei waren, und haben sich ihre Freiheit wegnehmen lassen. Daher wird die Macht der Illuminati von höheren Kräften zugelassen, weil diese uns darauf aufmerksam machen, daß wir göttliche Wesen sind, welche die Verantwortung für unsere Handlungen, Gedanken und Gefühle ausnahmslos selbst zu übernehmen haben. Die Illuminati als auch wir sind Teil eines großen Spiels, und sie werden abdanken, wenn sie ihre Aufgabe erfüllt haben – ihren „Erziehungsprozeß" für die Menschheit. Natürlich nicht ganz freiwillig...

Daher brauchen wir vor den Illuminati und ihren Zielen weder Angst zu haben, noch muß der einzelne sie bekämpfen. Wie ich eben erklärte, ist ihre *Neue Weltordnung* ein Gigant auf tönernen Füßen. Fällt der Wechselstrom aus, so läuft kein Computer mehr auf der Erdoberfläche, so gibt es keine Wall-Street-Deals, keine weltweite Verbindung zu Satelliten, keine Überwachung, keine funktionierenden Atomsprengköpfe und so weiter.

Ob die Stromversorgung ihrer Anlagen nun durch einen Hacker ausfällt, durch eine elektromagnetische Waffe, durch telekinetisch veranlagte Kinder oder durch die zunehmende Strahlung unserer Sonne, ist momentan irrelevant.

Seien Sie sich jedenfalls gewiß, daß die *Neue Weltordnung* nicht alt werden wird...

Mit diesen Gedanken möchte ich Sie nun dieses „negative" Thema ausklingen lassen und zum Träumen anregen. Träumen Sie ***Ihren*** Traum und nicht den gesteuerten Alptraum der Illuminati. Träumen Sie ***Ihren*** eigenen Traum, und seien Sie mutig. Trauen **Sie** sich, etwas zu wünschen, und es wird sich erfüllen, denn **Sie** sind ein göttliches Wesen und Schöpfer Ihres eigenen Schicksals. Wir alle sind die Erschaffer einer neuen Welt, und mit unseren Gedanken fängt es an!

Womit wir wieder bei unserem Kernthema angelangt wären – unseren Gedanken, also die Geisteskraft, welche die Materie bestimmt!

DIE MACHT DER KINDER

Wenn wir den Aussagen der Kinder selbst Glauben schenken können, dann handelt es sich hier bei vielen davon um alte atlantische Seelen. Und wie wir bei Ernst Muldashev erfahren durften, sind die höchsten Wesen in den Samâdhi-Höhlen alte Atlanter, die enorm starke psychische Kräfte haben, da das dritte Auge bei der damaligen Zivilisation stärker entwickelt war als bei der unsrigen. Und so würde sich der Kreis hier schließen, da es ja gerade diese medialen Kinder sind, die ein ungewöhnlich starkes telekinetisches Potential haben – denken wir vor allem an die chinesischen Super-Kinder –, und die Wahrscheinlichkeit sehr nahe liegt, daß diese atlantischen Seelen jetzt wieder inkarnieren.

Wie Sie gleich noch genauer erfahren werden, habe ich seit meiner Kindheit Kontakt zu dem Grafen von Saint Germain. Diesen hatte ich zu dieser Kinder-Thematik befragt, woraufhin er erklärte, daß viele der Seelen, die damals am Untergang von Atlantis beteiligt waren – und das waren tausende –, nun wieder inkarnieren würden, um einerseits alten Kram aufzuräumen und wiedergutzumachen – nach dem karmischen Prinzip – und andererseits, um die neue Epoche mit diesem Impuls-Schub einzuläuten. Klingt sehr vernünftig...

Des weiteren handelt es sich aber auch um Seelen, die jetzt hier auf Erden inkarnieren, die – glauben Sie's oder nicht – noch nie hier waren.

Unter diesen neuen Seelen finden wir Geistwesen, die generell noch nie zuvor inkarniert hatten (also grobstofflich geworden waren, beispielsweise *Engel*), aber auch Wesen beziehungsweise Seelen, die noch nie zuvor auf *diesem* Planeten inkarniert hatten – also *Außer*-Irdische, sozusagen.

Über diese Thematik gibt es eine große Anzahl an Büchern – auch ich selbst habe mich daran versucht –, die dem Interessierten dienlich sein können, tiefer in diese Materie einzusteigen. Es finden sich dabei Wesenheiten, die vor Jahrtausenden und Jahrzehntausenden in die Entwicklung dieses Planeten eingegriffen hatten und nun etwas bereinigen möchten. Es sind Geistwesen dabei, die freiwillig mit dazukommen, um etwas mehr Licht in die Sache hineinzubringen, und es sind auch solche mit dabei, die einfach nur neugierig sind.

Als eine neue Seele sieht sich auch der bereits erwähnte **Flavio**, der uns erklärt: *„Jetzt werden neue Kinder geboren. Es sind andere Menschen, wenn sie auch äußerlich gleich sind. Ich bin nur einer von ihnen, einer der ersten. Die Menschheit ändert sich. Die Verbindung zum Geistigen ist viel offener [...] Die Menschen werden sich jetzt ändern; die Kinder, die jetzt kommen, werden offener sein für das Spirituelle. Viele Menschen glauben an Gott, aber sie spüren ihn nicht! Andere wiederum glauben nicht, weil sie das nicht annehmen, was die Religionen sagen, aber sie spüren, daß sie ein Teil des Lebens sind, und das Leben kommt von Gott. Wenn alle menschlichen Wesen sich erinnern, daß sie ein Teil Gottes sind, wird dieser Planet nicht mehr so sein wie jetzt."* (28, S. 6)

Auf meine Frage, wer die neuen Kinder sind, die hier jetzt inkarnieren, antwortete ***Arian*** in seiner sehr direkten Art:

„Weißt Du, das ist gar nicht so einfach zu beantworten. Wir kommen von überall aus dem Universum her, um bei diesem großen Umbruch auf diesem Planeten mit dabei zu sein; teilweise sogar aus höheren Seinsformen – sogenannte höhere Dimensionen – und sozusagen auch aus der Zukunft. Dieser Planet ist dabei, eine höhere Existenzebene anzunehmen, in der das irdische Leben anders verlaufen wird, als es momentan ist.

Vor allem wird man aber mit dem, was die Menschen ‚Außerirdische' nennen, nicht nur wie bisher im Geheimen zusammenarbeiten, sondern es wird ein offener Kontakt stattfinden, und dadurch wird sowieso ***alles auf der Erde*** *anders werden. Die Religionen werden verschwinden – vor allem die fanatischen – und damit auch die meisten Kriege. Die Menschen werden sich nicht mehr manipulieren lassen, da sie dann aufgrund eigener medialer Fähigkeiten, die immer stärker werden, selbst einen ‚Draht zu Gott' haben, wenn man es so ausdrücken möchte. Die Geschichte über die Entstehung der Menschheit beziehungsweise der verschiedenen Völker aus dem Weltraum, die einst diesen Planeten besiedelten, wird umgeschrieben, der Zins und Zinseszins verschwindet, und damit verändern sich schlagartig auch die Machtverhältnisse, ebenso die Technologie... einfach alles!*

Doch zuvor werden die Menschen durch große Prüfungen gehen, und es werden viele auf diesem Weg ihr Leben lassen. Das macht aber nichts. Es wird eine große Reinigung stattfinden. Und danach wird dieser Planet wieder strahlen wie nach einem Frühjahrsputz.

In vielen der heutigen Kinder sind mächtige alte Seelen versteckt, die hier durch ihre Präsenz mitwirken; ebenso neue Seelen wie ich, die von einem Planeten kommen, auf dem es nur ein Volk gibt, das technisch hochentwickelt ist, und auf dem wir so etwas wie Krankheiten gar nicht kennen.

Wie gesagt, bin ich selbst neu hier, ich bin also zum erstenmal auf der Erde – und in einem Menschenkörper. Aber mein Volk – also das, in welches ich die letzten Male inkarniert hatte, bevor ich in eine menschliche Hülle geschlüpft bin – war schon auf der Erde. Vor vielen Jahrtausenden kamen Raumschiffe von unserem Planeten auf die Erde, und es wurden kleine Kolonien gegründet. Damals wurden unsere Raumfahrer – die meisten davon Wissenschaftler – von den Menschen als ‚Götter' bezeichnet. Und unsere Leute hatten auch in eure Entwicklung eingegriffen. Sie hatten gemeinsame Kinder mit Erdlingen, und es wurde auch künstlich genetisch eingegriffen. Wie gesagt, waren die meisten Insassen der Raumschiffe Wissenschaftler, welche die Erde, aber auch die Lebewesen untersucht hatten. Dabei hat man auch Versuche angestellt, so wie das eure Wissenschaftler mit Tieren machen. Aufgrund dieser inzwischen auch genetischen Verknüpfung waren meine Leute Anfang des letzten Jahrhunderts zurückgekehrt und haben mit Deinem Volk (den Deutschen; A.d.Verf) *zusammengearbeitet. In Deinen Büchern hast du ja viel darüber geschrieben. Und da ich zum erstenmal auf diesem Planeten bin, habe ich mich hier in eine deutsche Familie in Zentralamerika inkarniert und damit in ein Umfeld von Menschen, die physischen Kontakt mit meinem Weltraum-Volk haben und auch Technologie-Austausch betreiben. Hier kann ich mich als ‚Mensch' frei entfalten und bin mit meinen Fähigkeiten gern gesehen.*

Ich selbst bin nur einer von genau hundert, die als erste Welle inkarniert haben. Dann kamen wieder hundert, dann zweihundert. Inzwischen sind es bereits über eintausend, die von meinem Volk auf der Erde sind. Die meisten von uns leben heute in Deutschland, und dort wird noch et-

was ganz Großes geschehen, doch müssen die Menschen erst aufwachen aus ihrem Schlaf, und sie müssen sich von ihren geistigen Fesseln befreien. Dann kommt die Freiheit.

Es sind aber auch die Völker anderer Planeten wieder da, mit denen mein Volk auch schon Krieg führte. Doch diesmal haben wir das gleiche Ziel: die alten Fehler zu bereinigen. Du weißt, daß wir auf unserem Planeten so aussehen wie ihr, da ihr unsere Nachfahren seid, doch es gibt auch Völker im Universum, die ganz anders aussehen. Doch ihr braucht keine Angst zu haben. Katzen sehen auch anders aus und doch schmust ihr mit ihnen. Viele Seelen, die zuvor in Körpern solcher ‚fremd aussehenden' Außerirdischen inkarnierten, sind nun menschliche Kinder, und nur durch ihre Augen und ihr Verhalten wird man erkennen können, daß sie nicht von hier sind.

Die Seelen und Geistwesen, die aus ***höheren Schwingungsebenen*** *kommen und jetzt bereits menschliche Kinder sind, können bereits nicht mehr gezählt werden. Es ist ein riesiges Projekt, an dem die ganze geistige Welt beteiligt ist. Wenn die Menschen diese Lichtwesen nur sehen könnten... Sie würden ihren Fernseher aus dem Haus werfen und vieles andere gleich mit dazu. Es ist so wunderbar spannend!*

Die lichten Wesen kommen in alle Länder der Welt, auch in die armen Länder. Die brauchen das Licht, das die Kinder mitbringen. Auch wenn viele der Kinder gleich wieder sterben, das Licht wird manifestiert, sozusagen verankert.

Die alten, mächtigen Seelen dieses Planeten, die jetzt auch wieder inkarnieren, werden ihre alten Themen wieder aufgreifen, ihre alten Strukturen und Muster, die sie einst in anderen Leben selbst erschaffen hatten, und werden diese nun wieder aus dem Verkehr ziehen. Das ist deren Aufgabe. Sie haben diese Machtstrukturen erschaffen und deshalb werden sie diese auch wieder entfernen – sie haben das Recht dazu.

In dieser Kombination der alten und auch der neuen Seelen wird das Karma des Planeten ausgelöst. All das, was unterdrückt wird, all die Lügen in der Geschichte, all die Verbrechen werden bekannt werden, und die Lügner werden bestraft. Die Saat der letzten Jahrtausende wird in dieser Zeit jetzt geerntet. Und wir neuen Kinder sind es beziehungsweise unsere

Lichtenergie, die wir alleine schon durch unsere Geburt hier manifestieren, welche die großen Veränderungen auf diesem Planeten auslösen wird – in beide Richtungen. Die Dunkelheit wird verdrängt, doch sie wehrt sich dagegen. Wir sind sozusagen die Karma-Auslöser, die Kraft, die Gutes bringt, doch gleichzeitig auch die Zerstörung schafft. Das Alte wird zerstört werden und etwas Neues daraus entstehen. Und wir haben keine Angst davor. Wir haben keine Angst vor dem Tod, und wir haben auch keine Angst vor dem Leben. Aber viele Menschen in den Regierungen und Konzernen haben Angst vor uns.

Ist das nicht witzig, diese mächtigen Männer haben Angst vor Kindern!

Durch unsere Fähigkeiten, die einst unter den Menschen völlig normal waren und genau das auch wieder sein werden, da jeder Mensch diese medialen Kräfte in sich trägt, wird sich das Leben verändern. Wir werden uns jedenfalls nicht anpassen – manche von uns sicherlich, okay, die werden von ihren Eltern, von den Lehrern, den Militärs und den Gesellschaften gezwungen, aber nicht mehr lange. Wir werden immer mehr, und bald wird man unser Wissen, das wir mitbringen, nicht mehr unterdrücken können.

Und wir haben nicht nur innere Kräfte, sondern auch Technologie, mit der die Welt verändert wird – Du weißt, was ich meine –, die fliegenden Scheiben.“

Caramba!

Der junge Mann hat Feuer im Hintern! Wenn da noch mehr von seiner Sorte auftauchen... na dann guten Morgen Neues Zeitalter!

Und daß Erwachsene Angst vor Kindern haben, ist auch nicht neu. Schon Herodes und andere vor ihm hatten mit unerwünschtem Nachwuchs aus Angst „aufgeräumt“. Und wie war es bei Kaspar Hauser?

Verabschieden wir uns aber hier wieder von den Kindern, denn es ist nun der Zeitpunkt gekommen, an dem ich Sie mit dem konfrontieren möchte, was ursprünglich der Anlaß zu diesem Buch war, nämlich...

DER GRAF VON SAINT GERMAIN UND ICH

*„Euer größtes Dienen besteht darin, daß ihr für euch selbst Meisterschaft und Freiheit erringt!
Dadurch werdet ihr befähigt, das Licht auszuteilen – ohne euch durch die menschlichen Schöpfungen, in denen ihr euch zu bewegen habt, berühren oder beeinflussen zu lassen.“*

Saint Germain

Kommen wir nun noch einmal zu dem meiner Ansicht nach interessantesten und gleichzeitig geheimnisvollsten Menschen der letzten zweitausend Jahre. Es gibt 1,9 Milliarden Christen, welche die Lebensgeschichte Jesu kennen und an seine „Wunder“ glauben, nochmal so viele, wenn es um Personen wie Mohammed, Buddha, Krishna oder Moses geht. Das Problem ist meiner Ansicht nach jedoch, daß diese „Wunder“ vollbringenden Personen vor tausenden von Jahren gelebt hatten. Die Augenzeugen waren meistens Analphabeten, konnten daher auch nicht schreiben und irgend jemand hatte dann Jahre oder im Fall Jesus gar Jahrzehnte und teilweise auch erst Jahrhunderte danach begonnen, die Geschichten aufzuschreiben. Das heißt, daß die Glaubwürdigkeit der mündlichen Überlieferungen recht vage ist. Kein Wunder, daß die heutige Jugend, die etwas kritischer erzogen wird als die Generationen zuvor, den bekannten Religionen skeptisch gegenübersteht.

Um so interessanter ist deshalb der Graf von Saint Germain, der nun absolut nachgewiesen ist und dessen Auftreten und Wunder durch die höchstangesehenen Personen Europas – Fürsten und Könige – dokumentiert und damit abgedeckt ist. Er lebte mindestens zweihundert Jahre lang, alterte dabei nicht oder nur kaum und war unermeßlich reich. Es gibt Bilder von ihm, die von Augenzeugen gemalt worden sind, und viele, viele Einzelheiten über sein Wirken.

So, und warum erwähne ich ihn hier erneut? Werde ich sein Geheimnis lüften? Nein, das kann ich leider nicht. Aber ich kann Ihnen von meinen Begegnungen mit ihm berichten und von dem, was er mich über die letzten drei Jahrzehnte gelehrt hat.

Denn dieser Graf von Saint Germain begleitet mich seit meiner Kindheit. Damals unterstützte mein Vater ein Schreibmedium, also eine Person, die wirklich hohe Wesenheiten durch sich schreiben ließ. So hatte dieses Medium, das mein Vater schließlich aus dem hohen Norden in unserem süddeutschen Dörfle unterbrachte, den *Grafen von Saint Germain* durch sich kommunizieren lassen, und ich bekam als Kind – ich war damals um die zehn Jahre alt – immer wieder Post von ihm in Form medial geschriebener Briefe.

Die Geschichte wäre an dieser Stelle zu lang, um sie in allen Einzelheiten aufzuführen, jedenfalls tauchte er immer wieder in meinem Leben auf, um mir Hinweise und Tips zu geben, wie ich mich weiter entwickeln kann, um zu meinem vollen geistigen Potential zu gelangen.

Und wenn ich heute mit meinen 37 Jahren zurückblicke, und meinem Leben mit ein paar Sätzen Ausdruck verleihen müßte, so würden diese sich mit Aussagen von Saint Germain wirklich decken. Beispielsweise mit der Erkenntnis: *Der Geist beherrscht die Materie!*

Dann waren auch die ägyptischen Pyramiden ein entscheidender Einflußfaktor in meinem Leben; und das Studium in als auch auf und mit den Pyramiden. Erst im Februar 2003 war ich mit Stefan Erdmann – einem der bekanntesten Forscher auf dem Gizeh-Plateau und wahrscheinlich auch demjenigen, der als westlicher Mensch am meisten in der Großen Pyramide übernachtet hat – wieder in den Pyramiden. Ich konnte mich nicht nur alleine für längere Zeit in der Königinnen-, sondern auch in der Königskammer aufhalten und hielt mich eines Nachts für eine Stunde auf der Spitze der Großen Pyramide auf, was zu neuen Erkenntnissen führte.

Abb. 87:
Jan van Helsing vor dem Eingang in die große Pyramide von Gizeh. Viele Menschen, die sich alleine in der Königinnen- als auch im sogenannten „Sarkophag" in der Königskammer aufgehalten hatten, sprachen von Einweihungen, die sich dort vollzogen hätten – so auch Jan.

Abb. 88:
Zwei Freunde:
Fergany Al Komaty, bekannt als „*The man of the pyramid*", mit Jan Udo Holey alias Jan van Helsing vor der Sakkara-Pyramide.

Alleine das Studium der Pyramiden bringt in letzter Konsequenz eine Weltbildveränderung mit sich – man wird mit *Heiliger Geometrie* richtiggehend bombardiert; mit feinstofflichen Kräften konfrontiert (daß sich zum Beispiel Rasierklingen von selbst schärfen oder der Mumifizierungseffekt eintritt), die einen selbst initiieren, und spätestens wenn man beginnt, mit dieser Geometrie zu arbeiten, stößt man auf verborgenes Wissen und schließlich auch den Hinweis auf den Weltenraum – genauer gesagt, den Sirius!

Die phantastische Geometrie und die Zusammenhänge mit dem Weltraum sind von Charles Berlitz bis zu Erich von Däniken behandelt worden und fallen daher an dieser Stelle aus.

Viel interessanter ist beispielsweise zu erfahren, daß ich im Herbst 1991 eine amerikanische Dame kennenlernte, die eine der höchsten Rosenkreuzerinnen der USA war. Wir wurden über die Jahre hinweg enge Freunde (ich besuchte die USA viele Male, bereiste bisher 26 der 51 Bundesstaaten und heiratete 1995 auch auf Hawaii), und sie berichtete mir eines Tages, daß einer der höchsten Rosenkreuzer und ihr persönlicher Meister einer der bekanntesten Archäologen in Ägypten war (den Namen habe ich versprochen nicht zu veröffentlichen). Dieser hatte bereits elf Jahre in den Gizeh-Pyramiden geforscht, als er eine verborgene Kammer fand. Von ihrem Großmeister erfuhr ich schließlich, daß er dort – und das war bereits in den achtziger Jahren – drei wesentliche Funde machte:

1. Schriften, die belegen, daß die Bibel in der Genesis die Wahrheit sagt (über die Gottessöhne – Anunnaki);
2. fand er einen riesigen Kristall, der offenbar Daten gespeichert hatte – ähnlich einer heutigen CD-Rom, und
3. ein mechanisches Gerät, das er nicht näher beschreiben wollte.

Leider erfuhr ich nicht mehr von ihm, doch deckt sich all dies mit dem, was ich ohnehin bereits durch andere Studien herausgefunden und in meinen bisherigen Publikationen veröffentlicht hatte.

Kommen wir aber zu unserem Grafen zurück, der meinte: *„Man muß in den Pyramiden studiert haben, wie ich es tat!"*

Es ist anzunehmen, daß er ebenfalls Zugang zu den atlantischen Texten der Templer hatte, da auch er über die Heilige Geometrie und die kosmischen Gesetze Bescheid wußte und dieses Wissen als Grundlage hatte, um zu dem zu werden, was ihn so berühmt machte.

Auch seine Bemerkung: *„Ich habe viele Namen; ich habe diese Welt besucht vor der atlantischen Katastrophe, die ihr die Sintflut nennt...!"*, geht eindeutig in diese Richtung – alles trifft sich in Atlantis!

Aber vor allem, wenn ich seinen Ausspruch: *„Wichtige Entdeckungen offenbaren sich nur dem Reisenden!"*, lese, muß ich schmunzeln. Seit meiner Kindheit bin ich auf diesem Planeten auf Achse – früher mit den Eltern und den Geschwistern und danach bis zum heutigen Tage alleine. Und all das, was ich heute weiß und erlebt hatte, kam ganz bestimmt nicht durchs Internet, sondern, wie es der Graf schon sagte – bekommen wir die größten Geheimnisse durch das Leben selbst und den persönlichen Kontakt zu anderen Menschen übermittelt. Erst der Blick in die Augen – den Spiegel unserer Seele – öffnet die Tür des Gegenübers, sich einem anderen Menschen anzuvertrauen.

Aber genug davon.

Saint Germain war immer in meinem Leben präsent, doch erst 1992 ging es so richtig mit der Ausbildung los. Damals war ich gerade in den Rocky Mountains in Colorado zusammen mit einem US-amerikanischen Ex-General, genauer gesagt demjenigen, der bis zum damaligen Zeitpunkt der jüngste General in der Geschichte der USA war und über viele Jahre im Weißen Haus arbeitete, als Saint Germain zu mir sprach und meinte, daß ich mich drei Tage zurückziehen, mit niemandem sprechen und mir meinen Lebensplan erstellen solle.

Abb. 89:
Jan mit Freund René vor den Torres del Paine, Chile 2002.
Ein chilenischer Autor behauptet, daß dort eine unterirdische Basis deutscher Streitkräfte aus dem Zweiten Weltkrieg sein soll.

Abb. 90:
Hier steht Jan in Macchu Piccu. Es gibt dort einen Eingang in ein unterirdisches Tunnelsystem, der jedoch von den örtlichen Behörden verschlossen wurde, nachdem immer wieder Menschen darin verschwanden, ohne wiederzukehren. Im Hintergrund sieht man den Huana Picchu, den Jan auch bestieg, auf dessen Rückseite sich ebenfalls ein Eingang befinden soll.
Dieser ist Ziel einer weiteren Expedition.

Abb. 91:
Jan van Helsing mit dem inzwischen verstorbenen Heiler Konrad Seelmann am Titikaka-See, Bolivien, 1999.

Abb. 92:
Jan van Helsing in einer Tempelanlage in der Nähe von Madras, Indien, Januar 2003.
Die vedischen Schriften berichten von den Vimanas, den Luftschiffen unserer Vorzivilisationen.

Einige Tage später – zurück in meinem Domizil in Sedona, Arizona – setzte ich mich sofort hin und begann damit, meinen Lebensplan aufzuschreiben, und manifestierte dadurch mein Schicksal, das sich zwei Jahre später auch zu erfüllen begann (wie man manifestiert, erfahren Sie später noch im Detail).

(Hier eine kleine Zwischenbemerkung: Während ich dieses Kapitel über Saint Germain gerade schreibe, ruft mich meine Oma an und fragt, ob ich kurz zum Tee vorbeikomme. Ich gehe also aus dem Haus und hole noch kurz meine Post aus dem Postfach, und was ist mit dabei? Ein Brief vom Saint-Germain-Verlag, von dem ich vielleicht vor einem Jahr das letzte Mal Post bekommen habe.

Das ist ein bestätigendes Zeichen! Übrigens bekommen alle Menschen tagtäglich *Zeichen*, doch achten sie meistens nicht darauf. Und wenn, können sie diese meistens nicht deuten.)

Über die Jahre hinweg hatte ich viele Gelegenheiten, Saint Germain Fragen zu stellen. Bei mir ist das so, daß ich – zum Beispiel in diesem Moment – gedanklich eine Frage stellen kann, auf die ich dann auch prompt eine Antwort bekomme. Manchmal bekomme ich auch ein Bild oder eine Bildfolge, manchmal auch eine Gegenfrage als Antwort. Das ändert sich permanent. In den meisten Fällen ist es mein Schutzengel, der mir antwortet; manchmal, je nachdem wo und in welcher Situation ich mich befinde, ist es einer meiner verstorbenen Großväter oder gar jemand Unbekanntes. An den Früchten erkenne ich dann, wer es war, das heißt an der Qualität und der Aussagekraft des Übermittelten.

Es gibt natürlich auch die Schattenseite, die in mir auch gehört werden möchte – wie in jedem Menschen – und die dann auf der Autobahn flüstert: *„Komm Jan, den A.... überholst Du jetzt!“*

Diese Früchtchen kenne ich dann auch – und falle leider auch immer wieder mal darauf herein...

Aber Ernst beiseite, den Grafen erkenne ich an seiner sehr direkten Art – sehr trocken und dennoch mit Humor gewürzt – und an einer sehr warmen Atmosphäre, die sich im Raum ausbreitet. Er versucht immer auf den Punkt zu kommen und mich nicht von mir selbst abzulenken.

Die Konversationen, die über die Jahre stattfanden, habe ich mir nur selten aufgeschrieben, da die Antworten meistens situationsbezogen waren. Er antwortet natürlich auch auf politische Fragen oder ähnliches. Da es in diesem Teil des Buches aber um Persönlichkeitsfindung und das Manifestieren des eigenen Schicksals geht, ist dies auch die Grundhaltung, die ich jetzt in diesem Moment einnehme, während ich eine Frage stellen werde. Und dann werden wir ja sehen, was er antwortet...

Lieber Saint Germain, magst Du mir denn nicht etwas über Dein Geheimnis verraten – Du bist nicht gealtert, warst unermeßlich reich... Bist Du nun ein Zeitreisender oder ein zweiter Highlander oder was...?

Jan, Du hattest mich einst, bevor Du in diese körperliche Hülle geschlüpft bist, gebeten, Dich auszubilden und Dir zu helfen, Dein Leben selbst zu meistern – genau das werde ich tun. Ich werde Dir mein Geheimnis noch nicht verraten – davon abgesehen, daß es Dir sowieso nichts nützen würde. Aber ich werde Dir das Werkzeug übergeben, mit dem Du Deinen eigenen Weg gehen kannst, um womöglich eines Tages das zu erreichen, was ich erreicht habe. Aber das liegt an Dir und Deiner Bereitschaft, an Dir zu arbeiten.

Aber Du kennst mein Geheimnis ja schon. Es heißt: *„Der Geist beherrscht die Materie!“* Das war auch das Geheimnis von Jesus. Er sagte: *„Jedem geschieht nach seinem Glauben!“*, und meinte damit dasselbe. Wenn Du daran glaubst, daß Du immer an die richtigen Leute gerätst; wenn Du daran glaubst, daß Du immer Glück hast; wenn Du daran glaubst, daß Du über glühende Kohlen laufen oder Besteck verbiegen kannst, was ja angeblich den Naturgesetzen wi-

derspricht – was es jedoch nicht tut... –, dann kannst Du das auch – ebenso schweben oder fliegen, wenn Du daran glaubst, oder Deinen Herzschlag herunterfahren oder den Stoffwechselprozeß.
Davon abgesehen ist es nicht von Bedeutung, ob ich ein Zeitreisender bin, ein Außerirdischer, das Lebenselixier gefunden habe oder aus dem Erdinneren komme. Übrigens kennst Du Dich ja selbst am besten – wenn ich Dir sagen würde, daß ich die Zeit bereisen könnte, dann würdest Du davon so fasziniert sein, daß Du Deine Aufgabe hier vergißt, die momentan ansteht, und Dich nur noch mit Zeitreisen beschäftigen. Und Du sollst Dich nicht um Dinge in der Zukunft kümmern, sondern um Dein gegenwärtiges Leben und das, womit Du gerade konfrontiert wirst; darauf solltest Du Deine Aufmerksamkeit richten. Du bist doch schon um den halben Globus gereist und hast die faszinierendsten Persönlichkeiten kennengelernt. Jetzt geht es darum, daß Du *Du selbst* wirst. Du wirst kein zweiter Jesus und auch kein zweiter Saint Germain. Sondern Du wirst ein hundertprozentiger Jan. Klar? Ich bin ja auch nicht dem Weg von Jesus oder Buddha oder sonstwem gefolgt, sondern ich habe mich von meiner ICH-BIN-Gegenwart – dem Schöpferischen in mir – führen lassen und habe mich zu mir selbst hin-entwickelt. Wir können gerne eine andere Person als Vorbild akzeptieren, aber nur aus dem Gedanken heraus, zu sehen, daß es ein anderer geschafft hat, sein persönliches Ziel zu erreichen. Und das heißt, wenn *dieser* es geschafft hat, so kannst Du es auch. Du sollst aber niemandem nachfolgen oder die Tat eines anderen wiederholen, sondern Dein eigenes Schicksal schöpfen und manifestieren. Gott will keine Nachfolger, sondern Pioniere...
Das wichtigste, was du wissen mußt – das oberste Gesetz aller –, ist: *„Daß die schöpferische Macht in Dir ruht!“* Nutze sie und glaube daran. Wenn Du daran glaubst, dann kann Dir alles gelingen. Das ist mein großes Geheimnis. Doch den Punkt erreichen, daß Du davon überzeugt bist, nicht mehr zu sterben, unermeßlich reich zu sein oder das höchste Bewußtsein zu erreichen, das mußt Du selber tun. Das willst Du auch, nicht wahr?

Und Deine geistigen Helfer – wobei ich einer davon bin, wenn auch einer der intimsten, da uns ja nun schon eine lange, über viele Leben bestehende Freundschaft verbindet – haben Dir versprochen, Dich an Dein Ziel zu führen. Wir zeigen Dir immer den bestmöglichen Weg auf, aber entscheiden mußt Du Dich selbst und auch ganz alleine Deinen geistigen Entwicklungsweg gehen. Du bist alleine auf diesen Planeten gekommen, und Du wirst ihn auch alleine wieder verlassen. So ist es von unserem Schöpfer angelegt. Und deswegen ist auch jeder Mensch dazu aufgerufen, seinen Weg – aus spiritueller Sicht – alleine zu gehen. Das heißt, daß er in der Lage ist, ihn alleine zu gehen, alleine das Ziel, die Vergöttlichung oder Erleuchtung zu erreichen. Der Mensch benötigt keine Organisationen oder Hilfsmittel, um das höchste Bewußtsein zu erreichen. Alles ist in ihm perfekt vom Schöpfer angelegt.
Auch mir konnte keiner etwas abnehmen – zum Glück. Sonst wäre ich nicht *ich* geworden.
Dein Ziel ist die Meisterschaft – Deine persönliche Meisterschaft, und genau da bringe ich Dich hin. Oder willst Du mein Diener sein, mein Knappe oder Sklave, der das tut, was ich ihm sage?
Nein, unsere Vereinbarung war, Dich zum Meister zu schulen, und das machen wir jetzt. Das hat ja genügend Zeit, und Rückschläge kannst Du wieder ausbügeln. Davon abgesehen möchte ich mich mit Dir vernünftig unterhalten und austauschen – von Meister zu Meister –, von Mann zu Mann von gleichem Rang, und nicht mit einem, der mir nach dem Mund redet – aber das tust Du ja sowieso nicht.
Auch ich bin nicht von A nach Z gegangen. Auch ich hatte mich zu einer Zeit in meinem Ego verloren, wurde arrogant, hatte eine Unternehmung schlecht geführt und mußte sie aufgeben. Doch die Erfahrung führt zur Erkenntnis.

Auch Du hast Rückschläge erfahren, durch Dich selbst verursacht, teilweise von außen an Dich herangeführt – um Deine Stärke zu prüfen. Alle bekommen das, doch Du hast einen Vorteil zu vielen anderen – Du gibst nie auf! Und so war und bin ich auch...

Mein Motto war immer, und das sehe ich auch in Dir: jetzt erst recht. Ist es nicht so, lieber Jan?
Und genau diese Einstellung, immer weiterzugehen, sich nicht aufzuhalten, alles in Kauf zu nehmen, genau das führt Dich zu Deinem inneren Gott, zu dem Göttlichen in Dir.

(In diesem Moment steigen mir die Tränen in die Augen, ich muß mal kurz unterbrechen... Und an diesen (flüssigen) Früchten erkenne ich, daß es wirklich er ist, mein alter Freund.)

Genau hierauf ist Gott stolz. Auf seine Kinder, die nicht die Hände in den Schoß legen, sondern die etwas *tun*. Denn er will stolz auf uns sein, wie ein Vater auf sein Kind. Und je mehr Du Dich erkennst und kennenlernst, um so mehr lernst Du auch Gott kennen – seine Mechanismen, wie er geschöpft hat, welche Absichten er hatte, als er uns den freien Willen gab – und wirst, wenn Du entsprechend weit mit Dir selbst bist, ihn auch fühlen können. Du wirst mit dem Göttlichen mitfühlen können und seine Liebe spüren. Das ist unbeschreiblich...

Was hilft es Dir, wenn ich Dir verrate, wie es mir gelingt, Materie zu beeinflussen? Du kannst es im Moment nicht – zumindest nicht so wie ich. Aber ich kann Dir dazu verhelfen, so an Dich selbst zu glauben, daß Du irgendwann auch daran glauben kannst. Doch das geht schrittweise – und ich werde Dir so viele Prüfungen in Dein Leben schicken, daß Du Dich daran schleifen und daran wachsen kannst, an Mut, Risikobereitschaft, aber auch an Vergebung Dir und anderen gegenüber, mit Weitsicht und der Fähigkeit, die Sicht des anderen annehmen zu können, Dich sozusagen in sein Gehirn und sein Gefühl – in seine Seele – einzuschleichen. Denn das ist eine Deiner Fähigkeiten, die Du am besten kannst.

Und wenn Du an den Prüfungen oder sagen wir besser Herausforderungen gewachsen bist, so wirst Du mehr und mehr von Dir überzeugt sein, wirst Dir mehr zutrauen, weniger zweifeln, und dann kannst Du erreichen, was immer Du willst.

Sollte es Dein Ziel oder Wunsch sein, nicht mehr zu altern, dann ist das so. Aber das ist ja nicht Dein Wunsch – ich weiß. Und Dein wirkliches Ziel (das ich jetzt nicht nennen möchte) wirst Du bald erreicht haben. Du stehst vor einer großen Prüfung, und Du hast noch Angst davor zu bestehen, sie gut bewältigen zu können. Aber Du wirst es schaffen. Vertraue auf Dich. Sieh' zurück in Dein Leben, warst Du jemals allein? Galt nicht immer Dein Spruch: „*Wenn Du glaubst, es geht nicht mehr, kommt von irgendwo ein Lichtlein her?*"

Du warst immer beschützt, so wie jeder andere Mensch auch. Doch wenn Du nicht auf Deine Intuition hörst, dann können wir tagelang zu Dir hinflüstern, dann hört der Jan nicht.
Du wirst bei dieser Prüfung wieder einmal über Deinen eigenen Schatten springen dürfen, wieder ein altes Weltbild fallen lassen und auch Menschen, die damit verbunden sind. Ich weiß, das tut weh, doch es ist ein weiterer Schritt auf Deiner Ausbildungsleiter.
Du hast durch Deine letzten Prüfungen viel gelernt. Vor allem über die Macht des Wörtchens NIE. Jetzt weißt Du, daß das Leben immer einen Weg findet, Dich vom Gegenteil zu überzeugen – hundertprozentig. Nicht wahr, Jan?

Und Du hattest in ein paar sehr emotionalen Momenten in Deinem Leben Standpunkte festgelegt und durch die emotionale Art, wie Du das Wörtchen NIE geäußert hattest, diese Standpunkte sehr tief in Deinem Energiefeld verankert. Du hast Dir selbst die Prüfungen geschaffen, die jetzt anstehen, denn das Leben wird Dir das präsentieren, was Du NIE tun wolltest. Sei aber unbesorgt, Du wirst erkennen, daß Du damals nur eine Seite der Medaille betrachtet hattest, und wirst auch hier wieder einmal feststellen, daß auch die andere Seite ihre Berechtigung hat – und daß sie vielleicht gar nicht so unangenehm ist, wie Du dachtest. Doch die Umstände, die Du erfahren wirst, werden neu für Dich sein und eine große Herausforderung – vielleicht auch eine Versuchung.

Saint Germain, wieso hattest Du damals Dein Wissen nicht mit der Allgemeinheit geteilt, sondern nur mit Reichen und Mächtigen?

Aus zweierlei Gründen: Erstens konnte damals kaum einer lesen und schreiben, geschweige denn das verstehen, was ich zu sagen hatte. Ich mußte schon in gebildete Kreise vordringen. Andererseits hatte das Volk damals überhaupt nichts zu sagen. Daher ging ich an die Spitze. Gelingt es mir, so war mein Gedanke, einen König geistig zu befruchten, so wird dieser wiederum sein Volk befruchten. Das ist viel effizienter. Doch leider hat das nicht so funktioniert, wie ich mir das vorgestellt hatte. Auch ich habe den freien Willen anderer Menschen zu beachten. Und wenn sich jemand dazu entschieden hat, den schmerzhaften Weg zu gehen, so habe ich dies zu respektieren. Deshalb teilte ich einen Teil meines alchimistischen Wissens und das, was ich über die Geheimnisse des Lebens wußte, mit diesen Herren. Das mag heute unverständlich klingen, doch es wird eines Tages einen Sinn ergeben. Warte es ab. Es werden sich noch wunderliche Dinge ereignen, die auch die Mächtigen dieser Welt nicht beeinflussen können.

Laß uns zu einem späteren Zeitpunkt die Konversation fortsetzen, mehr solltest Du nicht weitergeben. Auch die Menschen, die dieses Buch später lesen, werden zuerst an sich arbeiten müssen, bevor sie für fortgeschritteneres Wissen offen sein werden. Denn all das, was ich Dir hier anvertraut habe, gilt selbstverständlich für alle Menschen, nicht nur für Dich.
Gehab' Dich wohl, mein Freund.

„Seltsamer Ergründer der gesamten Natur, hab ich vom großen All Prinzip und Erde erfahren, habe das Gold im Flußgrund in seiner Macht erkannt, hab seinen Stoff begriffen und seine Hefe erfaßt."

Saint Germain

WAS NÜTZT MIR ALL DIESES WISSEN?

Wieso haben wir uns nun all diese spannenden Geschichten angehört?

Was haben wir jetzt davon, daß wir wissen, daß wir einst aus dem Weltraum kamen?

Was nützt es zu wissen, daß heute noch Lemuren und Atlanter in den Samâdhi-Höhlen auf der Welt verstreut leben?

Was nützt es zu wissen, daß die Pyramiden von Gizeh atlantische Bauwerke sind?

Und was nützt es uns zu wissen, daß die Menschen damals eine höhere Bewußtseinsstufe hatten und es Personen wie den Graf von Saint Germain gab, die sich immer wieder unters Volk mischten und mischen, um Wissen zu verteilen?

Was nützt es zu wissen, daß es vor Sumer andere Zivilisationen gab, die höher entwickelt waren als wir heute?

Was nützt es zu wissen, daß wir nicht vom Affen abstammen, sondern es genetische Eingriffe von höheren Zivilisationen gab?

Was nützt es zu wissen, daß dieser Dussel von Nachbar genausoviel wert ist vor Gott wie ich, ja wir geistige Brüder sind?

Was nützt es zu wissen, daß Jesus nicht am Kreuz gestorben ist, sondern ganz woanders – und vor allem erst Jahrzehnte später?

Was nützt es zu wissen, daß die mächtigsten Familien dieses Planeten die *Neue Weltordnung* vorantreiben und die gesamte Welt überwachen und kontrollieren wollen?

Was nützt es, all dies zu wissen, wenn mein persönliches Leben – schon vor (!) der *Neuen Weltordnung* – völlig unzufriedenstellend ist? Wenn ich Streit mit meinem Nachbarn habe, so ist es irrelevant, ob wir beide von den Sirianern oder vom Affen abstammen. Tatsache ist, daß wir Streit haben und daß dieser Streit keinem von uns beiden gut tut – ja noch mehr, er blockiert uns und hat auch gesundheitliche wie auch psychische Beeinträchtigungen zur Folge.

Verstehen Sie, was ich meine?

So viele Menschen, die mir im Laufe meines Lebens begegnet sind, wußten so viel über die Zusammenhänge in wirtschaftlicher und politischer Hinsicht, wußten welcher Politiker in welcher Freimaurerloge sitzt, wie ein Antigravitations-Antrieb funktioniert oder welches neue oder alte Geldsystem zinsfrei der Welt zum Besseren verhelfen würde. Aber Tatsache ist, daß fast alle diese Personen in chaotischen Lebensumständen waren. Chaotisch klingt hier womöglich etwas hart. Doch für mich ist es chaotisch, wenn einer mit seiner Ex-Frau nicht mehr spricht, wenn man mit dem Kompagnon vor Gericht steht, wenn die Schwiegermutter nicht ins Haus darf oder auch ein Fanatismus irgend einer Form präsent ist.

Aber noch schlimmer: Es sind oftmals Menschentypen, die unheimlich gut mit dem Finger auf andere zeigen können und ablästern, selbst aber ihre Rechnungen nicht bezahlen, sich nicht an ihr Wort halten und nachher noch böse sind, daß man sie darauf aufmerksam macht.

Andere studieren irgend ein Glaubensbuch, von dem sie überzeugt sind, daß es die einzig gültige Wahrheit enthält, behandeln ihre Frauen, Kinder und Artgenossen aber wie ein Stück Dreck und drücken sich um eine persönliche Veränderung ihrerseits durch irgendwelche Sprüche, die sie aus dem Glaubensbuch auswendig heruntersagen, in der festen Überzeugung, dadurch ihr primitives Handeln rechtfertigen zu können.

Andere meditieren diszipliniert morgens nach dem Aufstehen und abends vor dem Zubettgehen, andere halten sich eisern an ihren Rosenkranz, der nächste kennt die halbe Bibel auswendig und hat zu jeder

Situation den passenden Spruch parat. Wir alle kennen diese Art von Möchtegernen, die mit einem halben Heiligenschein durchs Leben ziehen. Viele dieser Menschen bemühen sich wirklich redlich, möchten es zweihundertprozentig verrichten, schaffen es aber vor lauter „geistiger Herrlichkeit“ (oder Kleingeistigkeit?) nicht, die einfachsten Dinge unterm Tag umzusetzen. Es gibt auch solche Menschen unter diesen erwähnten, die mit ihrer elitären Einstellung inzwischen so verbohrt und fanatisch geworden sind, daß sie sich zu richtigen Ekeln entwickelt haben. *Ent*-wickelt ist eigentlich der falsche Begriff. Es muß heißen *ver*wickelt. Denn mit geistiger *Frei*-heit hat das nichts zu tun.

Das sind die Menschentypen, die trotz einer bestehenden Partnerschaft oder Ehe fremdgehen, sich aber gleichzeitig über die *„bösen Illuminati“* aufregen. Das sind mir die allerliebsten. Ich behalte einen weiteren Kommentar über solche Menschen für mich.

Es ist tatsächlich so, daß die meisten Menschen auf diesem Erdball – und ich habe große Teile davon mit meinen eigenen Augen gesehen – in ihrer kleinen verkorksten Welt leben – mit einer ebenso verkorksten und beschränkten Weltsicht – und jegliches Fremde zuerst einmal auslachen. Sollte das Fremde aber nicht weggehen, dann bekämpfen sie es, anstatt es einmal neutral zu betrachten, um zu sehen, ob es nicht auch ihr Leben bereichern könnte.

Dann kommt es vor, daß sie sich an solch einem spannenden Thema, wie wir nun viele in den einzelnen Kapiteln betrachtet haben, erfreuen und sich daran dann festklammern – beispielsweise das Thema der Wesen im Samâdhi-Zustand – und dann nur noch diesem Thema hinterhereilen, ohne das Gesamtspektrum verstanden zu haben.

Für diese Menschen kann ich nichts tun, will ich auch gar nicht. Aber denjenigen, die in Aufbruchstimmung sind, die unzufrieden sind mit ihrem bisherigen Leben und mehr herausholen möchten, denen kann ich nun folgendes anbieten auf die Frage, was ihnen dieses ganze Wissen nützt:

1. ist es eine Möglichkeit, einen Teil Ihrer Freizeit damit zu verbringen, an dieses verborgene Wissen heranzukommen, um es für sich persönlich oder geschäftlich zu nutzen. Wenn Sie Bauunternehmer sind, so kann das Wissen um die heilige Geometrie von großem Nutzen sein – oder für einen Flugzeug-Ingenieur das Wissen um die Antriebstechnik damals. Für einen Computer-Entwickler mag es förderlich sein zu erfahren, wie man damals Kristalle informierte und mit Daten versah, und ein Astronom könnte aus den alten Schriften womöglich noch etwas über unser Universum erfahren. Dies wäre eine Vorgehensweise im Äußeren.
2. ist die Beschäftigung mit Ihrem Inneren und eine Verwertung des Wissens und der Weisheit aus der alten Zeit sehr sinnvoll. Und das wollen wir nun auch betrachten und sehen, wie wir dies in unserer kleinen Welt zur Anwendung bringen können.

Gerne erzähle ich Ihnen, was es mir selbst genützt hat, all dies zu wissen. Diese Kenntnisse haben mich noch neugieriger gemacht, als ich es ohnehin schon bin. Selbstverständlich hatte ich mich auf die Suche nach Beweisen für all diese Themen gemacht und bin auf noch fernere Reisen aufgebrochen, habe Menschen auf dem Globus aufgesucht, die mir weitere Türen geöffnet haben, bis ich meine Beweise gesehen hatte. So sah ich Dinge, die so phantastisch sind, daß ich es selbst kaum geglaubt hätte, wäre ich nicht davorgestanden. Vor allem hatte ich aber die Möglichkeit, mich mit Wesen zu unterhalten – physisch wie auch telepathisch –, die meine Sicht der Welt und vor allem von mir selbst IN der Welt klarer werden ließen. Dazu konnte ich Schriften und Dokumente einsehen, die all dies bestätigten. Und darin ging es um unseren Schöpfer – um Gott oder die Ur-Einheit – und die Sichtweise, welche diese Wesen, mit denen ich mich austauschen durfte, diesem gegenüber haben. Und da kam bei mir der Aha-Effekt. Nachdem ich dies verstanden hatte, veränderte sich mein Leben nochmals. (Diese Sichtweise finden Sie ein paar Seiten weiter durch die Worte Arians ausgedrückt, der uns Gott aus seiner Sicht beschreibt. Sie brauchen aber deswegen jetzt nicht vorzublättern...)

Und daher kann ich in ein paar Worten ausdrücken, was mir dieses Wissen genützt hat: Es hat mich mutiger, risikobereiter und abenteuerlustiger, vor allem stolzer, ehrhabener, würdiger, stärker und selbstsicherer werden lassen. Aber gleichzeitig auch vergebender, gelassener, ruhiger, objektiver, verständnisvoller, liebevoller und ganz nebenbei auch wohlhabender...

Es hat mich zu dem gemacht, der hier jetzt schreibt. Das hat nicht die Gesellschaft oder unsere Demokratie gemacht – ganz im Gegenteil. Das tat nur die Sicht der Welt, die ich durch die Beschäftigung mit diesen Dingen und vor allem das Reisen erlangt habe.

In diesem Sinne würde ich sagen, machen wir uns jetzt an's...

MANIFESTIEREN

Betrachten wir uns nochmals kurz die Geschichten, die ich im Verlauf des Buches aufgeführt habe:

1. Wir behandelten den Graf von Saint Germain, der angeblich nicht altert, unermeßlich reich ist oder war und von sich behauptet, „*in den Pyramiden studiert zu haben*" und im Himalaya hin und wieder „*rastet*".
2. Dann folgten wir den Forschungen Ernst Muldashevs über die sich im Samâdhi-Zustand befindenden Wesen (Atlanter und andere), die kraft ihrer Gedanken ihren Stoffwechselprozeß auf Null reduzieren können und daher nicht mehr altern.
3. Danach lasen wir über die sumerischen Schrifttafeln und die Anunnaki, die dem sumerischen Schöpfungs-Epos nach genetisch in die Entwicklung auf der Erde eingriffen. Sie unterrichteten den neu geschaffenen Menschentypus über die Kraft der Gedanken und hinterließen, als sie vor Jahrtausenden wieder verschwanden, Gerätschaften, mit denen man mit ihnen in Kontakt treten kann, wie auch Unterlagen, die über sie und auch den Sinn der Schöpfung berichten.
4. Das gleiche erfuhren wir durch die Schriften, welche die Tempelritter 1114 in Jerusalem fanden, die altes Wissen aus der Zeit von Atlantis beherbergen und ebenfalls den Menschen über den Sinn der Schöpfung unterrichten – das Gesetz der Resonanz und die Tatsache, daß der Mensch nicht nur Teil der Schöpfung, sondern Teil der göttlichen Einheit, die wir Schöpfer nennen, ist und daher mitverantwortlich für alles, was er tut.
5. Nostradamus hatte offenbar ebenfalls Zugang zu dem Geheimwissen der Templer, denn es ist anzunehmen, daß er – wenn auch nicht unbedingt dadurch – zu Wissen Zugang hatte, das die Zukunft der Menschheit betraf. Er lehrte in seinen Vorhersagen, daß alles veränderbar ist – auch die Zukunft des Menschen –, wenn er einen anderen Kurs einschlägt, nach dem Prinzip „*Was wir säen, werden wir auch ernten*". Säen wir ab heute etwas anderes, werden wir dementsprechend auch in der Zu-

kunft anderes ernten. Ähnliches gilt für Leonardo da Vinci, der auch ein Wissen zu einer Zeit besaß, in der es nichts Vergleichbares gab, und das sich – schon aufgrund seiner Kenntnis über die Heilige Geometrie – sehr mit den Erkenntnissen der Templer aus Atlantis deckt.

6. Wir streiften die Illuminaten, die sich die Hochgradfreimaurer gekrallt hatten, die wiederum das Wissen der Atlanter durch die übergelaufenen Templer besaßen. Und die Illuminaten haben die Gesetze des geistigen Manifestierens prompt genutzt, um ihr Ziel – die *Neue Weltordnung* – ins Auge zu fassen. Sie nutzen die gleichen Kenntnisse – nur für ein konträres Ziel.
7. Dann faszinierten uns nicht nur die medialen, sondern vor allem die chinesischen Super-Kinder, die durch ihre starken telekinetischen beziehungsweise Gedankenkräfte in der Lage sind, Dinge zu materialisieren oder verschwinden zu lassen.
8. Und zu guter Letzt haben wir ja noch den guten alten *Placebo-Effekt*, der unsere Reise durch die Zeit und in den Weltraum wieder auf den Boden zurückbringt.

Alle diese aufgeführten Beispiele haben eines gemeinsam:
Es geht darum, daß wir mit der Kraft unserer Gedanken all das erreichen können, was wir uns wünschen – auch wenn es uns in diesem Moment noch sehr unwahrscheinlich erscheinen mag.

Alle Beispiele, die wir uns nun im Laufe des Buches betrachtet haben, verdeutlichen uns eines:

Der Geist beherrscht die Materie!

Alles, was wir heute um uns haben, die Maschinen, die Häuser, in denen wir leben, unsere Kleidung, dieses Buch – war zuerst einmal ein Gedanke, der dann schließlich in die Tat umgesetzt wurde und zur feststofflichen Materie gedieh. Alles auf der Welt, was von Menschen erschaffen wurde – ohne eine einzige Ausnahme –, war zuerst der schöpferische Gedanke eines Menschen.

Natürlich auch der ganze Unrat, der uns umgibt – die „moderne“ Kunst, die Horrorfilme, Brustimplantate,...

Der Gedanke ist die Ur-Sache allen Seins und Ur-Sprung aller Realität. Alles, was sich in unserem Leben befindet, wurde dort durch unser Denken, durch unsere Wünsche wie auch unsere Ängste verursacht nach dem Gesetz der Resonanz, da Gleiches wiederum Gleiches anzieht.

Jeder Gedanke erzeugt im *kosmischen Geistfeld* (*Akasha-Chronik*) eine Form, die dann, je stärker wir sie füttern, desto schneller in der Realität manifestiert wird. Das ist Gesetz. Und diese Gedankenform hält sich im kosmischen Geistfeld so lange auf, bis eine geeignete Situation in unserem Leben da ist, in der sie sich manifestieren kann. Das kann ganz schnell gehen, aber auch erst im nächsten Leben geschehen. Das ist wiederum abhängig von unserem Karma und den anderen Gedanken, die wir über unser Leben hinweg denken.

Jetzt stellt sich die Frage: Wenn wir die Verursacher unserer jetzigen Lebensumstände sind – der angenehmen wie auch der unangenehmen –, wie können wir uns unsere Zukunft neu gestalten?

Das geht über das bewußte Manifestieren. *Bewußt* deswegen, da bei den meisten Menschen die gegenwärtigen Lebensumstände unbewußt entstanden sind. Das fängt damit an, daß der Partner irgendwann anfängt zu sagen: *„Ich kann das nicht mehr hören!“*, und dann wundert er sich, daß er ein paar Jahre später, nachdem er diesen Satz mindestens einmal täglich mit voller Überzeugung ausgesprochen hat, ein Hörgerät braucht.

Damit ist es aber nun vorbei! Jetzt wollen wir richtig gut schöpfen, nicht nur herumspielen. Wir wollen unser Leben neu sortieren und die bestmöglichen Lebensumstände kreieren.

Beim Manifestieren ist es jedoch wichtig, daß wir wirklich daran glauben, also daß wir davon überzeugt sind. Nehmen wir nochmals das

Thema *Feuerlauf* zur Hand. Ist der Teilnehmer des Kurses davon überzeugt, daß er heil über die glühenden Kohlen gehen wird, so wird das auch so sein. Beginnt er jedoch zu zweifeln: „*Na ja, ich weiß nicht, vielleicht sollte ich ja doch nicht gehen, vielleicht verbrenne ich mich ja doch...*“, dann wird die Person sich auch verbrennen.

Das gleiche beim Placebo-Effekt. Wird dem Patienten ein Zuckerpillchen gegeben, von dem er überzeugt ist, daß es irgendeine Substanz enthält, die ihm helfen wird, so wird es das tun. Klärt der Arzt den Patienten jedoch über das Zuckerpillchen auf, so glaubt der Patient ja nicht mehr daran und sie hat auch keine Wirkung.

Ist auch logisch, nicht wahr? Denn ein negativer Gedanke – ein Gedanke des Zweifels – neutralisert den positiven Gedanken. Daher muß der positive Wunschgedanke, den wir verwirklicht haben möchten, aus so einer Überzeugung heraus formuliert sein, daß wir gar nicht auf den Gedanken kommen, daß er sich *nicht* erfüllen könnte. Davon abgesehen mag es auch angebracht sein, wenn wir den Wunsch einmal manifestiert haben, mit niemandem darüber zu sprechen. Denn der Zweifel des anderen kann unsere Wunschvorstellung auch wieder zunichte machen.

Daher ist es ganz wichtig, daß die Ziele, die wir zu manifestieren wünschen, nicht zu hoch gesteckt sind. Sie müssen für uns selbst noch glaubhaft sein. Wünsche ich mir beispielsweise, daß ich als einfacher Arbeiter in wenigen Jahren Leiter eines Großkonzerns bin, so glaube ich selbst nicht wirklich daran. Wünsche ich mir hingegen, daß ich bald Abteilungsleiter werde oder mich mit der Tätigkeit, die ich ausübe, selbständig mache, so kann mein Inneres dies bejahen und die Wahrscheinlichkeit, daß sich dies auch erfüllen wird, wächst beträchtlich. Warum? Weil ich daran glaube.

Was die Realisierungsfähigkeit unserer Ziele anbetrifft, sollten wir auch sehr gut in uns hineinhören. Unser Herz, also der göttliche Aspekt in uns, kennt nämlich die ursprüngliche Lebensplanung, die persönliche Matrix, und sind beide konform, dann wird jedes Lebensziel erreicht.

KÖNNEN SIE SICH VORSTELLEN, UNERMESSLICH REICH ZU SEIN?

Wichtig ist bei dieser ganzen Wunsch-Angelegenheit auch, daß wir uns das Ergebnis bildlich vorstellen können – das nennt sich *visualisieren* – zum Beispiel in dem neuen Auto sitzend und sich wunderbar fühlend; oder vor dem eigenen Betrieb stehend, die Türe aufschließend und die Mitarbeiter begrüßend; oder beim Blick auf den eigenen Kontoauszug, der viele schwarze Zahlen zeigt; oder endlich gesund oder den Löffel biegend...

Stellen wir uns selbst in der gewünschten Situation vor und empfinden dabei, wie wir uns fühlen würden, wenn es so wäre. Dadurch wird der Gedanke und somit auch der Wunsch verstärkt. Um die Vorstellungskraft zu verstärken, kann es sich als sehr förderlich erweisen, Autogenes Training zu praktizieren oder sich mit Meditation auseinanderzusetzen, da hierbei geübt wird, bewußt Bilder und Szenen vor dem inneren Auge ablaufen zu lassen.

Aber seien wir beim Manifestieren ehrlich mit uns. Denn wenn wir selbst nicht daran glauben, entstehen nur Halbheiten. Der Zweifel zerstört alles. Wünschen wir uns nur etwas, von dem wir wirklich glauben, daß wir damit auch umgehen können.

Glauben wir daran, von heute auf morgen plötzlich die Millionen auf dem Konto zu haben? Nein, nicht wirklich. Doch glauben wir an das doppelte Gehalt? Das ist schon eher möglich, zum Beispiel durch eine Beförderung in unserer Firma oder durch eine Beteiligung in Form einer Provision für eine Idee, die wir in unserer Firma durchgesetzt hatten...

Und wir werden feststellen: Wenn sich die ersten kleinen Wünsche manifestiert haben, werden wir mutiger. Nach dem Motto: *„Hey, wenn das mit der Arbeitsstelle geklappt hat, kann ich mich nun an ein größeres Ziel heranwagen."* Es sind hier keinerlei Grenzen gesetzt – siehe unsere illuminierten Freunde, denen die Welt gerade gut genug ist!

Aber geben wir dem Universum oder dem kosmischen Geistfeld die Möglichkeit, den Wunsch sich so erfüllen zu lassen, wie es am geeignetsten ist. Blockieren wir uns nicht.

„Ich will viel Geld, aber das muß durch einen Lotto-Gewinn sein, oder durch einen reichen Mann oder durch eine Erfindung, die ich vermarkte“, sind Formulierungen, die leicht verbesserungsbedürftig wären. Woher wollen wir wissen, daß große Geldsummen nur durch Lotto-Gewinne auf unser Konto kommen können?

Vielleicht retten wir eines Tages auf dem Weg zum Supermarkt einer alten Frau, die auf die Straße gestürzt ist, das Leben und die vermacht uns – da sie keine Erben hat – ein großes Vermögen. Dann hätten wir mit unserer vorherigen Formulierung voll daneben gelegen.

Merken Sie, worauf ich hinaus will? Gottes Wege sind wunderbar, und wir sollten uns nicht durch ein beschränktes Wünschen selbst Steine in den Weg legen. Aber dazu kommen wir noch...

Das Manifestieren und bildhafte Vorstellen kann auch bei persönlichen beziehungsweise menschlichen Konflikten sehr hilfreich sein. So können wir uns vorstellen – was in der Realität nun noch schwerer umzusetzen zu sein scheint – unseren Feind oder Kontrahent gedanklich in die Arme zu nehmen und ihm zu vergeben, den Streit oder das Unrecht. Wir werden feststellen, wie sich innerhalb von Sekunden die Energie in uns verändert, wie ein anderes Gefühl aus unserem Herz strömt.

Mit dem Manifestieren experimentiere ich nun seit mindestens fünfzehn Jahren, kenne viele Bücher zum Thema Lebensberatung und das Kreieren neuer Lebensumstände, und ich mußte immer wieder feststellen, daß es die Art der Formulierung ist, die meistens das ganze Projekt blockiert.

Da wünscht sich beispielsweise eine Frau, den jungen Mann namens Heinz zu heiraten und bittet den lieben Gott, daß er es doch anstellen soll, daß sie tatsächlich heiraten. Die Mutter hingegen mag den Heinz ganz und gar nicht und bittet deshalb den lieben Gott, daß er um alles in der Welt die Heirat verhindern soll.

Was macht nun der liebe Gott? Wir vermuten, daß er es beiden recht machen und beider Wünsche erfüllen wird. Was geschieht?

Sie heiraten, lassen sich aber nach einem halben Jahr wieder scheiden. So hätten beide ihre Wünsche erfüllt bekommen. Was war trotzdem falsch an dieser Form des Wünschens? Es war von vornherein beschränkt auf eine ganz bestimmte Person.

Wie hätten beide richtig wünschen können?

Indem sie vielleicht gebeten hätten: *„Lieber Gott, laß mich beziehungsweise meine Tochter den* ***besten*** *Mann für sich finden."*

Es gibt tausende Varianten, wie wir unvollkommen schöpfen können, zum Beispiel: *„Ich möchte den neuen Ferrari, eine Frau mit blonden Haaren und großen ....., einen Mann mit viel Geld und einem Haus in einem warmen Land, ein Haus mit Veranda und Blick auf die Berge..."*

Zu solchen Wünschen werde ich Ihnen nicht raten, und ich bin auch nicht verantwortlich dafür, wenn Sie sich so etwas wünschen.

Denn beim Wünschen und Manifestieren ist es wichtig zu wissen, daß der Wunsch auch erfüllt wird – irgendwann und auch, wenn er uns nicht glücklich machen sollte.

Darauf weist ein alter Spruch hin, der sagt: *„Beachte wohl, worum Du bittest, denn es könnte Dir erfüllt werden!"* oder humorvoller: *„Der Herr bewahre mich vor der Erfüllung meiner Wünsche!"*

Vielleicht bekommen wir unseren Ferrari, doch wir fahren damit gegen einen Baum und hinken für den Rest des Lebens, weil wir zuvor nur Golf Diesel gefahren sind und gar nicht mit dieser „Waffe" umzugehen gelernt haben; oder ab diesem Tag meiden uns die Nachbarn, weil diese denken, daß wir größenwahnsinnig geworden sind...

Oder wir bekommen den Partner mit all den Einzelheiten, die wir gewünscht haben, mit dem Haus in Spanien und dem vielen Geld. Aber vielleicht säuft er, geht fremd oder arbeitet die halbe Nacht, um sich sein Geld zu verdienen...

Wir sehen, daß es gar nicht so einfach ist, sich etwas zu wünschen und vorzustellen. Es könnte sogar gefährlich sein.

Deswegen möchte ich dazu anraten, so perfekt wie möglich zu schöpfen und dabei das zu übermitteln, was ich von Saint Germain gelernt habe:

Wir machen die sogenannte „Fischgräte“, wie auf der folgenden Seite abgebildet, und schreiben auf die linke, auf die Kontra-Seite all das, was wir an uns selbst und an unserem Leben verändern wollen, zum Beispiel die Frisur; den Kleidungsstil, den wir seit zehn Jahren pflegen; die Arbeitsstelle; unseren Partner; die Nachbarn; die Familie, die jeden Sonntag Morgen, wenn wir ausschlafen wollen, klingelt; oder vielleicht unser altes Auto oder die Tatsache, daß wir zu wenig verdienen. Dann gibt es aber noch die inneren Umstände, die uns nicht behagen. Daß wir beispielsweise zu ängstlich sind oder zu aufbrausend. Vielleicht rasten wir zu schnell aus oder sind zu pessimistisch. Vielleicht stört es uns, daß wir nicht vertrauen können. Tja, und da wäre natürlich noch das Thema Gesundheit...

Nun geht es einen Schritt tiefer. Wir fragen uns während des Aufschreibens, wieso wir eigentlich krank sind, und stellen fest, daß unsere Magenprobleme nur bei der Arbeit aufkommen, weil wir uns dort unwohl fühlen oder mit dem Vorgesetzten nicht klarkommen. Oder es ist der Streit in der Partnerschaft, der uns die letzten Nerven raubt, der uns Migräne verursacht oder in die Depression treibt. Machen wir das einmal und beobachten uns dabei. Ich bin überzeugt davon, daß wir alle genau wissen, wieso wir das eine oder andere Leiden haben. Entweder ist es der Streit mit jemandem – ein Konflikt – oder das fehlende Durchsetzungsvermögen...

Das heißt, wir wissen, daß wenn wir einen anderen Chef hätten oder nicht mehr eine bestimmte Arbeit verrichten müßten, die uns ohnehin annervt, so auch unsere Gesundheit wieder hergestellt wäre. Klingt das vernünftig?

kontra *was will ich loslassen...*	**pro** *was möchte ich...*
meinen alten Lebensstil, Kleidung, Auto	Neues Leben beginnen, das alte langweilt mich, ich tue schon viel zu lange, was andere von mir erwarten.
Meine Arbeit macht mir keine Freude mehr.	Ich arbeite gerne, möchte aber etwas tun, das mir Freude bereitet – Selbständigkeit?
Meine Wohnung gefällt mir nicht – zu klein, zu laut, zu wenig Grün, mag keine Nachbarn.	lieber auf dem Lande wohnen – mit Distanz zu Nachbarn
Ich kann mich bei der Arbeit nicht wirklich entfalten.	Ich bin handwerklich begabt, würde lieber in dieser Richtung tätig werden als am Computer sitzen...
Ich bin zu schüchtern.	Ich kann stundenlang Klavier spielen, ohne daß es mir langweilig wird – im Gegenteil...
Habe Angst, alleine zu sein – habe keinen Partner...	Ich reise gerne und spreche mehrere Sprachen, das fällt mir leicht...
möchte mehr Zeit für die Familie	Ich will mir den Tag selber einteilen – ich arbeite lieber am Abend/Morgen.
bin schon lange krank...	Ich bin offen für Neues und lege mich nicht fest.
arbeite zwar gerne mit Menschen, doch die gehen mir inzwischen mit ihrem Gejammere auf den Geist...	Ich bin ein guter Zuhörer. Ich lasse mir ungern etwas von anderen sagen – ich bin lieber selbst Chef...
Ich bin zu dick.	Ich werde meine Ernährung umstellen, abnehmen, dann liebe ich mich mehr...
Ich bin zu dünn.	Ich werde den Tag ruhiger angehen, dann habe ich auch keinen Streß – also etwas arbeiten, das mir Freude bereitet.
Ich war kaum auf Reisen.	Ich liebe ferne Länder, auch längere Aufenthalte.
Ich habe zu wenig Geld.	Ich interessiere mich für alles sportliche – vor allem Fußball.
In der Stadt, in der ich wohne, ist es zu hektisch, laut...	Arbeite gerne im Freien, mit Blumen oder im Sportbereich, Handwerk?
Das Klima in meinem Land paßt mir nicht, ich wäre bereit, ins Ausland zu ziehen	Ich bin wissenschaftlich interessiert, ist mein Steckenpferd.
Wenn ich zu Hause arbeite, wäre ich bei meiner Familie...	Ich kann alleine am besten arbeiten. Ich meditiere gerne. Ich kann mir vieles merken, starker Intellekt.

Und vieles mehr...

Also, diesen Gedanken gleich auf die Pro-Seite schreiben: *„Andere Arbeit – womöglich Selbständigkeit mit einer Tätigkeit, die mir Freude bereitet, auf die ich mich bereits freue, wenn ich morgens aufstehe."*

Auf die Pro-Seite kommen all die Dinge, die wir an uns mögen und die wir können und be-herrschen, die uns Spaß machen:

Wir haben ein handwerkliches Talent oder sind musisch veranlagt – wir spielen vielleicht sogar ein Instrument; oder wir lieben Computer im allgemeinen; wir sind begeisterter Sportler, lieben die frische Luft, die Berge, das Meer, lieben das Tauchen, haben ein Sprachtalent, stehen gerne vor anderen Menschen und sprechen zu diesen, oder sind eher zurückgezogen und arbeiten lieber alleine und in der Stille (als Schriftsteller beispielsweise), arbeiten intensiver und vor allem besser alleine als im Team... Und so ergibt sich nach und nach ein Bild über uns selbst, das wir immer wieder und auch länger betrachten sollten.

Nehmen wir nun ein Beispiel, um zu zeigen, wie Sie vorgehen könnten: Mister X

Unser Mister X ist ein Eigenbrödler, hat handwerkliches Talent, kann gut mit Menschen aller Couleur umgehen, er redet gern und steht gerne im Mittelpunkt, wenn er unter die Leute geht. Er fährt gerne Auto oder fliegt gerne, und im allgemeinen liegt ihm das Reisen. Ein Haus ist ihm nicht wichtig, eine Mietwohnung tut es auch, zu Hause kochen mag er weniger, er geht lieber auswärts essen, er liebt das Schöne, die Frauen ebenso wie die Gestaltung seiner vier Räumlichkeiten oder seiner Kleidung. Er spielt Gitarre, was er jedoch am liebsten alleine tut. Er mag nicht in einer Band spielen. Er komponiert sogar die Stücke selbst.

Generell mag er frei sein. Er ist nirgendwo Mitglied, bei keinem Sport- oder sonst einem Verein, und auf andere Rücksicht nehmen liegt ihm auch nicht.

Wollen wir nun sehen, was solch einem Menschen zu raten wäre. Stellen Sie sich selbst einmal vor, daß Sie ein Therapeut wären und jemand zu Ihnen in die Lebensberatungs-Praxis kommt und mit diesem Vorgetragenen einen Rat sucht, was er denn beruflich tun könnte.

Ich persönlich würde ihm zu einer selbständigen Arbeit raten – entweder sich richtig selbständig zu machen oder innerhalb einer Firma selbständig zu wirken, zum Beispiel als Vertreter. Er hat ein Produkt zu verkaufen und ist mit seinem Firmenwagen immer unterwegs, vielleicht müßte er auch viel mit dem Flieger nach Asien, um dort für das Produkt tätig zu sein.

Vielleicht sollte er aber auch Pilot werden oder Musiker, je nachdem, wie gut er spielen kann. Vielleicht arbeitet er halbtags in einer selbständigen Tätigkeit, und abends tritt er mit seiner Gitarre auf? Vielleicht könnte er aber auch auf einem Luxusliner als Animateur arbeiten?

Wie wir sehen, gibt es hier verschiedene Richtungen, die eingeschlagen werden könnten.

Lassen Sie sich mit dieser Arbeit viel Zeit – ein paar Tage vielleicht. Saint Germain hatte mir zu drei Tagen geraten – in der Stille, um auch sicher zu einem klaren Ergebnis zu kommen.

Ein klares Ergebnis ist von größter Bedeutung, denn wenn wir eines Tages einer Fee begegnen sollten, so sollten wir auch wissen, was wir wünschen möchten. Daher ist es hier wichtig, wirklich auf den Punkt zu kommen. Denn wenn der Wunsch nicht klar formuliert ist, so kann die Fee – außer die langen Haare zu raufen – nichts machen. Ist der Wunsch nicht klar genug formuliert, so kann er auch nicht in die erwartete Erfüllung gehen.

Und vor allem sollten wir uns nicht davor scheuen, unsere geheimsten und innigsten Wünsche aufzuschreiben, auch wenn es noch so „gefühlsbezogen" sein mag. Wir dürfen auch aufschreiben, daß wir überhaupt nicht mehr arbeiten wollen und nur herumreisen – oder eben unser Hobby zum Beruf machen möchten (beispielsweise das Musizieren), was andere Kopfmenschen nicht unbedingt als „Arbeit" bezeichnen.

Diese Sache funktioniert wunderbar. Sinn-los sind Wünsche, die erneut unser Ego befriedigen, die uns das liefern, was WIR wollen. Doch wissen wir immer, was für uns am besten ist?

Das könnte ich mit mehreren Beispielen aus meinem Leben beantworten. Selber hatte ich mir vieles gewünscht und ich hatte auch alles bekommen – von tollen Autos über bestimmte Frauen, die ich unbedingt haben wollte, vom vielen Geld bis zu Reisen in die entferntesten Länder...

Doch hatte es mich nie ganz glücklich gemacht. Daher lehrte mich Saint Germain noch eine andere Art des Manifestierens.

Wir haben in diesem Buch erfahren, daß wir göttliche Wesen sind, die einen göttlichen Auftrag auf Erden angenommen haben, und die möchten sich nicht mit Geplänkel abgeben, sondern die ***wollen*** zum Kern der Dinge, die wollen zum Wesentlichen – *„Dein **Wille** geschehe"*, der des Gottes in uns.

Daher zeige ich hier einen Weg auf, einen Weg zu wünschen, der nicht unserem Ego dient, unserer Machterweiterung und Besitzanhäufung, unserem *Haben*, sondern unser Lebensziel zu erreichen, unser *Sein*. Und dazu ist es wichtig, so zu formulieren, daß das Universum uns das Beste vom Besten für unsere Seele liefern kann.

Und das geht so:

Wir formulieren immer in der Gegenwart, so als ob das Ziel bereits eingetroffen wäre. Also nicht: *„Bald habe ich eine nette Frau bei mir..."*, sondern: *„Bei mir ist eine nette Frau."*

Doch hier höre ich hoffentlich Ihren Einwand, daß dies nicht gut formuliert ist. Richtig!

Eine treffendere Formulierung wäre nun:

„Bei mir ist die Frau, die am besten zu mir paßt."

Aber wieder mit Ego! Noch besser: *„Bei mir ist eine Frau, und wir sind grenzenlos glücklich."*

„Ich übe den Beruf aus, der am besten zu mir paßt, der mir am meisten Freude bereitet und mit dem ich am meisten Geld verdiene."

„Ich habe den größtmöglichen Erfolg, weil ich nurmehr das tue, was mir Freude bereitet und mich erfüllt."

„Ich lebe in der Wohnung, die am besten zu mir paßt. Ich wohne in der Wohnung, in der es mir am besten geht, in der ich mich am wohlsten fühle...“

„Ich lebe in dauerhafter Fülle.“

„Ich fahre das Auto, das zu mir gehört.“

„Ich ziehe nur das in mein Leben, was meiner Lebensaufgabe entspricht.“

„Ich ziehe nur das in mein Leben, was meinem Glück oder meiner Gesundheit dient.“

„Ich werde immer mutiger, das zu tun, was ich jeweils fühle.“

„Ich werde immer mutiger, mich meinen Ideen, meiner Partner/in, meinen Kindern meiner Lieblingstätigkeit... hinzugeben.“ (*Herz* anstatt *Kopf*)

Unter solchen Formulierungen kann kaum etwas schiefgehen, da unsere Helfer in der geistigen Welt uns immer unterstützen und wissen, wie es im Moment in unserem Portemonnaie aussieht oder ob bald ein Berufs- und damit verbundener Wohnortwechsel ansteht, da die Firma pleite geht...

Formulieren wir immer so, daß das Bestmögliche erfüllt werden kann, daß es nach oben hin offen ist – ohne zu kleingeistige Erwartungen, sonst gibt es vor der Erfüllung noch lehrreiche Umwege.

Und jetzt verrate ich Ihnen das Geheimnis der mächtigsten Menschen auf diesem Planeten: Sie manifestieren genau nach diesem Muster – die meisten weniger wie zuletzt geschildert nach dem höchsten Prinzip, sondern eher auf ihre eigene Macht und ihr Ego zurechtgeschneidert. Aber genau so arbeiten sie – seien es die Rosenkreuzer, die Freimaurer, die Templer, die Magier, schwarze wie weiße –, eigentlich alle *Erfolg*-reichen.

Das Prinzip des Manifestierens ist immer das gleiche, nur die Wünsche der Manifestierenden variieren.

Der Unterschied zwischen der *lichten* und der *dunklen* Seite – um hier nicht die Begriffe *gut* und *böse* zu verwenden – ist der, daß die dunkle ein klares Ziel hat – zum Beispiel die Weltherrschaft und globale Kontrolle. Das ist ein ganz klares Ziel, es gibt einen klar strukturierten Weg dorthin (siehe die *Dokumente der bayerischen Illuminaten*). Dies ist ein Weg des Kopfes und ist daher für diese auch leichter vorzustellen als eine unklare Formulierung eines Esoterikers, der die *Erleuchtung* sucht, von der er selbst nicht genau weiß, wie diese eigentlich aussehen soll. Denn das ist ein Weg des Herzens und der „Gefühle". Und Gefühle sind eben oft nur schwer in Worte zu fassen und daher nicht so *klar*.

Habe ich mich *klar* ausgedrückt? Die einen haben ein ganz klares Ziel vor Augen, und daher wird es sich auch klar manifestieren. Wenn sich aber ein Mensch für gute Projekte einsetzen will, also alles, was er als richtig „empfindet", fehlt ihm meist das Konzept und die klare Vorstellung, ans Ziel zu kommen.

Die Ego-Kräfte (Illuminati) wissen mit ihrer Macht „richtig" umzugehen. Sie wissen, nach welchen Prinzipien sie arbeiten und worauf sie beim Manifestieren aufpassen sollten, da sie ja keine Rücksicht nehmen müssen. Sind wir uns über unser Ziel auch so bewußt; wissen wir ganz genau, was wir wollen? Was unser Herz will und was der Kopf?

Wenn wir klar definieren können, was wir uns in diesem Leben wünschen, was unser Ziel ist, so kann es auch erfüllt werden. Haben wir kein genaues, klar definiertes Ziel, kann auch nichts Klares dabei herauskommen. Oder die Klarheit finden wir erst durch Leid-Situationen.

Und ich sehe wieder die Fee vor mir, die sich die goldenen Haare rauft, weil die Person, der sie einen Wunsch erfüllen will, noch nicht genau weiß, was sie denn überhaupt will.

Also gilt es, hier die Hausaufgaben zu machen. Das dauert glücklicherweise nicht sehr lange, allerhöchstens ein paar Tage. Aber es werden die wichtigsten Tage unseres Lebens werden, weil wir uns über uns selbst bewußt werden und im Anschluß daran unsere Göttlichkeit entdeckt haben – wenn wir zu schöpfen beginnen!

GOTT IST ZIEMLICH GUT DRAUF!

Kommen wir aber zuvor noch mal zu unserem „großen" Gott zurück – dem Oberchef.

Sie fragen sich jetzt vielleicht, da Sie bisher eine Gottes-Sichtweise hatten, die ich jetzt durcheinandergebracht habe, wie Sie denn nun mit Gott umgehen sollen.

Seit man zurückdenken kann, ahnen die Irdischen, daß es etwas mächtiges Überirdisches geben muß und gaben ihm die verschiedensten Namen: Wotan, Vishnu, Ra, Jahwe, Adonai, Allah, Jehova, Zeus, Theaus, Helios, Aton, Manitou und mehrere hundert mehr – und alle sind männlich. Das kann aber nicht sein, denn „Gott" ist reine Liebe, und das spricht eher für eine Göttinmutter.

Doch in diesen allerhöchsten Lichtsphären oder Dimensionen gibt es keine Zweiheit mehr, keine Dualität, nur geschlechtslose Einheit im Verständnis von *Alles ist Gott* oder der *ICH-BIN-Gegenwart.*

Nicht nur nach der Lehre Jesu tragen wir „Gott" in uns, das heißt jeder Inkarnierte hat als Erbe (Kind des „Vaters") einen göttlichen Aspekt in sich, seine Gottes-Ebenbildlichkeit.

Diese göttliche Ur-Einheit hat keinen Körper und keinen Mund, aber sie spricht (Marcos). Gott spricht in uns – früher wagte nämlich kein Prophet oder „Gottessohn" das zu bekennen, aber heute kann jeder „Gespräche mit Gott" führen.

Hier möchte ich nochmals ein paar Kinder zu Wort kommen lassen, da diese das viel besser ausdrücken, als ich es kann.

Die fünfzehnjährige US-Amerikanerin Stef wuchs auf dem Lande auf und wird von ihrer Mutter als ein „Indigo-Kind" bezeichnet. Auf die in der Schule gestellte Frage, wie Kinder sich den Himmel vorstellen, antwortete die Fünfzehnjährige der Mutter: *„Himmel ist ein anderes Wort für den Ort, der nach dem Hier kommt, aber auch das Wort ist immer noch eingrenzend."*

Und weiter erklärte sie: „*Gott hat nicht aufgehört mit dem Erschaffen – das Universum ändert sich ja. Er macht Menschen und Dinge so, daß sie lernen, ihn zu lieben.*"

Und zum Thema Vorsehung meinte sie: „*Gott weiß nicht, was wir tun werden. Er hat dich mit Liebe und seinem Wissen gebaut. Du mußt das tun, was du für richtig hältst. Du hast ein Schicksal, aber willst du es? Wenn du jemanden schlägst, plant das Gott nicht für dich; es ist deine Wahl. Gott hatte einen Gedanken – er erschuf die Menschheit, und die Menschheit versucht, diesen Gedanken zu verstehen. Ich bin jetzt der Gedanke, und ich bin jetzt ein Mensch. Wir sind beide (Mutter und Tochter) ein Teil von Gott und der Schöpfung. Ich bin der Schöpfer und die Schöpfung.*" (34, S. 163)

Marcos, der große Bruder von Flavio, beschrieb als Dreijähriger seiner Mutter folgende Erkenntnisse über Gott:

„*Manchmal weiß ich, was du denkst, aber eher noch, was du fühlst. Weißt du, Mama, als Gott mich im Himmel zusammenbaute, sagte er zu mir: ‚Dir bleibt meine Erinnerung, und mir bleibt dein Lächeln.' Und ich erinnere mich an Gott; ich weiß, wie Gottes Haus aussieht. Ich weiß, daß wir aus dem Haus Gottes kommen und nach dem Tod zu Gott zurückkehren [...]*

Er [Gott] *sagte mir noch andere Dinge, die ich vergessen habe; die weiß ich nur nachts, wenn ich schlafe. Ich kann mit geschlossenen Augen sehen. Ich sehe Gott; aber Gott hat keinen Körper, er hat keinen Mund, aber er spricht. Er ist in allen Dingen, auch im Essen und in der Luft. Gott wohnt in den Menschen, auch in den Dieben, obwohl sie böse sind. Sie sind böse, weil sie nicht wissen, daß sie Gott in sich haben, sie spüren es nicht. Und in den Tieren ist Gott auch.*" (28, S. 57)

Und sein Bruder **Flavio** beschrieb im Alter von sechs Jahren:

„*Aus vielen Schicksalen formt sich schließlich ein einziges Schicksal: das Schicksal der Menschheit.*

Gott hat keine Zeit; er ist außerhalb der Zeit. Alles, was in der Zeit ist, fängt einmal an und hört einmal auf. Die Zeit ist dazu da, daß ein Wesen geboren werden, wachsen und streben kann, damit es diesen ganzen Prozeß durchläuft.

Gott ist, und wiederum auch nicht, ein Prozeß. Er ist das, was den Prozeß des Lebens verursacht...

Jetzt werden die Religionen nicht mehr notwendig sein, weil jeder Gott in seinem Inneren finden wird.« (28, S. 31)

Nun möchte ich aber auch aufführen, was uns der hellsichtige **Arian** über „Gott" zu sagen hat. Und das unterscheidet sich völlig von dem, was ich sonst so gehört habe. Halten Sie sich fest:

*„Fast alle Religionen, bis auf meines Wissens eine, haben Ehr-**Furcht** vor dem höchsten Wesen, sie fürchten sich, gehen in die Knie, bitten und betteln dieses Wesen an, daß es ihnen hier hilft und da hilft, daß es ihnen vergibt... In zwei Religionen findet man sogar einen strafenden Gott, der einen in den Himmel oder in die Hölle schickt. Diese Religionen flehen einen ‚Gott' an, einen Herrn, einen Allmächtigen, wobei sie dabei das Haupt gesenkt haben.*

Mein Volk hingegen hat keine Angst vor dem Schöpfer – wir nennen ihn den Ur-Vater. Und dieser ‚Gott', um hier bei diesem Begriff zu bleiben, ist ein liebender Gott, ein fröhlicher, dem es gefällt, wenn es seinen Kindern gut geht. Und es ist ein stolzer Gott, er ist auch stolz auf seine Schöpfung und seine Geschöpfe – seine Kinder. Und er möchte stolz sein auf seine Kinder, deswegen mag er auch stolze Kinder. Gott will nicht, daß seine Geschöpfe – seine Kinder – vor ihm auf die Knie gehen. Sondern wir sollen Gott immer wie Eltern ansehen, wie Vater und Mutter.

Wollen denn Eltern, daß ihre Kinder vor ihnen auf die Knie fallen, sie anbeten oder gar anwinseln? Ganz bestimmt nicht! Jedes Elternteil versucht, seinem Kind das Beste mitzugeben, was es kann. Die Eltern versuchen all das, was sie über die Jahre hinweg an Lebenserfahrungen gelernt haben, an ihre Kinder weiterzugeben, versuchen, sie vor schlimmen Erfahrungen zu bewahren, indem man ihnen aus dem Leben erzählt. Als Elternteil sagt man zu seinem Kind: ‚Steh aufrecht und schau mir in die Augen. Ich möchte stolz sein auf Dich.'

*Deswegen haben meine Leute auf unserem Planeten einen wichtigen Grundsatz: **Wir beugen unser Haupt nicht vor Gott, weil Gott uns aufrecht, ehrlich und mutig sehen will.** Deswegen beugen wir unser Haupt* *auch niemals vor einem Feind oder einer anderen Religion – auch ich nicht.*

Gott will aufrechte Wesen vor sich haben, die Verantwortung übernehmen können für ihre eigenen Taten. Gott will stolz sein auf seine Schöpfung, will sagen können, wenn er sie betrachtet, daß sie ‚gut' ist. Sicherlich liebt Gott auch die Schwachen, so wie die Eltern auch ein schwächliches Kind liebhaben. Um so mehr freut er sich aber über jeden, der sich seiner eigenen Aufgabe stellt, der seine Aufgabe annimmt, mutig ausprobiert, riskiert und sich dem Leben stellt.

Gott ist ein Wesen voller Liebe, ein Wesen voller Freude, eines, das teilhat am Leben, das interessiert ist an allen Erfahrungen aller Wesen und sich freut über Pioniere, über Menschen, die sich selbst bewußt werden, die selbst zu schöpfen angefangen haben, und betrachtet mit freudiger Neugier, wie sie wohl schöpfen werden und wieviel sie gelernt haben.

Kannst du dir nicht vorstellen, daß es Gott mit der Zeit auch auf den Keks geht, daß er immer nur angefleht und angebettelt wird? Kannst du dir selbst vorstellen, zu Gott zu sagen: ‚Sieh her, was ich in meinem Leben vollbracht habe. Bist du stolz auf mich?' So, wie es ein Kind mit dem Vater tun würde, wenn es etwas gebastelt hat? Gott möchte nicht, daß seine Kinder Angst vor ihm haben, weil es keinen Grund dafür gibt. Gott liebt seine Schöpfung, und er liebt die Menschen. Und er möchte auch, daß er geliebt wird, so wie die Eltern von ihren Kindern geliebt werden möchten.“

Äußerst interessant, nicht wahr?

Das war übrigens auch die Gottesvorstellung unserer Vorväter (bevor sie „christianisiert“ wurden). Wenn ich da an manche Glaubensschar denke, die vor ihrem Schöpfer kriecht, Klagelaute anstimmt und jammert – traurig, aber wahr...

Ganz intensiv geht es nun auch weiter, und wir lassen unsere Gedanken ein wenig kreisen, um dann wie ein Adler niederzuschießen, um die Beute dingfest zu machen.

SUPER WELT – EIGENTLICH...

Wieso erzählte ich Ihnen von Menschen, die angeblich über Jahrtausende und länger in Höhlen und unterirdischen Städten überleben, und von einem Saint Germain, der sich alle Jahrzehnte wieder einmal unter die Leute mischt – entweder weil er selbst aus solchen Höhlen kommt oder die Zeit bereist?

Eigentlich hätte ich Ihnen ja nur etwas über das Manifestieren erklären können, und dann wäre es gut gewesen. Aber so bin ich eben nicht. Das wäre zu einfach. Es ging und geht mir weiterhin darum, Ihnen eine andere Sicht der Welt nahezulegen, eine Sicht, welche die Dinge etwas großzügiger sieht.

In unserer Zeit geht es nur noch um einzelne Jahre. Die technologische Entwicklung ist derart schnell, daß wir über Jahrzehnte gar nicht mehr vorausplanen können. Doch diese Menschen, von denen ich hier berichtete, die rechnen in Jahrhunderten oder in Jahrtausenden, und sie inkarnieren freiwillig. Für die ist es irrelevant, ob eine Zivilisation kommt oder geht, ob ein Krieg herrscht oder irgendwo gerade Frieden geschlossen wird, da das ganze Leben einem riesigen, unvorstellbar lang andauernden Zyklus, einem langen Plan unterliegt, den wir aus unserer kurzsichtigen Struktur, die wir gewohnt sind zu denken, gar nicht nachvollziehen können.

Und genau deshalb erzähle ich von diesen außergewöhnlichen Menschen, die uns sagen wollen, daß sie gar nicht außergewöhnlich sind, sondern wir. Ja, WIR sind es, die aus deren Sicht außergewöhnlich sind – außergewöhnlich unbewußt und ignorant!

Es ist daher von immenser Relevanz, uns mit einer viel größeren Denkdimension vertraut zu machen, weil wir in diesem Moment vor einer großen Veränderung auf diesem Planeten stehen, die vielen Menschen Angst macht. Es geht um die *Neue Weltordnung*, die nun immer mehr in unserem Leben wirksam wird.

Die Neue Weltordnung steht tatsächlich an. Ob sie ein paar Jahre früher oder später kommt, ist nicht von großer Bedeutung. Denn sie wird auch ein paar Jahr früher oder später wieder verschwinden. Auch unsere Zivilisation wird möglicherweise in dieser Form verschwinden, und eine andere wird kommen. Und dies wird sehr unangenehm werden. Es findet ein großer Umbruch statt, größer als alles zuvor Dagewesene, da wir auch weitaus mehr Menschen auf der Erde beherbergen als je zuvor.

Aber für unsere Samâdhis, Saint Germain und Freunde, verschwindet *wieder einmal* eine Menschheitsepoche, und eine andere wird entstehen. Sie werden *wieder einmal* aus ihren Höhlen kommen und die Menschheit abermals befruchten.

Und ich sage Ihnen, haben Sie deshalb keine Angst vor den Veränderungen, die anstehen. Diese sind Teil eines langen Lernprozesses für Milliarden Seelen, die sich freiwillig dazu entschlossen haben, diese Erfahrungen hier mitzumachen. Haben Sie Mut weiterzumachen, weiterzuschöpfen und an diesem Leben bewußt teilzuhaben.

Ist es nicht interessant, wenn man überlegt, daß wir in der Schule alles Mögliche lernen, Geschichte, Mathematik, Lesen und Schreiben; wir lernen etwas über die Religion(en), über die Physik und die Chemie, über verschiedene Staatssysteme, aber eines lernen wir nicht – das Wichtigste –, was das Leben selbst ist, was die Gesetze des Lebens sind, wie man damit umgeht, wie man das Leben deutet und die Mechanismen der Natur für sich und das Wohl anderer verwendet.

Und es ist nun einmal eine Tatsache, daß wir auf diesem Planeten – und generell auf der polaren Ebene – Gesetzmäßigkeiten unterworfen sind. Doch wie wollen wir diese Gesetze befolgen, wenn wir sie nicht kennen?

Der Grund, warum ein paar wenige Familien und Geheimlogen solche Macht aufgebaut haben – ebenso wie die Tempelritter –, ist, daß sie den Inhalt der Sarkophage kennen, nämlich die Geschichte unserer Vorfahren und die Gesetzmäßigkeiten des Lebens. Diese Gesetzmäßigkeiten halten sie verborgen, nutzen sie für ihre Ziele, verschweigen sie jedoch vor dem Rest der Menschheit, damit diese „benutzt“ werden kann.

Frage also an Sie: Wollen Sie weiterhin benutzt werden und sich wundern, wieso ein paar ganz mächtig sind und Sie bloß arbeiten müssen? Oder wollen Sie diese Gesetze nun endlich auch nutzen?

Zögern Sie nicht!

Denn Ihre Chancen stehen gut! Vor allem haben wir erkannt, daß alle Menschen auf der Erde den gleichen Schöpfer haben. Es gibt zwar verschiedene Begriffe dafür, doch letztendlich meinen sie dasselbe: denjenigen, der die Planeten erschaffen hat, der die Physik und die Gesetzmäßigkeiten erschuf, auf denen das Leben in den Universen aufbaut. Das bedeutet, daß wir alle Kinder des Schöpfers sind und alle die gleichen Möglichkeiten in uns tragen.

Symbolisch drückt sich dies auch sehr schön durch die Tatsache aus, daß alle Menschen eine gleichgroße Cornea haben.

Die Superreichen und Supermächtigen auf der Erde haben auch nur ein Gehirn, zwei Augen, zwei Arme und müssen ebenso aufs Klo, wie Sie und ich. Wieso haben die aber mehr aus ihrem Leben gemacht als die meisten anderen?

Ja, fragen Sie sich das einmal ganz ehrlich? Sie glauben, daß Gott ungerecht war? Vergessen Sie es. Solche Sprüche sind nur Selbstmitleid, weil wir nicht genügend Disziplin und Rückgrat aufweisen, um es uns selbst zu beweisen.

Alles, was wir dazu brauchen, um aus unserem Leben etwas zu machen, ich meine so RICHTIG, liegt jetzt in diesem Moment in uns verankert. Es liegt brach da und will genutzt werden. Wir haben die Möglichkeit zu denken – dann denken wir erfolgreich und bewußt. Das tun die Illuminati auch. Die Illuminati haben auch nur 24 Stunden am Tag Zeit zu denken, doch sie denken etwas anderes als wir! Und genau da liegt der Unterschied zwischen diesen und uns!

Unsere Seele und unser Herz sind im Besitz des gleichen Wissens und der gleichen Fähigkeiten, doch versperren wir uns den Zugang zu diesen Fähigkeiten und zu unserer Seele und damit zu dem darin verankerten Wissen durch Standpunkte, die wir eingenommen haben, Traditionen und veraltete Denkmuster und blockieren uns deshalb.

Zu sagen: „*Ich kann nicht!*“, ist unangebracht. Ehrlicher wäre es schon zu sagen: „*Ich traue mich nicht*“ oder „*Ich bin zu faul!*“

Denn „können“ tun wir es alle. Vor allem haben wir alle permanent Zugang zum Datenspeicher der Erde als auch zum Universaldatenspeicher des Kosmos wie auch zu unserer Göttlichkeit in unserem Herzen und den Zell-Erinnerungen des materiellen Körpers. Nur wissen die meisten nicht, wie man sich dort „einklinken“ kann, sprich Zugang bekommt.

Wie gelingt es mir, mich in die Akasha-Chronik oder in mein Herzzentrum einzuklinken, um Daten abzurufen?

Das ist zum Beispiel durch verschiedene Arten der Meditation möglich, wobei es aber einfacher ist, gedanklich darum zu bitten. Ich selbst kenne das seit langer Zeit. Ich kann eine Frage stellen und bekomme innerhalb weniger Sekunden einen Gedanken in den Kopf beziehungsweise mache ich dies abends vor dem Einschlafen, daß ich um eine Information bitte, und ich bekomme dann ein Bild oder eine Szene vor dem geschlossenen Auge vorgespielt.

Ich bin davon überzeugt, daß das bei jedem klappt, doch die meisten trauen dem nicht, was sie dann als Bild oder als Gedanke übermittelt bekommen.

Natürlich gab es immer Medien, also Menschen, die diese Begabung extrem stark ausgeprägt hatten, wie beispielsweise Rudolf Steiner, Jakob Lorber, Helena P. Blavatzky oder Edgar Cayce und aberhundert andere, die ganze Bücher mit Informationen aus dem Kosmos gefüllt haben mit Details über den Schöpfungsgedanken, den Ursprung allen Seins, die Entstehung der verschiedenen Zivilisationen auf diesem Planeten, die Geschichte unseres Sonnensystems und so weiter.

Durch das Lesen in der Akasha-Chronik erfuhren diejenigen, die darin lasen, von den großen Eckpfeilern der Menschheitsgeschichte.

Tatsächlich ist es so, daß es gewisse Vorgaben für das Lebens-Spiel gibt, die über die Jahrtausende und Jahrmillionen als sogenannte *Bojen* oder *Markierungssteine* festgelegt sind.

Vergleichen wir das einmal mit einem Spielbrett – zum Beispiel: *„Mensch ärgere Dich nicht!"*

Die Regeln des Spiels sind festgelegt und auch das Ziel des Spiels. Wie sich jedoch die einzelnen Spieler während des Spiels verhalten, ob sie sich ärgern oder gelassen bleiben, liegt an ihnen. Denn am Ende sind alle am Ziel.

Oder nehmen wir die schulische Ausbildung. Es ist von vornherein klar, daß man dreizehn Klassen zu bewältigen hat, um das Abitur zu erreichen. Der Stoff wird von Jahr zu Jahr schwieriger, die Fächer sind bekannt und die Klassenarbeiten und der Stoff, der bewältigt werden muß auch. Wie nun jedoch der einzelne zu seinem Abitur kommt, ob er mogelt, mehrmals sitzenbleibt, ob er mit 1,0 oder mit 3,9 abschließt, Nachhilfe benötigt oder ein leichter Lerner ist, bringt die Würze ins Spiel.

Zurückkehrend zu unserem evolutionären Lebensspiel auf der Erde bedeutet dies, daß über die Jahrtausende hinweg gewisse Etappen zu bewältigen sind, gewisse große Prüfungen fixiert sind und es daher den verschiedenen Propheten und Visionären immer möglich war, große Ereignisse vorauszusehen. Mit den Jahreszahlen hatte es zwar nur selten wirklich hingehauen, doch eingetroffen sind sie dann am Ende doch.

Nehmen wir beispielsweise einmal die Seher, die den Ersten und Zweiten Weltkrieg voraussahen. Sie konnten – bis auf unseren Saint Germain alias französischer Zivilist, der dem Feldostbrief-Schreiber Andreas Rill begegnet war – keine genauen Angaben machen, wann genau dieser stattfinden würde. Doch wie die Ereignisse waren und die Entwicklungen, die schließlich zu den Ereignissen führten, war korrekt beschrieben.

In dieser Hinsicht ist es natürlich auch bemerkenswert, daß es dem Seher Johannes möglich war, Dinge in der Zukunft zu beschreiben – in der „Offenbarung“ –, die erst zweitausend Jahre später Wirklichkeit werden würden – sprechende Bilder, Strich-Code und Chip unter der Haut... Sie erinnern sich.

Ich möchte uns aber nicht in die Angst-Thematik zurückführen, sondern aus ihr heraus, und wir wollen uns auch nicht wieder in äußeren Informationen verlieren, die uns vom Wesentlichen ablenken – von uns und unserem eigenen Schicksal in diesem Leben!

Jeder Mensch hat die Freiheit, selbst zu entscheiden, ob er die Reife erlangen will, irgend jemandem zu dienen oder selbst zum Schöpfer zu werden.

Sicher werden manche Leser denken, daß sie seit ihrer Geburt bestimmten sozialen und familiären Hierarchien unterlegen waren und in eine ganz bestimmte Ecke oder Richtung gelenkt wurden, und meinen vielleicht, daß sie diese ja gar nicht hätten beeinflussen können. Falsch!

Wir selbst sind es, die wir uns, bevor wir inkarnieren, die Eltern wie auch die Zeit und den Ort aussuchen, wo wir geboren werden möchten. Wieso? Weil unsere Seele ja weiß, also wir selbst, was wir noch erlernen möchten, was uns zur Vollkommenheit noch fehlt, zum Beispiel Risikobereitschaft oder Mut, vielleicht auch Durchhaltevermögen oder Disziplin. Und so wählen wir innerhalb des Spielfeldes, das wir einmal sinnbildlich von oben herab betrachten, den geeigneten Ort, an dem wir starten.

Ein Beispiel hierzu:

Wir entscheiden uns im Jenseits, wenn wir einen Körper verlassen haben, was wir als nächstes lernen möchten, und wählen die nächste Inkarnation aus. Vielleicht wollen wir nun das Thema der politischen Macht erfahren und wählen daher für die nächsten acht Leben männliche Politikerlaufbahnen auf der Erde, und das in verschiedenen Ländern, um alle Aspekte dieses Themas erfahren zu können.

Danach möchten wir womöglich die Mutterschaft erleben und wechseln daher erneut das Geschlecht. Und hierbei kann es dazu kommen, daß die Eindrücke der vorherigen Inkarnation, aus dem männlichen Körper, auf die derzeitige als Frau einwirken. Und da kommt es dann oft zu Komplikationen (zum Beispiel Homosexualität).

Zwei weitere Beispiele möchte ich nun gerne anführen, und zwar von Kindern, die sich noch genau daran erinnern, wie es war, bevor sie in den Mutterleib schlüpften.

Das erste wäre der argentinische Junge Flavio M. Cabobianco, der inzwischen mehrmals zu Wort kam. Nicht nur durch seine Äußerungen über Gott, das Leben, Schicksal und anderes Spirituelles brachte der damals Dreijährige das Weltbild seiner Eltern ins wanken, sondern auch durch seine Zeichnungen. In dem von seinen Eltern und ihm im Alter von elf Jahren veröffentlichten Buch *„Ich komm‘ aus der Sonne“* finden sich Zeichnungen über den Aufbau des Universums, das Zusammenwirken von Materie und Antimaterie, das Bestehen von Raum und Zeit, die Existenz der Seele und ihr Wirken, die Energie der Planeten unseres Sonnensystems, die verschiedenen Ebenen im Jenseits und vieles anderes mehr.

Auf die Frage seines Vaters hin, wie es möglich sein kann, daß er sich an all das erinnert, erklärte Flavio, daß die Seelen vor ihrer Geburt alles wissen, da sie sich der göttlichen Wahrheiten bewußt sind. Doch im Augenblick der Geburt küßt sie der *Engel des Vergessens* auf die Lippen und versiegelt sie dadurch. (Bei den alten Helenen schwamm man durch den Fluß *Lethe*.)

Auf sich selbst bezogen schilderte Flavio seinem Vater dann, daß er, als der Engel des Vergessens zu ihm kam, auf der Hut gewesen sei und seinen Kopf zur Seite gebogen habe, und ihn der Engel daher nur ein ganz klein wenig berührt habe. Deshalb könne er sich an fast alles im Jenseits erinnern. Aber auch sein um drei Jahre älterer Bruder Marcos ist ähnlich begabt.

Aus der Zeit vor seiner Geburt beschrieb **Flavio** als Neunjähriger folgendes:

„Ich erinnere mich besser an die Zeit vor meiner Geburt als an die ersten drei Jahre meines Lebens. Mein vorgeburtliches Leben überschaue ich aus allen Blickwinkeln. Meine Sicht hat keine Grenzen, da ich nicht mit meinen physischen Augen sehe. Auf diesem Planeten, der so dicht ist, bin ich zum erstenmal. Ich war schon vorbereitet, auf anderen Planeten, wo ich das Körperliche üben konnte. Das war so, wie wenn man in der Luft ohne Bleistift Schreiben lernt. Aber das hier ist doch ganz anders, sehr eigenartig; ich habe einen physischen Körper. Die wenigen Grundregeln, die ich mitbringe, um hier existieren zu können, lauten: Ja und Nein, Zeit und Raum. Dies hier ist die Welt der Gegensätze [...] Ich erinnere mich an hunderte von leuchtenden Kugeln; alles Lebendige ist eine leuchtende Kugel. Einige von ihnen können mir behilflich sein, mich auf diesem schwierigen Planeten zurechtzufinden. Ich sehe zwei Mütter, die für mich in Frage kämen, eine mit einem starken Ego, die andere von feinerer Art, also genau richtig. Diese zweite ist mit einer Kugel verbunden, die sehr hell leuchtet [...] Sie ziehen mich an, weil sie durch Liebe verbunden sind. Sie werden meine Eltern sein. Ich weiß, daß ich gehen muß und fühle mich mehr und mehr zu ihnen hingezogen. Dann kommt ein leuchtender Tunnel, rundum ist es finster. Als ich eintrete, fühle ich mich sehr beengt, sehr eingesperrt.“ (28)

Als zweites Beispiel möchte ich die sechzehnjährige **Antoinette** aus Saarbrücken anführen, die ich selbst besucht und getestet habe. Antoinette ist hellhörig – das heißt, sie sieht keine Aura, sondern sie hört eine Stimme, die zu ihr spricht, wobei es sich ihrem Erzählen nach um ihren Geistführer handelt. Er nennt sich Abronsius und erklärte ihr folgendes über das Eintreten in den Mutterleib:

„Hat sich eine Seele ein Elternpaar ausgesucht, so hält sie sich schon vor der Geburt bei diesem auf. Manchmal ist sie auf den Vater fixiert, dann ist sie bei diesem, üblicherweise aber bei der Mutter. Es kommt auch darauf an, welcher Teil der Eltern der Seelenfamilie der kommenden Seele angehört.

Durch dieses Anwesendsein bei den Eltern kann die Seele sich schon auf die Charaktere und deren Emotionen einstellen, bevor sie geboren wird. Sie beobachtet die Eltern und wählt dann den besten Zeitpunkt, um in die Eizelle einzudringen. Haben die Eltern eine schwierige Phase, wartet die Seele manchmal, bis es besser wird. Manchmal kommt sie aber gerade in unruhigen Zeiten, um durch ihre Anwesenheit Frieden zu stiften und die Eltern zu erden."

Dies will uns verdeutlichen, daß wir es selbst sind, die sich dieses Leben ausgesucht haben. Auch wenn die Kindheit äußerst besch...eiden gewesen sein mag oder es immer noch so ist.

Doch jetzt sind wir erwachsen, ab jetzt wird das anders sein. Damals wußten wir ja noch nichts über das Gesetz der Resonanz. Aber jetzt wissen wir.

Horrido! Jetzt und heute ist die Zeit des Aufräumens gekommen. Die Konflikte werden nun nach und nach aufgelöst; wir beginnen endlich, das zu tun, was wir immer schon tun wollten...

Ja, ich weiß, das klingt so leicht, ist es aber nicht. Das war es bei mir auch nicht. Auch ich hatte vor vielen Jahren einen anderen Beruf ausgeübt, doch hatte ich dann erkannt, daß ich mit meinen Arbeitskollegen immer aneckte oder mit dem Chef. Auch Teamarbeit war ein Greuel für mich. Also kam ich zu der Erkenntnis, daß nur eine Selbständigkeit hier Abhilfe schaffen kann. So überlegte ich, wie so etwas denn ausschauen könnte und was ich denn kann. Da ich das nicht wußte, wünschte ich mir, daß ich mich mit etwas selbständig machen möchte, was mir Spaß macht, wobei ich ständig reisen kann, interessante Leute treffe und immer genügend Geld habe, um meine Reisen finanzieren zu können.

MEIN VERTRAG MIT DEM SCHÖPFER

Dazu muß ich aber noch hinzufügen, daß ich zur gleichen Zeit – in den wahrscheinlich fünf wichtigsten Minuten meines Lebens – meinem Schöpfer und dem Leben gegenüber eine Erklärung abgegeben habe, die nicht weniger entscheidend für meine Zukunft war: nämlich, daß ich mich nicht weiter vor meinem Schicksal drücken werde, sondern das annehme zu tun, was ich mir für diese Inkarnation vorgenommen hatte – mit allen Konsequenzen.

Und siehe da, zwei Wochen später hörte ich eine innere Stimme, die mich dazu anhieß, mich hinzusetzen und ein Buch zu schreiben (obwohl ich doch gelernter Raumausstatter war und mit Büchern nun gar nichts am Hut hatte), und zwei Jahre später hatte sich meine Manifestation mit der Selbständigkeit genau so manifestiert, wie gerade beschrieben. Der Grund, warum sich mein Wunsch erfüllen konnte, war der, daß ich bei der Formulierung offen gelassen hatte, in welcher Form sich der Wunsch erfüllen darf. So konnte das Leben mich überraschen.

Funktioniert hatte es also, doch mußte ich mein komplettes altes Weltbild, meine alten Freunde und auch meine Gewohnheiten zurücklassen und wurde dafür mit einem neuen Leben belohnt.

So, und das klappt bei Ihnen genauso. Hundertprozentig. Sie müssen es nur wirklich wollen. Vor allem müssen wir meistens gar nicht so viel dazutun, sondern nur das Alte aus dem Leben wirklich loslassen. Die Menschen, die uns seit Jahren auf den Keks gehen – freundlich aber bestimmt verabschieden. Den Stammtisch Stammtisch sein lassen, oder den Sportverein, womöglich das Dorf oder die Stadt, in der wir seit Jahrzehnten leben. Egal – weg mit dem alten Zopf.

Wenn wir etwas Neues in unser Leben wünschen, dann muß zunächst das Alte weg, ist doch logisch. Wir können ja auch nicht in ein volles Wasserglas noch mehr reinschütten...

All die Sachen, die ich hier in dieses Buch geschrieben habe (das Sie eigentlich nicht lesen sollten...), kommen ja irgendwoher. Es sind Dinge und Erfahrungen, die ich selbst erlebt habe. Und die habe ich nicht übers Internet erlebt oder im Computer-Spiel, sondern im Leben, im Erleben, auf Reisen.

Das ist so. Die Lebenserfahrungen kommen nur durch das Tun.

Vergleichen wir das mit einem Menschen, der bereits fünf Bücher über *Kama Sutra* – eine asiatische Liebes-Technik – gelesen hat und sich mit allen Stellungen bestens auskennt – in der Theorie. Er wird erst zu einem Kundalini-Erlebnis kommen, wenn er seine Übungen in die Praxis umsetzt.

Das war natürlich wieder ein Beispiel aus dem unteren Körperbereich und zeigt auf, daß die momentane Entwicklung auf der Welt auch an mir nicht spurlos vorbeigehuscht ist. Aber Ernst beiseite...

Daß dieses Buch so ein Riesenerfolg ist, ist nur deshalb möglich, weil ich jetzt hier sitze und seit Wochen den gesamten Tag schreibe, was das Zeug hält (von morgens um 7.30 Uhr bis nachts um 23.00 Uhr oder noch länger). In dieser Zeit bin ich kaum für jemanden zu sprechen – außer für die Familie, die das respektiert –, esse wenig, diszipliniere mich... Das heißt, hinter diesem Erfolg steht eine Menge an Energie, die hier eingeflossen ist; eine Menge Arbeit, die zu bewältigen war. Und sie hat mir Spaß gemacht. Und ich denke, das merken Sie auch.

Wenn uns eine Tätigkeit Spaß und Freude bereitet, dann ist es plötzlich keine Arbeit mehr, sondern dann haben wir unser Hobby zum Beruf gemacht; oder besser ausgedrückt: unsere *Berufung* zum *Beruf* gemacht!

Aber Sie wissen nicht, was Sie als berufliche Tätigkeit, die Ihnen auch Spaß macht, ausüben können?

Macht nichts, ich wußte es auch nicht. Deswegen habe ich Ihnen ja diese Hinweise zum Manifestieren hier anvertraut.

Wir halten nochmals fest:
Es gibt keinen Zufall! Alles, was uns in diesem Leben widerfahren ist und was uns gerade widerfährt, haben wir selbst verursacht. Alles fällt uns zu – wir ziehen es also an – nach dem Gesetz der Resonanz.

Und so wie es kein Zufall, sondern Resonanz ist, daß Sie dieses Buch in Ihren Händen halten, so ist es auch Gesetz, daß jetzt der Zeitpunkt in Ihrem Leben gekommen ist, etwas zu verändern.

Das Göttliche in Ihnen oder Ihr Schutzengel oder eine andere unsichtbare Kraft will Ihnen durch dieses Buch – das gerade jetzt in Ihr Leben gekommen ist – sagen: *„Freund, es ist der Augenblick der Entscheidung gekommen. Denke nach und prüfe, ob Du mit Deinem Leben glücklich bist. Und falls Du es nicht sein solltest, so ändere etwas daran. Aber warte nicht, daß jemand kommt, und es für Dich tut. Es geht um die große Frage, willst Du Diener oder Herrscher sein, Lehrling oder Meister. Willst Du selbst entscheiden oder durch andere (beispielsweise die Illuminati) entscheiden lassen?"*

Es geht nur darum.
„Betrachte Dein Leben. Ist es im Chaos, dann bringe Ordnung hinein. Ist es im Krieg, so befriede es. Spürst Du Haß, so solltest Du mehr Liebe integrieren."

Dabei ist es irrelevant, ob ich oder irgend jemand anderes dieses Buch geschrieben hat. Es geht nur um Sie – Ihren Erfolg, Ihre Lebensfreude, Ihre Gesundheit!

ENTSCHULDIGUNG – ES IST *MEIN* LEBEN!

Die meisten Menschen fühlen innerlich, daß das Leben, das sie führen, nicht der eigentliche Sinn ihres Daseins sein kann. Sie sind zwar den ganzen Tag beschäftigt, fühlen aber dennoch, daß da irgendetwas fehlt. Mit all den virtuellen Eindrücken, die heutzutage auf uns einprasseln – Fernsehen, Video, Computerspiele, Internet und anderes –, fällt jedoch immer weniger Menschen auf, daß ihr Leben eigentlich ziemlich sinnlos ist. Man läßt sich leben. So kommen immer weniger, vor allem junge Menschen, auf die Idee, ihr Leben einmal zu hinterfragen, nach dem Motto: Was mache ich hier eigentlich?

Durch die rein materiellen Scheinwerte, die uns heute in der westlichen Welt vermittelt werden – Wohlstand, Ruhm, Karriere, äußeres Haben –, wird der Mensch gar nicht mehr zu einem kritischen Nachdenken hinerzogen, um eine Frage nach einem *Wieso* und *Warum* zu stellen – die Frage nach einem höheren Sinn des Lebens, nach dem SEIN. Wenn wir einmal innehalten und gründlicher nachdenken, kommt doch bei den meisten eine innere Angst auf – die Angst, daß da irgendetwas ist, etwas Unbekanntes, und daß wir eigentlich mehr vom Leben wissen sollten, geschweige denn vielleicht noch etwas anderes tun. Doch dann klingelt es an der Türe, und Gott sei Dank müssen wir solche schweren Fragen nicht weiterdenken...

Und die Religionen sind uns auch keine große Hilfe dabei. Was diese aus ihren „Gläubigen“ machen, sehen wir sehr deutlich in Israel, im Irak oder in Irland... Und die christliche Kirche ist inzwischen derart „veraltet“, daß sie für immer weniger Menschen als Ideal bestehen kann. Wie soll das auch gehen, wenn sie weiter beharrlich am Alten Testament festhält – einem Sammelsurium von Völkermorden und Racheaktionen –, anstatt sich auf die Lehre Jesu zu besinnen und dessen Liebes-Botschaft? Daß die Kirchen aufgrund dessen immer leerer werden, wundert mich nicht. Der heutige Mensch *spürt allmählich*, was nicht stimmig ist – die neue Generation von Kindern *weiß* es.

Vor allem die Äußerung von Papst Johannes Paul II.: *„Geht zur Vergebung eurer Sünden nicht zu Gott, sondern kommt zu mir!“*, stimmt mich sehr nachdenklich... [35]

Dann ist da der kommunistisch-sozialistische Trend, daß der religiöse Gedanke aus dem Leben gänzlich verbannt werden sollte – das ist natürlich das andere Extrem –, die Gott- und damit Geistlosigkeit.

„Das paßt nicht mehr in unsere Welt", sagt man über Religionen. Typen wie Jesus sind veraltet... Wir leben in einer Ellbogen-Gesellschaft, nichts mit Vergeben oder Rücksichtnahme. Die Leute bekommen bequeme Lebensräume, die nicht zum Nachdenken verführen.

Der zum Konsummenschen Verführte lacht darüber, wenn wir ihm erzählen, daß wir uns mit dem Jenseits beschäftigen. Damit steht er nicht alleine. Unterstützt wird er dabei nicht nur von atheistischen, sondern auch von den sich „christlich" nennenden Parteien, für die das Töten von ungeborenem Leben kein Mord ist, und wir leben unter einem Bundeskanzler, der es wohl nicht mehr nötig hatte, bei seiner Vereidigung den Schwur *„so wahr mir Gott helfe"* auszusprechen. Den Rest erledigen die Massenmedien. Diese sind die wichtigsten Werkzeuge der wahren Machthaber dieses Planeten.

Nicht nur, daß die größten Nachrichtenagenturen in den Händen der gleichen Logen sind, nein, sie haben auch alle sehr gute Berater. Beispielsweise den „Meister der Verdrehung" *Edward L. Bernays*. Bernays dominierte die PR-Industrie in den USA seit den dreißiger Jahren, und dies mindestens vierzig Jahre lang, wobei sein Wirken darauf zielte, die Massen zu beeinflussen. Er wurde von den größten Konzernen und von der US-Regierung selbst immer wieder beauftragt, Produkte an den Mann zu bringen, die definitiv schädlich waren, und hatte seinen größten Coup, als er durch seinen Slogan *„die Welt sicherer für die Demokratie zu machen"*, der amerikanischen Öffentlichkeit den Ersten Weltkrieg verkaufte.

Zeit seines Lebens war es seine Aufgabe – optional honoriert –, den Menschen von ihm entworfene Meinungen via Nachrichten ins Unterbewußtsein zu hämmern, um Angelegenheiten zurechtzurücken, ein künstliches Bild zu erschaffen oder eine Idee in ein bestimmtes Licht zu rücken. Zu diesen Slogans zählen unter anderem: *Medikamente machen gesund; Impfungen machen immun; kein Kind darf ungeimpft in die Schule; die Heilung von Krebs steht kurz bevor; Fleisch ist gesund; HIV ist die Ursache von AIDS; Milch ist ein guter Kalzium-Lieferant...*

Bernays selbst sah die Öffentlichkeit als eine „*Herde, die geführt werden muß*". Dieses herdenhafte Denken mache die Leute „*empfänglich für Führung*", wobei er dabei nie von seinem ersten Grundprinzip abwich, „*die Massen ohne ihr Wissen zu kontrollieren*".

Er schreibt in seiner Chronik mit dem Titel „*Propaganda*":
„*Wer die verborgenen Mechanismen der Gesellschaft manipuliert, bildet eine unsichtbare Regierung, welche die wahre Herrschermacht unseres Landes darstellt. Wir werden regiert, unser Verstand geformt, unser Geschmack gebildet und unsere Ideen größtenteils von Männern suggeriert, von denen wir nie gehört haben. Dies ist ein logisches Ergebnis der Art wie unsere Demokratie organisiert ist. Große Menschenzahlen müssen auf diese Weise kooperieren, wenn sie in einer ausgeglichen funktionierenden Gesellschaft zusammenleben sollen.*
In beinahe jeder Handlung unseres Lebens, ob in der Sphäre der Politik oder bei Geschäften, in unserem sozialen Verhalten und unserem ethischen Denken, werden wir durch eine relativ geringe Zahl von Personen beherrscht, die die mentalen Prozesse und Verhaltensmuster der Massen verstehen. Jene, welche die Fäden ziehen, kontrollieren das öffentliche Denken!" (36, S. 30 und 31)

Und da genau diese Leute auch noch eine Weile die Welt regieren wollen, haben sie auch ein Interesse daran, daß die Masse unaufgeklärt bleibt und sich mit allem Möglichen beschäftigt, bloß nicht mit den wesentlichen Fragen des eigenes Lebens. Es wird jeder verspottet oder inzwischen gar als Scharlatan oder Sektenmitglied oder -gründer verschrien, der außerhalb der etablierten „Großsekten" (Religionen) versucht, eigene Antworten auf die aufgeworfenen Fragen zu finden. Alles, was eben nicht zum manipulierten Zeitgeist paßt, wird verhöhnt.

Liegt man jedoch im Sterben oder ist schwer krank, sieht die Lage wieder ganz anders aus. Dann werden diejenigen zu Hilfe gerufen, die man ansonsten immer belächelt oder gar verschrien hat – die Pfarrer, die Geisteswissenschaftler, die Geistheiler und diejenigen, die behaupten, bereits einmal „klinisch tot" gewesen zu sein. Jedenfalls beschäftigt man sich dann plötzlich mit der Frage, was denn nun nach dem physischen Tode passiert. Und dann will man – am liebsten so schnell wie möglich – erfahren, womit sich andere ihr ganzes Leben lang beschäftigt haben. Dabei übersehen solche überwiegend einseitig materiell Orientierte, daß das Wissen alleine noch lange nicht weiterhilft.

Es geht schließlich darum, dieses Wissen nicht nur verstanden und einverleibt zu haben (was viele *Weisheit* nennen), sondern es auch zu praktizieren und im Leben tatsächlich anzuwenden.

Und daher kann ich sagen: Die Wahrheit finden wir nur begrenzt in Büchern oder Steinhäusern, die Wahrheit ist in unseren Herzen, und durch diese öffnet sich auch der Weg in die geistige Welt und somit auch zu dem, was wir als „göttlich" bezeichnen.

Der wirkliche Wahrheitssucher, oder besser gesagt: Wahrheits-Finder, der will es selbst wissen und sucht den direkten Draht zum „Chef" anstatt toten Buchstabenglaubens aus uralten Büchern. Wissen kann wohl übertragen werden, aber nicht Weisheit, die müssen wir uns selbst erarbeiten.

Daher ist es so wichtig, die Lebensgesetze, die wir in diesem Buch betrachtet haben, zu verstehen! An und für sich reichen ja wirklich zwei Sätze, welche die Dinge auf den Punkt bringen:

„Was Du nicht willst, was man Dir tut, das füge auch keinem andern zu!" (die sogenannte Goldene Regel) und *„Was Du säst, das wirst Du auch ernten!"* (das Kausal-Prinzip) beziehungsweise *„Behandle andere so, wie Du behandelt werden möchtest!"*

Wenn wir uns diese beiden Sätze gedanklich eingebrannt haben und bei jeder Handlung oder im Umgang mit unseren Mitmenschen bewußt halten, kann so viel nicht mehr schiefgehen.

Ich denke in diesem Moment an das Taxifahren in Kairo. Ich weiß genau, daß mich fast jeder Taxifahrer übers Ohr hauen will und ich, wenn ich nicht mit ihm handle, einen zu hohen Preis bezahle. Wie ist es aber mit dem Taxifahrer selbst? Will dieser, wenn er bei jemand anderem einen Dienst abverlangt, nicht auch einen korrekten Preis haben und nicht belogen werden?

Und glauben Sie, bloß weil der ägyptische Taxifahrer einem anderen Glauben angehört, der ihm möglicherweise den Wucher gegenüber einem „Ungläubigen" gewährt, er die Naturgesetze austricksen kann?

Vergessen Sie's! Das kommt alles zurück, hundertprozentig.

Was heute fehlt, ist eine einfach verständliche Erklärung, was das Leben auf der Erde tatsächlich ist beziehungsweise wie es funktioniert, und die habe ich vorhin bereits geliefert, nämlich die kosmischen Gesetze, die jedermann auf der Welt versteht und die auch einen Sinn ergeben. Die Arbeit fängt in und bei uns persönlich an, und kein Heiland wird uns retten oder unsere Schuld vergeben. Wir sind selbst verantwortlich, und daher können nur wir selbst uns vergeben.

Eine direkte Frage an Sie gerichtet:

Können Sie sich morgens vor dem Spiegel ehrlich in die Augen schauen mit dem Gefühl, daß Sie in der Art, wie Sie leben und wie sie mit Ihren Mitmenschen umgehen, mit sich im reinen sind?

Sind Sie stolz auf sich? Oder geben Sie, nachdem Sie zu Ihrem Arbeitgeber gefahren sind, Ihre Seele – Ihr Selbst – ab und kuschen? Macht es Ihnen Spaß, zu duckmäusern und Dinge zu tun, die Ihnen längst auf den Keks gehen?

Und aus solchen selbstgemachten Situationen hilft uns kein Erlöser. Nur wir selbst können uns von dieser Qual erlösen, indem wir eine Entscheidung fällen, nämlich zu kündigen und woanders zu arbeiten oder dem Chef mal die Meinung zu sagen oder uns selbständig zu machen. Wir hätten es vielleicht gern, daß da irgendein Erlöser auftaucht, der uns unsere Probleme abnimmt – oder ein Neo (*Matrix*). Aber das können Sie vergessen. Da kommt keiner, der uns aus dem Übel befreit. Unser Schöpfer hat uns mit allen Merkmalen und Fähigkeiten ausgestattet, die wir benötigen, um uns selbst aus der Klemme zu helfen, uns selbst zu erlösen!

Denn keiner hat uns gezwungen, dort zu arbeiten, wo wir heute arbeiten. Wir sind keine Zwangsarbeiter und niemand anderes als wir selbst haben dort freiwillig den Arbeitsvertrag unterschrieben. Also ist nicht Gott, Jesus oder Allah schuld, daß es uns dort nicht mehr gefällt, sondern wir selbst sind es. Wir haben den freien Willen und die freie Entscheidung, dies zu ändern. Ist es nicht so?

Wie steht es mit der Partnerschaft, mit der Ehe? Ist es eigentlich nicht so gedacht, daß es zusammen besser und harmonischer durchs Leben gehen sollte als alleine? Und jetzt streiten wir uns ständig? Seit Jahren. Koitus... Wie schreibt man das? Schon lange nicht mehr, und wenn, bringt es mit ihr/ihm eh keine Erfüllung mehr. Was soll dann die Beziehung noch?

Wer zwingt uns, mit dem Partner zusammenzubleiben, mit dem wir nurmehr streiten? Gewohnheit? Existenzängste?

Auch hier gilt es, erst einmal zu hinterfragen. Es gilt aber auch zu hinterfragen, ob das Problem in der Partnerschaft teilweise auch an uns liegt. Weil wir vielleicht nicht mehr richtig zuhören oder stur sind? Ob nur noch der Kopf und nicht mehr das Herz regiert? Dann würde eine Trennung nicht wirklich etwas verbessern, denn beim nächsten Partner kämen dann die gleichen Probleme wieder. Hier gilt es, genau hinzusehen, hineinzufühlen, was die Ursachen der Probleme und der Konflikte sind.

Und wenn wir gerade bei Entscheidungen sind, wollen wir noch mal richtig in die Vollen gehen.

PROBLEME SIND MEINE FREUNDE!

Das größte Problem, das Menschen auf der Erde haben, ist, daß sie sich nicht entscheiden wollen, denn hier ist alles dual, gegensätzlich, ja – nein.

Ich wette mit Ihnen, daß Sie in fast allen Konflikt-, Streit- oder Problem-Situationen genau wissen, was die Ursache ist und was den Streit beenden könnte. Doch Sie entscheiden sich nicht dazu.

Und das ist das Schlimmste, was wir machen können. Uns nicht zu entscheiden bedeutet Siechtum. Es ist weder heiß noch kalt – es ist sozusagen lau. Und was sagte Jesus über Entscheidungsängstliche: „*Weil du aber lau bist, weder heiß noch kalt, will ich dich aus meinem Mund speien.*“ (Offenb. 3, 16)

Stellen wir uns das nun nochmals spielerisch bildlich vor. Angenommen, wir sind der Schutzengel eines Menschen und unser Schützling steht an einer Weggablung, kann sich aber nicht entscheiden, in welche Richtung er gehen mag, so können wir ihm auch nicht helfen. Er hat womöglich Angst vor dem Unbekannten, daß er vielleicht das, was ihn dort erwartet, nicht bewältigen könnte, und zögert – und verzögert. Doch so findet keine Weiterentwicklung statt.

Still-Stand bedeutet *Tod*, Fort-Schritt bedeutet *Leben*.

Entscheidet er sich jedoch für eine der beiden Abzweigungen des Weges, so kann der Schutzengel, nämlich wir, aktiv werden und ihm gute Ratschläge einflüstern. Selbst wenn er „falsch“ geht, wird es nur zu einem *Um*-Weg, denn eigentlich gibt es kein „falsch“.

Und so ist es auch im Alltag. So viele Menschen drücken sich vor Entscheidungen und sind deshalb blockiert, werden krank, erleiden Verluste, siechen dahin.

Zu der Thematik, sich seinen Problemen zu stellen, channelte der damals zwanzigjährige **Torsten** aus Reit im Winkl von einem außerirdischen Wesen namens *Adin* folgendes:

„Sorge dich nicht, mein Freund, erst im nachhinein, im Rückblick auf dein Leben, wirst du den Sinn der diversen Ereignisse in deinem Leben und den Plan erkennen und die dafür notwendigen Lernprozesse, die deinem Leben zugrunde liegen... Meistens können die Wesen (Menschen) innerhalb eines schmerzhaften oder unangenehmen Prozesses nicht den Sinn hinter den Ereignissen erkennen und verstehen nicht, warum dies so geschehen mußte und warum vieles so sein mußte, wie es war. Und warum sie es, um des Wachstums und der Reifung ihrer Seele willen, gewählt hatten, durch diese Erfahrungen zu gehen. Es bleibt ihnen daher nur die Möglichkeit, sich den Situationen des Lebens so gut wie möglich zu stellen. Ihr seid ja dabei nicht alleine.

Auf der Erde sagt man: ‚Hilf dir selbst, dann hilft dir Gott.' Das bedeutet, daß du immer den ersten Schritt tun mußt. Du hast aktiv zu werden, dann stehen wir und deine anderen geistigen Begleiter dir hilfreich zur Seite und führen dich so gut wie möglich: durch deine Intuition, deine Gefühle, deine Träume und geben dir Zeichen durch das, was du Synchronizität nennst. Aber die Entscheidung, etwas zu tun, muß von **dir** *gefällt werden. Und es kommt nicht nur darauf an, wie gut wir dich führen, sondern auch, wie gut du dich führen läßt. Es hängt von uns beiden ab.*

Du brauchst keine Angst vor dem zu haben, was du einst verursacht hast. Meine Freunde in den Raumschiffen und ich stehen dir immer zur Seite. Aber auch uns stehen wiederum Wesen zur Seite, die unsere Entwicklung begleiten und uns führen... Auch auf unserem Planeten wirken die Gesetzmäßigkeiten, die auf der Erde herrschen und ebenso in der Schwingungsebene, die ihr Jenseits nennt. Auch ich bin diesen unterlegen. Und wenn ich mich von meinem geistigen Führer nicht gut führen lasse, kann ich auch kein guter Führer für dich sein. Verstehst du das?

Ich erklärte dir ja bereits zu Beginn unserer Zusammenarbeit, daß wir dich und auch andere Menschen meistens dann besuchen, wenn ihr schlaft. Dann geben wir euch Informationen, an die ihr euch dann morgens erinnert, manchmal auch nicht. Dann versuchen wir es wieder. Und alle

Menschen, die wir besuchen, haben einst, als sie, wie ihr sagt, noch im Himmel waren, also auf unserer Existenzebene, ihr Einverständnis gegeben, so mit uns zusammenzuarbeiten, daß wir ihnen helfen dürfen."

Daher mein Tip:

Sehen wir die Probleme als unsere Freunde an, die unser Leben neu stimulieren und die uns reifen lassen.

Selbst habe ich mir ein Aktions-Prinzip entworfen, das ich immer wieder sowohl im Alltag als auch im Geschäftsleben zur Anwendung bringe. Wenn eine Situation auftaucht, die unangenehm oder problematisch ist, so betrachte ich als

1. das **Erfahren** (der Ist-Zustand): Was ist das Problem, wer hat es verursacht? Muß ich das mitmachen, und was hält mich davon ab, es zu verändern?
2. kommt dann die **Erkenntnis**, etwas zu verändern, da ich mich ansonsten aufrege, was in längerfristiger Konsequenz zu Unwohlsein, Streit oder Krankheit führt. Daher bleibt dann nur noch
3. die **Entscheidung**: Die kann in die eine oder in die andere Richtung gehen. Hauptsache sie wird gefällt, denn dann kommt Klarheit auf, der Kopf ist wieder frei, und das Leben kann weitergehen.

Dies nur als grobe Struktur. Mein Vater nennt dies in seinem Buch „*Alles ist Gott*" die Formel:

e^3 = erfahren – erkennen – entscheiden.

Nicht immer läßt es sich sofort entscheiden, manchmal braucht es die klassische Nacht darüber zu schlafen, eine Rücksprache mit der Familie oder dem Geschäftspartner. Manchmal braucht es auch ein paar Tage. Immer öfter entscheide ich aber in dem Moment, in dem es darauf ankommt, nämlich im Jetzt.

Und das gelingt mir inzwischen auch immer besser nach jahrelangem Üben.

STELLE DICH DEM PROBLEM!

Ganz wichtig ist es, vor einem Problem nicht davonzulaufen und immer wieder neue Ausflüchte zu finden, sondern sich ihm zu stellen.

Denn nach dem *Sog-Prinzip* beziehungsweise dem *Gesetz der Resonanz* ziehen wir immer das verstärkt in unser Leben, vor dem wir davonlaufen wollen, vor dem wir Angst haben.

In den meisten Fällen laufen wir nämlich vor unseren Ängsten davon, und Ängste gibt es in vielerlei Formen.

Wie können wir uns den eigenen Ängsten stellen?

Lassen Sie mich hierzu aus meinem eigenen Leben berichten. Viele Menschen glauben, wenn sie mich kennenlernen, daß ich vor nichts Angst hätte, da ich offenbar sehr selbstsicher auftrete. Das war aber nicht immer so. Auch vor zwanzig Jahren bin ich schon selbstsicher aufgetreten, doch war es damals eher gespielt.

Daß ich mir selbst etwas vormachte, zeigte sich mir über eine bestimmte Art von Träumen, die sich immer wiederholten. In den Träumen befand ich mich meistens in einer Kneipe, und plötzlich pöbelte mich jemand an. Die Person suchte offenbar Streit und hatte mich als denjenigen auserwählt, der gleich eine Tracht Prügel beziehen wird. Manchmal schüttete mir diese Person ein Glas Bier ins Gesicht oder schubste mich. Ich hatte eine riesige Angst, da der Typ, der Streit suchte, mindestens einen Kopf größer war als ich. Also rannte ich davon. Doch der Kerl rannte mit seinen Kumpeln hinter mir her, sie holten mich ein, und ich wachte in dem Moment auf, als sie auf mich einschlugen.

Nachdem sich dieser Traum immer wiederholte – meistens in Abständen von mehreren Wochen –, versuchte ich herauszufinden, was es denn im realen Leben ist, vor dem ich davonlaufe.

Damals war ich Anfang zwanzig, machte gerade eine Lehre zum Raumausstatter und war dem Äußeren nach noch der Punkszene zuzuordnen. Alleine schon wegen meines Äußeren war ich immer wieder Ziel unangenehmer Blicke und abfälliger Bemerkungen. Doch verhielt es sich auch so, daß ich damals eine Heiden-Angst vor Prüfungen hatte – sei es die Führerschein-Prüfung, der Schulabschluß, die Gesellenprüfung oder ganz lapidare Klassenarbeiten. Ich weiß noch genau, daß ich meist mit nur zwei Dritteln der Klassenarbeiten das Klassenziel erreichte, da ich immer wieder schwänzte – aus Angst vor den Prüfungen. Das war des erste, was mir auffiel. Das andere, vor dem ich davonlief, war, alleine zu sein. Es war für mich damals undenkbar, eine Reise (in die große weite Welt) alleine anzutreten.

Dabei erinnerte ich mich auch an meinen Schulbesuch in England, und es wurde mir bewußt, daß dies damals schon unheimlich schwierig für mich gewesen war, dort alleine hingegangen zu sein.

Daher entschied ich mich dazu, mich diesen Ängsten bewußt zu stellen, und begann damit, alleine kleinere Touren durch Deutschland zu machen, um zu fühlen, wie es mir dabei ergeht. Es kam jedoch prompt ein Rückfall. Denn kurz vor der Gesellenprüfung hatte ich noch einen zweiwöchigen Urlaub und nutzte diesen dazu, alleine durch die Gegend zu fahren. Zuerst fuhr ich nach Amsterdam und wollte mit meinem Auto nach England übersetzen, um dann weiter nach Schottland zu fahren. Ich überlegte es mir jedoch anders, fuhr zurück nach Süddeutschland, setzte mich in den Zug und fuhr nach Athen. Von dort aus ging es dann auf die Kykladen, die Inselgruppe unterhalb der griechischen Hauptstadt. Und dort gefiel es mir derart gut, daß ich gar nicht mehr zurückwollte. Die alte Angst kam wieder hoch, da ja ein paar Wochen später die Gesellenprüfung anstand.

Und was glauben Sie, was passierte?

Ich wurde krank und mußte nach Hause fahren. Na, so ein „Zufall“... Da sehe ich meinen Schutzengel, der hinter oder über mir steht und sagt: *„Ah, Meister Jan möchte sich drücken. Ja, was lassen wir uns denn da einfallen, daß er pünktlich zur Prüfung kommt...?“*

Und so kam ich dann doch noch zu meiner Prüfung, die ich übrigens auch recht gut abschloß.

Alleine an diesem Beispiel erkennen wir wieder, daß keine Krankheit *zufällig* bei uns ist, sondern sie uns etwas zeigen will.

Nach meiner Ausbildung entschied ich mich dann dazu, nach München zu ziehen – alleine –, um eine Heilpraktiker-Schule zu besuchen. Und nach dieser Entscheidung, alles zurückzulassen und mich dem Leben zu stellen, fingen auch meine Träume an, sich zu verändern.

So wurde ich zwar immer noch in der Kneipe angepöbelt und rannte auch noch davon, doch blieb ich dann stehen und bezog meine Tracht Prügel.

Neben der Heilpraktiker-Schule fing ich dann an, abends bei UPS Autos zu waschen und danach Pakete zu sortieren, um mir etwas Geld nebenbei zu verdienen. Auch durch diese Entscheidung änderte sich der Traum in eine neue Richtung. Nun rannte ich zwar immer noch davon, doch fiel mir im Traum auf, daß da ein Stück Holz auf dem Boden lag, das ich in die Hand nahm und womit ich mich im Gefecht mit den Schlägern zur Wehr setzte.

Auch in der Außenwelt veränderte ich weiter etwas. So ging ich abends immer öfter alleine weg – ohne die Freunde von der Heilpraktiker-Schule, machte kleine Abstecher von München aus in die Alpen und so weiter. Und wiederum änderten sich die Träume.

Im Traum konnte ich mich nun nicht nur zur Wehr setzen, sondern die Verfolger sogar abwehren.

„Interessant“, dachte ich.

Nachdem ich aber weiter an Mut gefaßt hatte – im realen Leben –, entschied ich mich dazu, die Welt zu erkunden, und sagte zum Universum: *„Das erste Paket mit Reiseprospekten, das bei meiner Arbeit bei UPS vom Fließband fällt, wird mein erstes Reiseziel zeigen.“*

Bei der abendlichen Schicht fiel ein Bündel Reiseprospekte von TUI vom Band, auf dessen Titelseite Hawaii abgebildet war. Am nächsten Tag ging ich ins Reisebüro und buchte eine Reise nach Hawaii.

Und so begannen meine Reisen. Dieser erste Aufenthalt dort dauerte ein viertel Jahr, und seither reise ich um die Welt. Das sind inzwischen fünfzehn Jahre. Es hat in mir die Abenteuerlust geweckt, und meine Ängste haben sich in Neugier umgewandelt.

Und je weiter ich reiste und je größer die Herausforderung war, desto mehr änderte sich auch mein Verfolgungstraum.

Die nächste Stufe war, daß ich zwar immer noch davonrannte, mich jedoch wehrte, einen Teil der Angreifer in die Flucht schlug, den Anführer jedoch dann richtig brutal vermöbelte.

Die nächste Stufe war dann – und ich war über diese Entwicklung selbst am meisten überrascht –, daß mich der Kerl am Tresen in der Kneipe anmachte, ich ihm sofort eine verpaßte und das Problem an Ort und Stelle löste.

Damit war mit diesen Träumen Schluß, da ich mich meinen Ängsten gestellt und in meinem Leben etwas verändert hatte. Und die Träume zeigten mir dabei parallel auf, wo ich mich mit mir befand.

Vor ein paar Jahren kehrte dann aber doch wieder ein Traum zurück, der in diese Richtung ging, der mir wiederum aufzeigte, daß ich mich verändert hatte. Und zwar war ich in diesem Traum nachts alleine auf der Straße unterwegs und wurde von einer Gruppe junger Männer angepöbelt. Es kam zu einer Schlägerei, wobei ich mir jedoch gleich den Anführer zur Brust nahm und ihm ein paar Hiebe verpaßte. Als er jedoch dann unter mir auf dem Boden lag und ich zum finalen Schlag in sein Gesicht ausholte, verharrte ich mit meiner Faust kurz vor seiner Nase und fragte ihn, ob Friede sei. Dann stand ich auf, reichte dem am Boden Liegenden die Hand und zog ihn hoch. Mit dieser Wendung hatte er offenbar nicht gerechnet. Er hatte Respekt und Achtung vor mir aufgrund dieser Entscheidung, sein Gesicht nicht zu Brei zu schlagen, obwohl ich dies hätte tun können. Daraufhin begannen wir, uns zu unterhalten, und der Traum hört auf.

Dies zeigte mir, daß sich wieder etwas weiterentwickelt hatte. Nämlich, daß ich den Gegner nicht nurmehr als Gegner ansehe, den es zu bekämpfen gilt, sondern mir in der Situation bewußt werde, daß Schlagen keinen Wert hat, sondern nur Verständnis und Kommunikation. Vor allem wurde mir bewußt, daß dieser Mensch, der in mein Leben kommt, auch wenn er unangenehm sein sollte, etwas mit mir zu tun hat – nach dem Gesetz der Resonanz.

Gelingt es mir, mich einer Situation zu stellen, einem Problem oder etwas Unangenehmen, so werde ich immer daran wachsen und auch Erfolg im Leben erfahren.

So gibt es Menschen, die beispielsweise Angst vor dem Sterben haben. Diesen wäre anzuraten, anstelle einer Reaktion wie „*Oh Gott, fang bloß nicht mit dem Tod an, da wird mir komisch zumute...*“, sich einmal mit den Berichten von Menschen auseinanderzusetzen, die bereits ein Nahtod-Erlebnis hinter sich haben, um dann festzustellen, daß es gar keinen Grund gibt, vor dem Tod Angst zu haben (auf den *Gevatter Tod* komme ich später noch einmal gesondert zurück).

DEIN WUNSCH SEI DIR ERFÜLLT!

Ich habe zuvor die Fischgräte dargestellt. Womöglich haben Sie schon damit begonnen, Ihre Vor- und Nachteile zu notieren (übrigens schadet es bestimmt nicht, wenn Sie dieses Blatt an den Kühlschrank heften, an den Badezimmerspiegel oder neben das Bett legen, um immer wieder etwas Neues, das Ihnen gerade einfällt, eintragen zu können).

Wir sollten diesen Moment nutzen und in uns hineinspüren, um herauszufinden, wo unsere eigenen Talente in uns verborgen liegen und noch vor sich hinschlummern. Wir sollten herausfinden, welche Talente es sind, und überlegen, wie wir diese am besten aktivieren können! Dann stellen wir uns vor, was wir damit erreichen wollen, und visualisieren dann dieses Bild vor unserem geistigen Auge.

Es geht bei uns allen darum, die eigene Berufung zu finden, also uns der Talente und Fähigkeiten bewußt zu werden, die wir uns in diese Inkarnation mitgebracht haben. Und aus dieser Berufung sollten wir dann unseren Beruf machen; also unseren Lebensunterhalt mit dem verdienen, was uns am meisten Spaß und Freude bereitet und dabei den größtmöglichen Erfolg bringt.

Wenn beispielsweise ein Kind musisch begabt ist, so sollte diese Fähigkeit gefördert werden. Das Kind selbst könnte später eine Musikerlaufbahn einschlagen, wobei hier die Veranlagung, das Hobby, zum Beruf wird. Es würde sein Geld mit dem verdienen, was es am besten kann und !!! was ihm am meisten Spaß macht. Es wäre doch ziemlich dusselig, wenn der gute Junge eine Lehre als Mechaniker oder Autoverkäufer macht, bloß weil der Vater es so möchte oder weil man glaubt, daß dies in der Gesellschaft besser angesehen ist oder was weiß ich...

Wie ist das bei Ihnen? Was können Sie am besten? Sind Sie handwerklich begabt? Schreinern Sie gerne für sich selbst, obwohl Sie Kaufmann sind? Oder Sie kochen gerne und können sich gedanklich als Küchenchef oder als Wirt sehen? Sie arbeiten aber momentan in der Exportabteilung einer großen Firma? Kein Problem. Vielleicht können Sie beides kombinieren, parallel laufen lassen und dann eines Tages, wenn die Kocherei einen gewissen Ertrag einbringt, den Wechsel wagen...

Sie sind Hausfrau und haben eine mediale Begabung? Dann versuchen Sie, das Talent weiter auszubilden. In England werden spirituelle Medien professionell ausgebildet. Da wird sich doch auch in unserem Land etwas finden lassen. Und wenn Sie gut genug sind, Ihre Trefferquote so gut ist, daß Sie es für sich vertreten können, damit anderen Menschen zu helfen, dann geben Sie Einzelsitzungen, oder schreiben Sie ein Buch über das, was Sie geistig empfangen...

Es sind hier keinerlei Grenzen gesetzt.

Tagträumen wir, denken wir nach... Was fällt uns leicht, was geht uns gut von der Hand, was könnten wir uns vorstellen, den ganzen Tag zu machen, ohne daß es uns langweilig wird, ohne daß wir die Freude daran verlieren?

Was, Sie lieben Spielzeug-Eisenbahnen, als erwachsener Mann? Dann überlegen Sie doch einmal, ob Sie ein Geschäft eröffnen, ein Fachgeschäft für Sammler und Profis auf diesem Sektor – vielleicht (etwas zeitgemäßer) einen Internet-Versand für Spielzeug-Eisenbahnen?

Heutzutage ist alles möglich. Sie können aus jeder Begabung einen Beruf machen. Wagen Sie es! Probieren Sie es zumindest. Wenn es schiefgehen sollte, können Sie immer noch das alte weitermachen, aber Sie wissen dann für sich: Ich habe es probiert und nicht die Hände bequem in den Schoß gelegt. Womöglich wird es aber auch ein voller Erfolg...

„Nichts ist was Gutes, außer man tut es!“

Tun wir es!

Wenn es uns schwerfallen sollte herauszufinden, was wir am liebsten machen, was wir am besten können, so gibt es einen kleinen Trick: Stellen wir uns vor, wir wären Multimillionär und müßten nie mehr arbeiten – womit würden wir uns dann gerne beschäftigen?

Was würden wir über den Tag hinweg machen, wenn wir nicht arbeiten müßten? Schreiben wir es gleich auf, es führt uns schon in die richtige Richtung.

Ein anderes gedankliches Trittbrett, das mir persönlich geholfen hatte, war, mir vorzustellen, daß ich auf dem Sterbebett liege und gedanklich auf mein Leben zurückblicke: Was möchte ich alles erreicht und durchgezogen haben und was auf keinen Fall?

Riskieren wir etwas, verändern wir uns und lassen wir unsere alten Gewohnheiten los!

Wenn wir nicht den Mut aufbringen, unsere Arbeitsstelle zu kündigen, um uns selbständig zu machen, werden wir auch kaum die Erfahrung machen, mit einer Tätigkeit Geld zu verdienen, die uns wirklich Spaß macht. Natürlich kann eine Selbständigkeit auch in die Hose gehen, und wir können viel dabei verlieren. Doch wieviel ist die Freiheit wert? Also ich persönlich nehme lieber einiges in Kauf, bevor ich mich abhängig mache oder jemandem nach dem Mund rede.

Und es liegt fairerweise wirklich an jedem selbst, was er aus seiner Inkarnation macht. Und hier bewährt sich der altdeutsche Spruch: „*Von nix kommt nix.*" Oder anders ausgedrückt: „*Wer nichts wagt, der nichts gewinnt.*" – Das Gesetz von Ursache und Wirkung: „*Was man sät, das erntet man auch.*" Und wer nichts Eigenes sät, der erntet auch nichts. Außer denen, die schmarotzen. Aber auch bei denen kommt das Gesetz der Resonanz zur Geltung: „*Wer nimmt, dem wird genommen*" beziehungsweise: „*Wer anderen eine Grube gräbt, fällt selbst hinein.*"

Der Erfolgslehrer Peter Kummer ist davon überzeugt, daß es weltweit Millionen lebender Tote gibt. Als solche bezeichnet er Menschen, die mit fünfundzwanzig Jahren bereits sterben, aber erst mit fünfundsiebzig beerdigt werden. Und da kann ich ihm nur zustimmen! Mit fünfundzwanzig Jahren ist bei viel zu vielen der Beruf gewählt, ist geheiratet, und die großen Herausforderungen des Lebens sind erst einmal beendet. Bei viel zu vielen ist hier Schluß mit Veränderung. Womöglich haben sie bereits ihr Haus gebaut, natürlich mit Bausparvertrag, damit man auch gewiß die nächsten Jahrzehnte an die Bank gebunden ist... Da sind Veränderungen erst einmal tabu.

Aber warum sind so viele mit fünfundzwanzig bereits festgefahren? Weil sich der Durchschnittsmensch nicht verändern möchte. Er steht nicht auf Herausforderungen, er mag keine Widrigkeiten und keine Probleme. Daher stagnieren viele schon in jungen Jahren.

Sogar einige, die eine Ausbildung oder ein Seminar gemacht haben, in dem sie über Mentaltraining, positives Denken oder erfolgreiches Manifestieren unterrichtet worden sind, geben bereits nach kurzer Zeit wieder auf, da sich nicht sofort Erfolge eingestellt haben.

Tja, seine Zeit braucht es manchmal schon. Es ist wie mit einem Samen, den wir in den Boden stecken, der braucht auch seine Zeit, bis er keimt. Und dann können wir vor Ungeduld hin- und herhüpfen, der Frucht im Boden ist das egal.

Also, bitte nicht gleich aufgeben, wenn es mit dem Manifestieren nicht auf Anhieb hinhaut. Wichtig ist, daß wir von dem überzeugt sind, was wir uns wünschen, was wir vom Leben haben möchten.

Dein Wunsch sei Dir erfüllt...

sagt der Dschinn, der aus der Wunderlampe steigt, wenn wir daran reiben, und *„Bittet, so wird euch gegeben!“*, heißt es im Neuen Testament.

Es ist immer das gleiche Prinzip. Das Problem ist nur, daß viele von uns gar nicht richtig bitten können. Warum nicht? Weil sie ja gar nicht richtig wissen, wer sie sind, warum sie auf der Erde leben und worum sie bitten sollten.

Wird nämlich schlecht gebetet, wird schlecht geliefert. Wird falsch gebetet, wird falsch geliefert. Ursache – Wirkung!

Über diese Thematik haben andere Autoren mehrere Bücher verfaßt, siehe Bärbel Mohr mit ihren *„Bestellungen beim Universum“* oder Erfolgstrainer Peter Kummer.

An dieser Stelle kann ich nur Hinweise geben, die Richtung weisen und den Neugierigen dazu animieren, selbst tiefergehend zu forschen.

Jetzt mag der eine oder andere denken: „*Ja, wenn das so einfach wäre...*"

Daß es einfach sein würde, habe ich nicht behauptet! Doch was ist einem die Freiheit wert? Nicht nur die finanzielle Freiheit, sondern auch die geistige? Mir persönlich ist es mein Leben wert. Wenn Sie es zulassen, täglich mit der Faust in der Tasche in eine Fabrik oder in ein Büro zu gehen und eine Arbeit auszuführen, die Sie alles andere als interessiert, dann ist es Ihre Wahl. Wenn Sie mit einem Auto fahren, das Ihnen nicht gefällt, dann ist das auch Ihre Wahl. Wenn es Ihnen nichts ausmacht, sich von Ihrem Vorgesetzten runtermachen oder von Ihren Kollegen aufgrund Ihres erweiterten Weltbildes blöd anreden zu lassen, bitte, das ist abermals Ihre Wahl.

Viele Menschen haben schon früh erkannt, daß sie das nicht mit sich machen lassen wollen und haben so viel gearbeitet, in sich gehört, nachgedacht und entschieden, daß sie heute selbständig sind und vor allem Freude an ihrer Tätigkeit haben.

Wir alle können das! Seien wir mutig und riskieren etwas. Was können wir verlieren? Dinge, die wir sowieso nicht ins Jenseits mitnehmen können – denn wir kommen nackt und gehen wieder nackt.

Sollten wir daher nicht die Tatsache, daß wir jetzt hier auf diesem Planeten sind, als große Chance sehen, und jeden Tag ganz bewußt nutzen, um schöpferisch tätig zu sein, uns selbst zu erfahren, zu beobachten und das Leben besser zu verstehen? Sollten wir nicht die Möglichkeit nutzen, dadurch die Gesetze des Lebens zu erfahren und durch das dadurch aufkommende Verständnis an der Schöpfung und dem Projekt Gottes aktiv und vor allem konstruktiv mitzuwirken?

Gehen wir gedanklich einmal in unsere Kindheit zurück, in unsere Jugend, in das Alter eines Heranwachsenden. Was wollten wir damals alles? Wollten wir nicht einmal jemand Tolles sein, jemand Berühmtes oder jemand, der anderen hilft, eine gute Fee sein oder ein edler Ritter?

Und jetzt? Man sitzt als halb eingeschläferter Angestellter neben Typen, die man eigentlich nicht ausstehen kann, oder man arbeitet als Arzt und verschreibt den Patienten Medikamente, von denen man weiß, daß sie starke Nebenwirkungen haben, doch man erhält eine Provision vom Hersteller...; oder man ist Schauspielerin und muß, um eine Rolle zu bekommen, mit dem Produzenten ins Bett steigen...

Was haben alle drei gemeinsam? Wir wissen es: Sie haben die Gefühle ihrer Seele verstümmelt (brutaler ausgedrückt könnte man auch sagen: „*Diese Personen haben ihre Seele verkauft*"). Sie haben das einzige, was sie von Gott mitbekommen haben und auf das sie aufpassen sollen, aufgegeben. Ihre Freiheit, ihren freien Willen!

Sie meinen, daß dies harte und verurteilende Worte sind? Seien Sie nicht so schnell im eigenen Urteil. Was glauben Sie, wie es Ihnen ergeht, wenn Sie im Jenseits angekommen sind und sich mit Ihrem Schutzengel und Ihrer Seelenfamilie zusammen Ihr gerade ver- oder erlebtes Erdenleben betrachten? Und dann fragt Sie Ihr Geistführer: *„Na, was hast Du denn hier gemacht? Du hast doch so viele Talente mitbekommen und bist dann in diese Firma gegangen, nur aus Angst, daß Dein Leben ansonsten nicht abgesichert ist? Du wolltest aber Arzt werden und Menschen helfen... Warum hast du gekniffen?"*

Wenn wir erst einmal wieder im Jenseits zuhause sind, ist es zu spät, dann schämen wir uns, daß wir die Chancen nicht genutzt haben, ja, daß wir viel zu oft gekniffen haben. Dann dürfen wir warten, bis wir wieder neu inkarnieren können und fangen als Kind wieder ganz klein an zu lernen. Wäre es nicht praktischer, jetzt, da wir sowieso schon hier sind und die Schule und Lehr- oder Studienzeit womöglich schon hinter uns haben, das Beste aus diesem Leben herauszuholen?

Und wie sieht es aus mit der Angst vor dem Sterben?

Die Angst vor dem *Tode* ist nur eine Art Angst von vielen. Angst vor einem individuellen *Leben* kann die größere sein! So viele Menschen haben Angst, ihre Meinung zu sagen, zum Partner, zum Chef und auch zu unserem politischen System und den freundlichen Herren im Hintergrund. Es fehlt an Mut, den Beruf zu wechseln oder den Partner zu verlassen, mit dem man sich ständig streitet. Da ist die Angst, das Vaterland zu verlassen, um einem tollen Angebot zu folgen, und Ängste vor Veränderung schlechthin. Es fehlt an Risikobereitschaft und Mut. Da ist die Angst, allein zu sein; die Angst vor Tiefen oder Höhen; die Angst, daß schlecht über einen geredet wird; daß man sein Geld verliert, seinen Besitz, ja, möglicherweise auch sein Kind oder einen Familienangehörigen; Angst, sein Weltbild zu ändern und diese Änderung vor seinen Vereinsmeiern und Kollegen rechtfertigen zu müssen... Man hat Angst davor, nicht in den *Himmel* oder gar in die *Hölle* zu kommen, Angst vor Zurückweisung, vor Krankheit und Schmerzen, vor dem Altern, vor Enttäuschung, ausgelacht oder nicht ernst genommen oder nicht mehr geliebt zu werden, oder Angst vor Verrat.

Haben wir nicht alle vor irgend etwas oder irgend jemandem Angst? Und das zumeist unbegründet? Doch die Angst, das müssen wir wissen, ist das größte Manipulationswerkzeug, sowohl körperlich als auch geistig. Mit Angst kann man den Menschen am besten kontrollieren und steuern (zürnende Götter, Arbeitslosigkeit, Rentenabzüge, Börsenkrach, Alleinsein und weitere hunderte, meist intime Ängste).

Durch spirituelles Erwachen – zuerst erkennen (Erkenntnis), klar entscheiden und dann danach handeln – verschwinden die Ängste nach und nach. Es ist sehr wichtig, über das Leben vor und nach dem Tod etwas zu erfahren, da uns dadurch auch die Bedeutung des Lebens an sich verständlicher wird. Daher ist es auch so bedeutsam, dem zu lauschen, was unsere Kinder uns über das Jenseits, die feinstoffliche Welt und den Sinn des Lebens erzählen, weil dadurch Ängste minimiert werden. Wenn wir wissen, daß wir Schutzengel, Geistführer und unzählige Freunde in der geistigen Welt haben, die *mit* uns sind, die uns beschützen und uns tatkräftig zur Seite stehen, wieso sollten wir mehr Angst als Lebensfreude haben? Sehen Sie, wie wichtig es ist, diesen einfachen Fragen des *Wohers* und *Wohins* auf den Grund zu gehen?

Wenn wir uns diesen Fragen wirklich stellen, kann es gut sein, daß wir über viele Situationen, Begebenheiten und vielleicht auch Beziehungen, partnerschaftlich oder geschäftlich, enttäuscht sind. Enttäuscht darüber, daß wir ganz anders hätten leben können. Wir wundern uns darüber, daß wir so lange unser eigenes Licht unter den Scheffel gestellt hatten. Na und? Dann sind wir eben *ent*-täuscht, das heißt, daß die Täuschung weg ist! Dann sehen wir endlich klar, wir sehen nicht, was wir sehen *wollen*, sondern wie die Realität nun mal wirklich aussieht, auch wenn es manchmal dabei sehr weh tut.

Haken wir die alten Klamotten ab, das heißt: Wir lassen sie los und sind in der Gegenwart aufmerksamer, damit wir nicht mehr in solche *täuschenden* Situationen geraten. Leben wir weiter mit dem Ziel, Gleichgesinnte zu finden, die einen nicht täuschen. Es bringt nichts, an alten Erinnerungen und Schmerzen festzuhalten, die sowieso nichts mehr ändern können und unseren Blick nach vorne verschleiern.

Übrigens, vor dem ***Gevatter Tod*** brauchen wir keine Angst zu haben, das ist ein netter Bursche. Lassen Sie mich berichten: Es war im Frühjahr 2002 und ich meinte, unbedingt wieder einen Sportwagen kaufen zu müssen. Gesagt, getan und auch viel Spaß gehabt. Es war dann inzwischen Herbst, als ich einen seltsamen Traum hatte. Ich befand mich im Elternhaus und ein Typ ganz in Schwarz stand vor mir. Er war ziemlich bleich im Gesicht, doch groß und muskulös und lächelte mich an. Er zeigte mir dann, wie er verschiedene Seelen abholte – also vom Diesseits ins Jenseits beförderte –, kommentierte dies jedoch nicht. Die erste Seele, die er mir zeigte, war die eines bösartigen kleinen Mädchens, das irgendeine Frau die Treppe hinuntergestoßen hatte. Die Seele des Mädchens holte er ab – offenbar als das Mädchen auch irgendwann starb. Ich sah, wie sie durch einen senkrecht im Raum stehenden Lichtkreis ging und verschwand (ähnlich wie bei dem Sternentor in dem Hollywood-Film *Stargate*). Als zweites ging die Seele eines untersetzten Herrn im mittleren Alter durch den Lichtkreis, bei dem mir der schwarze Mann jedoch keine Hintergrundgeschichte dazu gezeigt hatte. Nun sah ich den schwarzen Mann an und fragte ihn, ob er denn ***der Tod*** sei, woraufhin er lächelte und nickte. Auf meine Frage, wieso er diesen Mann geholt habe, der eigentlich noch ganz gut aussah, kam die Antwort: *„Der kriegt eine Generalüberholung."* Dann lächelte er mich wieder an, nahm mich in den Arm und drückte mich herzlich, drehte sich um und verschwand.

Als ich aufwachte, war ich natürlich Feuer und Flamme. *„Ein starker Typ"*, dachte ich. *„Mit dem muß ich ein Interview machen und fragen, wie es ihm so geht, ob er etwas fühlt, wenn er die Seelen abholt, ob er auch den Chef schon einmal persönlich getroffen hat..."*

Ich kam auf tausend tolle Ideen, nur auf eine kam ich nicht, nämlich daß er vielleicht auch aus einem anderen Grund zu mir gekommen sein könnte als ein Interview mit mir zu führen.

Drei Wochen später hätte ich ihn fast wiedergetroffen...

Und zwar war ich mit meinem Sohn ein paar Tage in den Bergen – Männerurlaub sozusagen –, und wir kamen gerade aus Berchtesgaden nach einem zünftigen Nachtmahl und wollten zurück auf den Berg zu unserem Hotel, als wir mit unserem Flitzer in einer „zu engen" Kurve zuerst gegen einen Baum und dann den Hang hinunterflogen.

In kurzen Worten: Es ging knapp aus. Totalschaden – und Amadeus und ich kamen mit Prellungen und Schürfwunden davon. Doch es hätte auch anders ausgehen können. Und plötzlich erinnerte ich mich auch wieder an den schwarzen Kameraden in meinem Traum... Oh jeh...

Na ja, wie zuvor im Buch bereits erwähnt, kündigen sich Ereignisse immer vorher an. Aber was ich eigentlich über den Gevatter Tod sagen wollte – er ist wirklich nett, und wir brauchen keine Angst vor ihm zu haben.

DAS IST EIN ZEICHEN!

Gehen wir etwas tiefer auf die Zeichen ein, die uns das Leben zukommen läßt.

Aufgrund des *Gesetzes von Ursache und Wirkung* wissen wir, daß wir all das, was wir anderen zufügen, selbst einmal erfahren dürfen, um dies wieder auszugleichen. Daher ist die logische Konsequenz daraus, daß wir in Zukunft noch mehr auf unsere Gedanken, Worte und Taten achten und noch bewußter „säen", um in Zukunft nur mehr schöne und wohlschmeckende Früchte zu ernten.

Sind wir selbst in einer Situation, in der wir mit Krankheit, Verlust oder Schmerz konfrontiert sind, so sollten wir uns fragen, und auch versuchen, herauszufinden, was die Ursache dieser Wirkung war, was wir selbst einmal verursacht haben, um jetzt in solch einer Situation zu sein.

Die Umstände um ein Ereignis deuten uns oft schon Lösungen an und zeigen uns Muster auf, da in unserem perfekten Schöpfungs-Spiel alles nach dem Gesetz der Resonanz geschieht, also sich nichts „zufällig" vollzieht. Achten wir auf Hinweise um uns herum! Wir bekommen jeden Tag sogenannte „Zeichen", manchmal durch Menschen, durch Tiere, die uns über den Weg laufen, oder durch Ereignisse, die uns auf dem Weg zur Arbeit widerfahren. Hierzu gehören aber auch sogenannte Zu-Fälle und Synchronizitäten.

Wir kennen das alle: Man denkt an jemanden, und prompt ruft er an. Hierbei handelt es sich eher um Telepathie – man spürt, daß der andere an einen denkt –, was aber auch erst durch Resonanz möglich wird. Ein anderes Beispiel: Sie haben eine neue Stelle angefangen, beispielsweise als Kindergärtnerin. Nun sitzen Sie beim Heilpraktiker im Warteraum und kommen mit der Frau, die neben Ihnen sitzt, ins Gespräch. Und was ist sie von Beruf? – Kindergärtnerin. *„Ja, so ein Zufall!"*

Sie schalten den Fernseher ein, und was läuft gerade auf dem eingestellten Programm? Ein Bericht über ein neues Kindergartenzentrum. *„Ja, so viele Zufälle auf einmal, das gibt's doch nicht!"*

So ähnlich reagieren die meisten, die bisher noch nicht bemerkt haben, daß wir in einer vernetzten Welt leben, die auf klaren Gesetzmäßigkeiten aufgebaut ist.

Das Phänomen der Synchronizität basiert auf dem **Gesetz der Resonanz**: *Gleiches zieht Gleiches an,* was bedeutet, daß alles, was feinstofflich gleich schwingt, sich gegenseitig anzieht und somit alles, was wir aussenden, auch auf uns *zurück*-schwingt und deshalb auf uns *zufällt*, wie alles, was zu uns gehört und mit dem wir gleich schwingen. Das ist die eine Art von *Zeichen*, die uns zeigt, wo wir mit uns im Leben stehen.

Bei der **Synchronizität** ist das ein klein wenig anders. Dieser Begriff geht auf den schweizerischen Psychoanalytiker Professor Carl Gustav Jung zurück. Als dieser eines Tages mit einem Patienten in seinem Büro saß und mit diesem über Ägypten sprach, krabbelte plötzlich ein ägyptischer Skarabäus-Käfer über den Schreibtisch. Wie der von Ägypten in die Schweiz kam, ist bis heute nicht geklärt, doch sah Jung darin einen Beweis dafür, daß das Universum nicht chaotisch ist, sondern einem geordneten, perfekten Muster folgt – nach Jungs Worten *synchronisiert* ist.

Hierzu ein paar Beispiele für Synchronizität:

Sie sitzen beim Frühstück, lesen in der Zeitung, Ihre Tochter wakkelt auf dem Stuhl herum und redet mit der Mami, und im Hintergrund läuft vielleicht das Radio, und die Nachrichten werden gesendet. Und plötzlich fällt Ihnen auf, daß Ihre Tochter gerade genau die gleiche Wortfolge von sich gegeben hat, die Sie soeben in der Zeitung gelesen haben. Oder der Nachrichtensprecher spricht einen Satz aus, der als Überschrift über dem Artikel steht, den Sie just in diesem Moment lesen.

Oder Sie sitzen in einem Restaurant und unterhalten sich mit Ihrer Begleitung über irgend etwas. Nun sagt diese etwas Bestimmtes und im exakt gleichen Moment sagt eine Person am Nachbartisch genau das gleiche.

Oder Sie fahren auf der Autobahn und telefonieren über Autotelefon mit jemandem, und der erzählt Ihnen, daß er das Kinderzimmer seines Sohnes voller Sterne gemalt hat, und in diesem Moment überholen Sie einen neuen Mercedes-Transporter, der auf seiner Ladewand mit Sternen übersät ist. Oder jemand berichtet, daß er eine Telefonnummer bekommen hat mit der Endung 999, und Sie fahren gerade hinter einem Auto her mit dem Kennzeichen 999.

Worum handelt es sich aber nun bei diesem Phänomen? Was soll es uns zeigen (wie ein „Zeiger")? Hier kommen wir nochmals auf das Lebensmuster zu sprechen. Wie bereits gesagt, erschaffen wir uns zusammen mit unseren geistigen Helfern ein Muster für ein Leben, eine Matrix oder Blaupause. Wir legen uns sozusagen ein Programm fest, was wir in einer Inkarnation alles erledigen möchten. Die meisten Menschen schaffen möglicherweise sechzig Prozent ihrer eigenen Vorgaben. Nur die wenigsten kommen in die Nähe der Hundert-Prozent-Marke.

Je mehr wir jedoch das leben, was wir uns auch vorgenommen haben, je mehr also unser jetziges Lebensmuster mit dem deckungsgleich ist, was wir uns vor der Inkarnation angelegt haben, desto mehr häufen sich diese Synchronizitätsfälle. Wieso? Weil wir immer häufiger *zum richtigen Zeitpunkt am richtigen Ort* sind. Denn das ist die Kunst.

Aber wie können wir zur richtigen Zeit am richtigen Ort sein?

Indem wir unserer Intuition folgen. Wie wir sehen, drehen wir uns im Kreis. Es geht immer um die Intuition. Sie ist der Schlüssel! Sie ist die *Stimme Gottes* in uns! Und die Intuition kann man nicht kaufen, die kann uns keiner geben, wir können sie nicht als Pille schlucken, keine Kirche kann sie besteuern und keine Sekte sie ausnutzen. Über die Arbeit mit der Intuition lernen wir, zur richtigen Zeit mit den richtigen Personen am richtigen Ort zu sein – und *nur* so. Wir sind dabei scheinbar auf uns alleine gestellt – was wir aber nie sind (Gott in uns, Schutzengel, Seelenfamilie) –, und die Rückmeldung, ob wir unserer Intuition korrekt gefolgt sind, kommt direkt vom Leben zurück in Form solcher Synchronizitäten.

Die Synchronizität ist sozusagen das „Thermometer" unserer Inkarnation und zeigt uns genau, wo wir mit uns selbst stehen. Je mehr Resonanzfälle (Zu-Fälle) und je mehr Synchronizitäten in unserem Leben stattfinden, desto näher sind wir unserem Lebensmuster, desto näher sind wir bei uns, auf unserem eigenen Weg.

Das kann sich natürlich täglich ändern. Je nach den Entscheidungen, die wir aufs neue fällen. Jedenfalls wird es aber ab diesem Moment wirklich spannend, weil wir förmlich spüren, wie das Leben mit uns kommuniziert, wie wir eingebettet sind in ein perfektes System und langsam dessen mysteriöse Stimme wahrzunehmen in der Lage sind. Dabei bleibt es aber trotzdem ein „System" des freien Willens.

Aufgrund der geistigen Gesetze sind wir die Schmiede unseres eigenen Glückes. Wir schieben niemandem mehr die Schuld für etwas zu, da wir für alles selbst verantwortlich sind, was um uns und mit uns geschieht. Aus dieser Sichtweise sehen wir das Leben als ein Geschenk, um uns mit jedem weiteren Atemzug zur Liebe und zum geistigen Verstehen hinzuentwickeln.

HURRA – ICH SCHÖPFE SELBST!

Der Unterschied zwischen einem Suchenden und einem Finder ist der, daß der Sucher jemandem ***folgt***, einem Gesetz, einem Guru, einem Glauben, einer Ideologie. Der Finder hingegen schreibt seine eigenen Gesetze und ***führt*** irgendwann. Er entscheidet selbst, ob er im Winter frieren will oder sich auf glühenden Kohlen die Füße verbrennt. Er entscheidet, welches Essen ihm schadet und welches Getränk mit göttlichem Geist erfüllt ist – weil er es so wünscht.

Es ist der Aufstieg vom Ge-Schöpf hin zum eigenständigen Schöpfer. Und es ist unsere Aufgabe, hier auf Erden zu lernen, daß wir selbst schöpfen und sogar Berge durch unseren Glauben versetzen können (damit meine ich aber nicht den kleinen Berg Schnee vor dem Haus...). Wir entscheiden, ob uns etwas schaden wird, und wir entscheiden, was uns gut tut. Wir sind ein Teil des Schöpfers und sind mit allem ausgestattet worden, was Gott auch hat – nur in einem kleineren Maße; jeweils in dem Maß, das wir begreifen können. Doch die Eigenschaften sind dieselben. So, wie ein winziger Wassertropfen die gleichen Eigenschaften wie der riesige Ozean hat. Und wir sind hier auf Erden, um uns auch darüber bewußt zu werden, daß wir Teil des Schöpfers und selbst jeden Tag schöpfungsfähig sind.

Vergessen wir daher alles, was wir je gelesen und gehört haben oder was man uns gelehrt hat. Gehen wir in uns und fragen uns, was *wir* wollen, was unsere Intuition dazu sagt. Dann fragen wir uns selbst, ob wir uns zutrauen, dieses Ziel anzustreben. Und wenn ein *„Ja“* in uns ertönt, dann sollten wir dieses Ziel auch angehen. Und wir werden es auch erreichen, **wenn wir es glauben**. Kein anderer Mensch muß es glauben. Genauso, wie keiner geglaubt hätte, als Bill Gates noch Computer programmiert hat, daß er eines Tages einer der reichsten Männer der Welt sein würde. Alles Potential ist in uns! Es ist alles in uns angelegt, die Saat ist vorhanden. Es wird Zeit, daß wir ihr Wasser zum Wachsen geben!

Und was hat **Bill Gates** geantwortet, als man ihm nach dem Grund für seinen Erfolg fragte: *„Tue das, was Dir am meisten Spaß macht!“*

DAS ILLUMINIERT MICH!

Kommen wir ein letztes Mal zu unseren reichsten Familien zurück: Egal ob sie nun himmlische (herz-orientierte) oder diabolische (kopforientierte) Ziele vertreten – eines kann man ihnen bestimmt nachsagen: daß sie ihren Intellekt gezielt einsetzen. Sind wir da einer Meinung?

Es ist einfach so – der Unterschied zwischen diesen Personen und den meisten Bürgern der Welt ist der, daß erstere ein klar definiertes Ziel haben. Es ist auch weniger der Glaube, sondern es ist die Gewißheit, welche die beiden unterscheidet. Der Illuminat glaubt nicht nur, daß er es kann, er weiß es und er tut es. Und das gilt auch für die „Weisen" aller Zeiten.

Darin liegt aber genau der entscheidende Unterschied zu vielen heutigen Esoterikern und sogenannten „Weißmagiern" – sie haben kein *klares* Ziel. Sie kennen zwar die kosmischen Gesetze, haben damit aber auf der Erde Probleme. Oft wird die ***Erleuchtung*** als großes übergeordnetes Ziel anvisiert, doch wenn ich nachfrage, ob sie dies denn definieren können, tritt Schweigen ein. Es weiß nämlich keiner, wie sich die Erleuchtung anfühlt oder wie man sie erreichen kann. Diejenigen, die einen Erleuchtungszustand jemals erreicht hatten, schweigen oder konnten ihn auch nicht wirklich beschreiben, genausowenig, wie der Illuminat das Gefühl des Machtrausches oder die Mutter ihrer Tochter das Gefühl des Verliebt-Seins beschreiben kann.

Das ist alles viel zu schwammig.

Also, wenn wir uns absolut nicht entscheiden können, was wir in unser Leben wünschen sollen – was Priorität hat –, könnte ich folgendes als einfachen Einstieg anbieten:

Hinsetzen und aufschreiben, daß wir bereit sind, unsere Lebensaufgabe anzunehmen, dann darunter: *„Ich öffne mich all dem, was zu mir gehört und zu mir findet, wobei ich am liebsten das tue, was ich am besten kann, was mir am meisten Freude bereitet. Es ist immer genügend Geld vorhanden, und bei mir ist der Partner, mit dem ich glücklich bin und der am besten zu mir paßt."*

Datum, Unterschrift, irgendwo an die Wand heften (wo es nicht jeder sieht) und uns dafür bedanken, daß es jetzt schrittweise auf uns zukommt. Und dann schauen wir mal geduldig, was passiert.

Wenn sich das dann irgendwann erfüllt, dann sind wir glücklich. Wenn wir glücklich sind, dann steigt auch die Wahrscheinlichkeit beträchtlich, daß wir eines Tages einen Zustand der Mitte, der Ruhe, der Harmonie, des Erfülltseins und womöglich auch den der Erleuchtung erreichen. Ich habe nämlich noch nie gehört, daß ein betrübter oder aggressiver Mensch so einen erleuchtungsähnlichen Zustand erfahren hatte. Aber fangen wir nicht mit der Erleuchtung an, sondern mit den kleinen Dingen, die im Leben – ich meine wirklich *jetzt* – anstehen und die auch umsetzbar sind.

Leider muß ich aber auch immer wieder feststellen – beispielweise erst kürzlich bei einem Indien-Aufenthalt –, daß viele westliche Menschen einem indischen Guru folgen oder täglich meditieren in der Hoffnung nach Erleuchtung. Diese drücken sich aber um körperliche Arbeit, nennen sich authentisch und sind unpünktlich, unordentlich und teilweise aufgrund ihres Fanatismus auch unfreundlich und unaufmerksam.

Doch wir sind nicht in die westliche Welt geboren worden, um dann nach Indien zu gehen, um vor der Herausforderung unserer Welt – nennen wir es ruhig *Luzifers Welt* – zu flüchten. Recherchieren wir aber in diese Richtung (feinstofflich), so stellt sich oft heraus, daß genau diese Seelen zuvor im asiatischen Raum inkarniert und sehr asketisch gelebt hatten. Dann haben sie sich entschieden, daß die Zeit reif sei, nun einmal im Westen zu inkarnieren, um zu sehen, wie weit es mit der Disziplin wirklich ist und ob sie den Versuchungen widerstehen können.

Natürlich zieht es die Seele dann an den bereits bekannten Ort zurück. Doch wo warten die eigentlichen Aufgaben auf sie?

Wie sehen Sie das? Liege ich so falsch damit?

Die Formulierung, daß ***immer genügend Geld vorhanden ist*** habe ich auch ganz bewußt plaziert. Wissen Sie warum? Denn wenn wir immer Geld haben, haben wir mehr Zeit, da wir weniger arbeiten müssen oder weniger Sorgen haben. Wir haben jetzt die Zeit, um zu reisen oder zu lesen oder als Erfinder tätig zu sein. Und dadurch werden wir uns schneller zu unserer persönlichen Individualität entwickeln, unseren Selbstwert finden, unser Selbst-Bewußtsein und somit auch zu unserem göttlichen Aspekt in uns.

„Geld regiert die Welt!" ist ein alter Spruch, der viel Wahrheit in sich trägt. Alles im Leben hat irgendwie immer etwas mit Geld zu tun, es kommt nur darauf an, welche Einstellung wir diesem gegenüber eingenommen haben. Denn jeder sieht das Geld mit anderen Augen: Der eine sieht es als notwendiges Übel, der andere jagt ihm hinterher, einer ist ein Prasser und der nächste trägt einen Schottenrock. Für manche ist das Geld wiederum vom Teufel und der nächste verschwendet es, wie es gerade kommt. Es gibt Menschen mit einer geschickten Hand fürs Geld und solche, die gar nicht damit umgehen können – *„Das macht meine Frau..."*, heißt es dann. Fragen wir uns: Sind wir Besessene, Liebhaber oder Verächter des Geldes?

Es ist doch so, daß sich nur die wenigsten Menschen darüber bewußt sind, daß ihre Einstellung zu Geld etwas damit zu tun hat, wieviel Geld sie selber besitzen. Doch durch die Betrachtungen der kosmischen Gesetze haben wir festgestellt, daß alles im Leben von uns selbst verursacht wird – auch unser Reichtum oder der Geldmangel. So wie unsere Krankheiten in unserer Seele beginnen – in unseren Gedanken –, so tut es auch das Geld. Geldprobleme entstehen im Kopf und können auch nur dort gelöst werden.

Permanenter Geldmangel ist daher meistens kein unglücklicher „Zufall", sondern Resultat einer falschen Programmierung und einer falschen Einstellung zu diesem – meist schon seit der Kindheit und durch die Einstellung der Eltern. Wer in ärmlichen Verhältnissen aufgewachsen ist und hart arbeiten mußte, hat sicherlich ein anderes Geldbewußtsein als jemand, der aus einem wohlhabenden Elternhaus kommt. Die Art der Erziehung und des Umgangs mit Geld nimmt unser Unterbewußtsein automatisch auf. Auch hier gilt es zu hinterfragen, neu zu begutachten und jetzt die beste Einstellung zu Geld zu wählen, denn diese wird unsere Zukunft gestalten.

Gerade unter spirituell Interessierten ist es auffällig, daß viele unter Geldmangel leiden. Wieso? Einerseits hat man die kosmischen Gesetzmäßigkeiten verstanden, ist inzwischen auch gesund und ausgeglichener geworden, doch mit dem Geld will es irgendwie nicht funktionieren.

„Geld hat etwas Schlechtes an sich, etwas Schmutziges", behaupten manche, *„Es ist das Grundübel alles Bösen auf der Welt"*. Wenn man aber ehrlich ist, ist das einzig Böse an dem Geld seine Abwesenheit im eigenen Leben. Oder etwa nicht? Daß diverse Strukturen und Machtkreise eine Menge Schindluder mit Geld treiben, ist nicht von der Hand zu weisen, doch was hat das mit mir zu tun? In Ruanda wurden tausende Menschen mit Messern abgeschlachtet. Darf ich deswegen mein Küchenmesser nicht mehr verwenden, um mein Brot zu schneiden?

Es gibt unendlich viele Menschen, die für alles eine Lösung haben (auch und vor allem am Stammtisch) – für den Hunger in der Dritten Welt, den Krieg im Nahen Osten, die Atomversuche der Amerikaner. Die Schuldigen sind ausgemacht, damit wir bei uns selbst nichts mehr zu verändern brauchen. Am besten ist dann noch die Erkenntnis, daß die Reichen eigentlich nur den Armen etwas von ihrem Reichtum abgeben müßten und es dann viel besser wäre. Was glauben Sie, was der Obdachlose mit dem Geld macht, das man ihm schenkt oder der Drogenabhängige? Was ist mit dem Bewohner einer kleinen Wohnung im Hinterhof? Wäre auch diesem Menschen mit einer Geldschenkung wirklich geholfen? Würden die genannten Personen ihr Verhalten, ihr Lebensmuster verändern? Kann es nicht sein, daß es deren beschränkte und bewertende Lebensmuster und Weltbilder waren, die sie erst in diese Situation gebracht haben? Wird denn durch das Geldgeben das eigentliche Problem gelöst, oder wird es nur hinausgeschoben?

Viele Menschen wollen immer die Probleme anderer lösen, am besten die der ganzen Welt, bekommen aber schon ihre eigenen kleinen Probleme nicht in den Griff.

„Geld verdirbt den Charakter", ist eine Redensart. *„Geld ist mir egal"*, meinen wiederum andere. Einer sagte sogar: *„Geld ist mir nicht wichtig."* Ganz klar, daß dann auch keines zu ihm kommen kann...

Der Geldmangel liegt an der falschen Einstellung zum Geld. Der Erfolgstrainer Arthur Lassen erklärt dazu: *„Gib daher dem Geld niemals das Gefühl, daß es Dir gleichgültig ist, denn das Geld tat einen eisernen Schwur, daß es nur bei dem bleibe, der es achtet und liebt. Wer leichtfertig über das Geld spricht und es falsch behandelt, darf sich nicht wundern, wenn es einen großen Bogen um ihn macht."* (45, S. 5)

Im Umkehrschluß rät er deshalb: *„Respektiere das Geld, gib dem Geld das Gefühl einer unendlichen Sympathie, und es wird ihm eine wahre Freude sein, Deine Taschen und Dein Bankkonto zu füllen."* (45, S. 5)

Behandeln wir unser Geld wie unseren Partner. Und wenn wir das Geld ausgeben, wenn wir uns etwas kaufen, so wäre es ein spielerischer Hilfeschritt zu einem neuen Geldbewußtsein zu kommen, indem wir beim Ausgeben des Geldes denken: *„Also tschüß, lieber Gelschein. Bis bald, und bringe deine Brüder und Schwestern mit."* (45, S. 35)

Wenn Sie meinen, daß dies zu übertrieben sei, haben Sie womöglich Recht. Doch viele Menschen haben ein völlig verkrampftes Verhältnis zum Geld. Dazu fällt mir eine Geschichte ein: Einer meiner Onkel ist ein erfolgreicher Unternehmensberater und erzählte mir ein Beispiel aus seinem engen Bekanntenkreis. Es handelt sich um einen Mann, der sein Leben lang besonders sparsam war. Beispielsweise ging er, obwohl er sehr viel unterwegs war, selten essen, geschweige denn, daß er seine Freunde einmal zum Essen einlud. Dieser Mann lebte, obwohl er relativ gut verdiente, in einer kleinen Wohnung, kaufte die billigsten Speisen und Getränke ein – kurzum er sparte, wo es nur ging. In seiner Tätigkeit war er sehr fleißig und als Ingenieur bei den Unternehmen ausgesprochen gefragt. Auf seine sparsame Lebensweise angesprochen meinte er immer, das Geld für seinen Lebensabend zu sparen, um dann vom Leben noch etwas zu haben. Und es kam, wie es kommen mußte: Eines Tages – er war Anfang 50 – lernte er über einen privaten Kontakt einen Anlageberater kennen, dem er sein ganzes angespartes Vermögen übergab. Doch nicht nur seines, sondern auch das seiner Lebensgefährtin und deren Mutter. Zusätzlich rühmte er sich vor seinen Freunden, daß er besonders schlau sei, weil er sein Geld mit einer höheren Rendite als gewöhnlich angelegt habe (mehrere Millionen D-Mark). Dieser Anlageberater stellte sich im nachhinein als Betrüger heraus, und der gute Mann verlor all sein Geld. Fazit: Nun konnte er genauso weiterleben, wie bisher – auf dem Niveau eines Armen, da er das Geld weder geschätzt noch zu einer harmonischen Lebensgestaltung genutzt hatte.

Unsere Lebensumstände sind ein Spiegel unserer Lebenseinstellung. Bin ich innerlich aufgeräumt, ist es auch meine Wohnung, mein Auto oder mein Haus! Jeder Reichtum und jeder Erfolg basiert auf guten Ideen, die wiederum in uns entstanden sind. Und es benötigt wiederum Entschlossenheit und auch Mut, diese Idee dann umzusetzen. Doch alle großen Menschen in der Geschichte haben ihren Erfolg durch Eigeninitiative erhalten. Deshalb wollen wir sehen, wie wir unsere Einstellung ändern können, um in Harmonie mit dem Geld zu leben. Es zu verherrlichen ist ebenso extrem, wie es abzulehnen. Es gilt hier, wie in allen Lebensbereichen, das gesunde Mittelmaß zu finden und es nicht zu bewerten.

Apropos be-*werten*. Wenn ich mich nicht *wert* fühle, viel zu verdienen, wenn ich wenig Selbst-*wert* habe, so zeigt mir das auch meine Lebenssituation. Sollten wir ein Ziel haben – einen Traum oder Wunsch –, so sollten wir uns nicht fragen: *„Wieviel wird es kosten?“* oder behaupten: *„Dafür fehlt mir das nötige Geld.“* Wenn wir ein Ziel anvisiert oder eine tolle Idee haben, so sollten wir auf jeden Fall dieses anstreben. Und aus der Erfahrung hat sich gezeigt, daß sich auf dem Weg zum Ziel plötzlich auch das Geld einfindet, dieses schließlich zu verwirklichen.

Sollten Sie einmal Geld verloren haben – vielleicht sogar viel Geld –, so hilft Trübsal blasen nicht weiter. Seien Sie Optimist und sagen Sie sich: *„Vielen Dank für die Lehrstunde, Leben. Nun versuche ich es auf eine andere Weise und will es nochmals wissen.“*

Ich spreche hierbei aus Eigenerfahrung! Doch sollten wir uns auch fragen, wieso wir die Zeichen, die uns das Leben zuvor gegeben hatte, nicht bemerkten beziehungsweise nicht darauf reagierten? Was waren die wirklichen Ursachen für den finanziellen Verlust? Kann es sein, daß ich ein Problem damit habe, „*Nein*“ zu sagen? Oder war es meine Gutgläubigkeit?

Was die Thematik des Geldes angeht und eine Neuprogrammierung unseres Unterbewußtseins, so steht uns auch hier die Fischgräte zur Verfügung. Auf die eine Seite schreiben wir, was wir an unserer bisherigen Einstellung kontraproduktiv finden, beschränkende Sätze wie „*Geld macht nicht glücklich*“ oder „*von den Reichen lernt man Sparen*“. Und auf die Pro-Seite schreiben wir dann, wie wir in Zukunft mit Geld umzugehen gedenken und welche Einstellung wir dazu haben möchten.

Wer ein wirkliches Problem mit Geld hat, dem empfehle ich hierzu Arthur Lassens Buch „*Geld macht glücklich*“ oder die Bücher von Erfolgstrainer Peter Kummer, in denen auf sehr anschauliche und spielerische Weise ein neuer Bezug zu Geld vermittelt wird.

Arthur Lassen rät als richtige Einstellung zum Leben: „*Ich lebe im Hier und Jetzt, im Heute. Mein Leben wird bestimmt durch meine positiven Gedanken und Taten. Ich gestalte mein Leben nach meinen Vorstellungen und Plänen. Ich habe Spaß daran, erfolgreich zu sein. Meine Erfolge beruhen auf meiner Ausdauer und Beharrlichkeit, positiv zu denken, kreativ zu planen und entschlossen zu handeln. Ich habe ein kreatives Geldbewußtsein. Ich habe ein phantastisches Fingerspitzengefühl für Geld und gute Verdienstmöglichkeiten. Ich übernehme für alles in meinem wunderbaren Leben die Verantwortung – für meine Gedanken, für meine Worte, für meine Taten. Ich verbessere ständig meine beruflichen Fähigkeiten, und es macht mir Spaß, gut vorbereitet zu sein. Ich trete allen Menschen offen gegenüber, egal, welche Position oder welchen Rang sie haben. Ich weiß, daß alles in meinem Leben nur von meiner Einstellung dazu abhängt. Ich schaue nach vorn und bin entschlossen, aus meinem Leben das Beste zu machen. Ich lächle oft und strahle die Menschen an, und ich weiß, daß alles zurückkommt, was ich aussende. Ich bin jetzt in der Bestform meines Lebens.*“ [45, S. 167]

DAS SOG-PRINZIP

Was ist denn das schon wieder – das Sog-Prinzip? Ja, ich gebe zu, es macht mir inzwischen Spaß, Sie mit Dingen zu konfrontieren, die Sie bisher nie wissen wollten.

Ganz einfach: Es gibt das Druck-Prinzip und das Sog-Prinzip. Fast alle Menschen leben nach dem Druck-Prinzip, das auch mit dem Willen oder Eigenwillen verglichen werden kann, und merken es nicht einmal.

Der Begriff *Sog-Prinzip* stammt eigentlich aus dem technischen Ressort, und zwar von dem genialen österreichischen Flugscheiben-Konstrukteur Viktor Schauberger – dem Vorreiter der harmonischen Wassertechnologie. Schauberger hatte die verschiedensten Abläufe in der Natur beobachtet, diese später in mechanische Vorgänge umgesetzt und Geräte danach gebaut. Beispielsweise beobachtete er, wie Forellen gegen den Flußlauf springen und sogar mehrere Meter hoch gegen einen Wasserfall springen können. Das ist, wissenschaftlich nachgewiesen, gar nicht möglich. Ein Statiker kann berechnen, in Kombination von der Größe der Flosse, Stärke des Muskels und weiteren Komponenten, wie stark die Kraft eines Flossenschlags wirkt und die Forelle nach vorne bewegen kann. Und die dabei gemessenen Zahlen erklären aber nicht die ungeheuren Sprünge der Forellen. Das gleiche haben wir bei den Hummeln. Laut Wissenschaft kann eine Hummel gar nicht fliegen – sie tut es aber trotzdem, da das Geheimnis des Hummelflugs in einem Anti-Gravitationsfeld besteht, das von der Frequenz des Flügelschlags und der Form und der Bewegung der Flügel herrührt.

Da die Natur durch Strudel Lebensenergie (Chi, Ki, Äther, Od, Orgon, Vril, Prana...) spiralförmig in das Wasser einbündelt und dazu entgegengesetzt drehende Energiewirbel benutzt, finden wir hier ein Beispiel in der Natur, bei dem die Gravitation aufgehoben wird. Die äußere Seite des Wirbels zieht beziehungsweise ***saugt*** zum Fuße des Strudels hin, die innere ***saugt*** nach oben – wie auch bei einem Hurrikan; es ist das gleiche Prinzip. Der Hurrikan saugt Dinge, die sich am Boden befinden, entgegen dem Gesetz der Gravitation nach oben. Ist das Objekt jedoch im Zentrum des Hurrikans, im „Auge", dem neutralen Ort, so ist es absolut schwerelos und schwebt ruhig – ohne sich zu drehen – in der Luft. So ist es auch mit den Strudeln im Wasser. Die Forelle weiß das und nutzt diese Strudel sozusagen als Katapulte, indem sie einfach an das untere Ende eines Strudels schwimmt und sich durch die Sog-Kraft des inneren Strudels nach oben reißen läßt. So wird sie, ohne nur einen einzigen Flossenschlag getan zu haben, mehrere Meter gegen den Strom nach oben gesaugt.

Viktor Schauberger hatte dieses „Phänomen" der Forelle lange studiert und in den dreißiger Jahren die gleiche Technik für seinen *Flugkreisel* verwendet. Dieses Prinzip wurde von anderen Wissenschaftlern ausgebaut und in den Elektromagnetismus umfunktioniert, wobei sie durch entgegengesetzt rotierende Energiefelder die Schwerkraft aufgehoben hatten. Der Pilot einer sogenannten *Flugscheibe* sitzt dabei im neutralen Zentrum, im „Auge" der Scheibe, und ist von den wirkenden Kräften völlig unabhängig. Kein Wunder, sondern Kopie der Naturgesetze. Diese irdischen Flugkreisel nennt man heutzutage „UFOs".

So, und dieses Sog-Prinzip basiert auf dem Gesetz der Resonanz. Ich will das kurz erklären. Diese fliegenden Untertassen (in diesem Fall kann ich nur von den deutschen sprechen, die ich nicht nur selbst gesehen habe, sondern auch einen Piloten kenne) bauen ein künstliches *Vakuum-Feld* vor sich auf und lassen sich in dieses hineinziehen – ähnlich wie die Forelle in den Strudel, nur mit dem Unterschied, daß das Vakuum-Feld der Flugscheibe *künstlich* erzeugt und ständig vor die Scheibe projiziert wird. Die Flugscheiben haben keinen Otto-Motor oder ähnliches. Sie fliegen auch nicht mit Explosionstechnik, also durch Rückstoß, sondern sie lassen sich zu ihrem Ziel hinziehen, hin-***saugen***. Dies wäre jetzt auch vergleichbar mit einem Kutscher, der an einer Angel eine Möhre hängen hat, die er vor dem Esel, der die Kutsche zieht, herunterbaumeln läßt, damit der Esel ihr nachläuft. (Wer es ausführlich, mit Bauplänen und Fotos gewürzt, serviert haben möchte, kann sich in meinem Buch „*Unternehmen Aldebaran*" bedienen.)

Ich werde versuchen, mich noch etwas verständlicher auszudrücken: Das feinstoffliche Sog-Prinzip – ins Leben übertragen – bedeutet in einfachen Worten: **Je mehr ich vor etwas davonrenne, desto eher holt es mich ein, und je mehr ich etwas haben will, desto mehr entfernt es sich von mir.**

Noch ein Beispiel dazu im Verhaltensbereich:

Wir sind in einer Partnerschaft. Je mehr wir unseren Partner fragen, wo er hingeht, wann er endlich nach Hause kommt, mit wem er zusammen war... desto mehr erreichen wir dadurch, daß er sich innerlich von uns entfernt – warum? Weil er sich bedrängt fühlt. Es ist das klassische Thema der Eifersucht: Je eifersüchtiger wir sind und je mehr wir dadurch den Freiraum des Partners einschränken, desto eher können wir davon ausgehen, daß uns der Partner einen Grund dafür bieten wird, eifersüchtig zu sein, und sich – weil es ihn nervt – einen größeren Freiraum schafft. Er fühlt sich eingeengt.

Je mehr Freiheit wir dem Partner wiederum geben, desto mehr fühlt er sich zu uns hingezogen, da es ja diese Freiheit ist, die er schätzt.

Auch geht es mir selbst so, daß so ziemlich jeder zehnte Anrufer oder Leserbriefschreiber die gleiche Frage stellt, nämlich, wie ich es nur anstelle, daß ich immer wieder an diese heißen Informationen komme, die ich in meinen Büchern verarbeite. Und jedesmal muß ich dann erklären: *„Ich komme nicht zu den Informationen, sondern die Informationen kommen zu* ***mir****."*

Ich mache nichts anderes als die Flugscheiben: Ich schaffe ein Vakuum, in das, anstatt der Scheibe, Wissen oder Personen gezogen werden. Ich schaffe in meinem Energiefeld ein Vakuum, indem ich dort eine Leere schaffe und dem Universum sage, daß es diese Leere füllen soll. Wir kennen das aus dem Physikunterricht, wenn in einem Behältnis ein künstliches Vakuum erzeugt wird. Öffnet man dann dieses Behältnis, so hat das Universum die Eigenschaft, diese Leere automatisch wieder auszufüllen. Und nichts anderes mache ich. (Bei den Geisteswissenschaften nennt man es das ***Prinzip des Ausgleichs***.)

Ja, aber wie? Nun, ich wünsche mir etwas. Doch nicht nur im Kopf, sondern auch im Herzen. Und dann versuche ich, mit dem Thema nichts mehr zu tun zu haben. Ich renne mehr oder minder davon. Ich entwickle sozusagen einen Widerwillen gegen etwas, das ich eigentlich haben möchte und tue dabei so, als hätte ich nichts damit zu tun. Übersetzt: Ich lasse los! Und dann kommt das Gewünschte ganz automatisch zu mir.

Das können Sie genauso. Sie tun es sogar häufiger, als Sie sich darüber bewußt sind – nur eben im Negativen –, mit der Angst. Je mehr Sie vor etwas Angst haben, desto eher ziehen Sie es an.

Na, das kennen Sie doch auch. Je mehr wir bedrängt werden, zum Beispiel von einem Vertreter an der Haustüre, desto weniger wollen wir mit diesem etwas zu tun haben... Wissen Sie jetzt, was ich meine? Je mehr jemand Druck auf uns ausübt, desto mehr entfernen wir uns davon. Mit Druck arbeiten wir immer *gegen* die Schöpfung. Wir müssen uns nur zu unserem Resonanzfeld hinziehen lassen, den Sog zulassen (geschehen lassen), dann läuft es automatisch.

Was ich damit erklären will ist, daß wir die letzten einhundert Jahre absolut desinformiert worden sind – und das gezielt. Das Universum arbeitet nach dem Sog-Prinzip, ja, sogar Gott arbeitet nach dem Sog-Prinzip und nicht nach dem Druck- beziehungsweise nach dem Rückstoß-Prinzip. Gott wird niemals in die Schöpfung eingreifen, er läßt sie kommen.

Fliegt die Erde mit einem Explosionsmotor durchs Weltall? Nein, sie läßt sich ziehen, und zwar durch Magnetfelder. Oder haben Sie davon gehört, daß die Erde einen Düsenantrieb hat?

Wir könnten das *Druck-Prinzip* auf das Leben übertragen auch so ausdrücken: ***„Ich muß, muß, muß...“*** Und das *Sog-Prinzip* mit: ***„Ich lasse, lasse, lasse...“***

In der heutigen Zeit rennt fast jeder der Technik *hinterher*. Vor allem die Computer und das damit verbundene Internet sehe ich weiterhin – auch gegen die Meinung der meisten Personen um mich herum – als die perfekte Verführung. Sicherlich kann man eine ganze Menge Informationen herausholen, die unabhängig zu den kontrollierten Massenmedien bekannt werden – speziell was *politische* Hintergrundinformationen angeht. Da mag es ja ganz brauchbar sein. Doch die eigentliche Gefahr sehe ich auf einer ganz anderen Ebene!

Es ist die Art der Denkweise der meisten Internetbenutzer und ihre Vorgehensweise, die ich bemängele: *„Ich will diese oder jene Information, und die hole ich mir jetzt."* Man sitzt unzählige Stunden vor dieser dämlichen Kiste und merkt gar nicht, wie weit man sich dabei vom eigentlichen Leben und Mensch-Sein entfernt. Die Menschen werden mehr und mehr intellektualisiert und kopflastiger, und die Art der Denkweise ändert sich schleichend. Es ist die exakt entgegengesetzte Vorgehensweise zu meiner persönlichen, da die Benutzung des Internets auf dem Druck-Prinzip basiert.

Nochmals: Je mehr wir etwas besitzen möchten, desto eher entgleitet es uns. Je mehr wir vor etwas fliehen, desto eher holt es uns ein. Je mehr wir vor etwas Angst haben, desto sicherer können wir sein, daß es uns erwischt. Das ist doch so klar! Je mehr wir etwas suchen, desto eher übersehen wir etwas, das unauffällig nebenbei steht, da wir auf etwas anderes fixiert sind.

Aufgrund dessen ist es wichtig, das *Suchen* aufzuhören, um endlich *finden* zu können. Genauer gesagt *sich finden zu lassen*, denn nach dem Gesetz der Resonanz kommt das Schicksal *auf einen zu*. Sind wir jedoch ständig auf der Suche, weil wir irgend etwas *wollen*, dann übersehen wir leicht die Lösung des Problems, die oft bereits lange vor uns liegt.

Zusammen leben wir jetzt in einer neuen Zeitepoche, einem neuen Zeitalter mit vielen Risiken, aber ebenso vielen Chancen! Bisher wurde den Menschen vorgeschrieben, was sie zu glauben und vor allem, was sie zu *denken* haben. Was den Glauben an „Gott" angeht, so durfte das, was von den etablierten Kirchen gelehrt wurde, nicht angezweifelt werden. Doch heute leben wir in einer anderen Zeit. Es ist die Zeit, in der Moral, Tradition, Kultur und ähnliches keinen Wert mehr hat. Das ist einerseits ein großes Übel, da kaum noch etwas in „Ordnung" ist, doch andererseits auch die größte Chance, da Altes verschwindet und Neues entstehen kann. Nach dem alten Codex des Schottischen Ritus der Freimaurerei, *„Ordo ab chao"*, entsteht eine neue *Ordnung aus dem Chaos*. Soll Neues entstehen, muß das Alte vergehen! Der Zustand des Zerfalls der alten Welt kann einerseits die größte Chance sein, die dieser Planet jemals gesehen hat, kann aber andererseits auch der absolute Untergang werden, je nachdem, in welche Richtung die frei werdende Kraft gelenkt wird, ins Licht oder ins Dunkel – ins Sein oder ins Haben.

Deshalb ist auch für die Menschen, die in einer Tradition oder einem Glaubensvermächtnis gefangen sind, die Endzeit angebrochen. Die Endzeit ihres begrenzten Weltbildes! Doch es ist der Anfang einer neuen und einer frischen Sicht der Welt! Das Wiedergekaute der vorangegangenen Generationen verschwindet, und die junge Generation wird auf die Probe gestellt. Nutzt sie die Chance, daß sie für einen Moment freigelassen wird, selbst entscheiden kann und die geistigen Fesseln abgelegt hat? Oder fällt sie ins Bodenlose?

Bisher haben sich viele von uns von den Glaubensvorstellungen *leiten lassen*, die uns eingetrichtert worden sind. Die meisten haben versucht, Aussagen und Lehren zu verinnerlichen, die sie von außen aufgenommen haben. Wir haben das eine mit dem anderen verglichen, dieses gegen jenes abgewogen. Was war angenehm, was unangenehm, was gut, was schlecht? Wir haben versucht, Bestehendes von außen zu verinnerlichen. Man nennt das Exoterik – von außen nach innen.

Aber nun setzt sich immer mehr eine andere Denk- und Wahrnehmungsweise durch – die der Esoterik. Die Esoterik (unabhängig davon, was heutzutage am „Eso-Markt“ verkauft oder angeboten wird) lehrt genau das Gegenteil dessen, was die meisten Menschen bisher gelebt und als „Wahrheit“ akzeptiert haben, nämlich daß wir Wahrheit, Liebe und Sicherheit, und vor allem das, was wir „Gott“ nennen, *in* uns finden. Es bricht jetzt in jedem von uns etwas auf und wird in uns wach!

Es ist der Zeitpunkt, an dem wir nicht mehr wie Lemminge hinter einem Buchstabenglauben herrennen oder Rituale wiederholen, von denen kein Mensch mehr weiß, woher sie eigentlich stammen; nicht mehr auswendig Texte wiederholen, Gebete zelebrieren, Wesen ungeprüft anrufen, von denen niemand weiß, ob sie existieren oder je existiert haben.

Immer mehr wollen das glauben, was sie in ihrem Innern wahrnehmen, anstatt das, was von außen suggeriert wird. Sie wollen keine „guten Mitbürger“ mehr sein, kein „gutes Mitglied der Gesellschaft“, kein „Rädchen im Sozialgefüge“, und schon gar kein „Schäfchen in der Gemeinde“. Nein, sie wollen nur eines sein, und das ganz bewußt: selbst verantwortlich.

Sie wollen weder von jemandem gerettet werden, noch wollen sie jemanden kontrollieren. Sie wollen einfach bewußte geistige Wesen in menschlichen Körpern sein, die so konstruktiv wie möglich leben, und das tagtäglich – um dabei Vorbild für andere zu sein, ohne die ätzende Missionierung!

Die wahre Lehre kommt von innen. Gott spricht zu uns durch unser Herz. Und alle sogenannten Weltreligionen haben dies vergessen. Sie haben ob all ihrer Traditionen und Regeln die Liebe vergessen. Und unsere neuen Kinder präsentieren uns die Liebe beziehungsweise das Herz jeden Tag aufs neue.

NICHTS HÄLT MICH MEHR AUF!

Zuerst einmal ist es von grundlegender Bedeutung, daß wir – da wir einen Teil der kosmischen Gesetze nun kennen – uns als Schöpfer unserer eigenen Lebenssituationen anerkennen und damit aufhören, jemand anderem die Schuld dafür zu übertragen – sei es unser Geldmangel, unsere Krankheit oder der Streit mit der Schwiegermutter.

Dann gilt es, einen Lebenszustand anzunehmen, der als ***im Hier und Jetzt*** bezeichnet werden könnte, bei dem es darum geht, daß wir weder zu sehr in der Vergangenheit schweifen und auch nicht in der Zukunft, sondern uns auf das konzentrieren, was im Moment in unserem Umfeld ansteht – in Familie, Beruf, Hobby, Lebensqualität.

Und vor allem auch deshalb nicht an die Zukunft denken – vor allem keine Sorgen machen –, da alles von uns programmiert wird. Alles, was uns in unserem Leben widerfährt, ist unser selbst erschaffenes Schicksal, und es fällt uns das zu (Zu-Fall), was uns zusteht.

Wir sollten uns in dieser Situation auch nicht bewerten, sondern versuchen, uns selbst wie einen Schauspieler in einem Film zu beobachten – uns einmal zurücknehmen –, um Abstand zu der Sache zu bekommen. Dann kann am schnellsten ein Weg aus dem Konflikt, aus der unangenehmen Situation erfolgen. Sehen wir uns selbst als unseren besten Freund, der uns selbst einen Rat gibt, wie er handeln würde, um die Situation bestmöglichst zu lösen.

Negative Schwingungen sofort in positive umzuwandeln, schätze ich als ebenso wichtig ein, also ein Optimist anstatt ein Pessimist zu sein. Wo der eine ein halb leeres Glas sieht, freut sich der andere, daß es noch halb voll ist...

Dann hilft es ebenso, unser Leben bewußter zu gestalten, indem wir unserem Nächsten immer so begegnen, wie wir möchten, daß uns begegnet wird! Versetzen wir uns in ihn hinein und versuchen, sein Handeln zu verstehen.

Hier möchte ich eine kleine Weisheit aus meinem Leben anmerken: *„Jeder Mensch, der einem begegnet, hat einem etwas zu sagen – eine Botschaft zu vermitteln.“*

Dieser Satz geistert seit Jahren täglich in meinem Kopf umher und läßt mich weitaus bewußter durchs Leben gehen. Vielleicht kann er auch Ihnen eine gute Hilfestellung sein.

Davon abgesehen, daß einem jeder Mensch zweimal begegnet.

Das ganze Leben ist ein Spiel, und die Erde ist das Spielfeld. Welche Rolle spielen *wir* darin? Sind wir die Bauern in einem Schachspiel oder die Läufer, ja womöglich gar der König oder die Königin? Das entscheiden wir selbst.

Doch weshalb diese Dramatik in diesem Lebens-Spiel, Mord und Totschlag, Kindesmißbrauch, Pornographie, Haß und Neid und immer wieder Kriege? Weil es zum Lebensplan dieses Spiels und der Menschen gehört, daß sich in diesem Leben in der Dualität sowohl das Gute als auch das Schlechte bis zum Äußersten offenbart und gelebt werden muß, damit wir uns bewußt darüber werden, wie weit wir die Schöpferkraft bereits mißbrauchen.

Der Schlüssel zu allem ist aber ohne Zweifel die Intuition. Sie ist die innere Stimme, die uns führt auf unserem individuellen Weg, die uns leitet, unser Leben so zu leben, daß das bestmöglichste dabei herauskommt. Ob es nun unser Schutzengel ist, der hier ins innere Ohr säuselt, unser Höheres Selbst, Gott (*„Gespräche mit Gott“*) oder einfach unsere eigene Seele, ist hierbei nicht relevant.

Die innere Stimme der Intuition ist es auch, die uns beim richtigen Manifestieren hilft. Haben wir einen Satz formuliert, gilt es, kurz hineinzuhören, ob das die bestmögliche Variante ist. Und wir werden sofort die Rückmeldung bekommen.

Es ist einfach spannend, das Leben, finden Sie nicht auch?

Da dachten wir, daß wir bereits alles wüßten, oder zumindest eine ganze Menge, und nun müssen wir nochmals ganz von vorne anfangen... Aber ganz so schlimm ist es nicht. Von vorne fangen wir natürlich nicht an, denn jede Erfahrung und jede Erkenntnis auf unserem bisherigen Lebensweg ist uns eine Hilfe und Stütze für zukünftiges Schaffen und Wirken. Wir haben nur zuviel verdrängt und zuwenig entschieden.

Es stellt sich an und für sich nur die Frage, ob wir zu jener Kategorie Mensch zählen, die mit ihrem bisherigen Schicksal bereits abgeschlossen hat und resigniert oder ob wir es noch einmal wissen wollen?

Diese Entscheidung liegt ganz und gar allein bei uns.

Und zum Abschluß möchte ich noch anmerken, daß es sicherlich nicht schädlich wäre, wenn wir unserem Schöpfer, der uns hier die Möglichkeit eingeräumt hat, uns selbst zu erfahren, einmal danken (es darf natürlich auch öfters sein). Ohne ihn gäbe es uns nicht, und stellen wir uns einmal vor, was wäre, wenn der Schöpfer eines Tages vielleicht keine Lust mehr hat weiterzuschöpfen und weiterzuspielen?

Was wäre, wenn Luzifer einsieht, daß seine Rebellion auch nur zeitlich begrenzt ist und er sich dazu entschließt, zum Vater zurückzukehren? Dann würde ja unser polares Spielchen aufhören zu existieren. Ja, was würden dann unsere Illuminati machen, wenn ihr Chef das Handtuch schmeißt? Wird es dann langweilig auf Erden, wenn uns keiner mehr ärgert oder sagen wir besser „herausfordert"?

Nun, wir werden sehen. Sportsgeist hat Luzifer allemal, schließlich hat er Jesus in der Wüste nur herausgefordert und nicht aufgefressen.

Es ist und bleibt ein Spiel, auch wenn es manchmal sehr, sehr grausam ist. Doch wir alle haben dabei mitgewirkt, daß es heute so aussieht auf Erden, wie es jetzt ist.

Ich persönlich habe mich dazu entschieden, noch eine Runde mitzuschöpfen in diesem Erden-Spiel und nicht den Kopf in den Sand zu stecken.

Wie sieht es mit Ihnen aus?

ICH BIN EIN KLEINER GOTT

Bevor ich zu schöpfen beginne, werde ich mir nochmals bewußt, wer ICH BIN, welche Fähigkeiten (Talente) in mir angelegt sind und was ich mir wünschen möchte. Hilfreiche Schritte, dies herauszufinden, sind:

- ☺ Die Fischgräte: was will ich *loslassen*, was will ich *erreichen*...? (S. 334)
- ☺ Worin liegen meine Schwächen und meine Stärken? (S. 334)
- ☺ Was würde ich verändern, wenn mein letztes Stündlein geschlagen hätte? (S. 372)
- ☺ Wie würde ich meinen Tag und mein Leben generell gestalten, wäre ich finanziell unabhängig und ***müßte*** nicht mehr arbeiten? (S. 371)
- ☺ Ich überprüfe meine Einstellung und meine Glaubenssätze zu Geld und richte mich auch hier gedanklich neu aus, entsprechend einem Leben in Fülle. (S. 386-390)
- ☺ Ich schließe einen Vertrag mit dem Schöpfer, daß ich diese Inkarnation, dieses Leben, annehme und mich meiner Lebensaufgabe stelle. (S. 353)
- ☺ Stecke ich in einer Problemsituation – also einer Herausforderung – so betrachte ich mir die Situation, in der ich mich befinde, aus einem inneren Abstand, erkenne die Botschaft und den Lernprozeß darin und treffe eine Entscheidung (e^3). (S. 364)
- ☺ Ich folge immer mehr meinem Herzen und lasse den Kopf (meine eingenommenen Standpunkte) zurück. (S. 339, 346f, 359)
- ☺ Ich höre auf meine innere Stimme und meine Intuition. (S. 381, 383)
- ☺ Ich lebe im Hier und Jetzt und bin mir meiner Schöpferkraft immer bewußt – in jeder Lebenssituation, am Arbeitsplatz, mit den Kindern, beim Liebesspiel... (S. 163, 398)
- ☺ Dabei hilft es mir, mich selbst aus der Perspektive des Beobachters wahrzunehmen, mir selbst über die Schultern zu sehen und entsprechend Ratschläge zu geben. (S. 398)
- ☺ Ich sehe die Dinge optimistisch, auch wenn eine Situation noch so verfahren auszusehen scheint. (S. 389, 398)
- ☺ So, wie ich mir wünsche, daß andere Menschen mit mir umgehen, so verhalte ich mich auch diesen gegenüber. (S. 359)

LITERATURVERZEICHNIS

(1) Erdmann, Stefan, *Banken, Brot und Bomben – Band 1*, Ama Deus Verlag 2003, ISBN 3-9807106-1-0
(2) Erdmann, Stefan, *Banken, Brot und Bomben – Band 2*, Ama Deus Verlag 2003, ISBN 3-9807106-0-2
(3) Krassa, Peter, *Der Wiedergänger*, Herbig-Verlag 1998, ISBN 3-7766-2062-5
(4) Drake, W. R., *Graf Saint Germain – Der Mann, der niemals stirbt*, Ventla-Verlag, Wiesbaden 1963
(5) Muldashev, Ernst, *Das Dritte Auge – und der Ursprung der Menschheit*, Büchner & Selke-Verlag, Halle 2001, ISBN 3-9807507-0-1
(6) Hoffmann-Schmidt, Helga, *Das Vermächtnis von Atlantis – Das Legat der Hegoliter*, Selbstverlag, A-9232 Rosegg 91, Tel: 0043-4274-51206
(7) Göring, Lothar W., *Apokalypse Seele – Das „A-Omega-Projekt“*, Vesta Verlag 1997, Velden am Wörthersee (A), ISBN 3-901895-00-4
(8) Helsing, Jan van, *Buch 3 – Der Dritte Weltkrieg*, Ama Deus Verlag 1996, ISBN 3-9805733-5-4
(9) Helsing, Jan van, *Unternehmen Aldebaran*, Ama Deus Verlag 1998, ISBN 3-9805733-2-X
(10) Holey, Jan Udo, *Die innere Welt – Das Geheimnis der Schwarzen Sonne*, Ama Deus Verlag 1998, ISBN 3-9805733-1-1
(11) Holey, Jan Udo, *Die Akte Jan van Helsing*, Ama Deus Verlag 1999, ISBN 3-9805733-9-7
(12) Holey, Jan Udo, *Die Kinder des neuen Jahrtausends*, Ama Deus Verlag 2001, ISBN 3-9807106-4-5
(13) Holey, Johannes, *Jesus 2000*, Ama Deus Verlag 1997, ISBN 3-9805733-0-3
(14) Holey, Johannes, *Bis zum Jahr 2012*, Ama Deus Verlag 2000, ISBN 3-9805733-7-0
(15) Holey, Johannes, *Alles ist Gott*, Ama Deus Verlag 2003, ISBN 3-9805733-4-6
(16) Allen, Gary, *Die Insider – Band 1*, VAP-Verlag, Düsseldorf 1996
(17) Berlitz, Charles, *Weltuntergang 1999*, Knaur 1981
(18) Farkas, Viktor, *Unerklärliche Phänomene*, Umschau-Verlag, ISBN 3-524-69069-6
(19) Morpheus, Matrix-Code, Trinity-Verlag 2003, Wien, ISBN 3-9501801-5-X
(20) Risi, Armin, *Machtwechsel auf der Erde*, Neuhausen 1999
(21) Lincoln, Baigent, Leigh, *Der heilige Gral und seine Erben*, Bastei-Lübbe 1984
(22) Queensborough, Lady, *The occult Theocracy*
(23) *L'autre Journal*, März 1991
(24) Frissell, Bob, *Zurück in unsere Zukunft*, E.T. Publishing Unlimited, Fichtenau 1999

(25) Voldben, A., *Nostradamus – Die großen Weissagungen über die Zukunft der* Menschheit, München 1988
(26) Johannes von Jerusalem, *Das Buch der Prophezeiungen*, Heyne-Verlag, München 1995
(27) Hardo, Trutz, *Reinkarnation aktuell – Kinder beweisen ihre Wiedergeburt*, Trutz Hardo, Silberschnur-Verlag, ISBN 3-931652-59-9
(28) Cabobianco, Flavio M., *Ich komm' aus der Sonne*, Ch.falk-Verlag, ISBN 3-924161-72-0
(29) Dethlefsen, Thorwald/Dahlke, Rüdiger, *Krankheit als Weg*, Goldmann, ISBN 3-442-11472-1
(30) IDNDR – *International Decade for Natural Desaster Reduction* – Referat von Karl Schnelting, Zukunfts-Szenarien aus Geisteswissenschaft und Prophetie, Adresse unbekannt
(31) Geller, Uri, *Mein wunder-volles Leben*, Silberschnur-Verlag, ISBN 3-923781-90-3
(32) *Magazin „Licht Forum"*, Nummer 1, Herbst 1999
(33) Dong, Paul und Rafill, Thomas, *Indigo-Schulen*, Koha-Verlag, ISBN 3-929512-62-9
(34) Carroll, Lee und Tober, Jan, *Die Indigo-Kinder*, Koha-Verlag, ISBN 3-929512-61-0
(35) (Papst Johannes Paul II. am 12. Dezember 1984 in der Los Angeles Times)
(36) Aufklärungsarbeit Nr. 16, Artikel *Erzeugung der öffentlichen Meinung* von Michael Kent
(37) Hitching, Francis, *Die letzten Rätsel unserer Welt*, Umschau-Verlag 1982
(38) Sitchin, Zecharia, *Der zwölfte Planet*, München 1995
(39) Sitchin, Zecharia, *Stufen zum Kosmos*, München 1996
(40) Lucker, Manfred, *Die Botschaft der Symbole*, Kösel-Verlag 1990
(41) *Unsolved Mysteries* – Ausstellungskatalog der gleichnamigen Ausstellung vom 22.6.-23.9.2001 im Vienna Art Center Schottenstift, Klaus Dona, ISBN 3-9501474-0-3; www.unsolved-mysteries.net
(42) Erdmann, Stefan, *Den Göttern auf der Spur*, Ama Deus Verlag 2001
(43) Bouvier, Bernhard, *Die letzten Siegel*, Ewertverlag, Lathen 1996
(44) Hesemann, Michael, *Geheimsache U.F.O.*, Silberschnur-Verlag, Güllesheim 1994, ISBN 3-923781-83-0
(45) Lassen, Arthur, *Geld macht glücklich*, LET-Verlag Arthur Lassen, Paul Gerhardt-Str. 1a, 63486 Bruchköbel, Tel: 06181-740371
(46) Daniel Doyle Benham, Adresse unbekannt
(47) CORALF, *Maitreya, der kommende Weltlehrer*, Konny-Verlag, 1991

BILDQUELLEN

(1) www.joconrad.de
(2) www.defenselink.mil/news/Sep2001/010914-F-8006R-006.html
(3) Jim Garamone, American Forces Press Service, www.defenselink.mil/news/Sep2001/n09112001200109114.html
(4) Krassa, Peter, *Der Wiedergänger*, Herbig-Verlag1998, ISBN 3-7766-2062-5
(5) wie (4), S. 65
(6) privat
(7) *Etidorpha*, Band 1, Kopie ohne Verlagsangabe
(8) Jan Lamprecht, Süd-Afrika, Hohlwelt-Forscher
(9) William Hamilton III., *Cosmic Top Secret*, Inner Light Publications, ISBN 0-938294-73-3, S. 102
(10) www.detailshere.com/tunnelmachine.htm
(11) Muldashev, Ernst, *Das Dritte Auge – und der Ursprung der Menschheit*, Büchner & Selke-Verlag, Halle 2001, ISBN 3-9807507-0-1, S. 13
(12) wie (9), S. 46
(13) wie (9), S. 57
(14) wie (9), S. 382
(15) *Unsolved Mysteries* – Ausstellungskatalog der gleichnamigen Ausstellung vom 22.6.-23.9.2001 im Vienna Art Center Schottenstift, Klaus Dona, ISBN 3-9501474-0-3, S. 132, Originalfoto: Dr. Cecil & Lydia Dougherty, Cleburne, Texas 1971, USA
(16) wie 15, S. 135 Originalfoto: Dr. Carl Baugh
(17) wie 15, S. 135, Originalfoto Dr. Carl Baugh
(18) wie 17, S. 133, Originalfoto Dr. Carl Baugh
(19) privat
(20) Santilli-Film
(21) wie (20)
(22) Ägyptisches Museum Kairo
(23) Museo Arquéologico R. P. Gustavo LaPaige, San Pedro de Atacama
(24) wie (9), S. 280
(25) Mary King und Etsuko Shimabukuro,www.furinkan.com/mermaid/culture
(26) Vorderasiatisches Museum Berlin, Archiv Stefan Erdmann
(27) wie (26)
(28) Zecharia Sitchin, *Der zwölfte Planet*, München 1995
(29) Privatarchiv
(30) wie (28)
(31) wie (28)
(32) wie (28)
(33) wie (28)
(34) Hesemann, Michael, *Geheimsache U.F.O.*, Silberschnur-Verlag, Güllesheim 1994, ISBN 3-923781-83-0, S. 219
(35) wie (34), S. 218
(36) wie (34), S. 232, Original: Erich von Däniken
(37) wie (34), S. 236
(38) Zecharia Sitchin, *Stufen zum Kosmos*, München 1996
(39) Erdmann, Stefan, *Den Göttern auf der Spur*, S. 94
(40) Erdmann, Stefan, *Den Göttern auf der Spur*, S. 94
(41) Privatarchiv

(42) Privatarchiv
(43) Privatarchiv
(44) Privatarchiv
(45) Hitching, Francis, *Die letzten Rätsel unserer Welt*, Umschau-Verlag 1982, S. 154
(46) wie (15) S. 183, Original: Prof. Charles Hapgood
(47) wie (15) S. 183, Original: Prof. Charles Hapgood
(48) Erdmann, Stefan, *Den Göttern auf der Spur*, Ama Deus Verlag 2001, S. 166
(49) wie (48) S. 168
(50) Privatarchiv
(51) wie (15) S. 194
(52) Privatarchiv
(53) Bouvier, Bernhard, *Die letzten Siegel*, Ewertverlag, Lathen 1996, S. 21
(54) wie (15) S. 24 Original: Reinhard Habeck
(55) wie (15) S. 24 Original: Reinhard Habeck
(56) wie (15) S. 278, Original: Reinhard Habeck, Wien
(57) wie (15) S. 279, Original: Reinhard Habeck, Wien
(58) wie (15) S. 279, Original: Reinhard Habeck, Wien
(59) wie (15) S. 280, Original: Reinhard Habeck, Wien
(60) wie (15), S. 23, Original: Erich von Däniken
(61) wie (46), S. 145
(62) wie (15) S. 219, Original: Sammlung Dunkel, Braunschweig und Sammlung Johannes Fiebag, Northeim
(63) wie (62)
(64) wie (62)
(65) Melchizedek, Drunvalo, *Die Blume des Lebens*, KOHA-Verlag, Burgrain 2000, S. 202
(66) wie (65), S. 203
(67) wie (65), S. 204
(68) Allen, Paul M., *A Rosicrucian Anthology*, Michael Maier, *Atalanta Fugiens*, 1618
(69) www.geocities.com/iyce3/leo.htm
(70) wie (69)
(71) Allen, Gary, *„Die Insider – Band1"* VAP-Verlag, S. 224
(72) wie (71), S. 217
(73) wie (71), S. 219
(74) wie (71), S. 220
(75) Mein Geldbeutel
(76) wie (75)
(77) Privatarchiv
(78) Privatarchiv
(79) Hohenloher Tagblatt vom 21.12.2001
(80) Hohenloher Tagblatt vom 14.5.2002
(81) Hoffmann, Eva Katharina, *Kanarische Blütenessenzen der Liebe*, AT-Verlag, ISBN 3-85502-873-7, S. 17
(82) Dong, Paul und Raffill, Thomas, *Indigo-Schulen*, Koha-Verlag, S. 174
(83) wie (45), S. 118
(84) wie (45), S. 121
(85) wie (82), S. 143
(86) Holey, Jan Udo, *Die Kinder des neuen Jahrtausends*, Ama Deus Verlag, S. 383
(87) Privatarchiv
(88) Privatarchiv
(89) Privatarchiv
(90) Privatarchiv
(91) Privatarchiv
(92) Privatarchiv

DIE KINDER DES NEUEN JAHRTAUSENDS

Jan Udo Holey/Jan van Helsing

Mediale Kinder verändern die Welt!

Der dreizehnjährige Lorenz sieht seinen verstorbenen Großvater, spricht mit ihm und gibt dessen Hinweise aus dem Jenseits an andere weiter. Kevin kommt ins Bett der Eltern gekrochen und erzählt, daß *„der große Engel wieder am Bett stand"*. Peter ist neun und kann nicht nur die Aura um Lebewesen sehen, sondern auch die Gedanken anderer Menschen lesen. Vladimir liest aus verschlossenen Büchern, und sein Bruder Sergej verbiegt Löffel durch Gedankenkraft.

Ausnahmen, meinen Sie, ein Kind unter tausend, das solche Begabungen hat? Nein, keinesfalls! Wie der Autor in diesem, durch viele Fallbeispiele belebten Buch aufzeigt, schlummern in allen Kindern solche und viele andere Talente, die jedoch überwiegend durch falsche Religions- und Erziehungssysteme, aber auch durch Unachtsamkeit oder fehlende Kenntnis der Eltern übersehen oder gar verdrängt werden. Und das spannendste an dieser Tatsache ist, daß nicht nur die Anzahl der medialen Kinder enorm steigt, sondern sich auch ihre Fähigkeiten verstärken. Was hat es damit auf sich?

Lauschen wir den spannenden und faszinierenden Berichten medialer Kinder aus aller Welt, darunter

- die hellsichtig-medialen Kinder, die in Kontakt mit der geistigen Welt – mit dem ‚Jenseits' – stehen;
- die Kinder, die sich an ihr letztes Leben erinnern können;
- die *Indigo-Kinder*, die durch ihr hyperaktives Verhalten, ihre extreme Art, sich nicht anzupassen, und ihren hohen IQ auffallen;
- die supermedialen chinesischen Kinder, die nicht nur in der Lage sind, mit den Ohren oder den Händen zu lesen, sondern auch Gegenstände aus dem „Nichts" zu materialisieren, und
- die Kinder, die eine neue – bisher als *„mutiert"* bezeichnete – DNS aufweisen und daher nicht nur gegen infiziertes Blut resistent, sondern selbst gegen Krebszellen immun sind.

UNTERNEHMEN ALDEBARAN

Jan Udo Holey/Jan van Helsing

Das allgäuer Ehepaar Karin und Reiner Feistle behauptet, schon seit seiner Kindheit von Außerirdischen besucht worden zu sein. Beide waren bis vor ein paar Jahren fest der Überzeugung, daß ihr „Fall" einer von vielen sei, wie sie nun langsam immer mehr an die Öffentlichkeit dringen, bei denen nachts Menschen von kleinen grauen Wesen mit großen Köpfen „entführt" werden und sich irgendwelchen „Untersuchungen" ausgesetzt finden.

Doch das änderte sich schlagartig, als Reiner Feistle zum erstenmal den Kommandanten des Raumschiffes, auf das ihn die kleinen „Grauen" gebracht hatten, zu Gesicht bekam – er war zwei Meter zwanzig groß, hatte blaue Augen, lange dunkle Haare und sprach deutsch (im Gegensatz zu den „Grauen", die sich telepathisch mit ihm verständigten).

Das ganze Szenarium der „Grauen" entpuppte sich als ein großes Tarnmanöver für die großen Besucher aus dem Sonnensystem Aldebaran, die der Menschheit auf der Erde in der kommenden schwierigen Zeit des Umbruchs hilfreich zur Seite stehen, jedoch noch nicht persönlich in Erscheinung treten wollen, da die Mehrzahl der Menschen momentan noch dazu neigt, sie zu „Engeln" oder „Göttern" zu erklären und dazu tendiert, diesen ihre Verantwortung zu übertragen.

Doch Karin und Reiner Feistle sind nicht die ersten Deutschen, mit denen die Aldebaraner Kontakt aufgenommen haben.

Unglaublich meinen Sie?
Nun, vielleicht sind Sie nach der Lektüre dieses Buches anderer Meinung.

DIE INNERE WELT – Das Geheimnis der Schwarzen Sonne

Jan Udo Holey/Jan van Helsing

Roman

Ein mysteriöser Mann betritt eine esoterische Buchhandlung und erzählt dem Inhaber eine haarsträubende Geschichte.

Er behauptet unter anderem, daß

- die Erde seit langer Zeit von verschiedenen Außerirdischen besucht wird;
- diese Außerirdischen den Deutschen und Amerikanern während des Zweiten Weltkriegs geholfen haben, fliegende Untertassen zu bauen;
- die Erdkruste von Tunnelsystemen durchzogen und die Erde selbst hohl und bewohnt ist;
- diese verschiedenen dort lebenden Gruppen in absoluter Harmonie mit der Natur existieren und gleichzeitig über eine Technologie verfügen, die der oberirdischen Menschheit um Jahrhunderte voraus ist;
- keine streitbaren Oberirdischen in deren unterirdisches Friedensreich, das seit mehr als 30.000 Jahren bestehen soll, eingelassen werden;
- friedliche Deutsche Ende des Zweiten Weltkrieges einen Teil dieses innerirdischen Reiches kolonisiert und dort ihr „Goldenes Zeitalter" aufgebaut haben;
- Deutsche und Amerikaner seither mit ihren Flugscheiben den Weltraum bereisen;
- das Weltraumprogramm der Amerikaner und Russen nur der Ablenkung vom eigentlichen Geschehen dient, um weiterhin geheimzuhalten, daß das Universum so aufgebaut ist, daß Energie jedem Menschen kostenlos zur Verfügung steht.

Ist der geheimnisvolle Informant der Klapsmühle entsprungen oder ist er ein Top-Agent, der Einblick in hochgeheime Dokumente hatte?

ISBN 3-9805733-1-1 • 23,30 Euro

ALDEBARAN-Versand
50670 Köln • Weißenburgstr. 10 a
Telefon 02 21 - 737 000 •Telefax 02 21 - 737 001

Bis zum Jahr 2012 – Der Aufstieg der Menschheit

Johannes Holey

Die Zeit drängt...
wenn die Voraussagen stimmen,
daß wir bis Ende 2012 wieder
paradiesische Zustände haben werden –
auf unserer Mamma Erde und
ihrer zukünftigen Menschheit

Planet und Menschheit stehen heute am Beginn eines neuen Zeitalters, dem Wassermann-Zeitalter. Damit wird zugleich der Beginn einer neuen, höheren Schöpfung eingeleitet. Einer Schöpfung auf der Basis einer feineren Schwingungsfrequenz und der dabei entstehende Prozeß der Transformation ist bereits voll im Gange. Diese Schwingungserhöhungen werden in den Jahren bis 2012 stetig ansteigen und die Geschwindigkeit des Ablaufs der Umwandlung wird weiter rapide zunehmen.

Dieses Buch klärt auf

- Warum trafen viele Prophezeiungen bisher nicht ein?
- Was könnte aber davon bis 2012 doch noch auf uns zukommen?
- Was können wir und die Menschheit dabei noch verbessernd beeinflussen?
- Der Planet Erde hält den Dichterekord (den höchsten Grad der materiellen Dichte) und wird bis 2012 einen Bewußtseins-Doppelsprung durch die vierte in die fünfte Dimension bewältigen,
- dazu stehen der Menschheit neues kosmisches und göttliches Licht an dieser Multi-Schnittstelle kosmischer Zyklen-Enden zur Verfügung und
- das Wissen, das wir dafür benötigen, trägt jeder in sich.
- Praktische Anleitungen führen in eine neue zeitgemäße Lebensweise.

„Jeder, der dieses zusammenfassende Buch gelesen hat, bekommt einen topaktuellen Überblick, der sich aus etwa achtzig Werken anderer Autoren und etwa gleichviele Berichte alternativer Forscher zur gleichen Thematik zusammensetzt. Und für jeden, der dieses aufklärende Buch gelesen hat, wird verständlich sein, was sich bei seinem seelischen Aufstieg in den höheren Schwingungsbereich vollziehen wird – in seinem Leben und in seiner Zukunft – und in welcher Form er mitwirken kann und muß, damit die kommenden Ereignisse anstelle von Ängsten Grund zur Lebensfreude bieten werden."

Jan Udo Holey alias Jan van Helsing

ISBN 3-9805733-7-0 • 20,30 Euro

ALDEBARAN-Versand
50670 Köln • Weißenburgstr. 10 a
Telefon 02 21 - 737 000 •Telefax 02 21 - 737 001

JESUS 2000 – Das Friedensreich naht

Johannes Holey

Der herausragende Film
„Die Passion Christi“ zeigt uns
Jesus als Menschen eines kurzen,
aber unvorstellbaren Leides.
Das lenkt aber vom eigentlichen Sinn
seines Erdenlebens ab

Jesus war j a h r e l a n g „Heiland“ und Lehrer eines völlig neuen Zeitgeistes: *alle Menschen sind gleich... – Himmel und Hölle sind in uns... – Gott ist in uns... – ihr seid Götter... – was ich kann, könnt auch ihr und noch mehr...*
Jesus schenkte die schon damals optimalen, aber elitär gehüteten Weisheiten und Lebensregeln der Essener der ganzen Menschheit.
Jesu ursprüngliche Lehre war und ist daher genial und wir können sie heute besser denn je – ohne die verschiedenen Kirchensysteme – in Liebe annehmen. Und zu neuem Leben erwecken – denn er versprach nicht umsonst: *...ich werde bei euch sein alle Tage...*

Jetzt zu Beginn des Wassermann-Äons geht mit dem Orbit unseres Sonnensystems auch die Menschheit einem dimensionalen Bewußtseins-Sprung entgegen und benötigt dringend ein überzeugendes, modern interpretiertes Bild der gesamten Schöpfung und unseres freiwilligen Erdenlebens.
Dieses Buch, als intensive Analyse des Vergangenen, zeigt zusammengefaßt von der Gnostik/Esoterik des Altertums über die vielen Neuen Offenbarungen und solcher kosmischer Zivilisationen auf, was wir zu unserer Bewußtseinsentfaltung grundlegend verändern sollten.
Dieses Buch erscheint rechtzeitig zur Zeitenwende, die schon voll im Gange ist. Und es ermöglicht uns, den Meister Jesus hochaktuell zu verstehen: seine gelebten Prinzipien der Liebe, der Wahrheit und der Friedfertigkeit.

BANKEN, BROT UND BOMBEN - Band 2

Stefan Erdmann

Band 2

Das Geheimwissen in der Gegenwart

Haben Sie sich nicht schon oft gefragt, ob unsere Politiker noch ganz bei Trost sind, betrachtet man die Steuer- und Rentenpolitik, vor allem aber auch die Zuwanderungs- und Asylthematik, die EU-Osterweiterung und die Einführung des Euro, den keiner wollte, der aber dennoch kam?

Jeder Mittelständler hätte seine Firma längst schließen müssen, würde er so wirtschaften. Was glauben Sie? Sind unsere Führungsspitzen allesamt geistig verwirrt, oder steckt hier System dahinter?

Stefan Erdmann öffnet Ihnen die Augen! Im ersten Teil von ***Banken, Brot und Bomben*** hat er die Leser über Geschichtsverdrehungen im Altertum aufgeklärt und über die Verstrickungen alter Bruderschaften mit dem Finanzadel. In diesem Folgeband nimmt er Sie mit auf eine nicht weniger spannende Reise durch ein Netzwerk von Freimaurerlogen (Bilderbergern, Komitee der 300, CFR...), Medien- und Pharmamogulen, Energielobbyisten bis hin zur Hochfinanz und zeigt deren Machtstrukturen bis in die Jetztzeit auf. Dabei beleuchtet er unter anderem auch die Hintergrundpolitik der Russischen Revolution und des Ersten Weltkrieges und erläutert dabei auch schlüssig, wieso aus den Ergebnissen, die man auf der Versailler „Friedenskonferenz" mit dem Versailler Vertrag beschloß, die Grundlage für einen neuen Weltkrieg geschaffen wurde.

Stefan Erdmann zeigt dabei auch schonungslos die Rolle der Massenmedien auf und verdeutlicht anhand von Beispielen, wie diese den heutigen Konsummensch bewußt manipulieren. Er erläutert die Mechanismen der psychologischen Kriegsführung und die gezielte Verblödung unserer Kinder durch das gegenwärtige Erziehungssystem und eine bewußte Verrohung durch das Fernsehprogramm. Bei all diesen Betrachtungen läßt er auch die Hintergründe des Anschlags auf das World Trade Center nicht außer Acht, erklärt die wahren Absichten der amerikanischen Regierung für den Krieg im Irak und damit den Beginn des Dritten Weltkriegs sowie die juristische Situation Deutschlands beziehungsweise des Deutschen Reiches nach dem Ende des Zweiten Weltkriegs.

Er zeigt jedoch nicht nur die Mechanismen der momentanen Weltherrscher auf, sondern bietet auch Vorschläge an, um es dem einzelnen zu ermöglichen, aus diesem manipulativen Spiel auszusteigen.